厦门大学本科教材资助项目

洪永淼《高级计量经济学》
学习辅导和习题解答

叶仕奇　朱美婷　徐坚皓　钟锃光　著

厦门大学出版社
XIAMEN UNIVERSITY PRESS
国家一级出版社
全国百佳图书出版单位

图书在版编目(CIP)数据

洪永淼《高级计量经济学》学习辅导和习题解答 / 叶仕奇等著. -- 厦门 : 厦门大学出版社，2024.5
ISBN 978-7-5615-9293-9

Ⅰ. ①洪… Ⅱ. ①叶… Ⅲ. ①计量经济学-高等学校-教学参考资料 Ⅳ. ①F224.0

中国国家版本馆CIP数据核字(2024)第028698号

责任编辑　江珏玙
美术编辑　李嘉彬
技术编辑　朱　楷

出版发行　厦门大学出版社
社　　址　厦门市软件园二期望海路 39 号
邮政编码　361008
总　　机　0592-2181111　0592-2181406(传真)
营销中心　0592-2184458　0592-2181365
网　　址　http://www.xmupress.com
邮　　箱　xmup@xmupress.com
印　　刷　厦门集大印刷有限公司

开本　787 mm×1 092 mm　1/16
印张　15.25
插页　1
字数　307 千字
版次　2024 年 5 月第 1 版
印次　2024 年 5 月第 1 次印刷
定价　52.00 元

本书如有印装质量问题请直接寄承印厂调换

厦门大学出版社
微信二维码

厦门大学出版社
微博二维码

序　　言

洪永淼

过去 40 年，现代经济学经历了一场深刻的实证研究范式变革，即“实证革命”。所谓实证研究，就是以数据为基础，运用计量经济学方法推断经济变量的逻辑关系，特别是因果关系，从而揭示经济运行规律。这种研究范式在大数据时代得到进一步强化。计量经济学不仅是经济学实证研究最主要的方法论，而且正在成为社会科学其他领域乃至病理学等学科实证研究的共同方法论。

在高等教育出版社于明、刘清田、权利霞、施春花等领导的鼓励下，我对自己在美国康奈尔大学经济学系、清华大学经济管理学院、上海交通大学安泰经济与管理学院、厦门大学王亚南经济研究院等高校院系给经济学、管理学专业研究生讲授的高级计量经济学的英文讲义进行了系统整理，于 2011 年在高等教育出版社出版了《高级计量经济学》教材。该教材在翻译、整理、出版的过程中得到了厦门大学经济学院教师赵西亮和厦门大学王亚南经济研究院博士生吴吉林（现为厦门大学经济学院“闽江学者奖励计划”特聘教授）等的帮助。该教材的一个显著特点是使用一个统一的理论框架介绍现代计量经济学的基本思想、基本概念、基本理论与基本方法，各个章节内容前后有序，由浅入深，具有较强的逻辑联系，每一章在介绍计量经济学基本理论与方法之前，均会提供一些具有启发性的经济学案例，以说明该章节所介绍的计量经济学理论与方法可以用于分析、解决什么样的经济问题。该教材可作为经济学、数量经济学、统计学、数据科学等专业硕士和博士研究生的计量经济学教材。

《高级计量经济学》教材共有十章，涵盖了计量经济学的基本理论与方法。

第一章是对计量经济学的一般性介绍，首先描述现代经济学的两个重要特征，即数学建模和经验验证。然后讨论计量经济学作为一种基本方法论在实证研究中的地位与作用，并提供了一些具有启示性的经济学例子，帮助理解计量经济学是如何应用于经济实证分析中的。最后，讨论了计量经济学和经济科学的局限性。由于现实经济系统一般不能进行重复性控制实验，在进行经济实证研究时，需要进行假设和谨慎的解释。

第二章讲解了一般回归分析和模型设定。回归分析是用一系列的经济解释变量，对感兴趣的经济变量的条件均值进行建模、估计和推断的分析过程。回归分析在经济学中应用广泛。本章定义了均方误并证明条件均值使均方误最小，这是最小二乘估计的概率论基础。本章还对最小二乘法近似系数及它与真实模型参数的关系进行了解释与讨论。

第三章介绍经典线性回归分析。本章给出一系列的经典假设并进行了讨论，介绍了最小二乘估计方法、推断和参数假设检验的有限样本分布理论。本章还讨论了广义最小二乘估计，它是当随机扰动项的条件方差—协方差矩阵不是一个常数时最有效的估计方法。广义最小二乘估计实际上是通过消除随机扰动项的条件方差及自相关，使之转化成满足线性回归模型经典假设的普通最小二乘估计。

第四章至第七章讨论了当各种经典假设不满足时应如何扩展经典线性回归分析。第四章首先放松了对随机扰动项正态分布和条件同方差的假设，这是经典线性回归模型中两个关键的假设条件。该部分采用了大样本分析方法，简单起见，第四章假设观测数据来自独立同分布的随机样本。可以证明，当经典的有限样本分布理论不再有效时，如果满足条件同方差假定，在大样本情况下，经典的统计方法仍然可以近似地适用。但是，如果数据出现了条件异方差，即使在大样本条件下，经典的统计方法也不适用了，此时，需要采用具有异方差稳健性的统计方法。

第五章将线性回归理论推广到平稳时间序列数据。首先，引入时间序列分析的各种基本概念，然后，证明如果回归误差是鞅差分序列，则独立同分布随机样本的大样本理论仍然适用于具有平稳遍历性的时间序列数据。

第六章将大样本理论扩展到更一般的情形，即存在条件异方差和序列自相关的情形。在这种情形下，经典回归理论不再适用，为了进行有效的统计分析，必须使用长期方差—协方差估计量。

第七章是线性回归模型的工具变量估计。在线性回归模型中，由于测量误差和联立方程偏差等各种因素，可能使回归扰动项与解释变量相关。在这种条件下，如何一致估计模型参数，是一个具有挑战性的问题。本章详细讨论了两阶段最小二乘估计和相关的统计方法。

第八章介绍广义矩估计方法，它是用来估计以矩条件刻画的线性与非线性计量经济学模型的流行方法。很多经济理论，比如理性预期模型或资本资产定价模型，可以用矩条件表示。广义矩估计方法特别适用于估计包含在矩条件中的模型参数。

第九章介绍适用于条件概率分布模型和其他线性与非线性计量经济学模型的最大似然估计和拟最大似然估计。本章提供了许多计量经济学例子，用于说明哪些计量经济学模型可用最大似然方法或拟最大似然方法来估计。

第十章对计量经济学基本理论和方法进行总结，并指出进一步学习计量经济学的方向。

《高级计量经济学》教材在每章结尾，均配备数量不等的习题。这些习题，要么是本章重要内容的数学验证，要么是本章所介绍的计量经济学理论与方法的应用，要么是本章基本理论与方法的拓展，所有习题对深刻理解现代计量经济学的基本理论与方法均大有助益。特别是计量经济学所有的模型与方法均有其成立、运用的前提条件，知道这些前提条件是什么以及为什么需要，对理解计量经济学的每一个模型与方法尤其重要。计量经济学作为一门经济学实证研究的方法论学科，习题练习是加深理解其理论与方法一个不可或缺的重要环节。

复旦大学付中昊副教授、香港城市大学崔丽媛助理教授在美国康奈尔大学经济学系攻读博士期间曾担任计量经济学博士研究生课程的助教，完成了《高级计量经济学》教材中部分习题的解答。在前期工作基础上，厦门大学邹至庄经济研究院博士研究生叶仕奇、厦门大学经济学院博士研究生朱美婷、中国科学院大学经济与管理学院博士研究生徐坚皓与计量经济学教育部重点实验室（厦门大学）副主任钟锃光正高级工程师编写了本书，旨在为学习高级计量经济学的读者提供学习辅导和习题解答。本书各章习题及其详细解答步骤与过程，可以帮助同学们更好地理解和应用现代计量经济学的理论与方法。

本书的编排顺序与《高级计量经济学》（洪永淼著）教材相同，其第一章导读与教材第一章总体性介绍对应，第二章至第九章与教材的第二章至第九章一一对应（教材第十章没有习题，故本书没有第十章）。在内容安排上，本书的每一章（除第一章外）分为重要概念、内容概要与习题解析三个部分。其中，重要概念部分强调各章涉及的一些重要概念，对其进行简要的解释说明，并引导读者深入理解这些重要概念；内容概要部分主要来自《高级计量经济学》教材各章的章末小结，旨在复述各章的重要内容，帮助读者回顾并梳理各章的基本逻辑，并再次强调各章要点；习题解析部分的编排顺序也与《高级计量经济学》教材章末习题相对应，给出了各个问题的详细解答思路以及解题步骤。这样一来，读者在思考以及核对习题答案时，可以直接在本书中查看各习题内容，不需要反复翻阅并对照教材中的习题。

虽然本书给读者带来了诸多便利，帮助读者解决在思考习题时苦寻无解的后顾之忧，但需要强调的是，知识的真正掌握源于深刻理解与实际应用，本书的主要目的是让读者在学习高级计量经济学的过程中找到一种自我检验、自我反馈、自我提升的方式，而非培养读者的思维惰性。倘若读者只是简单地阅读题目后便去查阅答案，那无疑是舍本逐末，打断了不可或缺的自身思考与练习的过程，也违背了本书的写作初衷。在这里，我强烈建议读者在阅读《高级计量经济学》教材时，先尝试独立思考其中的重要概念、重要思想、重要理论与重要方法，独立完成习题解答，然后再去核对答案。当然，如果能与同学一起讨论，对开阔思路将很有助益。这样的过程才是真正的学习过程，也是参考本书的价值所在。

学习计量经济学是一个充满挑战与困难的过程，本书可以作为读者识别并克服困难的工具。希望通过本书，读者能够发现自己在掌握计量经济学理论与方法方面可能存在的薄弱环节，从而有针对性地重新翻阅教材，查缺补漏、不断提高。此外，学习不只是理解和接受教材所介绍的知识，更重要的是能够灵活运用并做到自主创新。我希望读者在参考本书的过程中，能够注重培养个人解决问题的能力与批判性思维方式，因为没有一种方法是绝对的，一个问题可能存在不同的解决方式。我希望本书在辅助读者解答问题的同时，能够培养读者的创新性思维，启发读者独立思考、探索多元化的解答方法，并实现自我超越。

目　录

第一章

本书导读

本书分为九章。

第一章为本书的导读部分，总结第二到第九章习题的基本内容，梳理习题的逻辑。

第二章的习题（1）考察读者对条件概率分布的理解与掌握（习题 2.1 ~ 2.3）；（2）考察条件均值的计算与性质（习题 2.4 ~ 2.7）；（3）考察线性回归模型中的基本概念与计算（习题 2.8 ~ 2.11）；（4）考察相关系数的计算（习题 2.12 ~ 2.13）；（5）考察条件均值正确设定的计算（习题 2.14 ~ 2.16），从而引出模型的正确设定（习题 2.17）。

第三章的习题（1）考察读者对基本概念的理解与掌握（习题 3.1 ~ 3.3），随后通过 R^2 的相关习题帮助读者推导其性质，掌握其含义，并指出其不足之处（习题 3.4 ~ 3.6），引出调整后的 R^2（习题 3.7）；（2）考察读者对多重共线性内容的掌握，引导读者发现在多重共线性情况下出现的诸多问题（习题 3.8 ~ 3.11、习题 3.20）；（3）考察读者对无偏估计量的计算，并通过对比计算引导读者发现其与最优线性无偏估计量 (BLUE) 之间的不同（习题 3.12 ~ 3.13）；（4）考察读者对 F 检验的掌握情况，并通过诸多情况下的证明帮助读者加深理解（习题 3.14 ~ 3.18），对 OLS（普通最小二乘法）的估计残差平方和也进行了证明（习题 3.19）；（5）考察条件异方差情况下 OLS 与 GLS（广义最小二乘法）的差异性（习题 3.21 ~ 3.22），以及遗漏变量所产生的诸多影响（习题 3.23 ~ 3.24）；（6）考察 GLS 估计量的性质与相应的 t 检验和 F 检验（习题 3.25 ~ 3.29）。

第四章的习题（1）考察读者对依概率收敛、依均方收敛以及几乎处处收敛概念的理解（习题 4.1 ~ 4.5）；（2）考察连续映射定理的运用方式（习题 4.5 ~ 4.6）；（3）考察读者对渐近分布的理解，明确渐近均值和渐近方差与渐近分布的均值和方差之间的区别（习题 4.7 ~ 4.8），并引导读者利用 delta 方法刻画随机变量极限分布（习题 4.9 ~ 4.10）；（4）介绍独立同分布随机样本下 OLS 估计量的基本性质（习题 4.11 ~ 4.12），进一步拓展至加权 OLS 场景（习题 4.13），并讨论如何解决条件同方差假设的检验问题（习题 4.14 ~ 4.17）；（5）将问题延拓至非线性回归场景，考察读者灵活运用知识的能力

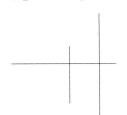

（习题 4.17 ~ 4.19）。

第五章的习题（1）考察读者对时间序列基本概念的理解程度（习题 5.1）。（2）考察读者计算时间序列均值、方差、协方差以及自相关系数的能力，以 AR 模型/自回归模型（习题 5.2）、MA 模型/移动平均模型（习题 5.3）、ARMA 模型/自回归移动平均模型（习题 5.4 ~ 5.5）这三个经典时间序列模型为例。（3）考察读者是否明确独立同分布、鞅差分序列、白噪声的定义以及它们之间的联系（习题 5.6 ~ 5.8）；同时，通过几个习题（习题 5.9 ~ 5.12），深化读者对于傅里叶变换和谱密度函数的理解。（4）介绍时间序列线性回归模型的相关知识，包括时间序列回归模型中的条件同方差检验（习题 5.13）、动态线性回归模型中扰动项存在不同设定时的 OLS 估计量的一致性问题（习题 5.14）、模型可能存在的错误设定问题（习题 5.15），以及 OLS 估计量的渐近方差（习题 5.16）。（5）介绍不同假设前提下如何检验扰动项的 MDS（鞅差分序列）假设（习题 5.17 ~ 5.20），并探讨扰动项存在 ARCH（自回归条件异方差）效应的情况下，可能存在的一些问题（习题 5.21 ~ 5.26）。

第六章的习题（1）考察读者对长期方差极限的推导与计算（习题 6.1 ~ 6.3），然后通过具体的例子对鞅差分序列中的性质进行探究（习题 6.4 ~ 6.5）；（2）介绍核函数的相关知识（习题 6.6），紧接着通过一个 AR 过程考察统计量的渐进分布（习题 6.7）；（3）本章的重点是 Cochrane-Orcutt 方法，要求读者能够理解 Cochrane-Orcutt 方法的假设、步骤以及估计量的性质，同时思考该方法的局限所在，熟练掌握其估计量与渐进分布（习题 6.8 ~ 6.9）。

第七章的习题（1）考察读者对线性回归模型设定正确与否的理解（习题 7.1）；（2）讨论可能导致 OLS 估计量出现偏差的联立方程组偏差相关问题（习题 7.2）；（3）通过经济案例引出工具变量的概念以及两阶段最小二乘（2SLS）估计量（习题 7.3），给出 2SLS 估计量的统计性质，如一致性（习题 7.4 ~ 7.6、习题 7.13）；（4）考察随机扰动项在不同的方程构造下，样本估计方差是不是真实方差的一致估计量（习题 7.10）；（5）进行参数假设检验，并验证检验统计量的结构取决于 $\{Z_t\varepsilon_t\}$ 的性质（习题 7.4、7.9、7.11）；（6）考察对本章第六节方差—协方差矩阵的理解与估计（习题 7.12）；（7）考察 OLS 估计量和 2SLS 估计量的区别与联系（习题 7.14 ~ 7.16）；（8）介绍 Hausman 内生性检验方法（习题 7.17 ~ 7.20），从如何构造 Hausman 检验统计量，以及推导出两阶段最小二乘估计的渐近分布，来考察读者对内生性问题的检验能力；（9）在习题中引入 Hausman-White 检验，考虑加权最小二乘（WLS）估计量，进一步提高读者对估计量统计性质，如一致性、渐进正态性以及检验统计量的假设检验理论推断能力（习题 7.21）。

第八章的习题（1）帮助读者回忆 GMM（广义矩方法）的基本程序，包括矩条件的构造、一阶条件的计算、估计量渐近分布的推导以及最优权重矩阵的性质（习题 8.1）；（2）比较 GMM 估计量与 2SLS 估计量之间的联系及区别（习题 8.2 ~ 8.4）；（3）讨论 GMM 框架下的检验问题，包括如何构建 Wald 检验（习题 8.5）与拉格朗日乘数检验（习题 8.6），并讨论检验统计量及其渐近性质；（4）探讨 GMM 的一些应用场景，包括如何构建非线性 IV 估计量（习题 8.7）、非线性最小二乘估计量（习题 8.8），探讨如何检验矩条件是否成立（习题 8.9 ~ 8.11），并将其应用于检验工具变量假设是否成立（习题 8.12 ~ 8.13）。

第九章的习题（1）考察读者对条件概率密度模型和分布模型的理解（习题 9.1 ~ 9.2、习题 9.5），讨论其条件期望和条件方差等基本的统计性质。（2）基于截断模型和时间序列模型，比较 OLS 估计量和 MLE（最大似然估计）估计量的统计性质的差异，讨论二者之间的相对效率问题（习题 9.3 ~ 9.4，习题 9.21）。（3）研究 Score 函数（习题 9.6、9.7、9.10），帮助读者更进一步理解最大似然估计和拟最大似然估计（QMLE）。（4）讨论 MLE 和 QMLE 的联系与区别，进一步探讨条件概率分布模型的正确设定的意义（习题 9.9）。（5）讨论 MLE 的渐近分布和渐近方差的一致估计量，以及正确的模型设定条件下参数假设检验问题（习题 9.8、习题 9.11 ~ 9.16）。（6）讨论当条件概率分布模型错误设定时，参数的假设检验问题（习题 9.17）；当条件概率分布模型正确设定时，动态概率积分变换和均匀分布的关系（习题 9.18 ~ 9.19）。（7）介绍了另一种参数推断方法，即未知参数的贝叶斯统计推断方法（习题 9.20）。

第二章

一般回归分析和模型设定

重要概念

本章涉及的重要概念包括：

（1）**条件概率分布**。条件概率分布是指两个随机变量 X 与 Y 之间的条件概率密度或条件概率分布 $f_{Y|X}(y|x)$ 完全描述了 Y 对 X 的依赖关系（dependent relationship），或者 X 对 Y 的预测关系（predictive relationship）。

（2）**条件均值**。条件均值为基于条件概率分布得到的一阶矩条件。与之同样重要且需要掌握的是条件方差、条件偏度、条件峰度以及条件 $\alpha-$ 分位数的定义及计算方法。这些矩条件是条件概率分布的总体刻画，具有不同的重要经济学含义。

（3）**回归分析**。回归分析是考察变量 Y 与变量 X 之间关系的最常用的统计工具，其中变量 Y 称为因变量或响应变量，X 称为自变量或解释变量。一般情况下，回归分析与给定解释变量下因变量的条件期望有关，即解释变量值不变时因变量的平均值。另外，回归分析也可能与给定解释变量下因变量条件分布的分位数或其他位置参数有关。若与条件分位数相关，该回归函数一般称为分位数回归函数。

（4）**线性回归模型**。定义条件均值 $g_o(X) \equiv E(Y|X)$，若 $g_o(X)$ 是未知参数 β 的线性函数（但不一定是解释变量 X 的线性函数），这种模型称为线性回归模型。

（5）**模型正确设定**。线性回归模型包含无数线性函数，每一个线性函数对应一个特定的 β 值。当线性回归模型正确设定时，存在着一个对应于参数值 β^o 的线性函数 $X'\beta^o$，使 $E(Y|X) = X'\beta^o$。换言之，正确设定的线性回归模型包含着真实的函数关系 $E(Y|X) = X'\beta^o$。参数值 β^o 称为线性回归模型的“真实参数”，其具有有效的经济含义解释。

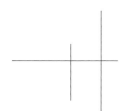

内容概要

很多经济理论（比如理性预期理论）可用在一定信息集下经济变量的条件均值来刻画。条件均值 $E(Y|X)$ 称为 Y 对 X 的回归函数。在这一章里，证明回归函数 $E(Y|X)$ 是最小化 MSE（均方误差）问题的最优解，即

$$E(Y|X) = \arg\min_{g\in\mathbb{F}} E[Y - g(X)]^2$$

其中 $\mathbb{F}$ 是所有可测和平方可积函数的集合。

回归函数 $E(Y|X)$ 通常是未知的，因为经济理论一般没有提供具体的函数形式。在实际应用中，通常使用 $E(Y|X)$ 的参数模型作为近似，即假设一个已知的函数形式，其中存在有限个未知参数。当将 $g(X)$ 限制于仿射函数集 $\mathbb{A} = \{g: \mathbb{R}^{k+1} \to \mathbb{R} \mid g(X) = X'\beta\}$ 时，最小化 MSE 问题

$$\min_{g\in\mathbb{A}} E[Y - g(X)]^2 = \min_{\beta\in\mathbb{R}^{k+1}} E(Y - X'\beta)^2$$

的最优预测函数是 $g^*(X) = X'\beta^*$，其中

$$\beta^* = [E(XX')]^{-1}E(XY)$$

称为最优线性最小二乘近似系数。无论 $E(Y|X)$ 是否为 X 的线性函数，最优线性最小二乘预测值 $g^*(X) = X'\beta^*$ 总是存在且有定义。

假设有一个线性回归模型

$$Y = X'\beta + u$$

则参数 $\beta = \beta^*$，当且仅当

$$E(Xu) = \mathbf{0}$$

这一正交条件其实是最优线性最小二乘优化问题的一阶条件，它并不保证线性回归模型设定正确。如果存在某一参数值 β^o，有 $E(Y|X) = X'\beta^o$ 成立，则线性回归模型是条件均值 $E(Y|X)$ 的正确设定。线性回归模型的正确设定的充要条件是

$$E(u|X) = \mathbf{0}$$

其中 $u = Y - X'\beta^o$，即对 $E(Y|X)$ 的线性回归模型设定正确，当且仅当存在某个参数 β^o，使得线性回归模型误差 $u = Y - X'\beta^o$ 的条件均值为零。注意 $E(u|X) = \mathbf{0}$ 与条件 $E[uh(X)] = \mathbf{0}$ 是等价的，其中 $h(\cdot)$ 是任意可测函数。当存在某一参数值 β^o，使得

$E(Y|X) = X'\beta^o$ 时，有 $\beta^* = \beta^o$，即当线性回归模型设定正确时，最优线性最小二乘近似系数 β^* 与真实模型参数 β^o 是一致的，此时 β^* 可解释为 X 对 Y 的期望边际效应。条件 $E(u|X) = 0$ 与 $E(Xu) = \mathbf{0}$ 有根本区别，前者是使最优线性最小二乘近似系数 β^* 等于真实系数 β^o 且具有有效的经济解释的关键条件，而正交性条件 $E(Xu) = \mathbf{0}$ 并不能保证这一点。

正确的模型设定对于保证模型系数具有有效的经济解释是非常重要的。计量经济学模型旨在简洁且相对精确地揭示数据生成过程，忽略数据中不太相关的因素，有助于更好地理解数据生成过程的主要方面。这意味着计量经济学模型从来都不是对数据生成过程的完全准确描述，因此，“真实模型”的概念并没有太大的实际意义，它仅反映了在数学上得到准确结果的理想化情形。如果模型是对数据生成过程的相对准确近似，那么结果也近似于真实的情况。

本章的主要目的是解释回归分析的基本思想，使读者对线性回归模型的性质和局限有所了解。回归分析在计量经济学中广泛应用，第三章至第七章将对线性回归模型进行详细讨论。

习题解析

习题 2.1

令 $\varepsilon = Y - E(Y|X)$，请证明 $\text{var}(Y|X) = \text{var}(\varepsilon|X)$。

解答:

$$\begin{aligned}
\text{var}(\varepsilon|X) &= \text{var}[Y - E(Y|X)|X] \\
&= E\{[Y - E(Y|X)]^2|X\} - \{E[Y - E(Y|X)|X]\}^2 \\
&= E\{Y^2 + [E(Y|X)]^2 - 2YE(Y|X)|X\} - \{E(Y|X) - E[E(Y|X)|X]\}^2 \\
&= E(Y^2|X) + E\{[E(Y|X)]^2|X\} - 2E[YE(Y|X)|X] \\
&= E(Y^2|X) - [E(Y|X)]^2 \\
&= \text{var}(Y|X)
\end{aligned}$$

习题 2.2

证明 $\mathrm{var}(Y)=\mathrm{var}[E(Y|X)]+\mathrm{var}[Y-E(Y|X)]$，并对该结果进行解释。

解答：

$$\begin{aligned}
\mathrm{var}[E(Y|X)] &= E(\{E(Y|X)-E[E(Y|X)]\}^2)\\
&= E\{[E(Y|X)-EY]^2\}\\
&= E\{[E(Y|X)]^2+(EY)^2-2E(Y|X)EY\}\\
&= E[E(Y|X)]^2-(EY)^2\\
\mathrm{var}[Y-E(Y|X)] &= E\{[Y-E(Y|X)]^2\}\\
&= E\{Y^2+[E(Y|X)]^2-2YE(Y|X)\}\\
&= EY^2+E[E(Y|X)]^2-2E[YE(Y|X)]\\
&= EY^2+E[E(Y|X)]^2-2E[E(Y|X)]^2\\
&= EY^2-E[E(Y|X)]^2
\end{aligned}$$

$$\mathrm{var}[E(Y|X)]+\mathrm{var}[Y-E(Y|X)]=\mathrm{var}(Y)$$

解释：因为 $\mathrm{var}[Y-E(Y|X)]=E[\mathrm{var}(Y|X)]$，根据总方差定律，所以 $\mathrm{var}(Y)=\mathrm{var}[E(Y|X)]+E[\mathrm{var}(Y|X)]$。

习题 2.3

假设 (X,Y) 服从二元正态分布，其联合密度函数为

$$f_{XY}(x,y)=\frac{1}{2\pi\sigma_1\sigma_2\sqrt{1-\rho^2}}\times\exp\left\{-\frac{1}{2(1-\rho^2)}\left[\left(\frac{x-\mu_1}{\sigma_1}\right)^2-2\rho\cdot\frac{x-\mu_1}{\sigma_1}\cdot\frac{y-\mu_2}{\sigma_2}+\left(\frac{y-\mu_2}{\sigma_2}\right)^2\right]\right\}$$

其中，$-1<\rho<1$，$-\infty<\mu_1$，$\mu_2<\infty$，$0<\sigma_1$，$\sigma_2<\infty$。求：

（1）$E(Y|X)$；

（2）$\mathrm{var}(Y|X)$。

提示：利用变量替代法进行积分，并利用等式 $\int_{-\infty}^{\infty}\frac{1}{\sqrt{2\pi}}\mathrm{e}^{-\frac{1}{2}x^2}\mathrm{d}x=1$。

解答:

首先，从联合正态概率密度函数 $N(\mu_1,\mu_2,\sigma_1,\sigma_2,\rho)$ 中计算 X 的边际密度函数:

$$f_X(x)$$
$$=\int_{-\infty}^{\infty} f_{XY}(x,y)\mathrm{d}y$$
$$=\int_{-\infty}^{\infty}\frac{1}{2\pi\sigma_1\sigma_2\sqrt{1-\rho^2}}\exp\left\{-\frac{1}{2(1-\rho^2)}\left[\left(\frac{x-\mu_1}{\sigma_1}\right)^2-\right.\right.$$
$$\left.\left.2\rho\cdot\frac{x-\mu_1}{\sigma_1}\cdot\frac{y-\mu_2}{\sigma_2}+\left(\frac{y-\mu_2}{\sigma_2}\right)^2\right]\right\}\mathrm{d}y$$
$$=\int_{-\infty}^{\infty}\frac{1}{2\pi\sigma_1\sigma_2\sqrt{1-\rho^2}}\exp\left\{-\frac{1}{2(1-\rho^2)}\left(\frac{y-\mu_2}{\sigma_2}-\rho\frac{x-\mu_1}{\sigma_1}\right)^2-\frac{1}{2}\left(\frac{x-\mu_1}{\sigma_1}\right)^2\right\}\mathrm{d}y$$
$$=\frac{\exp\left[-\frac{1}{2}\left(\frac{x-\mu_1}{\sigma_1}\right)^2\right]}{\sqrt{2\pi}\sigma_1}\int_{-\infty}^{\infty}\frac{1}{\sqrt{2\pi(1-\rho^2)\sigma_2^2}}\exp\left[-\frac{\left(\frac{y-\mu_2}{\sigma_2}-\rho\frac{x-\mu_1}{\sigma_1}\right)^2}{2(1-\rho^2)}\right]\mathrm{d}y$$
$$=\frac{1}{\sqrt{2\pi}\sigma_1}\mathrm{e}^{-\frac{(x-\mu_1)^2}{2\sigma_1^2}}$$

我们可以计算 $Y|X$ 的条件分布为

$$f_{Y|X}(y\mid x)$$
$$=\frac{f_{XY}(x,y)}{f_X(x)}=\frac{1}{\sqrt{2\pi}\sigma_2\sqrt{1-\rho^2}}\exp\left(-\frac{1}{2\sigma_2^2(1-\rho^2)}\left\{y-\left[\mu_2+\rho\frac{\sigma_2}{\sigma_1}(x-\mu_1)\right]\right\}^2\right)$$

然后，可以得到 $Y|X\sim N\left[\mu_2+\rho\frac{\sigma_2}{\sigma_1}(X-\mu_1),\sigma_2^2(1-\rho^2)\right]$。

从而，可以得到两个问题的答案分别为 $E(Y|X)=\mu_2+\rho\frac{\sigma_2}{\sigma_1}(X-\mu_1)$ 和 $\mathrm{var}(Y|X)=\sigma_2^2(1-\rho^2)$。

习题 2.4

假设 $Z\equiv(Y,X')'$ 是一个随机向量，且 $g_o(X)\equiv E(Y\mid X)$ 存在，其中 X 是一个 $(k+1)\times 1$ 随机向量。假设用一个模型（或函数）$g(X)$ 预测 Y。评价一个模型 $g(X)$ 预测好坏的常用标准是均方误 $\mathrm{MSE}(g)\equiv E[Y-g(X)]^2$。

要求:

（1）证明使 $\mathrm{MSE}(g)$ 最小化的最优预测值 $g^*(X)$ 是条件均值 $g_o(X)$，即 $g^*(X)=g_o(X)$。

（2）令 $\varepsilon \equiv Y - g_o(X)$，称为真实的回归扰动项。证明 $E(\varepsilon \mid X) = 0$ 并解释这一结果。

解答:

（1）

$$\begin{aligned}\text{MSE}(g) &= E[Y - g(X)]^2 = E[Y - g_o(X) + g_o(X) - g(X)]^2 \\ &= E[Y - g_o(X)]^2 + E[g_o(X) - g(X)]^2 + 2E\{[g_o(X) - g(X)]E[Y - g_o(X) \mid X]\}\end{aligned}$$

根据 $g_o(X)$ 的定义，得到 $E[Y - g_o(X) \mid X] = E(Y \mid X) - g_o(X) = 0$，则

$$\text{MSE}(g) = E[Y - g_o(X)]^2 + E[g_o(X) - g(X)]^2$$

上述目标函数在 $g^*(X) = g_o(X)$ 处达到最小化。

（2）根据 ε 的定义，

$$E(\varepsilon \mid X) = E[Y - g_o(X) \mid X] = E(Y \mid X) - g_o(X) = g_o(X) - g_o(X) = 0$$

习题 2.5

习题 2.4 中模型 $g(X)$ 的集合是所有可测且平方可积的函数。假设我们现在将 $g(X)$ 的选择限制为线性（或仿射）模型 $g_{\mathbb{A}}(X) = X'\beta$，其中 β 是 $(k+1)\times 1$ 参数向量。通过选择参数 β 的值可以选定线性函数 $g_{\mathbb{A}}(X)$，不同的 β 值给出不同的线性函数。使均方误最小化的最优线性函数定义为 $g_{\mathbb{A}}^*(X) \equiv X'\beta^*$，其中

$$\beta^* \equiv \underset{\beta \in \mathbb{R}^{k+1}}{\arg\min}\, E(Y - X'\beta)^2$$

称为最优线性近似系数。

要求：

（1）证明 $\beta^* = [E(XX')]^{-1}E(XY)$。

（2）定义 $u^* \equiv Y - X'\beta^*$，证明 $E(Xu^*) = \mathbf{0}$，其中 $\mathbf{0}$ 是 $(k+1)\times 1$ 向量。

（3）假设存在某一给定的 β^o，条件均值 $g_o(X) = X'\beta^o$，则说线性模型 $\mathbb{A}$ 是条件均值 $g_o(X)$ 的正确设定，且 β^o 是数据生成过程的真实参数值。在此条件下，证明 $\beta^* = \beta^o$，并且 $E(u^*|X) = 0$。

（4）假设对于任意 β 值，$g_o(X) \neq X'\beta$，则称线性模型 $\mathbb{A}$ 是条件均值 $g_o(X)$ 的错误设定。检查 $E(u^*|X) = 0$ 是否成立，并讨论它的含义。

解答:

（1）我们使用优化方法来处理这个问题。首先，我们推导均方误的一阶条件并将

其设为零，

$$\frac{\partial \mathrm{MSE}}{\partial \beta} = -2E[X(Y - X'\beta)] = 0$$

从而，可以得到

$$\beta^* = [E(XX')]^{-1}E(XY)$$

其次，通过检查以下二阶条件来验证其是不是一个全局最优估计值，

$$\frac{\partial^2 \mathrm{MSE}}{\partial \beta \partial \beta'} = 2E(XX')$$

$E(XX')$ 非奇异确保了它是正定矩阵。

因此，我们证明 β^* 全局最小化了 MSE，满足题设条件，故 $\beta^* = [E(XX')]^{-1}E(XY)$ 得证。

（2）根据 u^* 的定义以及 β^* 的函数形式，有

$$E(Xu^*) = E[X(Y - X'\beta^*)] = E(XY) - E(XX')[E(XX')]^{-1}E(XY) = \mathbf{0}$$

（3）考虑正确模型设定的定义，如果 $g_o(X)$ 是正确设定的，那么

$$Y = g_o(X) + \varepsilon = X'\beta^o + \varepsilon$$

其中 $E(\varepsilon \mid X) = 0$。首先推导下式：$E(X\varepsilon) = E[XE(\varepsilon \mid X)] = 0$。同时，

$$E(X\varepsilon) = E[X(Y - X'\beta^o)] = E(XY) - E(XX')\beta^o$$

通过重排上述方程，得到

$$\beta^o = [E(XX')]^{-1}E(XY) = \beta^*$$

进一步地，

$$E(u^* \mid X) = E[Y - X'\beta^* \mid X] = E[Y - X'\beta^o \mid X] = E(\varepsilon \mid X) = 0$$

（4）如果 $g_o(X) \neq X'\beta$，那么 $X'\beta^* \neq E(Y \mid X)$，并且

$$\begin{aligned} E(u^* \mid X) &= E[Y - X'\beta^* \mid X] = E[Y - g_o(X) \mid X] + E[g_o(X) - X'\beta^* \mid X] \\ &= E(\varepsilon \mid X) + E[g_o(X) - X'\beta^* \mid X] = E[g_o(X) - X'\beta^* \mid X] \neq 0 \end{aligned}$$

这意味着 u^* 中存在一些不可忽略的结构，可以利用它们来提高使用 X 以预测 Y 的效果。一个错误设定的模型总是会产生次优的预测结果。这是因为 MSE 在 $g_o(X)$ 处是全局最小的，因此任何函数 $X'\beta \neq g_o(X)$ 都不会比 $g_o(X)$ 的效果更好。

习题 2.6

假设 $Y=\beta_0^*+\beta_1^*X_1+u$，其中 Y 和 X_1 是随机变量，$\beta^*=(\beta_0^*,\beta_1^*)'$ 是最优线性最小二乘近似系数。

要求：

（1）证明 $\beta_1^*=\text{cov}(Y,X_1)/\sigma_{X_1}^2$，$\beta_0^*=E(Y)-\beta_1^*E(X_1)$，并且均方误为

$$\text{MSE}(\beta^*)=E[Y-(\beta_0^*+\beta_1^*X_1)]^2=\sigma_Y^2(1-\rho_{X_1Y}^2)$$

其中 $\sigma_Y^2=\text{var}(Y)$，ρ_{X_1Y} 是 Y 和 X_1 之间的相关系数。

（2）进一步假设 Y 和 X_1 服从二元正态分布。证明 $E(Y|X_1)=\beta_0^*+\beta_1^*X_1$，$\text{var}(Y|X_1)=\sigma_Y^2(1-\rho_{X_1Y}^2)$，即 Y 的条件均值等于最优线性最小二乘预测值，而 Y 的条件方差等于最优线性最小二乘预测的均方误。

解答：

（1）$\beta^*=(\beta_o^*,\beta_1^*)'$ 可通过最小化标准误来得到，

$$\beta^*=\arg\min_{\beta}\ E(Y-X'\beta)^2$$

一阶偏导为

$$\frac{\partial}{\partial\beta_0}\text{MSE}(\beta)=-2E[Y-(\beta_0+\beta_1X_1)]=0,\quad\rightarrow\beta_0^*=EY-\beta_1^*EX_1$$
$$\frac{\partial}{\partial\beta_1}\text{MSE}(\beta)=-2E[X_1(Y-\beta_0-\beta_1X_1)]=0,\quad\rightarrow E[X_1Y]=\beta_0^*EX_1+\beta_1^*E(X_1^2)$$

更重要的是，通过求解这个方程组，我们可以唯一地确定 $\beta^*=(\beta_0^*,\beta_1^*)'$。

$$\begin{aligned}\text{cov}(X_1,Y)&=E(X_1Y)-EX_1EY=\beta_0^*EX_1-EX_1EY+\beta_1^*E(X_1^2)\\&=\beta_0^*EX_1-EX_1(\beta_0^*+\beta_1^*EX_1)+\beta_1^*E(X_1^2)\\&=\beta_1^*[E(X_1^2)-E^2(X_1)]\\&=\beta_1^*\,\text{var}(X_1)\end{aligned}$$

因此，重新整理上述方程，可以得到

$$\beta_1^*=\frac{\text{cov}(X_1,Y)}{\text{var}(X_1)}$$

将此值插入一阶条件，$\beta_0^*=EY-\beta_1^*E(X_1)$。

最后，通过应用方差、协方差和相关性的定义，可以获得最小化的 MSE。由此可见

$$
\begin{aligned}
E(Y-\beta_0^*-\beta_1^*X_1)^2 &= E[Y-EY-\beta_1^*(X_1-EX_1)]^2\\
&= E(Y-EY)^2+\beta_1^{*2}E(X_1-EX_1)^2-2\beta_1^*E[(Y-EY)(X_1-EX_1)]\\
&= \operatorname{var}(Y)+\beta_1^{*2}\operatorname{var}(X_1)-2\beta_1^*\operatorname{cov}(X_1,Y)\\
&= \operatorname{var}(Y)+\frac{\operatorname{cov}^2(X_1,Y)}{\operatorname{var}(X_1)}-2\frac{\operatorname{cov}^2(X_1,Y)}{\operatorname{var}(X_1)}\\
&= \operatorname{var}(Y)\left[1-\frac{\operatorname{cov}^2(X_1,Y)}{\operatorname{var}(X_1)\operatorname{var}(Y)}\right]=\sigma_Y^2(1-\rho_{X_1,Y}^2)
\end{aligned}
$$

（2）应用习题 2.3 的结果。当 (Y,X_1) 遵循二元正态分布时，可以得到 $E(Y\mid X_1)=\mu_2+\rho_{X_1,Y}\dfrac{\sigma_Y}{\sigma_{X_1}}(X_1-\mu_{X_1})$，并且 $\operatorname{var}(Y\mid X_1)=\sigma_Y^2(1-\rho_{X_1,Y}^2)$。插入 β_0^* 和 β_1^* 的函数形式，可以得到

$$
\begin{aligned}
E(Y\mid X_1) &= \mu_2+\rho_{X_1,Y}\frac{\sigma_Y}{\sigma_{X_1}}(X_1-\mu_{X_1})\\
&= EY+\beta_1^*(X_1-EX_1)\\
&= EY-\beta_1^*EX_1+\beta_1^*X_1\\
&= \beta_0^*+\beta_1^*X_1
\end{aligned}
$$

习题 2.7

假设函数 $g(X)$ 用于预测 Y，评估标准是平均绝对误差 (MAE)，定义为 $\mathrm{MAE}(g)=E|Y-g(X)|$。证明：最小化 $\mathrm{MAE}(g)$ 的最优解是给定 X 的 Y 的条件中值。

解答：

我们令 $g(x)=a$，那么有 $\mathrm{MAE}(a)=E|Y-a|$。并且

$$
\begin{aligned}
\mathrm{MAE}(a) &= \int_a^{+\infty}(y-a)f\mathrm{d}y+\int_{-\infty}^a(a-y)f\mathrm{d}y\\
&= \int_a^{+\infty}yf\mathrm{d}y-a\int_a^{+\infty}f\mathrm{d}y+a\int_{-\infty}^a f\mathrm{d}y-\int_{-\infty}^a yf\mathrm{d}y
\end{aligned}
$$

首先我们推导 $\mathrm{MAE}(a)$ 的一阶条件并将其设为 0，

$$
\begin{aligned}
\frac{\mathrm{d\,MAE}}{\mathrm{d}a} &= -af-\int_a^{+\infty}f\mathrm{d}y+af+af+\int_{-\infty}^a f\mathrm{d}y-af\\
&= -\int_a^{+\infty}f\mathrm{d}y+\int_{-\infty}^a f\mathrm{d}y=0
\end{aligned}
$$

由此可见

$$\int_{-\infty}^{a} f\mathrm{d}y = \int_{a}^{+\infty} f\mathrm{d}y$$

因此，$g(x)$ 是给定 X 的 Y 的条件中值。

习题 2.8

假设

$$Y = \beta_0^o + \beta_1^o X_1 + |X_1|\varepsilon$$

其中 $E(X_1)=0$，$\mathrm{var}(X_1)=\sigma_{X_1}^2>0$，$E(\varepsilon)=0$，$\mathrm{var}(\varepsilon)=\sigma_\varepsilon^2>0$，$\varepsilon$ 和 X_1 是相互独立的，β_0^o 和 β_1^o 均是常数。

要求：

（1）求 $E(Y|X_1)$。

（2）求 $\mathrm{var}(Y|X_1)$。

（3）证明 $\beta_1^o=0$ 当且仅当 $\mathrm{cov}(X_1,Y)=0$。

解答:

（1）

$$\begin{aligned}E(Y|X_1) &= E[(\beta_0^o + \beta_1^o X_1 + |X_1|\varepsilon)|X_1]\\ &= \beta_0^o + \beta_1^o X_1 + E(|X_1|\varepsilon|X_1)\\ &= \beta_0^o + \beta_1^o X_1 + |X_1|E(\varepsilon|X_1)\\ &= \beta_0^o + \beta_1^o X_1\end{aligned}$$

（2）

$$\begin{aligned}\mathrm{var}(Y|X_1) &= E\{[Y-E(Y|X_1)]^2|X_1\}\\ &= E(X_1^2\varepsilon^2|X_1)\\ &= X_1^2[E^2(\varepsilon)+\mathrm{var}(\varepsilon)]\\ &= X_1^2\sigma_\varepsilon^2\end{aligned}$$

（3）

$$\begin{aligned}\mathrm{cov}(X_1,Y) &= EX_1Y - EX_1EY = EX_1Y = E[E(X_1Y|X_1)]\\ &= E[X_1E(Y|X_1)] = E(\beta_0^o X_1 + \beta_1^o X_1^2) = \beta_1^o EX_1^2 = \beta_1^o\sigma_{X_1}^2\end{aligned}$$

因此，$\beta_1^o=0$，当且仅当 $\mathrm{cov}(X_1,Y)=0$。

习题 2.9

假设一消费函数为

$$Y = 1 + 0.5X_1 + \frac{1}{4}(X_1^2 - 1) + \varepsilon$$

其中 $X_1 \sim N(0,1)$，$\varepsilon \sim N(0,1)$，且 X_1 与 ε 独立。

（1）求条件均值 $g_o(X) \equiv E(Y|X)$，其中 $X \equiv (1, X_1)'$。

（2）求期望边际消费倾向 (MPC) $\frac{\partial}{\partial X_1} g_o(X)$。

（3）假设用以下线性回归模型预测 Y

$$Y = X'\beta + u = \beta_0 + \beta_1 X_1 + u$$

其中 $\beta \equiv (\beta_0, \beta_1)'$ 。求最优线性近似系数 β^* 和最优线性预测值 $g^*(X) \equiv X'\beta^*$。

（4）计算线性回归模型的偏导数 $\frac{\partial}{\partial X_1} g^*(X)$ ，并与（2）部分的真实边际消费倾向相比较，讨论所得的结果。

解答:

（1）$g_o(X) = E(Y|X) = E[Y|(1, X_1)'] = \left\{ \left[1 + 0.5X_1 + \frac{1}{4}(X_1^2 - 1) + \varepsilon \right] \middle| (1, X_1)' \right\}$ 因为 X_1 和 ε 是独立的，所以

$$g_o(X) = \frac{3}{4} + \frac{1}{2}X_1 + \frac{1}{4}X_1^2$$

（2）$\frac{\partial}{\partial X_1} g_o(X) = \frac{\partial\left(\frac{3}{4} + \frac{1}{2}X_1 + \frac{1}{4}X_1^2\right)}{\partial X_1} = \frac{1}{2} + \frac{1}{2}X_1$。

（3）$\beta^* = [E(XX')]^{-1}E(X'Y) = \begin{bmatrix} 1 & 0 \\ 0 & 1 \end{bmatrix}^{-1} \begin{bmatrix} 1 \\ \frac{1}{2} \end{bmatrix} = \begin{bmatrix} 1 \\ \frac{1}{2} \end{bmatrix}$

$$g^*(X) = (1, X_1)\begin{bmatrix} 1 \\ \frac{1}{2} \end{bmatrix} = 1 + \frac{1}{2}X_1。$$

（4）$\frac{\partial}{\partial X_1} g^*(X) = \frac{1}{2} \neq \frac{\partial}{\partial X_1} g_o(X) = \frac{1}{2} + \frac{1}{2}X_1$。可见 $g^*(X)$ 失去了 X_1 的非线性信息。

习题 2.10

令 $g_o(X) = E(Y \mid X)$，其中 $X = (1, X_1)'$，则

$$Y = g_o(X) + \varepsilon$$

其中 $E(\varepsilon \mid X) = 0$。

考虑 $g_o(X)$ 在 $\mu_1 = E(X_1)$ 处的一阶泰勒级数展开：

$$\begin{aligned} g_o(X) &\approx g_o(\mu_1) + g_o'(\mu_1)(X_1 - \mu_1) \\ &= [g_o(\mu_1) - \mu g_o'(\mu_1)] + g_o'(\mu_1)X_1 \end{aligned}$$

令 $\beta^* = (\beta_0^*, \beta_1^*)'$ 为最优线性最小二乘近似系数。即，我们考虑到下述线性回归模型

$$Y = \beta_0^* + \beta_1^* X + u$$

请问：$\beta_1^* = g_o'(\mu_1)$ 吗？请给出理由。

解答:

$g_o(X)$ 的泰勒展开为

$$\begin{aligned} g_o(X) &= \sum_{p=0}^{\infty} \frac{g_o^p(\mu_1)}{p!}(X - \mu_1)^p \\ &= g_o(\mu_1) + g_o'(\mu_1)(X - \mu_1) + \sum_{p=2}^{\infty} \frac{g_o^p(\mu_1)}{p!}(X - \mu_1)^p \\ &= g_o(\mu_1) + g_o'(\mu_1)(X - \mu_1) + \Gamma(X), \end{aligned}$$

其中，

$$\Gamma(X) \equiv \sum_{p=2}^{\infty} \frac{g_o^p(\mu_1)}{p!}(X - \mu_1)^p$$

考虑下列线性回归模型，

$$\begin{aligned} Y &= g_o(\mu_1) + g_o'(\mu_1)(X - \mu_1) + \Gamma(X) + \varepsilon \\ &= [g_o(\mu_1) - \mu_1 g_o'(\mu_1)] + g_o'(\mu_1)X_1 + \Gamma(X) + \varepsilon \\ &= [g_o(\mu_1) - \mu_1 g_o'(\mu_1)] + g_o'(\mu_1)X_1 + u \end{aligned}$$

其中 $u \equiv \Gamma(X) + \varepsilon$。根据定理 2.6，当 $E(Xu) = \mathbf{0}$ 时，可以得到

$$\beta_1^* = g_o'(X_1)$$

然而，u 是关于 X 的函数，且 $E(Xu) \neq \mathbf{0}$，所以 $\beta_1^* = g_o'(\mu_1)$ 是错误的。

习题 2.11

假设数据生成过程为

$$Y = 0.8X_1X_2 + \varepsilon$$

其中 $X_1 \sim N(0,1)$，$X_2 \sim N(0,1)$，$\varepsilon \sim N(0,1)$，并且 X_1、X_2 及 ε 是相互独立的。令 $\boldsymbol{X} = (1, X_1, X_2)'$，请问：

（1）利用 X 的信息可预测 Y 的条件均值 $E(Y|X)$ 吗?

（2）假设使用以下线性回归模型预测 Y

$$g_{\mathbb{A}}(X) = \boldsymbol{X}'\boldsymbol{\beta} + u = \beta_0 + \beta_1X_1 + \beta_2X_2 + u$$

这一线性回归模型对 Y 具有预测能力吗？请解释。

解答:

（1）由于 $E(Y \mid X) = 0.8X_1X_2$，它是 $\boldsymbol{X}$ 的函数，因此可以使用 $\boldsymbol{X}$ 的信息预测 Y 的条件均值。

（2）如果我们使用一个线性模型来预测 Y，那么这个线性模型没有任何预测能力。线性回归模型的最优线性最小二乘近似系数为：

$$\begin{bmatrix} \beta_0^* \\ \beta_1^* \\ \beta_2^* \end{bmatrix} = [E(XX')]^{-1}E(XY)$$

如果我们能够证明 $\boldsymbol{\beta}^* \equiv [\beta_0^*, \beta_1^*, \beta_2^*]' = \boldsymbol{0}$，那么这个线性模型将没有预测能力。我们可以证明得到

$$E(XY) = \begin{bmatrix} E(Y) \\ E(X_1Y) \\ E(X_2Y) \end{bmatrix} = \begin{bmatrix} 0 \\ 0 \\ 0 \end{bmatrix}$$

其中第二个等号成立的原因是 X_1、X_2 和 ε 是独立同分布的 $N(0,1)$ 随机变量。因此，$\boldsymbol{\beta}^* = \boldsymbol{0}$，这个线性模型没有任何的预测能力。直观地看，$Y$ 的一阶矩与 $\boldsymbol{X}$ 之间的依赖关系是非线性的。由于此问题的特殊设置，非线性依赖关系不能被任何线性关联所捕捉。因此，线性回归模型 $g_{\mathbb{A}}(x)$ 无法提供任何预测能力。

习题 2.12

假设有

$$Y = a + bX + u$$

其中 u 是一个随机变量，$E(u)=0$，$\text{var}(u)=\sigma_u^2>0$ 和 $E(Xu)=0$。在计量经济学中，上述模型通常被称为线性回归模型。随机变量 u 可视为对原本完美的线性关系 $Y=a+bX$ 的扰动项。证明：X 和 Y 的相关系数为

$$\rho_{XY} = \frac{b}{\sqrt{b^2 + \sigma_u^2/\sigma_X^2}}$$

注：ρ_{XY} 依赖于 $\sigma_\varepsilon^2/\sigma_X^2$ 的比率，这通常称为噪声信号比。

解答:

$$\begin{aligned}\text{cov}(X,Y) &= E(XY) - E(X)E(Y) = E[(a+bX+u)X] - E(X)E(a+bX+u)\\ &= b[E(X^2) - E^2(X)] = b\sigma_X^2\\ \text{var}(Y) &= \text{var}(a+bX+u) = b^2\,\text{var}(X) + \text{var}(u) + 2b\,\text{cov}(X,u) = b^2\sigma_X^2 + \sigma_u^2\end{aligned}$$

因此有

$$\rho_{XY} = \frac{b\sigma_X^2}{\sqrt{\sigma_X^2}\sqrt{(b^2\sigma_X^2+\sigma_u^2)}} = \frac{b}{\sqrt{b^2 + \dfrac{\sigma_u^2}{\sigma_X^2}}}$$

习题 2.13

假定 X 和 Y 是随机变量，$E(Y|X) = 7 - \frac{1}{4}X$ 和 $E(X|Y) = 10 - Y$。计算：X 和 Y 的相关系数。

解答:

$$\begin{aligned}\text{cov}(X,Y) &= E(XY) - E(X)E(Y) = E[E(XY|X)] - E(X)E[E(Y|X)]\\ &= E\left[X\left(7 - \frac{1}{4}X\right)\right] - E(X)E\left(7 - \frac{1}{4}X\right)\\ &= 7E(X) - \frac{1}{4}E(X^2) - 7E(X) + \frac{1}{4}[E(X)]^2\\ &= -\frac{1}{4}\,\text{var}(X)\end{aligned}$$

类似地，$\text{cov}(X,Y) = -\text{var}(Y)$。所以，$-\frac{1}{4}\text{var}(X) = -\text{var}(Y)$，则 $\rho_{XY} = \frac{\text{cov}(X,Y)}{\sqrt{\text{var}(X)}\sqrt{\text{var}(Y)}} = -\frac{1}{2}$。因此，$X$ 和 Y 是负相关关系，其相关系数为 $-\frac{1}{2}$。

习题 2.14

证明：对于任意函数 $h(\cdot)$，$E(u|X)=0$ 当且仅当 $E[h(X)u]=0$。

解答:

$\Rightarrow$

$$E[h(X)u] = E\{E[h(X)u|X]\} = E[h(X)E(u|X)]。$$

已知 $E(u|X)=0$，所以 $E[h(X)u]=0$。

$\Leftarrow$

参考习题 2.15（2）的证明思路。

习题 2.15

假设 $E(\varepsilon|X)$ 存在，X 是有界的随机变量，$h(X)$ 是一任意可测函数。令 $g(X) = E(\varepsilon|X)$，并假设 $E[g^2(X)] < \infty$。

（1）证明：如果 $g(X)=0$，则 $E[\varepsilon h(X)]=0$。

（2）证明：如果 $E[\varepsilon h(X)]=0$，则 $g(X)=0$。提示：考虑 $h(X)=\exp(tX)$，其中 $t\in\mathbb{N}(0,\delta)$，这里 $\mathbb{N}(0,\delta)$ 表示原点 0 的 δ 领域，δ 是很小的正数。

给定 X 有界，有

$$g(x) = \sum_{j=0}^{\infty}\beta_j x^j$$

其中 $\beta_j = \int_{-\infty}^{\infty} g(x)x^j f_X(x)\mathrm{d}x$ 是傅里叶系数。则对于任意 $t\in\mathbb{N}(0,\delta)$

$$\begin{aligned} E(\varepsilon \mathrm{e}^{tX}) &= E[E(\varepsilon|X)\mathrm{e}^{tX}] = E[g(X)\mathrm{e}^{tX}] \\ &= \sum_{j=0}^{\infty}\frac{t^j}{j!}E[g(X)X^j] = \sum_{j=0}^{\infty}\frac{t^j}{j!}\beta_j \end{aligned}$$

如果对任意 $t\in\mathbb{N}(0,\delta)$，$E(\varepsilon \mathrm{e}^{tX})=0$，则所有的 $\{\beta_j\}$ 系数均为 0，因此有 $g(X)=0$。

解答:

（1）已知 $g(X)=E(\varepsilon|X)=0$，$E[\varepsilon h(X)] = E\{E[\varepsilon h(X)\mid X]\} = E[h(X)E(\varepsilon\mid X)] =$

$E[h(X)\cdot 0]=0$。

（2）考虑 $h(X)=\mathrm{e}^{tX}$，我们可以扩展 $g(X)$

$$g(X)=\sum_{j=0}^{\infty}\beta_j X^j$$

其中 $\beta_j=\int_{-\infty}^{\infty}g(x)x^j f_X(x)\mathrm{d}x$ 是傅立叶系数。然后，对于包含 0 的小邻域中的所有 t，有

$$\begin{aligned}E[\varepsilon h(X)]&=E(\varepsilon \mathrm{e}^{tX})=E[E(\varepsilon \mid X)\mathrm{e}^{tX}]=E[g(X)\mathrm{e}^{tX}]\\&=\sum_{j=0}^{\infty}\frac{t^j}{j!}E[g(X)X^j]=\sum_{j=0}^{\infty}\frac{t^j}{j!}\beta_j=0\end{aligned}$$

已知 $\{\beta_j\}$ 系数均为 0，所以 $g(X)=0$，也就是 $E(\varepsilon|X)=0$。

习题 2.16

考虑一个一般回归模型

$$Y_t=g(X_t)+u_t$$

其中 $g(X_t)$ 可能是 $E(Y_t|X_t)$ 的非线性模型。

证明：$E(u_t|X_t)=0$ 成立，当且仅当 $g(X_t)=E(Y_t|X_t)$。

解答：

$\Rightarrow$

$$E(Y_t|X_t)=g(X_t)+E(u_t|X_t)$$

已知 $E(u_t|X_t)=0$，所以 $g(X_t)=E(Y_t|X_t)$。

$\Leftarrow$

$$E(Y_t|X_t)=g(X_t)+E(u_t|X_t)$$

已知 $g(X_t)=E(Y_t|X_t)$，所以 $E(u_t|X_t)=0$。

习题 2.17

考虑下面非线性最小二乘问题

$$\min_{\beta\in\mathbb{R}^{k+1}}E[\boldsymbol{Y}-g(\boldsymbol{X},\beta)]^2$$

其中 $g(\boldsymbol{X},\beta)$ 是 β 的非线性函数 $\left[\text{例如 logistic 模型，} g(\boldsymbol{X},\beta)=\dfrac{1}{1+\exp(-\boldsymbol{X}'\beta)}\right]$。对于任意的 $\beta\in\mathbb{R}^{k+1}$，假设 $(k+1)\times(k+1)$ 矩阵 $E\left[\dfrac{\partial g(\boldsymbol{X},\beta)}{\partial\beta}\dfrac{\partial g(\boldsymbol{X},\beta)}{\partial\beta'}\right]$ 和 $\dfrac{\partial^2 g(\boldsymbol{X},\beta)}{\partial\beta\partial\beta'}$ 都是有界的和非奇异的，其中 $\dfrac{\partial g(\boldsymbol{X},\beta)}{\partial\beta'}$ 是 $(k+1)\times 1$ 向量 $\dfrac{\partial g(\boldsymbol{X},\beta)}{\partial\beta}$ 的转置。

要求：

（1）推导最优非线性最小二乘近似系数 β^* 的一阶条件。

（2）令 $\boldsymbol{Y}=g(\boldsymbol{X},\beta)+u$。证明 $\beta=\beta^*$ 当且仅当 $E\left[u\dfrac{\partial g(\boldsymbol{X},\beta)}{\partial\beta}\right]=0$。当 $g(\boldsymbol{X},\beta)$ 是 β 的非线性函数时，是否仍然有 $E(\boldsymbol{X}u)=\boldsymbol{0}$？请解释。

（3）如果存在某一参数值 β^o，使 $E(\boldsymbol{Y}|\boldsymbol{X})=g(\boldsymbol{X},\beta^o)$，则 $g(\boldsymbol{X},\beta)$ 被称为 $E(\boldsymbol{Y}|\boldsymbol{X})$ 的正确设定。证明 $\beta^*=\beta^o$ 当且仅当模型 $g(\boldsymbol{X},\beta)$ 是 $E(\boldsymbol{Y}|\boldsymbol{X})$ 的正确设定。

（4）当模型 $g(\boldsymbol{X},\beta)$ 设定正确时，是否有 $E(u|\boldsymbol{X})=0$？其中 $u=\boldsymbol{Y}-g(\boldsymbol{X},\beta^o)$。

（5）如果存在某一 β^o 值，使得 $E(u|\boldsymbol{X})=0$，这里 $u=\boldsymbol{Y}-g(\boldsymbol{X},\beta^o)$，那么非线性回归模型 $g(\boldsymbol{X},\beta)$ 是否为 $E(\boldsymbol{Y}|\boldsymbol{X})$ 的正确设定？

解答：（1）$E[\boldsymbol{Y}-g(\boldsymbol{X},\beta)]^2$ 的一阶条件为

$$\left.\frac{\partial}{\partial\beta}\right|_{\beta=\beta^*}E[\boldsymbol{Y}-g(\boldsymbol{X},\beta)]^2=0$$

$$\Leftrightarrow\ -2E\left\{[\boldsymbol{Y}-g(\boldsymbol{X},\beta^*)]\frac{\partial g(\boldsymbol{X},\beta^*)}{\partial\beta}\right\}=0$$

$$\Leftrightarrow E\left\{\frac{\partial g(\boldsymbol{X},\beta^*)}{\partial\beta}[\boldsymbol{Y}-g(\boldsymbol{X},\beta^*)]\right\}=0$$

（2）已知 $\boldsymbol{Y}=g(\boldsymbol{X},\beta)+u$，首先需要证明：$\beta=\beta^*$ 当且仅当 $E\left[u\dfrac{\partial g(\boldsymbol{X},\beta^*)}{\partial\beta}\right]=0$。

第一步：证明 $\Rightarrow$。如果 $\beta=\beta^*$，

$$E\left[u\frac{\partial g(\boldsymbol{X},\beta^*)}{\partial\beta}\right]=E\left\{[\boldsymbol{Y}-g(\boldsymbol{X},\beta)]\frac{\partial g(\boldsymbol{X},\beta^*)}{\partial\beta}\right\}$$
$$=E\left\{[\boldsymbol{Y}-g(\boldsymbol{X},\beta^*)]\frac{\partial g(\boldsymbol{X},\beta^*)}{\partial\beta}\right\}=0$$

这一结果由（1）的一阶条件可得。

第二步：证明 $\Leftarrow$。如果 $E\left[u\dfrac{\partial g(\boldsymbol{X},\beta^*)}{\partial\beta}\right]=0$，

$$E\left[u\frac{\partial g(\boldsymbol{X},\beta^*)}{\partial\beta}\right]=0$$

$$\Leftrightarrow E\left\{[\boldsymbol{Y}-g(\boldsymbol{X},\beta)]\frac{\partial g(\boldsymbol{X},\beta^*)}{\partial\beta}\right\}=0$$

其满足最佳非线性最小二乘近似系数 β^* 的一阶条件。因此有 $\beta=\beta^*$。

是的，$E(\boldsymbol{X}u)=\mathbf{0}$ 仍然成立。由于一阶条件适用于所有非线性函数 $g(\boldsymbol{X},\beta)$，可以让 $g(\boldsymbol{X},\beta)=\boldsymbol{X}'\eta(\beta)$，其中 $\eta(\beta)$ 可以是 β 的非线性函数，使得 $\frac{\partial\eta(\beta)}{\partial\beta}\neq 0$。那么 $E\left[u\frac{\partial g(\boldsymbol{X},\beta^*)}{\partial\beta}\right]=0$ 意味着

$$E\left[u\boldsymbol{X}'\frac{\partial\eta(\beta^*)}{\partial\beta}\right]=0$$

已知 β^* 是常量，从而可得到 $E(\boldsymbol{X}u)=\mathbf{0}$。

（3）证明：$\beta^*=\beta^o$ 当且仅当 $g(\boldsymbol{X},\beta)$ 是 $E(\boldsymbol{Y}\mid\boldsymbol{X})$ 的正确设定。

第一步：证明 ⇒。根据定义 2.5，如果 $\beta^*=\beta^o$，我们需要证明 $E(\boldsymbol{Y}\mid\boldsymbol{X})=g(\boldsymbol{X},\beta^o)$。等价于证明

$$E(\boldsymbol{Y}\mid\boldsymbol{X})=g(\boldsymbol{X},\beta^*)$$
$$\Leftrightarrow E[\boldsymbol{Y}-g(\boldsymbol{X},\beta^*)\mid\boldsymbol{X}]=0$$
$$\Leftrightarrow E(u\mid\boldsymbol{X})=0$$

通过一阶导数，可得 $E\left[u\frac{\partial g(\boldsymbol{X},\beta^*)}{\partial\beta}\right]=0$。这是适用于 β 的任何非线性函数的一阶条件，且对 $\boldsymbol{X}$ 没有任何限制。因此，

$$\frac{\partial g(\boldsymbol{X},\beta^*)}{\partial\beta}=\mathrm{e}^{tX}\eta(\beta^*)$$

对于包含 0 的小邻域中的一些非线性函数 $\eta(\beta^*)\neq 0$ 和 t 均成立。同时，我们也假设 $\boldsymbol{X}$ 是一个有界随机变量。证明：如果 $E\left(u\mathrm{e}^{tX}\right)\eta(\beta^*)=0$，$E(u\mid\boldsymbol{X})=0$。

我们可以遵循习题 2.15 的推导过程，并考虑 $E(u\mid\boldsymbol{X})\equiv m(\boldsymbol{X})=\sum_{j=0}^{\infty}\beta_j\boldsymbol{X}^j$，其中 $\beta_j=\int_{-\infty}^{\infty}m(x)x^jf_X(x)\mathrm{d}x$ 表示傅立叶系数。因此，

$$E\left[u\frac{\partial g(\boldsymbol{X},\beta^*)}{\partial\beta}\right]=0$$
$$\Rightarrow E(u\mathrm{e}^{t\boldsymbol{X}})\eta(\beta^*)=0$$
$$\Rightarrow E(u\mathrm{e}^{t\boldsymbol{X}})=0$$

$$\begin{aligned}&\Rightarrow E[E(u \mid \boldsymbol{X})\mathrm{e}^{t\boldsymbol{X}}]=0\\&\Rightarrow E[m(\boldsymbol{X})\mathrm{e}^{t\boldsymbol{X}}]=0\\&\Rightarrow \sum_{j=0}^{\infty}\frac{t^j}{j!}E[m(\boldsymbol{X})\boldsymbol{X}^j]=0\\&\Rightarrow \sum_{j=0}^{\infty}\frac{t^j}{j!}\beta_j=0\end{aligned}$$

其中倒数第二个等式来自 $t=0$ 处的泰勒展开，最后一个等式来自 β_j 的定义。由于以上结果适用于 0 的小邻域中的所有 t，对于所有 j 而言，$\beta_j=0$。因此，

$$E(u \mid \boldsymbol{X}) \equiv m(\boldsymbol{X})=\sum_{j=0}^{\infty}\beta_j X^j=0$$

第二步：证明 ⇐。如果模型 $g(\boldsymbol{X},\beta)$ 是 $E(\boldsymbol{Y} \mid \boldsymbol{X})$ 的正确设定，通过定义 2.5，且对于一些 $\beta^o \in \mathbb{R}^{k+1}$，可以得到 $E(\boldsymbol{Y} \mid \boldsymbol{X})=g(\boldsymbol{X},\beta^o)$。通过使用 e^{itX} 而不是 e^{tX} 可以消除此限制，并且结果保持不变。因此，

$$\begin{aligned}&E[\boldsymbol{Y}-E(\boldsymbol{Y} \mid \boldsymbol{X})]=0\\\Rightarrow\quad &E[\boldsymbol{Y}-g(\boldsymbol{X},\beta^o) \mid \boldsymbol{X}]=0\end{aligned}$$

根据重期望的相关性质，可以证明：

$$E\left\{[\boldsymbol{Y}-g(\boldsymbol{X},\beta^o)]\frac{\partial g(\boldsymbol{X},\beta^o)}{\partial\beta}\right\}=0$$

接下来需要证明 $\beta^*=\beta^o$ 是唯一的全局极小值，二阶条件由下式给出，

$$\begin{aligned}&\frac{\partial^2}{\partial\beta\,\partial\beta'}E[\boldsymbol{Y}-g(\boldsymbol{X},\beta)]^2\\&=-2\frac{\partial}{\partial\beta'}E\left\{[\boldsymbol{Y}-g(\boldsymbol{X},\beta)]\frac{\partial}{\partial\beta}g(\boldsymbol{X},\beta)\right\}\\&=-2E\left[\frac{\partial^2}{\partial\beta\,\partial\beta'}g(\boldsymbol{X},\beta)\boldsymbol{Y}-\frac{\partial}{\partial\beta}g(\boldsymbol{X},\beta)\frac{\partial}{\partial\beta'}g(\boldsymbol{X},\beta)-g(\boldsymbol{X},\beta)\frac{\partial^2}{\partial\beta\,\partial\beta'}g(\boldsymbol{X},\beta)\right]\\&=-2E\left\{\frac{\partial^2}{\partial\beta\,\partial\beta'}g(\boldsymbol{X},\beta)[\boldsymbol{Y}-g(\boldsymbol{X},\beta)]\right\}+2E\left[\frac{\partial}{\partial\beta}g(\boldsymbol{X},\beta)\frac{\partial}{\partial\beta'}g(\boldsymbol{X},\beta)\right]\\&=2E\left[\frac{\partial}{\partial\beta}g(\boldsymbol{X},\beta)\frac{\partial}{\partial\beta'}g(\boldsymbol{X},\beta)\right]\end{aligned}$$

其中 $E\left\{\frac{\partial^2 g(\boldsymbol{X},\beta^*)}{\partial\beta\,\partial\beta'}[\boldsymbol{Y}-g(\boldsymbol{X},\beta^*)]\right\}=0$ 是由 $E[\boldsymbol{Y}-g(\boldsymbol{X},\beta^o) \mid \boldsymbol{X}]=0$ 推理得到的。已

知 $E\left[\frac{\partial g(\boldsymbol{X},\beta)}{\partial\beta}\frac{\partial g(\boldsymbol{X},\beta)}{\partial\beta'}\right]$ 是一个 $(k+1)\times(k+1)$ 有界非奇异矩阵，对于所有 $\beta\in\mathbb{R}^{k+1}$，β^* 是一阶条件的唯一解。由于 β^o 也满足这个条件，所以有 $\beta^o=\beta^*$。

（4）通过定义 2.5，如果 $g(\boldsymbol{X},\beta)$ 是 $E(\boldsymbol{Y}\mid\boldsymbol{X})$ 的正确设定，那么 $E(\boldsymbol{Y}\mid\boldsymbol{X})=g(\boldsymbol{X},\beta^o)$，对于一些 $\beta^o\in\mathbb{R}^{k+1}$。已知，$u=\boldsymbol{Y}-g(\boldsymbol{X},\beta^o)$，

$$\begin{aligned}E(u\mid\boldsymbol{X})&=E[\boldsymbol{Y}-g(\boldsymbol{X},\beta^o)\mid\boldsymbol{X}]\\&=E[\boldsymbol{Y}-E(\boldsymbol{Y}\mid\boldsymbol{X})\mid\boldsymbol{X}]\\&=E(\boldsymbol{Y}\mid\boldsymbol{X})-E(\boldsymbol{Y}\mid\boldsymbol{X})\\&=0\end{aligned}$$

（5）通过定义 2.5，我们需要证明：$E(\boldsymbol{Y}\mid\boldsymbol{X})=g(\boldsymbol{X},\beta^o)$，对于 $\beta^o\in\mathbb{R}^{k+1}$。已知，$u=\boldsymbol{Y}-g(\boldsymbol{X},\beta^o)$，可以得到 $\boldsymbol{Y}=g(\boldsymbol{X},\beta^o)+u$，和

$$\begin{aligned}E(\boldsymbol{Y}\mid\boldsymbol{X})&=E[g(\boldsymbol{X},\beta^o)+u\mid\boldsymbol{X}]\\&=g(\boldsymbol{X},\beta^o)+E(u\mid\boldsymbol{X})\end{aligned}$$

如果 $E(u\mid\boldsymbol{X})=0$，可以得到 $E(\boldsymbol{Y}\mid\boldsymbol{X})=g(\boldsymbol{X},\beta^o)$，对于 $\beta^o\in\mathbb{R}^{k+1}$。因此，可以得到结论 $g(\boldsymbol{X},\beta)$ 是 $E(\boldsymbol{Y}\mid\boldsymbol{X})$ 的正确设定。

习题 2.18

“所有的计量经济学模型都是对经济系统的近似，从而都存在着设定错误。因此，在实际应用中，不需要检查模型是否设定正确。”请对此表述进行评论。

解答：

这种说法不够充分。正确的模型设定能够建立起经济模型和数学优化问题之间的联系。例如，只有当最佳线性最小二乘估计系数 $\hat{\beta}$ 等于真实模型参数 β^o，即条件平均模型被正确设定时，它在经济学中才有意义；否则，它只代表一个数学优化问题的最优解。此外，正确的模型设定对于正确解释经济变量和其预测值之间的关系是必要的。诚然，没有任何模型能够完全描述经济体系，然而，经济模型是我们理解经济体系运行方式的有用工具。在实践中检查模型设定是否正确是至关重要的。

第三章

经典线性回归模型

重要概念

本章涉及的重要概念包括:

（1）**经典线性回归理论**。以线性（假设 3.1）、严格外生性（假设 3.2）、非奇异性（假设 3.3）、球形误差方差（假设 3.4）与条件正态分布（假设 3.5）为基本假设，经典线性回归理论的目的是考察随机样本 $\{Y_t, X_t'\}_{t=1}^{n}$ 中 X_t 的变化如何导致 Y_t 的变化。其中线性为经典线性回归理论的关键概念，指回归模型在回归向量 X_t 和参数向量 β^o 上都是线性的。需要强调，回归向量 X_t 可以是一组不同的经济解释变量，也可以是一组经济解释变量及其非线性变换。在 X_t 中，回归量本身可以是同一潜在经济变量的非线性函数，每个变量的变换都不同。这使得线性回归成为一种非常强大的统计推断方法。

（2）**严格外生性**。严格外生性的定义参见假设 3.2。需要注意，这一假设隐含着 $E(Y_t|X_t)$ 的模型设定正确的条件，因为通过重复期望法则，从假设 3.2 可推出 $E(\varepsilon_t|X_t)=0$。另外，根据重复期望法则，假设 3.2 意味着 $E(\varepsilon_t)=0$。不仅如此，令矩阵 $\boldsymbol{X}$ 包含所有的自变量向量 $\boldsymbol{X}_1, \boldsymbol{X}_2, \cdots, \boldsymbol{X}_n$。如果下标 t 表示时间，假设 3.2 要求扰动项 ε_t 的条件均值不依赖于解释变量过去和未来的数值。这一假设排除了扰动项 ε_t 与解释变量未来值之间的相关性，因此，严格外生性排除了所谓动态时间序列回归模型，即 X_t 包含因变量 Y_t 的滞后项（如 Y_{t-1}，Y_{t-2}）的回归模型。

（3）**条件同方差**。给定假设 3.2、假设 3.4 意味着 ε_t 存在条件同方差，这意味着横截面不相关（cross-sectional uncorrelatedness），t 代表时间，意味着序列不相关（serial uncorrelatedness）。为方便起见，将这两种情况均称为 $\{\varepsilon_t\}$ 不存在自相关。

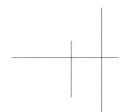

（4）**普通最小二乘法 (ordinary least squares，OLS)**。OLS 是本章的核心概念，需要深刻理解 OLS 和残差平方和的关系（定义 3.1）、OLS 的存在性（定理 3.1），并且熟

练掌握、理解 OLS 估计量的统计学性质，包括一些相关引理（引理 3.2）、无偏性和有效性（定理 3.5）以及给定假设 3.5 下的条件正态分布（定理 3.6）。

（5）R^2。R^2 是一类评价模型拟合优度的指标。其中，定义非中心化 R^2 为 R_{uc}^2（定义 3.2），其统计学含义是因变量 $\{Y_t\}$ 的非中心化的样本二次型变动可以被预测值 $\{\hat{Y}_t\}$ 的非中心化样本二次型变动所预测的比例。根据定义，总有 $0 \leqslant R_{uc}^2 \leqslant 1$。类似地，可以定义中心化 R^2（定义 3.3）。中心化 R^2 实际上是 $\{Y_t\}$ 和 $\{\hat{Y}_t\}$ 之间相关系数的平方（定理 3.3）。阅读本章时，需要理解 R^2 的经济学含义（例 3.1），推导并掌握 R^2 的性质（定理 3.4），从而认清 R^2 的局限。

（6）**模型选择准则**。由于模型的解释变量越多，R^2 会越大，即使新增加的解释变量对因变量没有真正的解释力，R^2 也会增加，因此亟须更为合适的模型选择准则。本章提出了三种不同的模型选择准则，包括 Akaike 信息准则（Akaike information criterion，AIC）、Bayesian 信息准则（Bayesian information criterion，BIC）以及调整的 R^2，记为 $\bar{R}^2$，读者需要了解其定义，比较并思考这三种选择方法的差异。事实上，所有的模型选择准则都可以表示为估计的残差方差 s^2 的某个函数加上一个待估参数数目的惩罚项。正是惩罚的程度不同，使各种准则有所差异。

（7）**多重共线性**。解释变量 X_t 存在多重共线性，是指至少存在一个 $j \in \{0, 1, \cdots, k\}$ 以及所有的 t，变量 X_{jt} 可表示为其他 $k-1$ 个变量 $\{X_{it}, i \neq j\}$ 的线性组合。在这种情况下，$\boldsymbol{X}'\boldsymbol{X}$ 不是非奇异矩阵，结果将导致假设 3.1 中的真实模型参数 β^o 不可识别。

（8）**正态分布**。正态分布也称为高斯分布，是根据德国数学家和天文学家 Carl F. Gauss 命名的。当样本容量 n 有限时，通过假设正态分布，可以获得 $\hat{\beta}$ 和相关的统计量的有限样本分布。当观察值是很多重复实验结果的平均值时，根据中心极限定理（central limit theorem，CLT），正态分布假设是合适的。比如在物理学中很多数据往往是重复实验的结果。但是在经济学中，正态分布假设并不一定合适。比如，很多高频金融时间序列数据通常表现出厚尾特征（峰度大于 3）。

（9）**假设检验**。假设检验是计量经济学中统计推断的重要组成部分。读者需要深刻了解假设检验的基本步骤，包括如何将实际经济问题转化为假设（例 3.2、例 3.3），如何为假设构建适当的检验统计量并推导原假设下检验统计量的统计学性质（推论 3.10）以及如何基于显著性水平或 P 值确定判断法则。同时，需要理解显著性水平和功效函数与第 Ⅰ 类错误和第 Ⅱ 类错误之间的联系。在充分理解上述概念的基础上，第八节的应用及重要特例能够帮助读者丰富假设检验背后的经济思想，梳理经济学逻辑。

（10）**t 检验和 F 检验**。t 检验和 F 检验的区别在于使用场景，由于检验统计量的构造依赖于参数限制数目 J 的取值，当 $J=1$ 时，构造 T 统计量，在经典线性回归假设下，

其服从学生 t 分布，故称该检验统计量为 t 检验统计量，该检验为 t 检验。当 $J>1$ 时，构造具有 F 分布的 F 检验统计量，此时称该检验为 F 检验。

（11）**条件异方差**。理解条件异方差的定义（假设 3.6），及其与经典线性回归模型中的关键假设——假设 3.5$[\boldsymbol{\varepsilon}|\boldsymbol{X} \sim N(0,\sigma^2\boldsymbol{I})]$ 之间的差异。

（12）**广义最小二乘法（generalized least squares，GLS）**。读者主要应理解 GLS 的动机，其如何解经典线性回归模型假设中未考虑的条件异方差（例 3.10）和自相关（例 3.11）问题，并理解 GLS 估计的性质（定理 3.17）。

内容概要

本章讨论了经典线性回归模型的计量经济学理论。首先讨论了经典线性回归模型的基本假设，这些假设是构建线性回归模型的计量经济学理论的基石。

推导了 OLS 估计量的统计性质。指出 R^2 不是合适的模型选择准则，因为它总是解释变量维数的非减函数。因此，引入了合适的模型选择准则，比如 AIC 和 BIC 等。可以证明，在给定解释变量矩阵 $\boldsymbol{X}$ 条件下，OLS 估计量 $\hat{\beta}$ 是无偏的、方差缩减的、最优线性无偏估计量 (BLUE)。在随机扰动项不存在条件异方差与自相关并服从正态分布的假设下，可以推导出 $\hat{\beta}$ 的有限样本的正态抽样分布，$(n-K)s^2/\sigma^2$ 的 χ^2_{n-K} 分布，及 $\hat{\beta}$ 和 s^2 之间的独立性。这些分布构成经典 t 检验和 F 检验的统计理论基础。

很多经济假说都可转变为对模型参数进行线性约束的形式。根据参数限制数量的不同，推导出了 t 检验和 F 检验。另外，在检验所有斜率系数均为 0 的假设时，我们也可以根据 R^2 构建一个近似的卡方检验统计量。

当随机扰动项存在条件异方差或者自相关时，OLS 估计量仍然是无偏的，且方差随样本容量增加而缩小，但它不再是 BLUE，并且 $\hat{\beta}$ 和 s^2 之间不再是相互独立的。在具有已知形式的方差—协方差矩阵（但存在一个未知尺度参数）的假设下，可以通过纠正条件异方差和消除自相关的方法，对线性回归模型进行变换，使之转化成满足条件同方差和序列不相关的线性回归模型。这种变换的线性回归模型的 OLS 估计量称为 GLS 估计量。GLS 估计量是 BLUE，相应的 t 检验和 F 检验可以使用。但是，当方差—协方差矩阵形式未知时，GLS 估计量是不可行的。如果原有线性回归模型的随机扰动项不存在自相关，则有两种可行方案。第一种方案是首先使用 OLS 估计残差，利用非参数方法估计条件方差 $\mathrm{var}(\varepsilon_t|X_t)$，然后将它代入 GLS 估计量公式，获得所谓的适应性可行 GLS 估计量。第二种方案是利用 White（1980）提出的具

有异方差一致性的方差—协方差矩阵估计量。这两种方法都建立在渐近理论的基础上。当原始线性回归模型的扰动项存在自相关时，第六章将给出估计 OLS 估计量的方差—协方差矩阵的可行方法。

这一章是现代计量经济学的基础。接下来的章节里，会放松这章所提及的大多数经典假设并发展现代计量经济理论。正如我们会看到的，异方差和自相关、内生性和模型误设的存在会显著地改变计量推断过程并拓展计量方法和模型的应用范围。

习题解析

习题 3.1

假设 $\boldsymbol{Y} = \boldsymbol{X}\beta^o + \boldsymbol{\varepsilon}$，$\boldsymbol{X}'\boldsymbol{X}$ 是非奇异矩阵。令 $\hat{\beta} = (\boldsymbol{X}'\boldsymbol{X})^{-1}\boldsymbol{X}'\boldsymbol{Y}$ 表示 OLS 估计量，$\boldsymbol{e} = \boldsymbol{Y} - \boldsymbol{X}\hat{\beta}$ 表示 $n \times 1$ 估计残差向量。定义 $n \times n$ 投影矩阵 $\boldsymbol{P} = \boldsymbol{X}(\boldsymbol{X}'\boldsymbol{X})^{-1}\boldsymbol{X}'$，$\boldsymbol{M} = \boldsymbol{I} - \boldsymbol{P}$，其中 $\boldsymbol{I}$ 是 $n \times n$ 单位矩阵。证明：

（1）$\boldsymbol{X}'\boldsymbol{e} = 0$。

（2）$\hat{\beta} - \beta^o = (\boldsymbol{X}'\boldsymbol{X})^{-1}\boldsymbol{X}'\boldsymbol{\varepsilon}$。

（3）$\boldsymbol{P}$ 和 $\boldsymbol{M}$ 是对称幂等矩阵 (即 $\boldsymbol{P}^2 = \boldsymbol{P}$，$\boldsymbol{M}^2 = \boldsymbol{M}$)，且 $\boldsymbol{P}\boldsymbol{X} = \boldsymbol{X}$，$\boldsymbol{M}\boldsymbol{X} = 0$。

（4）$\mathrm{SSR}(\hat{\beta}) = \boldsymbol{e}'\boldsymbol{e} = \boldsymbol{Y}'\boldsymbol{M}\boldsymbol{Y} = \boldsymbol{\varepsilon}'\boldsymbol{M}\boldsymbol{\varepsilon}$。

解答：

（1）已知 $\mathrm{SSR}(\beta^o) = (\boldsymbol{Y} - \boldsymbol{X}\beta^o)'(\boldsymbol{Y} - \boldsymbol{X}\beta^o)$，最小二乘估计值 $\hat{\beta}$ 需满足一阶导条件：

$$\frac{\mathrm{d}\,\mathrm{SSR}(\beta^o)}{\mathrm{d}\hat{\beta}} = -2\boldsymbol{X}'(\boldsymbol{Y} - \boldsymbol{X}\hat{\beta}) = 0$$

即有 $\boldsymbol{X}'\boldsymbol{e} = 0$ 成立。

（2）已知 $\hat{\beta} = (\boldsymbol{X}'\boldsymbol{X})^{-1}\boldsymbol{X}'\boldsymbol{Y}$，可得：

$$\begin{aligned}\hat{\beta} - \beta^o &= (\boldsymbol{X}'\boldsymbol{X})^{-1}\boldsymbol{X}'(\boldsymbol{X}\beta^o + \boldsymbol{\varepsilon}) - \beta^o \\ &= \beta^o + (\boldsymbol{X}'\boldsymbol{X})^{-1}\boldsymbol{X}'\boldsymbol{\varepsilon} - \beta^o \\ &= (\boldsymbol{X}'\boldsymbol{X})^{-1}\boldsymbol{X}'\boldsymbol{\varepsilon}\end{aligned}$$

（3）

$$\boldsymbol{P}\boldsymbol{X} = \boldsymbol{X}(\boldsymbol{X}'\boldsymbol{X})^{-1}\boldsymbol{X}'\boldsymbol{X} = \boldsymbol{X}[(\boldsymbol{X}'\boldsymbol{X})^{-1}\boldsymbol{X}'\boldsymbol{X}] = \boldsymbol{X}$$

$$\boldsymbol{MX} = (\boldsymbol{I} - \boldsymbol{P})\boldsymbol{X} = \boldsymbol{X} - \boldsymbol{PX} = \boldsymbol{X} - \boldsymbol{X} = 0$$

（4）首先，

$$\mathrm{SSR}(\hat{\beta}) = (\boldsymbol{Y} - \boldsymbol{X}\hat{\beta})'(\boldsymbol{Y} - \boldsymbol{X}\hat{\beta}) = \boldsymbol{e}'\boldsymbol{e}$$

其次，我们可得

$$\boldsymbol{e} = \boldsymbol{Y} - \boldsymbol{X}(\boldsymbol{X}'\boldsymbol{X})^{-1}\boldsymbol{X}'\boldsymbol{Y} = [\boldsymbol{I} - \boldsymbol{X}(\boldsymbol{X}'\boldsymbol{X})^{-1}\boldsymbol{X}']\boldsymbol{Y} = (\boldsymbol{I} - \boldsymbol{P})\boldsymbol{Y} = \boldsymbol{MY}$$

和

$$\boldsymbol{e} = \boldsymbol{MY} = \boldsymbol{M}(\boldsymbol{X}\beta^o + \boldsymbol{\varepsilon}) = \boldsymbol{M\varepsilon}$$

因此，

$$\begin{aligned}\boldsymbol{Y}'\boldsymbol{MY} &= (\boldsymbol{X}\beta^o + \boldsymbol{\varepsilon})'\boldsymbol{M}(\boldsymbol{X}\beta^o + \boldsymbol{\varepsilon}) \\ &= \boldsymbol{\varepsilon}'\boldsymbol{M\varepsilon}\end{aligned}$$

习题 3.2

考虑双变量线性回归模型

$$Y_t = X_t'\beta^o + \varepsilon_t, \quad t = 1, \cdots, n$$

其中 $X_t = (X_{0t}, X_{1t})' = (1, X_{1t})'$，$\varepsilon_t$ 是随机扰动项。

（1）令 $\hat{\beta} = (\hat{\beta}_0, \hat{\beta}_1)'$ 为 OLS 估计量。证明：$\hat{\beta}_0 = \bar{Y} - \hat{\beta}_1\bar{X}_1$，且

$$\begin{aligned}\hat{\beta}_1 &= \frac{\sum_{t=1}^{n}(X_{1t} - \bar{X}_1)(Y_t - \bar{Y})}{\sum_{t=1}^{n}(X_{1t} - \bar{X}_1)^2} \\ &= \frac{\sum_{t=1}^{n}(X_{1t} - \bar{X}_1)Y_t}{\sum_{t=1}^{n}(X_{1t} - \bar{X}_1)^2} \\ &= \sum_{t=1}^{n} C_t Y_t\end{aligned}$$

其中 $C_t = (X_{1t} - \bar{X}_1)/\sum_{t=1}^{n}(X_{1t} - \bar{X}_1)^2$。

（2）假设 $\boldsymbol{X} = (X_{11}, \cdots, X_{1n})'$ 和 $\boldsymbol{\varepsilon} = (\varepsilon_1, \cdots, \varepsilon_n)'$ 是相互独立的，证明：

$$\mathrm{var}(\hat{\beta}_1|\boldsymbol{X}) = \sigma_{\boldsymbol{\varepsilon}}^2/[(n-1)S_{X_1}^2]$$

其中 $S_{X_1}^2$ 是 $\{X_{1t}\}_{t=1}^n$ 的样本方差。这个结果表明，$\{X_{1t}\}$ 的方差越大，β_1^o 的 OLS 估计越准确。

（3）令 $\hat{\rho}$ 表示 Y_t 和 X_{1t} 之间的样本相关系数，即

$$\hat{\rho} = \frac{\sum_{t=1}^{n}(X_{1t} - \bar{X}_1)(Y_t - \bar{Y})}{\sqrt{\sum_{t=1}^{n}(X_{1t} - \bar{X}_1)^2 \sum_{t=1}^{n}(Y_t - \bar{Y})^2}}$$

证明：$R^2 = \hat{\rho}^2$。这个结果表明，$\boldsymbol{Y}$ 和 X_1 之间的样本相关系数的平方是 Y 的样本方差中可被 X_1 的线性模型的方差所预测的比例，同时也说明 R^2 度量了 Y_t 和 X_{1t} 之间的样本线性的强弱。

解答：（1）改写模型 $\boldsymbol{Y} = \boldsymbol{X}\beta^o + \boldsymbol{\varepsilon}$。此线性回归模型为

$$\begin{aligned} \boldsymbol{Y} &= \boldsymbol{X}\beta + u \\ &= (i, X_1)\begin{bmatrix}\beta_0 \\ \beta_1\end{bmatrix} + u \\ &= i\beta_0 + X_1\beta_1 + u \end{aligned}$$

其中 $i = (1, \cdots, 1)'$。

我们通过 $\min \mathrm{SSR}(\beta)$，来求得最小二乘估计值 $\hat{\beta}$，

$$\begin{aligned} \min \mathrm{SSR}(\beta) &= \min(\boldsymbol{Y} - i\beta_0 - \beta_1 X_1)'(\boldsymbol{Y} - i\beta_0 - \beta_1) \\ &= \min(\boldsymbol{Y}'\boldsymbol{Y} - 2\beta_0 i'\boldsymbol{Y} - 2\beta_1 X_1'\boldsymbol{Y} + \beta_0^2 i'i + 2\beta_0\beta_1 i'\boldsymbol{X} + 2\beta_1^2 X_1'X_1) \end{aligned}$$

$\hat{\beta}_0$ 和 $\hat{\beta}_1$ 满足一阶导条件

$$\frac{\partial \mathrm{SSR}(\beta)}{\partial \hat{\beta}_0} = -2i'\boldsymbol{Y} + 2\hat{\beta}_0 i'i + 2\hat{\beta}_1 i'\boldsymbol{X} = 0$$

$$\frac{\partial \mathrm{SSR}(\beta)}{\partial \hat{\beta}_1} = -2X_1'\boldsymbol{Y} + 2\hat{\beta}_0 i'X_1 + 2\hat{\beta}_1 X_1'\boldsymbol{X} = 0$$

因此，

$$\begin{aligned}\hat{\beta}_0 &= \bar{Y} - \hat{\beta}_1 \bar{X}_1 \\ &= \frac{\sum_{t=1}^{n}(X_{1t} - \bar{X}_1)}{\sum_{t=1}^{n}(X_{1t} - \bar{X}_1)} \\ &= \frac{\sum_{t=1}^{n}(X_{1t} - \bar{X}_1)Y_t - \sum_{t=1}^{n}(X_{1t} - \bar{X}_1)\bar{Y}}{\sum_{t=1}^{n}(X_{1t} - \bar{X}_1)^2}\end{aligned}$$

其中 $\sum_{t=1}^{n}(X_{1t} - \bar{X}_1) = \sum_{t=1}^{n} X_{1t} - n\bar{X}_1 = 0$。

$$\hat{\beta}_1 = \sum_{t=1}^{n} C_t Y_t$$

其中 $C_t = \frac{X_{1t} - \bar{X}_1}{\sum_{t=1}^{n}(X_{1t} - X_1)^2}$。

（2）根据定理 3.5（2），可得

$$\begin{aligned}\operatorname{var}(\hat{\beta} \mid \boldsymbol{X}) &= \sigma_\varepsilon^2 \begin{bmatrix} i' \\ \boldsymbol{X}' \end{bmatrix} (i, \boldsymbol{X})^{-1} = \sigma_\varepsilon^2 \begin{bmatrix} i'i & i'\boldsymbol{X} \\ \boldsymbol{X}'i & \boldsymbol{X}'\boldsymbol{X} \end{bmatrix}^{-1} \\ &= \sigma_\varepsilon^2 \begin{bmatrix} n & \sum_{t=1}^{n} X_{1t} \\ \sum_{t=1}^{n} X_{1t} & \sum_{t=1}^{n} X_{1t}X_{1t} \end{bmatrix}^{-1} \\ &= \frac{\sigma_\varepsilon^2}{n\sum_{t=1}^{n} X_{1t}X_{1t} - \left(\sum_{t=1}^{n} X_{1t}\right)^2} \begin{bmatrix} \sum_{t=1}^{n} X_{1t}X_{1t} & -\sum_{t=1}^{n} X_{1t} \\ -\sum_{t=1}^{n} X_{1t} & n \end{bmatrix} \\ &= \begin{bmatrix} \operatorname{var}(\hat{\beta}_0 \mid \boldsymbol{X}) & \operatorname{cov}(\hat{\beta}_0, \hat{\beta}_1 \mid \boldsymbol{X}) \\ \operatorname{cov}(\hat{\beta}_0, \hat{\beta}_1 \mid \boldsymbol{X}) & \operatorname{var}(\hat{\beta}_1 \mid \boldsymbol{X}) \end{bmatrix}\end{aligned}$$

因此，

$$\begin{aligned}\operatorname{var}(\hat{\beta}_1 \mid \boldsymbol{X}) &= \sigma_{\varepsilon}^2 \frac{n}{n\sum_{t=1}^{n} X_{1t}X_{1t} - \left(\sum_{t=1}^{n} X_{1t}\right)^2} \\ &= \sigma_{\varepsilon}^2 \frac{\frac{1}{n}}{\frac{1}{n}\sum_{t=1}^{n} X_{1t}X_{1t} - (\bar{X})^2} \\ &= \sigma_{\varepsilon}^2 \frac{1}{\sum_{t=1}^{n} X_{1t}X_{1t} - n\bar{X}^2} \\ &= \sigma_{\varepsilon}^2 \frac{1}{\sum_{t=1}^{n} (X_{1t} - \bar{X})^2} \\ &= \sigma_{\varepsilon}^2 \frac{1}{(n-1)S_{X_1}^2}\end{aligned}$$

（3）已知 $\boldsymbol{M}^o = \boldsymbol{I} - \frac{1}{n}ii'$，$\boldsymbol{M}^o$ 是对称和幂等的，$\boldsymbol{M}^o\boldsymbol{e} = \left(\boldsymbol{I} - \frac{1}{n}ii'\right)\boldsymbol{e} = \boldsymbol{e}$。可以很容易证明 $\sum_{t=1}^{n}\left(Y_t - \bar{Y}\right)^2 = \boldsymbol{Y}'\boldsymbol{M}^o\boldsymbol{Y}$ 且 $\sum_{t=1}^{n}\left(Y_t - \bar{Y}\right)\left(X_t - \bar{X}\right) = \boldsymbol{Y}'\boldsymbol{M}^o\boldsymbol{X}$。接下来根据定义，计算

$$\begin{aligned}\hat{\rho}^2 &= \frac{(X_1'\boldsymbol{M}^o\boldsymbol{Y})^2}{X_1'\boldsymbol{M}^o X_1\boldsymbol{Y}'\boldsymbol{M}^o\boldsymbol{Y}} \\ &= \frac{X_1'\boldsymbol{M}^o\boldsymbol{Y}X_1'\boldsymbol{M}^o\boldsymbol{Y}}{X_1'\boldsymbol{M}^o X_1\boldsymbol{Y}'\boldsymbol{M}^o\boldsymbol{Y}} \\ &= \frac{X_1'\boldsymbol{M}^o(i\hat{\beta}_0 + X_1\hat{\beta}_1 + \boldsymbol{e})X_1'\boldsymbol{M}^o\boldsymbol{Y}}{X_1'\boldsymbol{M}^o X_1\boldsymbol{Y}'\boldsymbol{M}^o\boldsymbol{Y}} \\ &= \frac{X_1'\boldsymbol{M}^o X_1\hat{\beta}_1 X_1'\boldsymbol{M}^o\boldsymbol{Y} + X_1'\boldsymbol{e}X_1'\boldsymbol{M}^o\boldsymbol{Y}}{X_1'\boldsymbol{M}^o X_1\boldsymbol{Y}'\boldsymbol{M}^o\boldsymbol{Y}} \quad (\boldsymbol{M}^o i = 0) \\ &= \frac{\hat{\beta}_1 X_1'\boldsymbol{M}^o X_1 X_1'\boldsymbol{M}^o\boldsymbol{Y}}{X_1'\boldsymbol{M}^o X_1\boldsymbol{Y}'\boldsymbol{M}^o\boldsymbol{Y}} \\ &= \frac{\hat{\beta}_1 X_1'\boldsymbol{M}^o\boldsymbol{Y}}{\boldsymbol{Y}'\boldsymbol{M}^o\boldsymbol{Y}} \quad (\text{二次型 } X_1'\boldsymbol{M}^o X_1 \text{ 是一个标量})\end{aligned}$$

$$R^2 = 1 - \frac{\boldsymbol{e}'\boldsymbol{e}}{\sum_{t=1}^{n}(Y_t - \bar{Y})^2}$$

$$
\begin{aligned}
&= 1 - \frac{\boldsymbol{e}'\boldsymbol{e}}{\boldsymbol{Y}'\boldsymbol{M}^o\boldsymbol{Y}} \\
&= \frac{\hat{\boldsymbol{Y}}'\boldsymbol{M}^o\hat{\boldsymbol{Y}}}{\boldsymbol{Y}'\boldsymbol{M}^o\boldsymbol{Y}} \\
&= \frac{(\boldsymbol{i}\hat{\beta}_0 + \boldsymbol{X}\beta_1)'\boldsymbol{M}^o(\boldsymbol{Y} - \boldsymbol{e})}{\boldsymbol{Y}'\boldsymbol{M}^o\boldsymbol{Y}} \\
&= \frac{\hat{\beta}_1 X_1'\boldsymbol{M}^o\boldsymbol{Y}}{\boldsymbol{Y}'\boldsymbol{M}^o\boldsymbol{Y}}
\end{aligned}
$$

因此，$\hat{\rho}^2 = R^2$。

习题 3.3

考虑线性回归模型

$$Y_t = X_t'\beta^o + \varepsilon_t$$

其中 X_t 和 β^o 是 $K \times 1$ 向量。令 $\hat{Y}_t = X_t'\hat{\beta}$，其中 $\hat{\beta}$ 是 OLS 估计量。证明：

$$R^2 = \hat{\rho}^2_{\boldsymbol{Y}\hat{\boldsymbol{Y}}}$$

这里 $\hat{\rho}_{\boldsymbol{Y}\hat{\boldsymbol{Y}}}$ 是 $\boldsymbol{Y}$ 和 $\hat{\boldsymbol{Y}}$ 之间的样本相关系数。

解答：

定义 $\boldsymbol{M}^o = \boldsymbol{I} - \frac{1}{n}\boldsymbol{i}\boldsymbol{i}'$，因此，

$$R^2 = 1 - \frac{\boldsymbol{e}'\boldsymbol{e}}{\sum_{t=1}^{n}(Y_t - \bar{Y})^2} = 1 - \frac{\boldsymbol{e}'\boldsymbol{e}}{\boldsymbol{Y}'\boldsymbol{M}^o\boldsymbol{Y}} = \frac{\hat{\boldsymbol{Y}}'\boldsymbol{M}^o\hat{\boldsymbol{Y}}}{\boldsymbol{Y}'\boldsymbol{M}^o\boldsymbol{Y}}$$

和

$$
\begin{aligned}
\rho^2_{\boldsymbol{Y}\hat{\boldsymbol{Y}}} &= \frac{\left(\hat{\boldsymbol{Y}}'\boldsymbol{M}^o\boldsymbol{Y}\right)^2}{\hat{\boldsymbol{Y}}'\boldsymbol{M}^o\hat{\boldsymbol{Y}}\boldsymbol{Y}'\boldsymbol{M}^o\boldsymbol{Y}} \\
&= \frac{\hat{\boldsymbol{Y}}'\boldsymbol{M}^o\boldsymbol{Y}\hat{\boldsymbol{Y}}'\boldsymbol{M}^o\boldsymbol{Y}}{\hat{\boldsymbol{Y}}'\boldsymbol{M}^o\hat{\boldsymbol{Y}}\boldsymbol{Y}'\boldsymbol{M}^o\boldsymbol{Y}} \\
&= \frac{\hat{\boldsymbol{Y}}'\boldsymbol{M}^o(\hat{\boldsymbol{Y}} + \boldsymbol{e})\hat{\boldsymbol{Y}}'\boldsymbol{M}^o\boldsymbol{Y}}{\hat{\boldsymbol{Y}}'\boldsymbol{M}^o\hat{\boldsymbol{Y}}\boldsymbol{Y}'\boldsymbol{M}^o\boldsymbol{Y}} \\
&= \frac{\hat{\boldsymbol{Y}}'\boldsymbol{M}^o\hat{\boldsymbol{Y}}\hat{\boldsymbol{Y}}'\boldsymbol{M}^o\boldsymbol{Y} + \hat{\boldsymbol{Y}}'\boldsymbol{M}^o\boldsymbol{e}\hat{\boldsymbol{Y}}'\boldsymbol{M}^o\boldsymbol{Y}}{\hat{\boldsymbol{Y}}'\boldsymbol{M}^o\hat{\boldsymbol{Y}}\boldsymbol{Y}'\boldsymbol{M}^o\boldsymbol{Y}} \\
&= \frac{\hat{\boldsymbol{Y}}'\boldsymbol{M}^o\hat{\boldsymbol{Y}}\hat{\boldsymbol{Y}}'\boldsymbol{M}^o\boldsymbol{Y}}{\hat{\boldsymbol{Y}}'\boldsymbol{M}^o\hat{\boldsymbol{Y}}\boldsymbol{Y}'\boldsymbol{M}^o\boldsymbol{Y}} \quad （\boldsymbol{M}^o\boldsymbol{e} = \boldsymbol{e} \text{ 且 } \hat{\boldsymbol{Y}}'\boldsymbol{e} = 0）
\end{aligned}
$$

$$= \frac{\hat{\boldsymbol{Y}}'\boldsymbol{M}^o\boldsymbol{Y}}{\boldsymbol{Y}'\boldsymbol{M}^o\boldsymbol{Y}}$$

$$= \frac{\hat{\boldsymbol{Y}}'\boldsymbol{M}^o(\hat{\boldsymbol{Y}}' + \boldsymbol{e})}{\boldsymbol{Y}'\boldsymbol{M}^o\boldsymbol{Y}}$$

$$= \frac{\hat{\boldsymbol{Y}}'\boldsymbol{M}^o\hat{\boldsymbol{Y}}}{\boldsymbol{Y}'\boldsymbol{M}^o\boldsymbol{Y}}$$

因此，我们可得 $\rho^2_{\boldsymbol{Y}\hat{\boldsymbol{Y}}} = R^2$。

习题 3.4

较高的 R^2 值是否意味着对于线性回归方程 $Y_t = X_t'\beta^o + \varepsilon_t$ 的真实参数值 β^o 的 OLS 估计更精确？请解释。

解答:

不是。当我们设置的参数越多，R^2 自然就越大，但这并不意味着估计更精确。

习题 3.5

假设你设计了一个经济理论，导出了简单的回归方程 $Y_t = \hat{\alpha} + \hat{\beta}X_t + e_t$，并且数据的拟合结果很好，$R^2$ 很高 (定义为 R_1^2) 且 t_1 统计量很大。当天晚上你又有了灵感，也许经济学都是错的，代理人是非理性的，均衡并不存在等等。也许你还对是否正确地得出了回归方程感到怀疑。于是，你用数据拟合了方程 $X_t = \hat{\alpha}_2 + \hat{\beta}_2 Y_t + e_{2t}$，同样得到了满意的结果 ($R_2^2$ 很高且 t_2 统计量很大)。请问：以下数量关系是什么？

（1）R_1^2 和 R_2^2？请解释。

（2）$\hat{\beta}$ 和 $\hat{\beta}_2$？请解释。

（3）t_1 和 t_2？请解释。

解答:

（1）首先定义

$$\hat{\rho}^2_{XY} = \frac{\left[\sum_{t=1}^{n}(Y_t - \bar{Y})(X_t - \bar{X})\right]^2}{\sum_{t=1}^{n}(Y_t - \bar{Y})^2\sum_{t=1}^{n}(X_t - \bar{X})^2}$$

已知 $\bar{Y} = \bar{\hat{Y}}$，$\sum_{t=1}^{n} e_t = 0$ 和 $\sum_{t=1}^{n} X_t e_t = 0$，可以得到

$$\begin{aligned}\sum_{t=1}^{n}(Y_t-\bar{Y})(X_t-\bar{X}) &= \sum_{t=1}^{n}(\hat{\alpha}+X_t\hat{\beta}+e_t-\hat{\alpha}-\bar{X}\hat{\beta})(X_t-\bar{X}) \\ &= \sum_{t=1}^{n}(X_t-\bar{X})^2\hat{\beta}+\sum_{t=1}^{n}(X_t-\bar{X})e_t \\ &= \sum_{t=1}^{n}(X_t-\bar{X})^2\hat{\beta}\end{aligned}$$

和

$$\begin{aligned}\hat{\rho}_{XY}^2 &= \frac{\left[\sum_{t=1}^{n}(Y_t-\bar{Y})(X_t-\bar{X})\right]^2}{\sum_{t=1}^{n}(Y_t-\bar{Y})^2\sum_{t=1}^{n}(X_t-\bar{X})^2} \\ &= \frac{\left[\sum_{t=1}^{n}(X_t-\bar{X})^2\hat{\beta}\right]^2}{\sum_{t=1}^{n}(Y_t-\bar{Y})^2\sum_{t=1}^{n}(X_t-\bar{X})^2} \\ &= \frac{\sum_{t=1}^{n}(X_t-\bar{X})^2\hat{\beta}^2}{\sum_{t=1}^{n}(Y_t-\bar{Y})^2} \\ &= \frac{\sum_{t=1}^{n}(\hat{Y}_t-\bar{Y})^2}{\sum_{t=1}^{n}(Y_t-\bar{Y})^2} = R_1^2\end{aligned}$$

同样地，可以得到

$$\hat{\rho}_{XY}^2 = \frac{\sum_{t=1}^{n}(Y_t-\bar{Y})^2\hat{\beta}_2^2}{\sum_{t=1}^{n}(X_t-\bar{X})^2} = \frac{\sum_{t=1}^{n}(\hat{X}_t-\bar{X})^2}{\sum_{t=1}^{n}(X_t-\bar{X})^2} = R_2^2$$

因此，$R_1^2=R_2^2$。

（2）因为

$$\hat{\beta} = \frac{\sum_{t=1}^{n}(Y_t - \bar{Y})(X_t - \bar{X})}{\sum_{t=1}^{n}(X_t - \bar{X})^2}, \quad \hat{\beta}_2 = \frac{\sum_{t=1}^{n}(Y_t - \bar{Y})(X_t - \bar{X})}{\sum_{t=1}^{n}(Y_t - \bar{Y})^2}$$

用（1）中的结果可以得到

$$\hat{\beta} \cdot \hat{\beta}_2 = \hat{\rho}_{XY}^2 = R_1^2 = R_2^2$$

（3）首先，可以得到

$$t_1 = \frac{\hat{\beta}}{\sqrt{\frac{\hat{\sigma}^2}{\sum_{t=1}^{n}(X_t - \bar{X})^2}}}$$

$$= \frac{\sum_{t=1}^{n}(Y_t - \bar{Y})(X_t - \bar{X})}{\sum_{t=1}^{n}(X_t - \bar{X})^2 \sqrt{\frac{\hat{\sigma}^2}{\sum_{t=1}^{n}(X_t - \bar{X})^2}}}$$

$$= \frac{\sum_{t=1}^{n}(Y_t - \bar{Y})(X_t - \bar{X})}{\sqrt{\sum_{t=1}^{n}(X_t - \bar{X})^2}\sqrt{\hat{\sigma}^2}}$$

其中 $\hat{\sigma}^2 = \frac{\sum_{t=1}^{n} e_t^2}{n-2}$。

已知

$$R_1^2 = 1 - \frac{\text{RSS}}{\text{TSS}} = 1 - \frac{\sum_{t=1}^{n} e_t^2}{\sum_{t=1}^{n}(Y_t - \bar{Y})^2}$$

因此，

$$(n-2)\hat{\sigma}^2=\sum_{t=1}^{n}e_t^2=(1-R_1^2)\sum_{t=1}^{n}(Y_t-\bar{Y})^2$$

所以，

$$t_1=\frac{\sum_{t=1}^{n}(Y_t-\bar{Y})(X_t-\bar{X})}{\sqrt{\sum_{t=1}^{n}(X_t-\bar{X})^2}\sqrt{\hat{\sigma}^2}}$$

$$=\sqrt{n-2}\cdot\frac{\sum_{t=1}^{n}(Y_t-\bar{Y})(X_t-\bar{X})}{\sqrt{\sum_{t=1}^{n}(X_t-\bar{X})^2}\sqrt{(1-R_1^2)\sum_{t=1}^{n}(Y_t-\bar{Y})^2}}$$

$$=\frac{\sqrt{n-2}}{\sqrt{1-R_1^2}}\cdot\hat{\rho}_{XY}$$

同样地，可以将 t_2 表示为

$$t_2=\frac{\sqrt{n-2}}{\sqrt{1-R_2^2}}\cdot\hat{\rho}_{XY}$$

那么 $R_1^2=R_2^2$ 就意味着 $t_1=t_2$。

习题 3.6

假设对于所有 $t\geqslant m$，$X_t=\boldsymbol{Q}$，其中 m 是一个固定整数，$\boldsymbol{Q}$ 是一个 $K\times 1$ 常向量。随着 $n\to\infty$，$\lambda_{\min}(\boldsymbol{X}'\boldsymbol{X})\to\infty$ 是否成立？请给出解释。

解答:

首先，对于两个半正定矩阵 $\boldsymbol{A}$ 和 $\boldsymbol{B}$，有

$$\lambda_{\min}(\boldsymbol{A}+\boldsymbol{B})\leqslant\lambda_{\min}(\boldsymbol{A})+\lambda_{\min}(\boldsymbol{B})$$

且有 $\lambda_{\min}(\boldsymbol{A})\leqslant\lambda_{\max}(\boldsymbol{A})$，因此有

$$\boldsymbol{X}'\boldsymbol{X}=\sum_{t=1}^{n}X_tX_t'$$

$$=\sum_{t=1}^{m-1}X_tX_t'+\sum_{t=m}^{n}X_tX_t'$$

$$= \sum_{t=1}^{m-1} X_t X_t' + (n-m+1)\boldsymbol{QQ}'$$

$$\lambda_{\min}(\boldsymbol{X}'\boldsymbol{X}) \leqslant \lambda_{\max}\left(\sum_{t=1}^{m-1} X_t X_t'\right) + \lambda_{\min}\left[(n-m+1)\boldsymbol{QQ}'\right]$$

$$= \lambda_{\max}\left(\sum_{t=1}^{m-1} X_t X_t'\right) + (n-m+1)\lambda_{\min}(\boldsymbol{QQ}')$$

已知 $\text{rank}(\boldsymbol{QQ}') \leqslant \text{rank}(\boldsymbol{Q}) = 1 < n$，$\det(\boldsymbol{QQ}') = 0$，而且 $\boldsymbol{QQ}'$ 是半正定的，因此 $\lambda_{\min}(\boldsymbol{QQ}') = 0$。

从而，我们可以得到 $\lambda_{\min}(\boldsymbol{X}'\boldsymbol{X}) \leqslant \lambda_{\max}\left(\sum_{t=1}^{m-1} X_t X_t'\right) = c$，其中 c 是一个常量，也就是说，随着 $n \to \infty$，$\lambda_{\min}(\boldsymbol{X}'\boldsymbol{X}) \to \infty$ 不成立。

习题 3.7

在线性回归模型中，调整的 R^2，记为 $\bar{R}^2$，定义如下

$$\bar{R}^2 = 1 - \frac{\boldsymbol{e}'\boldsymbol{e}/(n-K)}{(\boldsymbol{Y}-\bar{Y}\boldsymbol{l})'(\boldsymbol{Y}-\bar{Y}\boldsymbol{l})/(n-1)}$$

这里 $\boldsymbol{l} = (1, \cdots, 1)'$ 为 $n \times 1$ 向量，其中每个元素均为 1。证明：

$$\bar{R}^2 = 1 - \frac{n-1}{n-K}(1-R^2)$$

解答:

根据 R^2 定义，可以得到

$$\frac{n-1}{n-K}\left(1-R^2\right) = \frac{n-1}{n-K}\frac{\boldsymbol{e}'\boldsymbol{e}}{(\boldsymbol{Y}-\bar{Y}\boldsymbol{l})'(\boldsymbol{Y}-\bar{Y}\boldsymbol{l})}$$

$$= \frac{\boldsymbol{e}'\boldsymbol{e}/(n-K)}{(\boldsymbol{Y}-\bar{Y}\boldsymbol{l})'(\boldsymbol{Y}-\bar{Y}\boldsymbol{l})/(n-1)}$$

因此,

$$\bar{R}^2 = 1 - \frac{\boldsymbol{e}'\boldsymbol{e}/(n-K)}{(\boldsymbol{Y}-\bar{Y}\boldsymbol{l})'(\boldsymbol{Y}-\bar{Y}\boldsymbol{l})/(n-1)}$$

$$= 1 - \frac{n-1}{n-K}\left(1-R^2\right)$$

习题 3.8

（多重共线性的影响）考虑回归模型

$$Y_t = \beta_0^o + \beta_1^o X_{1t} + \beta_2^o X_{2t} + \varepsilon_t$$

假设 3.1、3.2、3.3（1）与 3.4 成立。令 $\hat{\beta} = (\hat{\beta}_0, \hat{\beta}_1, \hat{\beta}_2)'$ 为 OLS 估计量。证明：

$$\operatorname{var}(\hat{\beta}_1|\boldsymbol{X}) = \frac{\sigma^2}{(1-\hat{r}^2)\sum_{t=1}^{n}(X_{1t}-\bar{X}_1)^2}$$

$$\operatorname{var}(\hat{\beta}_2|\boldsymbol{X}) = \frac{\sigma^2}{(1-\hat{r}^2)\sum_{t=1}^{n}(X_{2t}-\bar{X}_2)^2}$$

其中，$\bar{\boldsymbol{X}}_1 = n^{-1}\sum_{t=1}^{n} X_{1t}$；$\bar{X}_2 = n^{-1}\sum_{t=1}^{n} X_{2t}$，并且

$$\hat{r}^2 = \frac{\left[\sum_{t=1}^{n}(X_{1t}-\bar{X}_1)(X_{2t}-\bar{X}_2)\right]^2}{\sum_{t=1}^{n}(X_{1t}-\bar{X}_1)^2\sum_{t=1}^{n}(X_{2t}-\bar{X}_2)^2}$$

解答:

此模型为

$$Y_t = \beta_0 + \beta_1 X_{1t} + \beta_2 X_{2t} + \varepsilon_t$$

其中，$\boldsymbol{X} = (e, X_2, X_1)$；$\boldsymbol{X}_i = (X_{i1}, X_{i2}, \cdots, X_{in})'$，$i = 1, 2$；$\boldsymbol{e} = (1, 1, \cdots, 1)'$；$\hat{\beta} = (\hat{\beta}_0, \hat{\beta}_2, \hat{\beta}_1)'$；$\operatorname{var}(\hat{\beta} \mid \boldsymbol{X}) = \sigma^2(\boldsymbol{X}'\boldsymbol{X})^{-1}$。为了计算 $\operatorname{var}(\hat{\beta}_1 \mid \boldsymbol{X})$，我们只关注 $\operatorname{var}(\hat{\beta} \mid \boldsymbol{X})$ 右下角元素。

$$\boldsymbol{X}'\boldsymbol{X} = \begin{pmatrix} \boldsymbol{e}' \\ X_2' \\ X_1' \end{pmatrix} (\boldsymbol{e}, \boldsymbol{X}_2, \boldsymbol{X}_1)$$

$$= \begin{pmatrix} n & \sum X_{2t} & \sum X_{1t} \\ \sum X_{2t} & X_2'X_2 & X_2'X_1 \\ \sum X_{1t} & X_1'X_2 & X_1'X_1 \end{pmatrix}$$

$$= \begin{pmatrix} \boldsymbol{I}_{11} & \boldsymbol{I}_{12} \\ \boldsymbol{I}_{21} & \boldsymbol{I}_{22} \end{pmatrix}$$

其中 $\boldsymbol{I}_{11} = \begin{pmatrix} n & \sum X_{2t} \\ \sum X_{2t} & X_2'X_2 \end{pmatrix}$，$\boldsymbol{I}_{12} = \begin{pmatrix} \sum X_{1t} \\ X_2'X_1 \end{pmatrix} = \boldsymbol{I}_{21}'$，$\boldsymbol{I}_{22} = X_1'X_1$。所以 $(\boldsymbol{X}'\boldsymbol{X})^{-1}$ 的右下角元素表示为 $\boldsymbol{I}_{22}$，即 $(\boldsymbol{I}_{22} - \boldsymbol{I}_{21}\boldsymbol{I}_{11}^{-1}\boldsymbol{I}_{12})^{-1}$。因此，可以得到

$$\begin{aligned} \boldsymbol{I}_{22} - \boldsymbol{I}_{21}\boldsymbol{I}_{11}^{-1}\boldsymbol{I}_{12} &= X_1'X_1 - \left(\sum X_{1t}, X_1'X_2\right) \begin{pmatrix} n & \sum X_{2t} \\ \sum X_{2t} & X_2'X_2 \end{pmatrix}^{-1} \begin{pmatrix} \sum X_{1t} \\ X_2'X_1 \end{pmatrix} \\ &= X_1'X_1 - X_1'(\boldsymbol{e}, X_2) \begin{pmatrix} n & \sum X_{2t} \\ \sum X_{2t} & X_2'X_2 \end{pmatrix}^{-1} \begin{pmatrix} \boldsymbol{e}' \\ X_2' \end{pmatrix} X_1 \\ &= X_1'[\boldsymbol{I}_{\boldsymbol{n}} - \boldsymbol{Z}(\boldsymbol{Z}'\boldsymbol{Z})^{-1}\boldsymbol{Z}']X_1 \\ &= X_1'\boldsymbol{M}_z X_1 \end{aligned}$$

其中 $\boldsymbol{Z} = (\boldsymbol{e}, X_2)$ 和 $\boldsymbol{I}_{22} = (X_1'\boldsymbol{M}_z X_1)^{-1}$ 是标量。考虑 X_1 在 $\boldsymbol{Z}$ 上的回归，该回归模型的 R^2 为

$$R^2 = 1 - \frac{X_1'\boldsymbol{M}_z X_1}{\sum (X_{1t} - \bar{X}_1)^2}$$

因此，可以根据等式 $R^2 = \hat{r}^2 = \hat{\rho}^2$ 得到

$$\boldsymbol{I}_{22} = (X_1'\boldsymbol{M}_z X_1)^{-1} = \frac{1}{(1 - \hat{r}^2)\sum (X_{1t} - \bar{X}_1)^2}$$

如上所述，$\mathrm{var}(\hat{\beta}_1 \mid \boldsymbol{X}) = \sigma^2 \boldsymbol{I}_{22}$，因此可以得到

$$\mathrm{var}(\hat{\beta}_1 \mid \boldsymbol{X}) = \frac{\sigma^2}{(1 - \hat{r}^2)\sum (X_{1t} - \bar{X}_1)^2}$$

$\mathrm{var}(\hat{\beta}_2 \mid \boldsymbol{X})$ 的证明遵循类似的方法。

习题 3.9

考虑线性回归模型

$$Y_t = \boldsymbol{X}_t'\beta^o + \varepsilon_t$$

其中 $\boldsymbol{X}_t = (1, X_{1t}, \cdots, X_{kt})'$。假设 3.1、3.2、3.3（1）与 3.4 成立。令 R_j^2 是变量 X_{jt} 对所有其他解释变量 $\{X_{it}, 0 \leqslant i \leqslant k, i \neq j\}$ 回归的决定系数。证明：

$$\mathrm{var}(\hat{\beta}_j|\boldsymbol{X}) = \frac{\sigma^2}{(1-R_j^2)\sum_{t=1}^{n}(X_{jt}-\bar{\boldsymbol{X}}_j)^2}$$

其中 $\bar{\boldsymbol{X}}_j = n^{-1}\sum_{t=1}^{n} X_{jt}$。因子 $1/(1-R_j^2)$ 被称为方差膨胀因子 (variance inflation factor, VIF)，它用来衡量解释变量 $\boldsymbol{X}_t$ 之间的多重共线性的程度。

解答：

在不失一般性的条件下，我们首先计算 $\mathrm{var}\left(\hat{\beta}_1 \mid \boldsymbol{X}\right)$，然后通过交换 $\boldsymbol{X}_j$ 和 $\boldsymbol{X}_1$ 获得 $\mathrm{var}(\hat{\beta}_j \mid \boldsymbol{X})$。定理 3.5 表明

$$\mathrm{var}(\hat{\beta}_1 \mid \boldsymbol{X}) = \frac{\sigma^2}{(\boldsymbol{X}'\boldsymbol{X})_{11}}$$

已知 $\boldsymbol{X} = [\boldsymbol{X}_1 : \boldsymbol{X}_{-1}]$，其中 $\boldsymbol{X}_1$ 是 $\{X_{1t}\}_{t=1}^n$ 的 $n\times 1$ 向量，$\boldsymbol{X}_{-1}$ 为除了 $\boldsymbol{X}_1$ 以外的 k 个 $n\times 1$ 向量，重写 $(\boldsymbol{X}'\boldsymbol{X})^{-1}$：

$$(\boldsymbol{X}'\boldsymbol{X})^{-1} = \begin{bmatrix} \boldsymbol{X}_1'\boldsymbol{X}_1 & \boldsymbol{X}_1'\boldsymbol{X}_{-1} \\ \boldsymbol{X}_{-1}'\boldsymbol{X}_1 & \boldsymbol{X}_{-1}'\boldsymbol{X}_{-1} \end{bmatrix}^{-1}.$$

可以得到

$$(\boldsymbol{X}'\boldsymbol{X})_{11}^{-1} = [\boldsymbol{X}_1'\boldsymbol{X}_1 - \boldsymbol{X}_1'\boldsymbol{X}_{-1}(\boldsymbol{X}_{-1}'\boldsymbol{X}_{-1})^{-1}\boldsymbol{X}_{-1}'\boldsymbol{X}_1]^{-1}$$

因此，

$$\begin{aligned}
\mathrm{var}(\hat{\beta}_1 \mid X) &= \sigma^2(\boldsymbol{X}'\boldsymbol{X})_{11}^{-1} \\
&= \sigma^2[\boldsymbol{X}_1'\boldsymbol{X}_1 - \boldsymbol{X}_1'\boldsymbol{X}_{-1}(\boldsymbol{X}_{-1}'\boldsymbol{X}_{-1})^{-1}\boldsymbol{X}_{-1}'\boldsymbol{X}_1]^{-1} \\
&= \sigma^2[\boldsymbol{X}_1'\boldsymbol{X}_1 - \boldsymbol{X}_1'\boldsymbol{X}_{-1}(\boldsymbol{X}_{-1}'\boldsymbol{X}_{-1})^{-1}(\boldsymbol{X}_{-1}'\boldsymbol{X}_{-1})(\boldsymbol{X}_{-1}'\boldsymbol{X}_{-1})^{-1}\boldsymbol{X}_{-1}'\boldsymbol{X}_1]^{-1} \\
&= \sigma^2[\boldsymbol{X}_1'\boldsymbol{X}_1 - \hat{\gamma}_1'(\boldsymbol{X}_{-1}'\boldsymbol{X}_{-1})\hat{\gamma}_1]^{-1}
\end{aligned}$$

其中 $\hat{\gamma}_1 = (\boldsymbol{X}'_{-1}\boldsymbol{X}_{-1})^{-1}\boldsymbol{X}'_{-1}\boldsymbol{X}_1$ 是 $\boldsymbol{X}_1 = \boldsymbol{X}_{-1}\gamma_1 + u$ 的最小二乘估计值。

已知 $\boldsymbol{e}_1 = \boldsymbol{X}_1 - \boldsymbol{X}_{-1}\hat{\gamma}_1$，可以得到

$$\begin{aligned}\boldsymbol{e}_1'\boldsymbol{e}_1 &= (\boldsymbol{X}_1 - \boldsymbol{X}_{-1}\hat{\gamma}_1)'(\boldsymbol{X}_1 - \boldsymbol{X}_{-1}\hat{\gamma}_1)\\ &= \boldsymbol{X}_1'\boldsymbol{X}_1 - 2\boldsymbol{X}_1'\boldsymbol{X}_{-1}\hat{\gamma}_1 + \hat{\gamma}_1'\boldsymbol{X}'_{-1}\boldsymbol{X}_{-1}\hat{\gamma}_1\\ &= \boldsymbol{X}_1'\boldsymbol{X}_1 - \hat{\gamma}_1'(\boldsymbol{X}'_{-1}\boldsymbol{X}_{-1})\hat{\gamma}_1\end{aligned}$$

在习题 3.3 中，我们已经得到

$$\boldsymbol{e}_1'\boldsymbol{e}_1 = (1 - R_1^2)\sum_{t=1}^{n}(X_{1t} - \bar{X}_1)^2$$

结合上述结果，有：

$$\begin{aligned}\operatorname{var}(\hat{\beta}_1 \mid \boldsymbol{X}) &= \sigma^2\,[\boldsymbol{X}_1'\boldsymbol{X}_1 - \hat{\gamma}_1'\,(\boldsymbol{X}'_{-1}\boldsymbol{X}_{-1})\,\hat{\gamma}_1]^{-1}\\ &= \sigma^2(\boldsymbol{e}_1'\boldsymbol{e}_1)^{-1}\\ &= \frac{\sigma^2}{(1 - R_1^2)\sum_{t=1}^{n}(X_{1t} - \bar{X}_1)^2}\end{aligned}$$

习题 3.10

假设 3.1、3.2、3.3(1) 和 3.5 都成立，存在着多重共线性使得 $\lambda_{\min}(\boldsymbol{X}'\boldsymbol{X})$ 非零且当 $n \to \infty$ 时并不趋向于无穷。请对以下问题进行解释：

（1）OLS 估计量 $\hat{\beta}$ 是 β^o 的无偏估计吗？

（2）当 $n \to \infty$ 时，OLS 估计量 $\hat{\beta}$ 是 β^o 的一致估计量吗？

（3）t 检验和 F 检验的统计量可以用来检验零假设 $\boldsymbol{R}\beta'^o = r$ 吗？

解答:

（1）是的。

$$\hat{\beta} - \beta^o = (\boldsymbol{X}'\boldsymbol{X})^{-1}\boldsymbol{X}'\varepsilon$$

$$E[(\hat{\beta} - \beta^o) \mid \boldsymbol{X}] = E[(\boldsymbol{X}'\boldsymbol{X})^{-1}\boldsymbol{X}'\varepsilon \mid \boldsymbol{X}] = (\boldsymbol{X}'\boldsymbol{X})^{-1}\boldsymbol{X}'E(\varepsilon \mid \boldsymbol{X}) = 0$$

所以，$\hat{\beta}$ 是 β^o 的无偏估计值。

（2）不是。当存在多重共线性时，$\lambda_{\min}(\boldsymbol{X}'\boldsymbol{X})$ 不随着 n 的增长而增长，这意味着，当 $n \to \infty$，我们无法得到 $\operatorname{var}(\hat{\beta} \mid \boldsymbol{X}) \to 0$，所以，$\hat{\beta}$ 不是 β^o 的一致估计。

（3）当 $n \to \infty$，t 值和 F 值可能因多重共线性变得特别大，则这两个变量可能被认

为是不重要变量，因此这两个检验统计量不能用来检验零假设 $\boldsymbol{R}\beta'^{o}=r$。

习题 3.11

考虑根据同一个 $n=25$ 的数据集分别得出三个独立的回归结果，第一个是消费对收入的回归：

$$Y_t=36.74+0.832X_{1t}+e_{1t},\quad R^2=0.735,\quad [1.98]\quad [7.98]$$

第二个是消费对财富的回归：

$$Y_t=36.61+0.208X_{2t}+e_{2t},\quad R^2=0.735,\quad [1.97]\quad [7.99]$$

第三个是消费对收入和财富的回归：

$$Y_t=33.88-26.00X_{1t}+6.71X_{2t}+e_t,\quad R^2=0.742,\quad [1.77]\quad [-0.74]\quad [0.77]$$

（1）在前两个独立的回归中，可以观察到收入和财富的系数 t 检验分别显著，但在第三个回归中这两者皆不显著，可能的原因是什么？我们是否可以得出收入和财富都对消费有影响的结论？解释原因。

（2）检验是否收入和财富对消费都没有影响，可以使用 F 检验，你能在 5% 的显著性水平上得出结论吗？解释原因。

解答：

（1）收入和财富变量可能高度相关，因此解释变量之间存在多重共线性。多重共线性将造成 OLS 估计量的方差较大，因此 t 统计量将变得非常小。因此，我们不能得出收入和财富对消费有影响的结论。

（2）我们将进行检验

$$\mathrm{H}_0\text{：}\ \beta_1^o=\beta_2^o=0,$$
$$\mathrm{H}_1\text{：至少存在一个值 } j\in\{1,2\} \text{ 使 } \beta_j^o\neq 0$$

然后我们计算

$$F=\frac{R^2/k}{(1-R^2)/(n-k-1)}=\frac{0.742/2}{(1-0.742)/(25-2-1)}\approx 31.64$$

由于临界值 $F_{2,22}=4.38$（在 5% 显著水平上）和 $31.64>4.38$，我们能够拒绝收入和财富对消费都没有影响的原假设。

习题 3.12

回归模型 $Y_i = \alpha + \beta X_i + \varepsilon_i$，$X_i \in \{0,1\}$ 是一个二元变量，$\mathrm{P}(\varepsilon_i = -1) = 2/3$，$\mathrm{P}(\varepsilon_i = 2) = 1/3$，且 $E(\varepsilon_i\varepsilon_j) = 0$ 对于 $i \neq j$。

（1）请问 OLS 估计量 $\hat{\beta}$ 无偏吗?

（2）请问 OLS 估计量 $\hat{\beta}$ 是 BLUE 吗?

（3）请给出一个更好的估计量。

解答:

（1）$\boldsymbol{X} = \begin{pmatrix} 1 & \dots & 1 \\ X_1 & \dots & X_n \end{pmatrix}$，$\varepsilon = \varepsilon_i$，$\hat{\beta}^o = (\hat{\alpha}, \hat{\beta})' \Rightarrow \boldsymbol{Y} = \boldsymbol{X}'\beta^o + \varepsilon$

当 $i \neq j$，$E(\varepsilon_i\varepsilon_j) = 0$，可以得到 $E(\varepsilon \mid \boldsymbol{X}) = E(\varepsilon_i) = \frac{2}{3} \times (-1) + \frac{1}{3} \times 2 = 0$，$E(\hat{\beta}^o \mid \boldsymbol{X}) = \beta^o + (\boldsymbol{X}'\boldsymbol{X})^{-1}\boldsymbol{X}'E(\varepsilon \mid \boldsymbol{X}) = \beta^o$

$E(\hat{\beta}) = E[E(\hat{\beta} \mid \boldsymbol{X})] = \beta^o$

因此 $\hat{\beta}$ 是无偏估计量。

（2）对于 $\forall \tau'\tau = 1$，有

$\mathrm{var}(\hat{\beta} \mid \boldsymbol{X}) = E\{[\hat{\beta} - E(\hat{\beta})][\hat{\beta} - E(\hat{\beta})]' \mid \boldsymbol{X}\} = \sigma^2(\boldsymbol{X}'\boldsymbol{X})^{-1}$

$\tau' \mathrm{var}(\hat{\beta} \mid \boldsymbol{X})\tau \to 0, n \to \infty$

所以，当 $n \to \infty$ 时，$\mathrm{var}(\hat{\beta} \mid \boldsymbol{X}) \to 0$，$\hat{\beta}$ 是 BLUE。

（3）LASSO（最小绝对收缩和选择操作）估计值: $\hat{\beta} = \arg\min \left(\|Y - \boldsymbol{X}'\beta^o\|^2 + \lambda\|\beta\|_1\right)$。

习题 3.13

考虑以下线性回归模型

$$Y_t = X_t'\beta^o + u_t, \quad t = 1, \cdots, n$$

其中

$$u_t = \sigma(X_t)\varepsilon_t$$

这里 $\{X_t\}_{t=1}^n$ 是一个非随机序列，并且 $\sigma(X_t)$ 是 X_t 的一个正函数，使得

$$\boldsymbol{\Omega}=\begin{bmatrix}\sigma^2(X_1) & 0 & 0 & \cdots & 0\\ 0 & \sigma^2(X_2) & 0 & \cdots & 0\\ 0 & 0 & \sigma^2(X_3) & \cdots & 0\\ & & \cdots & & \\ 0 & 0 & 0 & \cdots & \sigma^2(X_n)\end{bmatrix}=\boldsymbol{\Omega}^{\frac{1}{2}}\boldsymbol{\Omega}^{\frac{1}{2}}$$

其中

$$\boldsymbol{\Omega}^{\frac{1}{2}}=\begin{bmatrix}\sigma(X_1) & 0 & 0 & \cdots & 0\\ 0 & \sigma(X_2) & 0 & \cdots & 0\\ 0 & 0 & \sigma(X_3) & \cdots & 0\\ & & \cdots & & \\ 0 & 0 & 0 & \cdots & \sigma(X_n)\end{bmatrix}$$

假设 $\{\varepsilon_t\}\sim \text{IID}\,N(0,1)$，则 $\{u_t\}\sim N[0,\sigma^2(X_t)]$。这与经典线性回归分析的假设 3.5 不同，因为现在 $\{u_t\}$ 存在有条件异方差。令 $\hat{\beta}$ 表示 β^o 的 OLS 估计量。

（1）请问：$\hat{\beta}$ 是 β^o 的无偏估计量吗？

（2）证明：$\text{var}(\hat{\beta})=(\boldsymbol{X}'\boldsymbol{X})^{-1}\boldsymbol{X}'\boldsymbol{\Omega}\boldsymbol{X}(\boldsymbol{X}'\boldsymbol{X})^{-1}$。

考虑另一个估计量

$$\begin{aligned}\tilde{\beta}&=(\boldsymbol{X}'\boldsymbol{\Omega}^{-1}\boldsymbol{X})^{-1}\boldsymbol{X}'\boldsymbol{\Omega}^{-1}\boldsymbol{Y}\\&=\left[\sum_{t=1}^{n}\sigma^{-2}(X_t)X_tX_t'\right]^{-1}\sum_{t=1}^{n}\sigma^{-2}(X_t)X_tY_t\end{aligned}$$

（3）请问：$\tilde{\beta}$ 是 β^o 的无偏估计量吗？

（4）证明：$\text{var}(\tilde{\beta})=(\boldsymbol{X}'\boldsymbol{\Omega}^{-1}\boldsymbol{X})^{-1}$。

（5）请问：$\text{var}(\hat{\beta})-\text{var}(\tilde{\beta})$ 是半正定的吗？估计量 $\hat{\beta}$ 和 $\tilde{\beta}$ 哪一个更有效？

（6）请问：$\tilde{\beta}$ 是 β^o 的最优线性无偏估计量 (BLUE) 吗？

提示：回答这一问题有很多方法，一种简单的方法是考虑下面变换模型

$$Y_t^*=X_t^{*\prime}\beta^o+\varepsilon_t \quad t=1,\cdots,n \tag{3.7.2}$$

其中 $Y_t^*=Y_t/\sigma(X_t)$，$X_t^*=X_t/\sigma(X_t)$。这一模型是通过对模型 (3.7.1) 除以 $\sigma(X_t)$ 而得。用矩阵符号，模型 (3.7.2) 可写为

$$\boldsymbol{Y}^*=\boldsymbol{X}^*\beta^o+\varepsilon$$

其中 $\boldsymbol{Y}^* = \boldsymbol{\Omega}^{-\frac{1}{2}}\boldsymbol{Y}$ 是 $n \times 1$ 向量，$\boldsymbol{X}^* = \boldsymbol{\Omega}^{-\frac{1}{2}}\boldsymbol{X}$ 是 $n \times k$ 矩阵。

（7）构造两个关于原假设 H_0：$\beta_2^o = 0$ 的检验统计量。一个检验是基于 $\hat{\beta}$，另一检验是基于 $\tilde{\beta}$。当 H_0：$\beta_2^o = 0$ 成立时，所构造的检验统计量的有限样本分布分别是什么？在有限样本条件下哪一个检验更有效？

（8）为检验原假设 H_0：$\boldsymbol{R}\beta^o = r$，构造两个检验统计量，其中 $\boldsymbol{R}$ 是 $J \times K$ 满秩矩阵，$\boldsymbol{r}$ 是 $J \times 1$ 向量，且 $J > 1$。一个检验是基于 $\hat{\beta}$，另一个检验是基于 $\tilde{\beta}$。当原假设 H_0：$\boldsymbol{R}\beta^o = \boldsymbol{r}$ 成立时，所构造的检验统计量的有限样本分布分别是什么？

解答：

（1）

$$\begin{aligned}\hat{\beta} - \beta^o &= (\boldsymbol{X}'\boldsymbol{X})^{-1}\boldsymbol{X}'\mu \\ &= (\boldsymbol{X}'\boldsymbol{X})^{-1}\boldsymbol{X}'\boldsymbol{\Omega}^{\frac{1}{2}}\varepsilon\end{aligned}$$

和

$$\mathrm{E}[\hat{\beta} - \beta^o|\boldsymbol{X}] = (\boldsymbol{X}'\boldsymbol{X})^{-1}\boldsymbol{X}'\boldsymbol{\Omega}^{\frac{1}{2}}\mathrm{E}(\varepsilon|\boldsymbol{X}) = 0$$

因此，$\hat{\beta}$ 是 β^o 的无偏估计量。

（2）已知 $\{\varepsilon_t\} \sim \mathrm{IID}\,N(0,1)$，我们可以得到：

$$\begin{aligned}\mathrm{var}(\hat{\beta} - \beta^o|\boldsymbol{X}) &= \mathrm{E}[(\boldsymbol{X}'\boldsymbol{X})^{-1}\boldsymbol{X}'\boldsymbol{\Omega}^{\frac{1}{2}}\varepsilon\varepsilon'\boldsymbol{\Omega}^{\frac{1}{2}}\boldsymbol{X}'(\boldsymbol{X}'\boldsymbol{X})^{-1}|\boldsymbol{X}] \\ &= (\boldsymbol{X}'\boldsymbol{X})^{-1}\boldsymbol{X}'\boldsymbol{\Omega}^{\frac{1}{2}}\mathrm{E}[\varepsilon\varepsilon'|\boldsymbol{X}]\boldsymbol{\Omega}^{\frac{1}{2}}\boldsymbol{X}'(\boldsymbol{X}'\boldsymbol{X})^{-1} \\ &= (\boldsymbol{X}'\boldsymbol{X})^{-1}\boldsymbol{X}'\boldsymbol{\Omega}\boldsymbol{X}(\boldsymbol{X}'\boldsymbol{X})^{-1}\end{aligned}$$

因此 $\mathrm{var}(\hat{\beta}|\boldsymbol{X}) = (\boldsymbol{X}'\boldsymbol{X})^{-1}\boldsymbol{X}'\boldsymbol{\Omega}\boldsymbol{X}(\boldsymbol{X}'\boldsymbol{X})^{-1}$。

（3）

$$\begin{aligned}\tilde{\beta} - \beta^o &= (\boldsymbol{X}'\boldsymbol{\Omega}^{-1}\boldsymbol{X})^{-1}\boldsymbol{X}'\boldsymbol{\Omega}^{-1}\mu \\ &= (\boldsymbol{X}'\boldsymbol{\Omega}^{-1}\boldsymbol{X})^{-1}\boldsymbol{X}'\boldsymbol{\Omega}^{-\frac{1}{2}}\varepsilon\end{aligned}$$

和

$$\mathrm{E}[\tilde{\beta} - \beta^o|\boldsymbol{X}] = (\boldsymbol{X}'\boldsymbol{\Omega}^{-1}\boldsymbol{X})^{-1}\boldsymbol{X}'\boldsymbol{\Omega}^{-\frac{1}{2}}\mathrm{E}(\varepsilon|\boldsymbol{X}) = 0$$

因此 $\tilde{\beta}$ 是 β^o 的无偏估计量。

（4）

$$\begin{aligned}\mathrm{var}(\tilde{\beta} - \beta^o|\boldsymbol{X}) &= \mathrm{E}[(\boldsymbol{X}'\boldsymbol{\Omega}^{-1}\boldsymbol{X})^{-1}\boldsymbol{X}'\boldsymbol{\Omega}^{-\frac{1}{2}}\varepsilon\varepsilon'\boldsymbol{\Omega}^{-\frac{1}{2}}\boldsymbol{X}'(\boldsymbol{X}'\boldsymbol{\Omega}^{-1}\boldsymbol{X})^{-1}|\boldsymbol{X}] \\ &= (\boldsymbol{X}'\boldsymbol{\Omega}^{-1}\boldsymbol{X})^{-1}\boldsymbol{X}'\boldsymbol{\Omega}^{-\frac{1}{2}}\mathrm{E}(\varepsilon\varepsilon'|\boldsymbol{X})\boldsymbol{\Omega}^{-\frac{1}{2}}\boldsymbol{X}'(\boldsymbol{X}'\boldsymbol{\Omega}^{-1}\boldsymbol{X})^{-1}\end{aligned}$$

$$= (X'\Omega^{-1}X)^{-1}X'\Omega^{-1}X(X'\Omega^{-1}X)^{-1}$$
$$= (X'\Omega^{-1}X)^{-1}$$

因此 $\text{var}(\tilde{\beta}) = (X'\Omega^{-1}X)^{-1}$。

（5）定义 $P = \Omega^{-\frac{1}{2}}X(X'\Omega^{-1}X)^{-1}X'\Omega^{-\frac{1}{2}}$，且很容易得到 $P^2 = P$ 和 $P' = P$，因此 P 是幂等矩阵的对称矩阵。令 $M = 1 - P$，我们仍然可以得到 M 是幂等矩阵和对称矩阵。因此，

$$\begin{aligned}\text{var}(\hat{\beta}|X) - \text{var}(\tilde{\beta}|X) &= (X'X)^{-1}X'\Omega X(X'X)^{-1} - (X'\Omega^{-1}X)^{-1}\\ &= (X'X)^{-1}X'[\Omega - X(X'\Omega^{-1}X')^{-1}X']X(X'X)^{-1}\\ &= (X'X)^{-1}X'\Omega^{\frac{1}{2}}\left[I - \Omega^{-\frac{1}{2}}X(X'\Omega^{-1}X')^{-1}X'\Omega^{-\frac{1}{2}}\right]\Omega^{\frac{1}{2}}X(X'X)^{-1}\\ &= AM(AM)' \sim \text{PSD}\end{aligned}$$

因此 $\tilde{\beta}$ 更有效。

（6）假定 $\hat{b} = C'Y$ 是任何线性无偏估计量，其中 $C = C(X)$ 是一个 $n \times K$ 矩阵。因为 $\hat{b}$ 是无偏的，因此可以得到

$$\text{E}[\hat{b}|X] = C'X\beta^o + C\text{E}(\mu|X) = C'X\beta^o = \beta^o$$

由此可得 $C'X = I$。同时，可以得到

$$\text{var}(\hat{b}|X) = C'\text{E}(\mu\mu'|X)C = C'\Omega C$$

和

$$\begin{aligned}\text{var}(\hat{b}|X) - \text{var}(\tilde{\beta}|X) &= C'\text{E}(\mu\mu'|X)C\\ &= C'\Omega C - (X'\Omega^{-1}X)^{-1}\\ &= C'\Omega^{\frac{1}{2}}[I - \Omega^{-\frac{1}{2}}X(X'\Omega^{-1}X')^{-1}X'\Omega^{-\frac{1}{2}}]\Omega^{\frac{1}{2}}C\\ &= (C'\Omega^{\frac{1}{2}}M)(C'\Omega^{\frac{1}{2}}M)' \sim \text{P.S.D}\end{aligned}$$

因此 $\tilde{\beta}$ 是 β^o 的 BLUE。

（7）根据上述结果，可得

$$\hat{\beta}_2 - \beta^o|X \sim N\{0, [(X'X)^{-1}X'\Omega X(X'X)^{-1}]_{22}\}$$

然后，基于 $\hat{\beta}_2$ 的检验统计量变为：

$$Z_1 = \frac{\hat{\beta}_2}{\sqrt{[(X'X)^{-1}X'\Omega X(X'X)^{-1}]_{22}}}$$

在 H_0：$\beta_2^o=0$ 下，可以得到 $Z_1\sim N(0,1)$。

类似地，基于 $\tilde{\beta}_2$ 的检验统计量变为：

$$Z_2=\frac{\tilde{\beta}_2}{\sqrt{[(\boldsymbol{X}'\boldsymbol{\Omega}^{-1}\boldsymbol{X})^{-1}]_{22}}},$$

在 H_0 下，可以得到 $Z_2\sim N(0,1)$。

因为 $\mathrm{var}(\hat{\beta}|\boldsymbol{X})-\mathrm{var}(\tilde{\beta}|\boldsymbol{X})$ 是半正定的，所以 Z_2 比 Z_1 更有效。

（8）对于 $\hat{\beta}$，有：

$$\boldsymbol{R}(\hat{\beta}-\beta^o)|\boldsymbol{X}\sim N(0,\boldsymbol{R}(\boldsymbol{X}'\boldsymbol{X})^{-1}\boldsymbol{X}'\boldsymbol{\Omega}\boldsymbol{X}(\boldsymbol{X}'\boldsymbol{X})^{-1}\boldsymbol{R}')$$

根据引理 3.11，可以得到以下检验统计量：

$$X_1=(\boldsymbol{R}\hat{\beta}-\boldsymbol{r})'[\boldsymbol{R}(\boldsymbol{X}'\boldsymbol{X})^{-1}\boldsymbol{X}'\boldsymbol{\Omega}\boldsymbol{X}(\boldsymbol{X}'\boldsymbol{X})^{-1}\boldsymbol{R}']^{-1}(\boldsymbol{R}\hat{\beta}-\boldsymbol{r})$$

在 H_0 下，可以得到 $X_1\sim\chi_J^2$。

同样地，对于 $\tilde{\beta}$，有：

$$\boldsymbol{R}(\tilde{\beta}-\beta^o)|\boldsymbol{X}\sim N[0,\boldsymbol{R}(\boldsymbol{X}'\boldsymbol{\Omega}^{-1}\boldsymbol{X})^{-1}\boldsymbol{R}']$$

和检验统计量为

$$X_2=(\boldsymbol{R}\tilde{\beta}-r)'[\boldsymbol{R}(\boldsymbol{X}'\boldsymbol{\Omega}^{-1}\boldsymbol{X})^{-1}\boldsymbol{R}']^{-1}(\boldsymbol{R}\tilde{\beta}-\boldsymbol{r})$$

在 H_0 下，可以得到 $X_2\sim\chi_J^2$。

习题 3.14

考虑经典回归模型

$$Y_t=\boldsymbol{X}_t'\beta^o+\varepsilon_t$$

假定假设 3.1 和 3.3（1）成立。目的是检验原假设

$$H_0：\boldsymbol{R}\beta^o=\boldsymbol{r}$$

F 检验统计量定义为

$$F=\frac{(\boldsymbol{R}\hat{\beta}-\boldsymbol{r})'[\boldsymbol{R}(\boldsymbol{X}'\boldsymbol{X})^{-1}\boldsymbol{R}']^{-1}(\boldsymbol{R}\hat{\beta}-\boldsymbol{r})/\boldsymbol{J}}{s^2}$$

证明：

$$F=\frac{(\tilde{\boldsymbol{e}}'\tilde{\boldsymbol{e}}-\boldsymbol{e}'\boldsymbol{e})/k}{\boldsymbol{e}'\boldsymbol{e}/(n-k-1)}$$

其中 $\boldsymbol{e}'\boldsymbol{e}$ 是无约束回归模型的残差平方和，$\tilde{\boldsymbol{e}}'\tilde{\boldsymbol{e}}$ 是有约束回归模型的残差平方和，约束条件是 $\boldsymbol{R}\beta = \boldsymbol{r}$。

解答:

已知

$$s^2 = \boldsymbol{e}'\boldsymbol{e}/(n-k-1)$$

为了证明

$$F = \frac{(\tilde{\boldsymbol{e}}'\tilde{\boldsymbol{e}} - \boldsymbol{e}'\boldsymbol{e})/J}{\boldsymbol{e}'\boldsymbol{e}/(n-k-1)}$$

注意此时 $k = J$，仅需要证明

$$(\boldsymbol{R}\hat{\beta} - \gamma)'[\boldsymbol{R}(\boldsymbol{X}'\boldsymbol{X})^{-1}\boldsymbol{R}']^{-1}(\boldsymbol{R}\hat{\beta} - \boldsymbol{\gamma}) = \tilde{\boldsymbol{e}}'\tilde{\boldsymbol{e}} - \boldsymbol{e}'\boldsymbol{e}$$

已知

$$\begin{aligned}\tilde{\boldsymbol{e}} &= \boldsymbol{Y} - \boldsymbol{X}\tilde{\beta} \\ &= \boldsymbol{Y} - \boldsymbol{X}\hat{\beta} + \boldsymbol{X}\hat{\beta} - \boldsymbol{X}\tilde{\beta} \\ &= \boldsymbol{e} + \boldsymbol{X}(\hat{\beta} - \tilde{\beta})\end{aligned}$$

可以得到

$$\begin{aligned}\tilde{\boldsymbol{e}}'\tilde{\boldsymbol{e}} &= [\boldsymbol{e} + \boldsymbol{X}(\hat{\beta} - \tilde{\beta})]'[\boldsymbol{e} + \boldsymbol{X}(\hat{\beta} - \tilde{\beta})] \\ &= \boldsymbol{e}'\boldsymbol{e} + (\hat{\beta} - \tilde{\beta})'\boldsymbol{X}'\boldsymbol{e} + \boldsymbol{e}'\boldsymbol{X}(\hat{\beta} - \tilde{\beta}) + (\hat{\beta} - \tilde{\beta})'\boldsymbol{X}'\boldsymbol{X}(\hat{\beta} - \tilde{\beta}) \\ &= \boldsymbol{e}'\boldsymbol{e} + (\hat{\beta} - \tilde{\beta})'\boldsymbol{X}'\boldsymbol{X}(\hat{\beta} - \tilde{\beta})\end{aligned}$$

其中，根据无限制 OLS 估计的 FOCs，$\boldsymbol{X}'\boldsymbol{e} = \boldsymbol{e}'\boldsymbol{X} = 0$。另一方面，对 $\tilde{\beta}$ 有以下条件

$$\tilde{\beta} = \arg\min_{\beta \in R^K}(Y - \boldsymbol{X}\beta)'(Y - \boldsymbol{X}\beta)$$

且

$$\boldsymbol{R}\beta = \boldsymbol{\gamma}$$

对应的拉格朗日函数为

$$\mathrm{L}(\beta, \boldsymbol{\lambda}) = (\boldsymbol{Y} - \boldsymbol{X}\beta)'(\boldsymbol{Y} - \boldsymbol{X}\beta) + 2\lambda'(\boldsymbol{\gamma} - \boldsymbol{R}\beta)$$

其中 $\boldsymbol{\lambda}$ 是一个 $J \times 1$ 向量，称为拉格朗日乘子向量。有下列 FOCs：

$$\left.\frac{\partial \mathrm{L}(\beta, \boldsymbol{\lambda})}{\partial \beta}\right|_{\beta=\tilde{\beta}, \lambda=\tilde{\lambda}} = 0$$

$$\left.\frac{\partial \mathrm{L}(\beta, \boldsymbol{\lambda})}{\partial \boldsymbol{\lambda}}\right|_{\beta=\tilde{\beta}, \lambda=\tilde{\lambda}} = 0$$

和

$$-2\boldsymbol{X}'(\boldsymbol{Y} - \boldsymbol{X}\tilde{\beta}) - 2\boldsymbol{R}'\tilde{\boldsymbol{\lambda}} = 0$$

$$2(\boldsymbol{\gamma} - \boldsymbol{R}\tilde{\beta}) = 0$$

可以得到

$$-\boldsymbol{X}'\boldsymbol{Y} + \boldsymbol{X}'\boldsymbol{X}\tilde{\beta} = \boldsymbol{R}'\tilde{\lambda}$$

$$\boldsymbol{\gamma} = \boldsymbol{R}\tilde{\beta}$$

在等式两边同时乘以 $-(\boldsymbol{X}'\boldsymbol{X})^{-1}$，可以得到

$$\hat{\beta} - \tilde{\beta} = -(\boldsymbol{X}'\boldsymbol{X})^{-1}\boldsymbol{R}'\tilde{\boldsymbol{\lambda}}$$

在上述等式两边同时乘以 $\boldsymbol{R}$，可以得到

$$\boldsymbol{R}\hat{\beta} - \boldsymbol{\gamma} = -\boldsymbol{R}(\boldsymbol{X}'\boldsymbol{X})^{-1}\boldsymbol{R}'\tilde{\boldsymbol{\lambda}}$$

然后可以得到

$$\tilde{\boldsymbol{\lambda}} = -[\boldsymbol{R}(\boldsymbol{X}'\boldsymbol{X})^{-1}\boldsymbol{R}']^{-1}(\boldsymbol{R}\hat{\beta} - \boldsymbol{\gamma})$$

由此，

$$\hat{\beta} - \tilde{\beta} = (\boldsymbol{X}'\boldsymbol{X})^{-1}\boldsymbol{R}'[\boldsymbol{R}(\boldsymbol{X}'\boldsymbol{X})^{-1}\boldsymbol{R}']^{-1}(\boldsymbol{R}\hat{\beta} - \boldsymbol{\gamma})$$

从而，

$$\begin{aligned}
&\tilde{\boldsymbol{e}}'\tilde{\boldsymbol{e}} - \boldsymbol{e}'\boldsymbol{e} \\
&= (\hat{\beta} - \tilde{\beta})'\boldsymbol{X}'\boldsymbol{X}(\hat{\beta} - \tilde{\beta}) \\
&= (\boldsymbol{R}\hat{\beta} - \boldsymbol{\gamma})'[\boldsymbol{R}(\boldsymbol{X}'\boldsymbol{X})^{-1}\boldsymbol{R}']^{-1}\boldsymbol{R}(\boldsymbol{X}'\boldsymbol{X})^{-1}(\boldsymbol{X}'\boldsymbol{X})(\boldsymbol{X}'\boldsymbol{X})^{-1}\boldsymbol{R}'[\boldsymbol{R}(\boldsymbol{X}'\boldsymbol{X})^{-1}\boldsymbol{R}']^{-1}(\boldsymbol{R}\hat{\beta} - \boldsymbol{\gamma}) \\
&= (\boldsymbol{R}\hat{\beta} - \boldsymbol{\gamma})'[\boldsymbol{R}(\boldsymbol{X}'\boldsymbol{X})^{-1}\boldsymbol{R}']^{-1}(\boldsymbol{R}\hat{\beta} - \boldsymbol{\gamma})
\end{aligned}$$

因此，可以证明

$$F = \frac{(\tilde{\boldsymbol{e}}'\tilde{\boldsymbol{e}} - \boldsymbol{e}'\boldsymbol{e})/J}{\boldsymbol{e}'\boldsymbol{e}/(n-k-1)}$$

习题 3.15

考虑练习题 3.14 的检验问题。证明：

$$F=\frac{\sum_{t=1}^{n}(\hat{Y}_t-\tilde{Y}_t)^2/J}{s^2}=\frac{(\hat{\beta}-\tilde{\beta})'\boldsymbol{X}'\boldsymbol{X}(\hat{\beta}-\tilde{\beta})/J}{s^2}$$

其中 $\hat{Y}_t=X_t'\hat{\beta}$，$\tilde{Y}_t=X_t'\tilde{\beta}$，且 $\hat{\beta}$、$\tilde{\beta}$ 分别是无约束回归模型和有约束回归模型的 OLS 估计量。

解答：

$$\begin{aligned}\sum_{t=1}^{n}(\hat{Y}_t-\tilde{Y}_t)^2&=(\hat{\boldsymbol{Y}}-\tilde{\boldsymbol{Y}})'(\hat{\boldsymbol{Y}}-\tilde{\boldsymbol{Y}})\\&=(\boldsymbol{X}\hat{\beta}-\boldsymbol{X}\tilde{\beta})'(\boldsymbol{X}\hat{\beta}-\boldsymbol{X}\tilde{\beta})\\&=(\hat{\beta}-\tilde{\beta})'\boldsymbol{X}'\boldsymbol{X}(\hat{\beta}-\tilde{\beta})\end{aligned}$$

根据习题 3.14，已经证明

$$(\hat{\beta}-\tilde{\beta})'\boldsymbol{X}'\boldsymbol{X}(\hat{\beta}-\tilde{\beta})=(\boldsymbol{R}\hat{\beta}-\gamma)'[\boldsymbol{R}(\boldsymbol{X}'\boldsymbol{X})^{-1}\boldsymbol{R}']^{-1}(\boldsymbol{R}\hat{\beta}-\gamma)$$

因此，

$$\begin{aligned}F&=\frac{\sum_{t=1}^{n}(\hat{Y}_t-\tilde{Y}_t)^2/J}{s^2}\\&=\frac{(\hat{\beta}-\tilde{\beta})'\boldsymbol{X}'\boldsymbol{X}(\hat{\beta}-\tilde{\beta})/J}{s^2}\\&=\frac{(\boldsymbol{R}\hat{\beta}-\gamma)'[\boldsymbol{R}(\boldsymbol{X}'\boldsymbol{X})^{-1}\boldsymbol{R}']^{-1}(\boldsymbol{R}\hat{\beta}-\boldsymbol{\gamma})/J}{s^2}\end{aligned}$$

或者可以根据习题 3.14 给出的结论，证明

$$\tilde{\boldsymbol{e}}'\tilde{\boldsymbol{e}}-\boldsymbol{e}'\boldsymbol{e}=\sum_{t=1}^{n}(\hat{Y}_t-\tilde{Y}_t)^2$$

和

$$\begin{aligned}\tilde{\boldsymbol{e}}\tilde{\boldsymbol{e}}-\boldsymbol{e}'\boldsymbol{e}&=(\boldsymbol{Y}-\tilde{\boldsymbol{Y}})'(\boldsymbol{Y}-\tilde{\boldsymbol{Y}})-(\boldsymbol{Y}-\hat{\boldsymbol{Y}})'(\boldsymbol{Y}-\hat{\boldsymbol{Y}})\\&=(\boldsymbol{Y}-\hat{\boldsymbol{Y}}+\hat{\boldsymbol{Y}}-\tilde{\boldsymbol{Y}})'(\boldsymbol{Y}-\hat{\boldsymbol{Y}}+\hat{\boldsymbol{Y}}-\tilde{\boldsymbol{Y}})-(\boldsymbol{Y}-\hat{\boldsymbol{Y}})'(\boldsymbol{Y}-\hat{\boldsymbol{Y}})\\&=(\boldsymbol{Y}-\hat{\boldsymbol{Y}})'(\hat{\boldsymbol{Y}}-\tilde{\boldsymbol{Y}})+(\hat{\boldsymbol{Y}}-\tilde{\boldsymbol{Y}})'(\boldsymbol{Y}-\hat{\boldsymbol{Y}})+(\hat{\boldsymbol{Y}}-\tilde{\boldsymbol{Y}})'(\hat{\boldsymbol{Y}}-\tilde{\boldsymbol{Y}})\end{aligned}$$

$$= e'(\hat{Y} - \tilde{Y}) + (\hat{Y} - \tilde{Y})'e + (\hat{Y} - \tilde{Y})'(\hat{Y} - \tilde{Y})$$

已知 $X'e = e'X = 0$，可以得到

$$e'(\hat{Y} - \tilde{Y}) = e'X(\hat{\beta} - \tilde{\beta}) = 0$$

和

$$(\hat{Y} - \tilde{Y})'e = (\hat{\beta} - \tilde{\beta})'X'e = 0$$

从而，

$$\tilde{e}'\tilde{e} - e'e = (\hat{Y} - \tilde{Y})'(\hat{Y} - \tilde{Y}) = \sum_{t=1}^{n}(\hat{Y}_t - \tilde{Y}_t)^2$$

因此，根据习题 3.14 的结论，可以得到

$$\begin{aligned} F &= \frac{(R\hat{\beta} - \gamma)'[R(X'X)^{-1}R']^{-1}(R\hat{\beta} - \gamma)/J}{s^2} \\ &= \frac{(\tilde{e}'\tilde{e} - e'e)/J}{e'e/(n-k-1)} \\ &= \frac{(\tilde{e}'\tilde{e} - e'e)/J}{s^2} \\ &= \frac{\sum_{t=1}^{n}(\hat{Y}_t - \tilde{Y}_t)^2/J}{s^2} \\ &= \frac{(\hat{\beta} - \tilde{\beta})'X'X(\hat{\beta} - \tilde{\beta})/J}{s^2} \end{aligned}$$

习题 3.16

证明 F 检验统计量等价于 $\tilde{\lambda}$ 中的二次型形式，其中 $\tilde{\lambda}$ 是线性回归模型 $Y = X\theta_0 + \varepsilon$ 的约束 OLS 估计中的拉格朗日乘子。这个结果意味着 F 检验相当于拉格朗日乘子检验。

解答：

首先考虑一个有约束的 OLS 估计值：

$$\tilde{\theta} = \arg\min_{\theta}(Y - X\theta)'(Y - X\theta), \quad 约束为\ R\theta = r$$

构建一个拉格朗日函数：

$$L(\theta, \lambda) = (Y - X\theta)'(Y - X\theta) + \lambda'(r - R\theta)$$

一阶导数条件为：

$$\frac{\partial L(\tilde{\theta},\tilde{\boldsymbol{\lambda}})}{\partial \theta} = -2\boldsymbol{X}'(\boldsymbol{Y}-\boldsymbol{X}\tilde{\theta}) - 2\boldsymbol{R}'\tilde{\boldsymbol{\lambda}} = 0$$

$$\frac{\partial L(\tilde{\theta},\tilde{\boldsymbol{\lambda}})}{\partial \tilde{\boldsymbol{\lambda}}} = r - \boldsymbol{R}\tilde{\theta} = 0$$

从而，

$$\boldsymbol{R}'\tilde{\lambda} = -\boldsymbol{X}'(\boldsymbol{Y}-\boldsymbol{X}\tilde{\theta})$$

在上述等式两边同时乘以 $\boldsymbol{R}(\boldsymbol{X}'\boldsymbol{X})^{-1}$，可以得到

$$\boldsymbol{R}(\boldsymbol{X}'\boldsymbol{X})^{-1}\boldsymbol{R}'\tilde{\lambda} = -\boldsymbol{R}(\boldsymbol{X}'\boldsymbol{X})^{-1}\boldsymbol{X}'(\boldsymbol{Y}-\boldsymbol{X}\tilde{\theta}) = -\boldsymbol{R}(\hat{\theta}-\tilde{\theta})$$

其中 $\hat{\theta} = (\boldsymbol{X}'\boldsymbol{X})^{-1}\boldsymbol{X}'\boldsymbol{Y}$ 是 OLS 估计值。从而，

$$\begin{aligned}\tilde{\lambda} &= -[\boldsymbol{R}(\boldsymbol{X}'\boldsymbol{X})^{-1}\boldsymbol{R}']^{-1}\boldsymbol{R}(\hat{\theta}-\tilde{\theta}) \\ &= -[\boldsymbol{R}(\boldsymbol{X}'\boldsymbol{X})^{-1}\boldsymbol{R}']^{-1}(\boldsymbol{R}\hat{\theta}-r)\end{aligned}$$

最后一个等式来自于一阶导条件。因此

$$F = \frac{(\boldsymbol{R}\hat{\theta}-r)'[\boldsymbol{R}(\boldsymbol{X}'\boldsymbol{X})^{-1}\boldsymbol{R}']^{-1}(\boldsymbol{R}\hat{\theta}-r)/J}{s^2} = \frac{\tilde{\boldsymbol{\lambda}}'[\boldsymbol{R}(\boldsymbol{X}'\boldsymbol{X})^{-1}\boldsymbol{R}']\tilde{\boldsymbol{\lambda}}/J}{s^2},$$

这意味着 F 检验等效于拉格朗日乘子检验。

习题 3.17

考虑经典回归模型

$$\begin{aligned}Y_t &= X_t'\beta^o + \varepsilon_t \\ &= \beta_0^o + \sum_{j=1}^{k}\beta_j^o X_{jt} + \varepsilon_t \quad t = 1,\cdots,n\end{aligned}$$

目的是检验原假设

$$\mathrm{H}_0:\ \beta_1^o = \cdots = \beta_k^o = 0$$

考虑 F 检验统计量

$$F = \frac{(\tilde{\boldsymbol{e}}'\tilde{\boldsymbol{e}} - \boldsymbol{e}'\boldsymbol{e})/k}{\boldsymbol{e}'\boldsymbol{e}/(n-k-1)}$$

其中 $\boldsymbol{e}'\boldsymbol{e}$ 是无约束回归模型的残差平方和，$\tilde{\boldsymbol{e}}'\tilde{\boldsymbol{e}}$ 是有约束回归模型 $Y_t = \beta_0^o + \varepsilon_t$ 的残差平方和。

（1）证明：给定假设 3.1 和 3.3（1）

$$F=\frac{R^2/k}{(1-R^2)/(n-k-1)}$$

其中 $\boldsymbol{R}^2$ 是无约束模型的决定系数。

（2）再给定假设 3.5，证明：当原假设 H_0：$\beta_1^o=\cdots=\beta_k^o=0$ 成立及 $n\to\infty$ 时

$$(n-k-1)R^2\xrightarrow{\mathrm{d}}\chi_k^2$$

解答：

根据决定系数的定义，可以得到

$$\tilde{R}^2=1-\frac{\tilde{\boldsymbol{e}}'\tilde{\boldsymbol{e}}}{(\boldsymbol{Y}-\bar{\boldsymbol{Y}})'(\boldsymbol{Y}-\bar{\boldsymbol{Y}})}$$
$$R^2=1-\frac{\boldsymbol{e}'\boldsymbol{e}}{(\boldsymbol{Y}-\bar{\boldsymbol{Y}})'(\boldsymbol{Y}-\bar{\boldsymbol{Y}})}$$

这等价于

$$\tilde{\boldsymbol{e}}'\tilde{\boldsymbol{e}}=(1-\tilde{R}^2)(\boldsymbol{Y}-\bar{\boldsymbol{Y}})'(\boldsymbol{Y}-\bar{\boldsymbol{Y}})$$
$$\boldsymbol{e}'\boldsymbol{e}=(1-R^2)(\boldsymbol{Y}-\bar{\boldsymbol{Y}})'(\boldsymbol{Y}-\bar{\boldsymbol{Y}})$$

从而可以得到

$$\begin{aligned}F&=\frac{(\tilde{\boldsymbol{e}}'\tilde{\boldsymbol{e}}-\boldsymbol{e}'\boldsymbol{e})/k}{\boldsymbol{e}'\boldsymbol{e}/(n-k-1)}\\&=\frac{[(1-\tilde{R}^2)-(1-R^2)](\boldsymbol{Y}-\bar{\boldsymbol{Y}})'(\boldsymbol{Y}-\bar{\boldsymbol{Y}})/k}{(1-R^2)(\boldsymbol{Y}-\bar{\boldsymbol{Y}})'(\boldsymbol{Y}-\bar{\boldsymbol{Y}})/(n-k-1)}\\&=\frac{(R^2-\tilde{R}^2)(\boldsymbol{Y}-\bar{\boldsymbol{Y}})'(\boldsymbol{Y}-\bar{\boldsymbol{Y}})/k}{(1-R^2)(\boldsymbol{Y}-\bar{\boldsymbol{Y}})'(\boldsymbol{Y}-\bar{\boldsymbol{Y}})/(n-k-1)}\\&=\frac{(R^2-\tilde{R}^2)/k}{(1-R^2)/(n-k-1)}\end{aligned}$$

除此之外，在 H_0 下，有以下等式

$$\begin{aligned}\tilde{\beta}^o&=(\tilde{\boldsymbol{X}}'\tilde{\boldsymbol{X}})^{-1}\tilde{\boldsymbol{X}}'\boldsymbol{Y}\\&=\bar{\boldsymbol{Y}}\end{aligned}$$

其中 $\tilde{\boldsymbol{X}}=(1,1,\cdots,1)'$。

从而，

$$\tilde{\boldsymbol{e}}=\boldsymbol{Y}-\bar{\boldsymbol{Y}}$$

和

$$\tilde{R}^2 = 1 - \frac{\tilde{e}'\tilde{e}}{(Y-\bar{Y})'(Y-\bar{Y})}$$
$$= 0$$

因此，可以证明

$$F = \frac{R^2/k}{(1-R^2)/(n-k-1)}$$

评论：

假设 3.1 表示模型是线性的，假设 3.3(a) 保证 $\tilde{\beta}$ 和 $\hat{\beta}$ 存在。考虑一个线性回归模型 $\boldsymbol{Y} = \boldsymbol{X}\theta_o + \varepsilon$，其中 $\varepsilon \mid \boldsymbol{X} \sim N\left(0, \sigma^2\boldsymbol{V}\right)$，$\boldsymbol{V} = V(\boldsymbol{X})$ 是已知的 $n\times n$ 非奇异矩阵，和 $0 < \sigma^2 < \infty$ 是未知的。GLS 估计量 $\hat{\theta}^*$ 被定义为变换模型的 OLS 估计量

$$\boldsymbol{Y}^* = \boldsymbol{X}^*\theta_o + \varepsilon^*$$

其中 $\boldsymbol{Y}^* = \boldsymbol{C}\boldsymbol{Y}$，$\boldsymbol{X}^* = \boldsymbol{C}\boldsymbol{X}$，$\varepsilon^* = \boldsymbol{C}\varepsilon$，和 $\boldsymbol{C}$ 是一个来自 $\boldsymbol{V}^{-1} = \boldsymbol{C}\boldsymbol{C}'$ 因子分解的 $n\times n$ 非奇异矩阵。转换模型的决定系数 R^2 总是正的吗？请给出解释。

解答：

已知

$$\boldsymbol{V}^{-1} = \boldsymbol{C}'\boldsymbol{C}$$

其中 $\boldsymbol{C}$ 是 $n\times n$ 非奇异矩阵，我们可以得到

$$\boldsymbol{V} = \boldsymbol{C}^{-1}(\boldsymbol{C}^{-1})'$$

和

$$\begin{aligned}
&\operatorname{var}(\hat{\beta} \mid \boldsymbol{X}) - \operatorname{var}(\hat{\beta}^* \mid \boldsymbol{X}) \\
&= \sigma^2(\boldsymbol{X}'\boldsymbol{X})^{-1}\boldsymbol{X}'\boldsymbol{V}\boldsymbol{X}(\boldsymbol{X}'\boldsymbol{X})^{-1} - \sigma^2(\boldsymbol{X}'\boldsymbol{V}^{-1}\boldsymbol{X})^{-1} \\
&= \sigma^2[(\boldsymbol{X}'\boldsymbol{X})^{-1}\boldsymbol{X}'\boldsymbol{C}^{-1}(\boldsymbol{C}^{-1})'\boldsymbol{X}(\boldsymbol{X}'\boldsymbol{X})^{-1} - (\boldsymbol{X}'\boldsymbol{C}'\boldsymbol{C}\boldsymbol{X})^{-1}] \\
&= \sigma^2(\boldsymbol{X}'\boldsymbol{X})^{-1}\boldsymbol{X}'\boldsymbol{C}^{-1}[\boldsymbol{I} - \boldsymbol{C}\boldsymbol{X}(\boldsymbol{X}'\boldsymbol{C}'\boldsymbol{C}\boldsymbol{X})^{-1}\boldsymbol{X}'\boldsymbol{C}'](\boldsymbol{C}^{-1})'\boldsymbol{X}(\boldsymbol{X}'\boldsymbol{X})^{-1} \\
&= \sigma^2(\boldsymbol{X}'\boldsymbol{X})^{-1}\boldsymbol{X}'\boldsymbol{C}^{-1}[\boldsymbol{I} - \boldsymbol{X}^*(\boldsymbol{X}^{*\prime}\boldsymbol{X}^*)^{-1}\boldsymbol{X}^{*\prime}](\boldsymbol{C}^{-1})'\boldsymbol{X}(\boldsymbol{X}'\boldsymbol{X})^{-1}
\end{aligned}$$

其中 $\boldsymbol{X}^* = \boldsymbol{C}\boldsymbol{X}$。

因为

$$\boldsymbol{I} - \boldsymbol{X}^*(\boldsymbol{X}^{*\prime}\boldsymbol{X}^*)^{-1}\boldsymbol{X}^{*\prime} = \boldsymbol{M}^{*\prime}\boldsymbol{M}^*$$

其中 $\boldsymbol{M}^*$ 是对应于 GLS 估计值的幂等矩阵，可以得到

$$\begin{aligned}\mathrm{var}(\hat{\beta}\mid \boldsymbol{X})-\mathrm{var}(\hat{\beta}^{*}\mid \boldsymbol{X}) &= \sigma^2(\boldsymbol{X}'\boldsymbol{X})^{-1}\boldsymbol{X}'\boldsymbol{C}^{-1}\boldsymbol{M}^{*\prime}\boldsymbol{M}^{*}(\boldsymbol{C}^{-1})'\boldsymbol{X}(\boldsymbol{X}'\boldsymbol{X})^{-1}\\ &= \sigma^2[\boldsymbol{M}^{*}(\boldsymbol{C}^{-1})'\boldsymbol{X}(\boldsymbol{X}'\boldsymbol{X})^{-1}]'[\boldsymbol{M}^{*}(\boldsymbol{C}^{-1})'\boldsymbol{X}(\boldsymbol{X}'\boldsymbol{X})^{-1}]\end{aligned}$$

这是一个 PSD 矩阵。

因此，可以证明 $\mathrm{var}(\hat{\beta}\mid \boldsymbol{X})-\mathrm{var}(\hat{\beta}^{*}\mid \boldsymbol{X})$ 是半正定的。

习题 3.18

F 检验统计量定义为：

$$F=\frac{(\boldsymbol{R}\hat{\beta}-r)'[\boldsymbol{R}(\boldsymbol{X}'\boldsymbol{X})^{-1}\boldsymbol{R}']^{-1}(\boldsymbol{R}\hat{\beta}-r)/J}{s^2}$$

证明：

$$F=\frac{(1/J)\sum_{t=1}^{n}(\hat{Y}_t-\tilde{Y}_t)^2}{s^2}=\frac{(\hat{\beta}-\tilde{\beta})'\boldsymbol{X}'\boldsymbol{X}(\hat{\beta}-\tilde{\beta})/J}{s^2}$$

其中 $\hat{Y}_t=X_t'\hat{\beta}$、$\tilde{Y}_t=X_t'\tilde{\beta}$ 和 $\hat{\beta}$、$\tilde{\beta}$ 分别是无约束和有约束的 OLS 估计量。

解答：

根据习题 3.14，已知

$$\hat{\beta}-\tilde{\beta}=(\boldsymbol{X}'\boldsymbol{X})^{-1}\boldsymbol{R}'[\boldsymbol{R}(\boldsymbol{X}'\boldsymbol{X})^{-1}\boldsymbol{R}']^{-1}(\boldsymbol{R}\hat{\beta}-r)$$

从而，

$$\begin{aligned}&\sum_{t=1}^{n}(\hat{Y}_t-\tilde{Y}_t)^2\\ &=(\hat{Y}-\tilde{Y})'(\hat{Y}-\tilde{Y})\\ &=(\boldsymbol{X}\hat{\beta}-\boldsymbol{X}\tilde{\beta})'(\boldsymbol{X}\hat{\beta}-\boldsymbol{X}\tilde{\beta})\\ &=(\hat{\beta}-\tilde{\beta})'\boldsymbol{X}'\boldsymbol{X}(\hat{\beta}-\tilde{\beta})\\ &=(\boldsymbol{R}\hat{\beta}-r)'[\boldsymbol{R}(\boldsymbol{X}'\boldsymbol{X})^{-1}\boldsymbol{R}']^{-1}\boldsymbol{R}(\boldsymbol{X}'\boldsymbol{X})^{-1}\boldsymbol{X}'\boldsymbol{X}(\boldsymbol{X}'\boldsymbol{X})^{-1}\boldsymbol{R}'[\boldsymbol{R}(\boldsymbol{X}'\boldsymbol{X})^{-1}\boldsymbol{R}']^{-1}(\boldsymbol{R}\hat{\beta}-r)\\ &=(\boldsymbol{R}\hat{\beta}-r)'[\boldsymbol{R}(\boldsymbol{X}'\boldsymbol{X})^{-1}\boldsymbol{R}']^{-1}(\boldsymbol{R}\hat{\beta}-r)\end{aligned}$$

因此，能够证明

$$F=\frac{(1/J)\sum_{t=1}^{n}(\hat{Y}_t-\tilde{Y}_t)^2}{s^2}=\frac{(\hat{\beta}-\tilde{\beta})'\boldsymbol{X}'\boldsymbol{X}(\hat{\beta}-\tilde{\beta})/J}{s^2}$$

习题 3.19

（结构变化） 在假设3.1和3.3（1）成立的条件下，考虑对整个样本建立如下模型

$$Y_t = X_t'\beta^o + (D_tX_t)'\alpha^o + \varepsilon_t, \quad t = 1,\cdots,n$$

其中 D_t 为时间虚拟变量。当 $t \leqslant n_1$ 时，$D_t = 0$；当 $t > n_1$ 时，$D_t = 1$。该模型也可写成两个单独的模型

$$Y_t = X_t'\beta^o + \varepsilon_t, \quad t = 1,\cdots,n_1$$

和

$$Y_t = X_t'(\beta^o + \alpha^o) + \varepsilon_t, \quad t = n_1+1,\cdots,n$$

令 SSR_u、SSR_1、SSR_2 分别代表上述三个 OLS 回归方程的残差平方和，证明：

$$\mathrm{SSR}_u = \mathrm{SSR}_1 + \mathrm{SSR}_2$$

该等式意味着通过 OLS 对第一个包含时间虚拟变量的全样本回归方程的估计残差平方和，等价于对两个子样本回归方程分别估计而得到的估计残差平方和的加总。

解答:

考虑一个完整的样本 OLS 回归：

$$\begin{bmatrix} \boldsymbol{Y}_1 \\ \boldsymbol{Y}_2 \end{bmatrix} = \begin{bmatrix} \boldsymbol{X}_1 & \boldsymbol{0} \\ \boldsymbol{0} & \boldsymbol{X}_2 \end{bmatrix} \begin{bmatrix} \hat{\beta} \\ \tilde{\beta} \end{bmatrix} + \begin{bmatrix} e_1 \\ e_2 \end{bmatrix},$$

其中 $\boldsymbol{Y}_1 = (Y_1,\cdots,Y_{n1})'$，$Y_2 = (Y_{n1+1},\cdots,Y_n)'$，$\boldsymbol{X}_1$ 为包含前 n_1 个观测值的 $n_1 \times K$ 矩阵，$\boldsymbol{X}_2$ 是一个 $(n-n_1)\times K$ 矩阵，包含最后的 $n-n_1$ 观测值。而且 OLS 估计值为：

$$\hat{\beta} = (\hat{\beta}_1,\cdots,\hat{\beta}_K), \quad \tilde{\beta} = (\tilde{\beta}_1 + \tilde{\alpha}_1,\cdots,\tilde{\beta}_K + \tilde{\alpha}_K)$$

其中 $\hat{\beta}$ 是以下回归模型的 OLS 估计：

$$Y_t = X_t'\beta^o + \varepsilon_t, \quad t = 1,\cdots,n_1$$

$\tilde{\beta}$ 是以下回归模型的 OLS 估计：

$$Y_t = X_t'(\beta^o + \alpha^o) + \varepsilon_t, \quad t = n_1+1,\cdots,n$$

因此，

$$\begin{aligned}\mathrm{SSR}_u &= [(\boldsymbol{Y}_1-\boldsymbol{X}_1\hat{\beta})',(\boldsymbol{Y}_2-\boldsymbol{X}_2\tilde{\beta})']\begin{bmatrix}\boldsymbol{Y}_1-\boldsymbol{X}_1\hat{\beta}\\ \boldsymbol{Y}_2-\boldsymbol{X}_2\tilde{\beta}\end{bmatrix}\\ &=(\boldsymbol{Y}_1-\boldsymbol{X}_1\hat{\beta})'(\boldsymbol{Y}_1-\boldsymbol{X}_1\hat{\beta})+(\boldsymbol{Y}_2-\boldsymbol{X}_2\tilde{\beta})'(\boldsymbol{Y}_2-\boldsymbol{X}_2\tilde{\beta})\\ &=\mathrm{SSR}_1+\mathrm{SSR}_2\end{aligned}$$

习题 3.20

一个二次多项式的回归模型 $Y_t=\beta_0+\beta_1X_t+\beta_2X_t^2+\varepsilon_t$ 符合数据。假设 β_1 和 β_2 的 OLS 估计量的 P 值分别为 0.67 和 0.84，是否能接受 β_1 和 β_2 都为 0 的假设？请解释原因。

解答:

不能接受 β_1 和 β_2 都为 0 的假设，因为在引入 X_t 和 X_t^2 时可能存在严重的多重共线性问题。多重共线性问题将导致 $\hat{\beta}$ 的估计方差较大，因此 t-统计量较小，使得零假设很难被拒绝。

习题 3.21

假设 $\boldsymbol{X}'\boldsymbol{X}$ 是一个 $K\times K$ 矩阵，$\boldsymbol{V}$ 是一个 $n\times n$ 矩阵，$\boldsymbol{X}'\boldsymbol{X}$ 和 $\boldsymbol{V}$ 均是对称和非奇异的，并且当 $n\to\infty$ 时，最小的特征值 $\lambda_{\min}(\boldsymbol{X}'\boldsymbol{X})\to\infty$。此外，$0<c\leqslant\lambda_{\max}(\boldsymbol{V})\leqslant C<\infty$。证明：对于任意的 $\tau\in\mathbb{R}^K$，满足 $\tau'\tau=1$，当 $n\to\infty$ 时

$$\tau'\mathrm{var}(\hat{\beta}|\boldsymbol{X})\tau=\sigma^2\tau'(\boldsymbol{X}'\boldsymbol{X})^{-1}\boldsymbol{X}'\boldsymbol{V}\boldsymbol{X}(\boldsymbol{X}'\boldsymbol{X})^{-1}\tau\to 0$$

因此，在条件异方差情形下，当 $n\to\infty$ 时，$\mathrm{var}(\hat{\beta}|\boldsymbol{X})$ 缩小至零。

解答:

因为 $\boldsymbol{X}'\boldsymbol{X}$ 和 $\boldsymbol{V}$ 均为对称的和非奇异的，因此 $\mathrm{var}(\hat{\beta}\mid\boldsymbol{X})$ 是对称的和非奇异的。此外，$\boldsymbol{V}$ 的对称性和非奇异性也暗示了存在正交矩 $\boldsymbol{Q}$，使得 $\boldsymbol{V}=\boldsymbol{Q}\Lambda\boldsymbol{Q}'$，其中 $\Lambda=\mathrm{diag}\{\lambda_1,\cdots,\lambda_n\}$ 包含 $\boldsymbol{V}$ 的所有特征值。因此

$$\begin{aligned}\tau'\mathrm{var}(\hat{\beta}\mid\boldsymbol{X})\tau &=\sigma^2\tau'(\boldsymbol{X}'\boldsymbol{X})^{-1}\boldsymbol{X}'\boldsymbol{V}\boldsymbol{X}(\boldsymbol{X}'\boldsymbol{X})^{-1}\tau\\ &\leqslant\sigma^2\lambda_{\max}\left[(\boldsymbol{X}'\boldsymbol{X})^{-1}\boldsymbol{X}'\boldsymbol{V}\boldsymbol{X}(\boldsymbol{X}'\boldsymbol{X})^{-1}\right]\\ &\leqslant\sigma^2\boldsymbol{C}\lambda_{\max}\left[(\boldsymbol{X}'\boldsymbol{X})^{-1}\boldsymbol{X}'\boldsymbol{Q}\boldsymbol{Q}'\boldsymbol{X}(\boldsymbol{X}'\boldsymbol{X})^{-1}\right]\\ &=\sigma^2\boldsymbol{C}\lambda_{\min}^{-1}(\boldsymbol{X}'\boldsymbol{X})\to 0\end{aligned}$$

习题 3.22

假设本章第九节中的条件成立，可以证明 OLS 估计量 $\hat{\beta}$ 和 GLS 估计量 $\hat{\beta}^*$ 的方差分别为

$$\mathrm{var}(\hat{\beta}|\boldsymbol{X}) = \sigma^2(\boldsymbol{X}'\boldsymbol{X})^{-1}\boldsymbol{X}'\boldsymbol{V}\boldsymbol{X}(\boldsymbol{X}'\boldsymbol{X})^{-1}$$

和

$$\mathrm{var}(\hat{\beta}^*|\boldsymbol{X}) = \sigma^2(\boldsymbol{X}'\boldsymbol{V}^{-1}\boldsymbol{X})^{-1}$$

证明：$\mathrm{var}(\hat{\beta}|\boldsymbol{X})-\mathrm{var}(\hat{\beta}^*|\boldsymbol{X})$ 是半正定的。

解答:

首先令 $\boldsymbol{V}=\boldsymbol{C}^{-1}(\boldsymbol{C}^{-1})'$，因此有

$$\begin{aligned}
&\mathrm{var}(\hat{\beta} \mid \boldsymbol{X}) - \mathrm{var}(\hat{\beta}^* \mid \boldsymbol{X}) \\
&= \sigma^2(\boldsymbol{X}'\boldsymbol{X})^{-1}\boldsymbol{X}'\boldsymbol{V}\boldsymbol{X}(\boldsymbol{X}'\boldsymbol{X})^{-1} - \sigma^2(\boldsymbol{X}'\boldsymbol{V}^{-1}\boldsymbol{X})^{-1} \\
&= \sigma^2[(\boldsymbol{X}'\boldsymbol{X})^{-1}\boldsymbol{X}'\boldsymbol{C}^{-1}(\boldsymbol{C}^{-1})'\boldsymbol{X}(\boldsymbol{X}'\boldsymbol{X})^{-1} - (\boldsymbol{X}'\boldsymbol{C}'\boldsymbol{C}\boldsymbol{X})^{-1}] \\
&= \sigma^2(\boldsymbol{X}'\boldsymbol{X})^{-1}\boldsymbol{X}'\boldsymbol{C}^{-1}[\boldsymbol{I} - \boldsymbol{C}\boldsymbol{X}(\boldsymbol{X}'\boldsymbol{C}'\boldsymbol{C}\boldsymbol{X})^{-1}\boldsymbol{X}'\boldsymbol{C}'](\boldsymbol{C}^{-1})'\boldsymbol{X}(\boldsymbol{X}'\boldsymbol{X})^{-1} \\
&= \sigma^2(\boldsymbol{X}'\boldsymbol{X})^{-1}\boldsymbol{X}'\boldsymbol{C}^{-1}[\boldsymbol{I} - \boldsymbol{X}^*(\boldsymbol{X}^{*\prime}\boldsymbol{X}^*)^{-1}\boldsymbol{X}^{*\prime}](\boldsymbol{C}^{-1})'\boldsymbol{X}(\boldsymbol{X}'\boldsymbol{X})^{-1}
\end{aligned}$$

进一步地，令

$$\boldsymbol{I} - \boldsymbol{X}^*(\boldsymbol{X}^{*\prime}\boldsymbol{X}^*)^{-1}\boldsymbol{X}^{*\prime} = \boldsymbol{M}^{*\prime}\boldsymbol{M}^*$$

$\boldsymbol{M}^*$ 是幂等矩阵，从而

$$\begin{aligned}
\mathrm{var}(\hat{\beta} \mid \boldsymbol{X}) - \mathrm{var}(\hat{\beta}^* \mid \boldsymbol{X}) &= \sigma^2(\boldsymbol{X}'\boldsymbol{X})^{-1}\boldsymbol{X}'\boldsymbol{C}^{-1}\boldsymbol{M}^{*\prime}\boldsymbol{M}^*(\boldsymbol{C}^{-1})'\boldsymbol{X}(\boldsymbol{X}'\boldsymbol{X})^{-1} \\
&= \sigma^2[\boldsymbol{M}^*(\boldsymbol{C}^{-1})'\boldsymbol{X}(\boldsymbol{X}'\boldsymbol{X})^{-1}]^{-1}[\boldsymbol{M}^*(\boldsymbol{C}^{-1})'\boldsymbol{X}(\boldsymbol{X}'\boldsymbol{X})^{-1}]
\end{aligned}$$

因此可以证明 $\mathrm{var}(\hat{\beta} \mid \boldsymbol{X}) - \mathrm{var}(\hat{\beta}^* \mid \boldsymbol{X})$ 是半正定的。

习题 3.23

假设数据生成过程为

$$Y_t = X_t'\beta^o + \varepsilon_t = \beta_1^o X_{1t} + \beta_2^o X_{2t} + \varepsilon_t$$

其中 $X_t=(X_{1t},X_{2t})'$、$E(X_tX_t')$ 是非奇异的，并且 $E(\varepsilon_t|X_t)=0$。简单起见，进一步假设 $E(X_{2t})=0$、$E(X_{1t}X_{2t})\neq 0$，且 X_{2t} 不是 X_{1t} 的一个确定性函数，即不存在一个可测函数 $g(\cdot)$ 使得 $X_{2t}=g(X_{1t})$。此外，假设 $\beta_2^o\neq 0$。

考虑以下双变量线性回归模型

$$Y_t = \beta_1^o X_{1t} + u_t$$

（1）证明：$E(Y_t|X_t) = X_t'\beta^o \neq E(Y_t|X_{1t})$，即双变量回归模型中存在遗漏变量 X_{2t}。

（2）证明：对于所有的 $\beta_1 \in \mathbb{R}$，$E(Y_t|X_{1t}) \neq \beta_1 X_{1t}$，即双变量线性回归模型是 $E(Y_t|X_{1t})$ 的错误设定。

（3）双变量线性回归模型的最优最小二乘近似系数 β_1^* 等于 β_1^o 吗？请解释。

解答：

（1）根据条件均值定义，有

$$E(Y_t \mid X_t) = E(\beta_1^o X_{1t} + \beta_2^o X_{2t} + \varepsilon_t \mid X_t) = \beta_1^o X_{1t} + \beta_2^o X_{2t} = X_t'\beta^o$$

以及

$$E(Y_t \mid X_{1t}) = E(\beta_1^o X_{1t} + \beta_2^o X_{2t} + \varepsilon_t \mid X_t) = \beta_1^o X_{1t} + \beta_2^o E(X_{2t} \mid X_{1t})$$

鉴于 $E(X_{1t}X_{2t}) \neq 0$，当 $\beta_2^o \neq 0$ 时，

$$E(Y_t \mid X_t) = X_t'\beta^o \neq E(Y_t \mid X_{1t})$$

（2）首先有

$$E(X_{1t}X_{2t}) \neq 0$$

因此

$$E(X_{2t} \mid X_{1t}) \neq E(X_{2t}) = 0$$

故有

$$E(Y_t \mid X_{1t}) = \beta_1^o X_{1t} + \beta_2^o E(X_{2t} \mid X_{1t}) \neq \beta_1^o X_{1t}$$

（3）$u_t = \beta_2^o X_{2t} + \varepsilon_t$

$$\begin{aligned} E(X_{1t}u_t) &= E[X_{1t}(\beta_2^o X_{2t} + \varepsilon_t)] = \beta_2^o E(X_{1t}X_{2t}) + E(X_{1t}\varepsilon_t) \\ &= \beta_2^o E(X_{1t}X_{2t}) \neq 0 \end{aligned}$$

所以能够证明 β^* 不是最佳的线性最小二乘近似系数。

习题 3.24

假设数据生成过程为

$$Y_t = X_t'\beta^o + \varepsilon_t = \beta_1^o X_{1t} + \beta_2^o X_{2t} + \varepsilon_t$$

其中 $X_t = (X_{1t}, X_{2t})'$，并且假设 3.1、3.2、3.3（1）与 3.4 成立(简单起见，这里假设没有截距项)。OLS 估计量记为 $\hat{\beta} = (\hat{\beta}_1, \hat{\beta}_2)'$。

如果已知 $\beta_2^o = 0$，考虑以下线性回归模型

$$Y_t = \beta_1^o X_{1t} + \varepsilon_t$$

记该双变量回归模型的 OLS 估计量为 $\tilde{\beta}_1$。

请比较 $\hat{\beta}_1$ 和 $\tilde{\beta}_1$ 之间的相对效率，即哪一个 β_1^o 的估计量更精确，并给出理由。

解答:

已知:

$$\operatorname{var}(\tilde{\beta}_1|\boldsymbol{X}) = \frac{\sigma^2}{\sum_{t=1}^{n}(X_{1t} - \bar{\boldsymbol{X}})^2}$$

从习题 3.8 中知道

$$\operatorname{var}(\hat{\beta}_1|\boldsymbol{X}) = \frac{\sigma^2}{(1-\hat{r}^2)\sum_{t=1}^{n}(X_{1t} - \bar{\boldsymbol{X}})^2},$$

其中 $\hat{r}$ 是 X_1 和 X_2 的样本相关系数。从而

$$\operatorname{var}(\tilde{\beta}_1|\boldsymbol{X}) \leqslant \operatorname{var}(\hat{\beta}_1|\boldsymbol{X})$$

这意味着 $\tilde{\beta}_1$ 比 $\hat{\beta}_1$ 更有效。

习题 3.25

考虑一个线性回归模型 $\boldsymbol{Y} = \boldsymbol{X}\beta^o + \varepsilon$，其中 $\varepsilon|\boldsymbol{X} \sim N(0, \sigma^2\boldsymbol{V})$，$\boldsymbol{V} = V(\boldsymbol{X})$ 是 $n \times n$ 非奇异矩阵，$0 < \sigma^2 < \infty$ 未知。GLS 估计量 $\hat{\beta}^*$ 是变形后方程 $\boldsymbol{Y}^* = \boldsymbol{X}^*\beta^o + \varepsilon^*$ 的 OLS 估计量，其中 $\boldsymbol{Y}^* = \boldsymbol{CY}$，$\boldsymbol{X}^* = \boldsymbol{CX}$，$\varepsilon^* = C\varepsilon$，$\boldsymbol{C}$ 是来自因式分解 $\boldsymbol{V}^{-1} = \boldsymbol{CC}'$ 的 $n \times n$ 非奇异矩阵。变形方程的判定系数 R^2 是否总是正的？解释原因。

解答：

因为 $\hat{\theta}^*$ 是 $\boldsymbol{Y}^* = \boldsymbol{X}^*\theta_o + \varepsilon^*$ 的 GLS 估计量，和 $\boldsymbol{Y}^* = \boldsymbol{CY}$，$\boldsymbol{X}^* = \boldsymbol{CX}$，$\varepsilon^* = \boldsymbol{C}\varepsilon$，$\boldsymbol{V}^{-1} = \boldsymbol{CC}'$，已知 $\hat{\theta}^* = (\boldsymbol{X}^{*\prime}\boldsymbol{X}^*)^{-1}\boldsymbol{X}^{*\prime}\boldsymbol{Y}^* = (\boldsymbol{X}'V^{-1}\boldsymbol{X})^{-1}\boldsymbol{X}'V^{-1}\boldsymbol{Y}$ 和

$$\begin{aligned}\boldsymbol{e}^* &= \boldsymbol{Y}^* - \boldsymbol{X}^*\hat{\theta}^* \\ &= \boldsymbol{CY} - \boldsymbol{CX}(\boldsymbol{X}'V^{-1}\boldsymbol{X})^{-1}\boldsymbol{X}'V^{-1}\boldsymbol{Y} \\ &= \boldsymbol{C}[\boldsymbol{I} - \boldsymbol{X}(\boldsymbol{X}'V^{-1}\boldsymbol{X})^{-1}\boldsymbol{X}'V^{-1}]\boldsymbol{Y}\end{aligned}$$

$$\boldsymbol{e}^{*\prime}\boldsymbol{e}^* = \boldsymbol{Y}'[\boldsymbol{I} - \boldsymbol{X}(\boldsymbol{X}'V^{-1}\boldsymbol{X})^{-1}\boldsymbol{X}'V^{-1}]'\boldsymbol{C}'\boldsymbol{C}[\boldsymbol{I} - \boldsymbol{X}(\boldsymbol{X}'V^{-1}\boldsymbol{X})^{-1}\boldsymbol{X}'V^{-1}]\boldsymbol{Y}$$

$$E(s^{*2}|\boldsymbol{X}) = E\left(\frac{\boldsymbol{e}^{*\prime}\boldsymbol{e}^*}{n-K}|\boldsymbol{X}\right) = \frac{1}{n-K}E(\boldsymbol{e}^{*\prime}\boldsymbol{e}^*|\boldsymbol{X}) = \frac{\sigma^2(n-K)}{n-K} = \sigma^2$$

因此，可以得到

$$s^{*2} = \frac{\boldsymbol{e}^{*\prime}\boldsymbol{e}^*}{n-K} = \frac{1}{n-1}\sum_{t=1}^{n}(Y_t - \bar{Y})^2$$

和

$$\frac{\boldsymbol{e}^{*\prime}\boldsymbol{e}^*}{\sum_{t=1}^{n}(Y_t - \bar{Y})^2} = \frac{n-K}{N-1}$$

当 $K > 1$，$R^2 = 1 - \frac{\boldsymbol{e}^{*\prime}\boldsymbol{e}^*}{\sum_{t=1}^{n}(Y_t - \bar{Y})^2}$；

当 $K = 1$，$R^2 = 0$。

习题 3.26

假定假设 3.1、假设 3.3（1）及以下假设 3.6′ 成立。

假设 3.6′：$\boldsymbol{\varepsilon}|\boldsymbol{X} \sim N(\boldsymbol{0}, \boldsymbol{V})$，其中，$\boldsymbol{V} = V(\boldsymbol{X})$ 是一个已知的 $n \times n$ 对称、有限与正定的矩阵。

与假设 3.6 相比，假设 3.6′ 假设 $\text{var}(\boldsymbol{\varepsilon}|\boldsymbol{X}) = \boldsymbol{V}$ 完全已知，没有未知常数 σ^2。定义 GLS 估计量为 $\hat{\beta}^* = (\boldsymbol{X}'\boldsymbol{V}^{-1}\boldsymbol{X})^{-1}\boldsymbol{X}'\boldsymbol{V}^{-1}\boldsymbol{Y}$。

（1）$\hat{\beta}^*$ 是 BLUE 吗？

（2）令 $\boldsymbol{X}^* = \boldsymbol{CX}$，$s^{*2} = \boldsymbol{e}^{*\prime}\boldsymbol{e}^*/(n-K)$，其中 $\boldsymbol{e}^* = \boldsymbol{Y}^* - \boldsymbol{X}^*\hat{\beta}^*$，$\boldsymbol{C}'\boldsymbol{C} = \boldsymbol{V}^{-1}$。通常的 t 检验和 F 检验定义如下：

$$T^* = \frac{R\hat{\beta}^* - r}{\sqrt{s^{*2}R(X^{*\prime}X^*)^{-1}R'}}，当 J = 1 时$$

$$F^* = \frac{(R\hat{\beta}^* - r)'[R(X^{*\prime}X^*)^{-1}R']^{-1}(R\hat{\beta}^* - r)/J}{s^{*2}}，当 J \geqslant 1 时$$

在原假设 H_0：$R\beta^o = r$ 下，它们分别服从 t_{n-K} 和 $F_{J,n-K}$ 分布吗？请解释。

（3）构造两个新的检验统计量

$$\tilde{T}^* = \frac{R\hat{\beta}^* - r}{\sqrt{R(X^{*\prime}X^*)^{-1}R'}}，当 J = 1 时$$

$$\tilde{W}^* = (R\hat{\beta}^* - r)'[R(X^{*\prime}X^*)^{-1}R']^{-1}(R\hat{\beta}^* - r)，当 J \geqslant 1 时$$

在原假设 H_0：$R\beta^o = r$ 下，这两个检验统计量分别服从什么分布？请解释。

（4）在相同的显著性水平下，(T^*, F^*) 和 $(\tilde{T}^*, \tilde{W}^*)$ 这两个检验哪个更为有效，也就是说，哪个检验有更大的概率拒绝错误的原假设 H_0：$R\beta^o = r$？

提示：t 分布与标准正态分布 $N(0,1)$ 相比，具有更厚的尾部，因此，在同样的显著性水平下，t 分布将具有更大的临界值。

解答：

（1）由于 V 是方差—协方差矩阵，因此 V 是对称和正定的。根据引理 3.15，有 $V^{-1} = C'C$、$V = C^{-1}C'^{-1}$，并且 C 是一个 $n \times n$ 非奇异矩阵。原始回归模型可以进行如下变换：

$$Y^* = X^*\beta^o + \varepsilon^*$$

其中 $Y^* = CY$，$X^* = CX$ 和 $\varepsilon^* = C\varepsilon$。因为 $\mathrm{var}(\varepsilon \mid X) = V$，所以 $\mathrm{var}(\varepsilon^* \mid X) = CVC' = CC^{-1}C'^{-1}C' = I$。令 $\sigma = 1$。

转换后的模型满足经典回归假设的 3.1、3.3 和 3.5，$\mathrm{var}(\varepsilon^* \mid X) = I$。根据高斯—马尔可夫定理，该估计量是 BLUE。

（2）是的。因为在转换回归模型中，$\mathrm{var}(\varepsilon^* \mid X) = \sigma^2 I$ 和 $\sigma = 1$，满足高斯—马尔可夫定理。从而

$$\hat{\beta}^* - \beta \sim N[\mathbf{0}, (X^{*\prime}X^*)^{-1}]$$

在原假设下，可以得到

$$R\hat{\beta}^* - r \sim N[\mathbf{0}, R(X^{*\prime}X^*)^{-1}R']$$

$$\frac{R\hat{\beta}^* - r}{\sqrt{R(X^{*\prime}X^*)^{-1}R'}} \sim N(\mathbf{0}, I_J)$$

因为满足高斯—马尔可夫定理，所以可以利用定理 3.9（1）

$$(n-K)s^{*2} \sim \chi^2_{n-K}$$

因此

$$T^* = \frac{\dfrac{\boldsymbol{R}\hat{\beta}^* - r}{\sqrt{\boldsymbol{R}(\boldsymbol{X}^*\boldsymbol{X}^*)^{-1}\boldsymbol{R}'}}}{\sqrt{(n-K)s^{*2}/(n-K)}}$$

同时，根据高斯—马尔可夫定理，$\boldsymbol{R}\hat{\beta}^* - r$ 和 s^{*2} 是独立的。最后，可以得出结论

$$T^* \sim t_{n-K}$$

根据引理 3.10，

$$(\boldsymbol{R}\hat{\beta}^* - r)'[\boldsymbol{R}(\boldsymbol{X}^{*\prime}\boldsymbol{X}^*)^{-1}\boldsymbol{R}']^{-1}(\boldsymbol{R}\hat{\beta}^* - r) \sim \chi^2_J$$

考虑到 $\hat{\beta}^*$ 和 s^{*2} 是独立的，可以得到

$$F^* \sim F_{J,n-k}$$

因此，可以推得

$$\tilde{T}^* = \frac{\boldsymbol{R}\hat{\beta}^* - r}{\sqrt{\boldsymbol{R}(\boldsymbol{X}^{*\prime}\boldsymbol{X}^*)^{-1}\boldsymbol{R}'}} \sim N(0, I_J)$$

以及

$$\tilde{Q}^* = (\boldsymbol{R}\hat{\beta}^* - r)'[\boldsymbol{R}(\boldsymbol{X}^{*\prime}\boldsymbol{X}^*)^{-1}\boldsymbol{R}']^{-1}(\boldsymbol{R}\hat{\beta}^* - r) \sim \chi^2_J$$

（4）t 分布的尾部比 $N(0,1)$ 厚，因此在给定的显著性水平下具有更大的临界值。并且 $\tilde{T}^*$ 和 T^* 的实现几乎相同，因此 $\tilde{T}^*$ 具有更强的统计检验力。

类似地，J 乘以 F 分布的尾部比卡方分布厚。F 分布的临界值大于卡方分布的临界值除以 J，那么 $\tilde{Q}^*$ 具有更大的检验力。

习题 3.27

考虑一个线性回归模型 $Y_t = X_t'\beta^o + \varepsilon_t$，其中 X_t 包含截距项 (如 $X_{0t} = 1$)。假设 GLS 估计量的所有条件成立。我们想要检验线性回归模型中除截距项外的其他系数是否联合为零。

（1）是否可以有 $F^* = \dfrac{R^{*2}/k}{(1-R^{*2})/(n-k-1)}$？其中 R^{*2} 是中心化的 R^2，F^* 是 GLS 估计的 F 检验统计量。请给出解释。

（2）在零假设下当 $n \to \infty$ 时是否有 $(n-K)R^{*2} \xrightarrow{d} \chi_k^2$？请给出解释。

解答：

（1）$Y_t = x_t'\beta^o + \varepsilon_t$ 对上述回归模型进行变形可得 $Y_t^* = x_t^{*\prime}\beta^o + \varepsilon_t^*$，其中 $\boldsymbol{Y}^* = \boldsymbol{cY}$，$\boldsymbol{X}^* = \boldsymbol{cX}$，$\varepsilon^* = \boldsymbol{c}\varepsilon$，$v^{-1} = \boldsymbol{c'c}$ 因此，

$$E[\varepsilon_t^* \mid X_t^*] = E[\boldsymbol{c}\varepsilon_t \mid \boldsymbol{c}X_t] = 0$$

$$\text{var}[\varepsilon_t^* \mid X^*] = E[\boldsymbol{c'c}\varepsilon_t^2 \mid \boldsymbol{c}X_t] = E[v^{-1}v\varepsilon_t^2 \mid \boldsymbol{c}X_t] = \sigma^2 I$$

因此，对于 $Y_t^* = x_t^*\beta' + \varepsilon_t^*$，$\hat{\beta}$ 是 BLUE。因此，

$$\bar{\boldsymbol{e}}^* = Y^* - x^*\beta = Y^* - \bar{Y}^*$$

$$\bar{\boldsymbol{e}}^{*\prime}\bar{\boldsymbol{e}}^* = (Y^* - \bar{Y}^*)'(Y^* - \bar{Y}^*)$$

$$R^{*^2} = 1 - \frac{\boldsymbol{e}^{*\prime}\boldsymbol{e}^*}{(Y^* - \bar{Y}^*)'(Y^* - \bar{Y}^*)} = 1 - \frac{\boldsymbol{e}^{*\prime}\boldsymbol{e}^*}{\bar{\boldsymbol{e}}^{*\prime}\bar{\boldsymbol{e}}^*}$$

$$F = \frac{\bar{\boldsymbol{e}}^{*\prime}\bar{\boldsymbol{e}}^* - \boldsymbol{e}^{*\prime}\boldsymbol{e}^*/k}{\boldsymbol{e}^{*\prime}\boldsymbol{e}^*/n-k-1} = \frac{R^*/k}{(1-R^*)/(n-k-1)}$$

因此 F^* 是 GLS 估计的 F 检验统计量。

（2）$(n-k)R^2 \xrightarrow{d} \chi_k^2$

当 H_0：$\beta_1^o = \beta_2^o = \beta_3^o = \cdots = \beta_k^o = 0$，上述渐进分布成立。

因为 $Y^* = \boldsymbol{X}^*\beta^o + \varepsilon^*$ 是 $Y = \boldsymbol{X}\beta^o + \varepsilon$ 的线性转化模型，因此 $(n-k)R^{*2} \xrightarrow{d} \chi_k^2$。

习题 3.28

考虑以下转换回归模型：

$$\frac{1}{\sigma(X_t)}Y_t = \frac{1}{\sigma(X_t)}X_t'\beta^o + v_t$$

或者

$$Y_t^* = X_t^{*\prime}\beta^o + v_t$$

其中 $Y_t^* = \sigma^{-1}(X_t)Y_t$ 和 $X_t^* = \sigma^{-1}(X_t)X_t$。

将此转换模型的 OLS 估计量表示为 $\tilde{\beta}$。

（1）$\hat{\beta}$ 是 β^o 的无偏估计吗？

（2）计算出 $\text{var}(\hat{\beta}) = E[(\hat{\beta} - E\hat{\beta})(\hat{\beta} - E\hat{\beta})']$。

提示：$\boldsymbol{\Omega} = \text{diag}\{\sigma^2(X_1), \sigma^2(X_2), \cdots, \sigma^2(X_n)\}$，$\boldsymbol{\Omega}$ 是一个 $n \times n$ 的对角矩阵，其中第 t 个对角线元素为 $\sigma^2(X_t)$，其余非对角元素皆为零。

现在考虑变形后的回归方程

$$\frac{1}{\sigma(X_t)}Y_t = \frac{1}{\sigma(X_t)}X_t'\beta^o + v_t,$$

或者

$$Y_t^* = X_t^{*'}\beta^o + v_t,$$

其中 $Y_t^* = \sigma^{-1}(X_t)Y_t$，$X_t^* = \sigma^{-1}(X_t)X_t$。定义该变形方程的 OLS 估计量为 $\tilde{\beta}$。

（3）证明 $\tilde{\beta} = (\boldsymbol{X}'\boldsymbol{\Omega}^{-1}\boldsymbol{X})^{-1}\boldsymbol{X}'\boldsymbol{\Omega}^{-1}Y$。

（4）$\tilde{\beta}$ 是 β^o 的无偏估计量吗？

（5）计算 $\mathrm{var}(\tilde{\beta})$。

（6）就均方误差而言，哪个估计量 $\hat{\beta}$ 或 $\tilde{\beta}$ 更有效？请给出合理解释。

（7）使用差值 $\boldsymbol{R}\tilde{\beta}-\boldsymbol{r}$ 来构造原假设为 H_0：$\boldsymbol{R}\beta^o = \boldsymbol{r}$ 的检验统计量，其中 $\boldsymbol{R}$ 是 $J\times K$ 矩阵，$\boldsymbol{r}$ 是 $K\times 1$ 矩阵，$J > 1$。在 H_0 下，我们构建的检验统计量的有限样本分布是什么？

解答：

（1）

$$\sqrt{\boldsymbol{\Omega}} = \mathrm{diag}\{\sigma(X_1), \cdots, \sigma(X_n)\}$$

$$\varepsilon = \sqrt{\boldsymbol{\Omega}}v$$

$$E(\varepsilon \mid \boldsymbol{X}) = E\left(\sqrt{\boldsymbol{\Omega}}v \mid \boldsymbol{X}\right) = \sqrt{\boldsymbol{\Omega}}E(v \mid \boldsymbol{X}) = \sqrt{\boldsymbol{\Omega}}E(v) = 0$$

$$E(\hat{\beta} \mid \boldsymbol{X}) = E\left[(\boldsymbol{X}'\boldsymbol{X})^{-1}\boldsymbol{X}'\boldsymbol{Y} \mid \boldsymbol{X}\right] = E\left[\beta^o + (\boldsymbol{X}'\boldsymbol{X})^{-1}\boldsymbol{X}'\varepsilon \mid \boldsymbol{X}\right] = \beta^o$$

$$E(\hat{\beta}) = E[E(\hat{\beta} \mid \boldsymbol{X})] = E(\beta^o) = \beta^o$$

因此，$\hat{\beta}$ 是 β^o 的无偏估计量。

（2）

$$\begin{aligned}
\mathrm{var}(\hat{\beta}) &= E[(\hat{\beta} - E\hat{\beta})(\hat{\beta} - E\hat{\beta})'] \\
&= E[(\hat{\beta} - \beta^o)(\hat{\beta} - \beta^o)'] \\
&= E[(\boldsymbol{X}'\boldsymbol{X})^{-1}\boldsymbol{X}'\boldsymbol{Y} - \beta^o)[(\boldsymbol{X}'\boldsymbol{X})^{-1}\boldsymbol{X}'\boldsymbol{Y} - \beta^o]' \\
&= E[(\boldsymbol{X}'\boldsymbol{X})^{-1}\boldsymbol{X}'(\boldsymbol{X}\beta^o + \varepsilon) - \beta^o][(\boldsymbol{X}'\boldsymbol{X})^{-1}\boldsymbol{X}'(\boldsymbol{X}\beta^o + \varepsilon) - \beta^o]' \\
&= E[(\boldsymbol{X}'\boldsymbol{X})^{-1}\boldsymbol{X}'\varepsilon][(\boldsymbol{X}'\boldsymbol{X})^{-1}\boldsymbol{X}'\varepsilon]' \\
&= E[(\boldsymbol{X}'\boldsymbol{X})^{-1}\boldsymbol{X}'\varepsilon\varepsilon'\boldsymbol{X}(\boldsymbol{X}'\boldsymbol{X})^{-1}] \\
&= E[(\boldsymbol{X}'\boldsymbol{X})^{-1}\boldsymbol{X}'\sqrt{\boldsymbol{\Omega}}vv'\sqrt{\boldsymbol{\Omega}}\boldsymbol{X}(\boldsymbol{X}'\boldsymbol{X})^{-1}] \\
&= (\boldsymbol{X}'\boldsymbol{X})^{-1}\boldsymbol{X}'\sqrt{\boldsymbol{\Omega}}E(vv')\sqrt{\boldsymbol{\Omega}}\boldsymbol{X}(\boldsymbol{X}'\boldsymbol{X})^{-1}
\end{aligned}$$

$$= (\boldsymbol{X}'\boldsymbol{X})^{-1}\boldsymbol{X}'\boldsymbol{\Omega}\boldsymbol{X}(\boldsymbol{X}'\boldsymbol{X})^{-1}$$

（3）

$$\begin{aligned}\tilde{\beta} &= (\boldsymbol{X}^{*\prime}\boldsymbol{X}^{*})^{-1}\boldsymbol{X}^{*\prime}\boldsymbol{Y}^{*}\\ &= [\boldsymbol{X}'(\sqrt{\boldsymbol{\Omega}})^{-1}(\sqrt{\boldsymbol{\Omega}})^{-1}\boldsymbol{X}]^{-1}\boldsymbol{X}'(\sqrt{\boldsymbol{\Omega}})^{-1}(\sqrt{\boldsymbol{\Omega}})^{-1}\boldsymbol{Y}\\ &= (\boldsymbol{X}'\boldsymbol{\Omega}^{-1}\boldsymbol{X})^{-1}\boldsymbol{X}'\boldsymbol{\Omega}^{-1}\boldsymbol{Y}\end{aligned}$$

（4）

$$\begin{aligned}E(\tilde{\beta}\mid\boldsymbol{X}) &= E[(x'\boldsymbol{\Omega}^{-1}x)^{-1}x'\boldsymbol{\Omega}^{-1}\boldsymbol{Y}\mid\boldsymbol{X}]\\ &= (\boldsymbol{X}'\boldsymbol{\Omega}^{-1}\boldsymbol{X})^{-1}\boldsymbol{X}'\boldsymbol{\Omega}^{-1}E(\boldsymbol{Y}\mid\boldsymbol{X})\\ &= (\boldsymbol{X}'\boldsymbol{\Omega}^{-1}\boldsymbol{X})^{-1}\boldsymbol{X}'\boldsymbol{\Omega}^{-1}E(\boldsymbol{X}\beta^{o}+\varepsilon\mid\boldsymbol{X})\\ &= (\boldsymbol{X}'\boldsymbol{\Omega}^{-1}\boldsymbol{X})^{-1}\boldsymbol{X}'\boldsymbol{\Omega}^{-1}\boldsymbol{X}\beta^{o}\\ &= \beta^{o}\end{aligned}$$

$E(\tilde{\beta}) = E[E(\tilde{\beta}\mid\boldsymbol{X})] = E(\beta^{o}) = \beta^{o}$，因此，$\tilde{\beta}$ 是 β^{o} 的无偏估计量。

（5）

$$\begin{aligned}\mathrm{var}(\tilde{\beta}) &= E\{[\tilde{\beta}-E(\tilde{\beta})][\tilde{\beta}-E(\tilde{\beta})]'\}\\ &= E[(\tilde{\beta}-\beta^{o})(\tilde{\beta}-\beta^{o})']\\ &= E[(\boldsymbol{X}'\boldsymbol{\Omega}^{-1}\boldsymbol{X})^{-1}\boldsymbol{X}'\boldsymbol{\Omega}^{-1}\boldsymbol{Y}-\beta^{o}][(\boldsymbol{X}'\boldsymbol{\Omega}^{-1}\boldsymbol{X})^{-1}\boldsymbol{X}'\boldsymbol{\Omega}^{-1}\boldsymbol{Y}-\beta^{o}]'\\ &= E[(\boldsymbol{X}'\boldsymbol{\Omega}^{-1}\boldsymbol{X})^{-1}\boldsymbol{X}'\boldsymbol{\Omega}^{-1}\varepsilon][(\boldsymbol{X}'\boldsymbol{\Omega}^{-1}\boldsymbol{X})^{-1}\boldsymbol{X}'\boldsymbol{\Omega}^{-1}\varepsilon]'\\ &= E[(\boldsymbol{X}'\boldsymbol{\Omega}^{-1}\boldsymbol{X})^{-1}\boldsymbol{X}'\boldsymbol{\Omega}^{-1}\varepsilon\varepsilon'\boldsymbol{\Omega}^{-1}\boldsymbol{X}(\boldsymbol{X}'\boldsymbol{\Omega}^{-1}X)^{-1}]\\ &= (\boldsymbol{X}'\boldsymbol{\Omega}^{-1}\boldsymbol{X})^{-1}\boldsymbol{X}'\boldsymbol{\Omega}^{-1}E(\varepsilon\varepsilon')\boldsymbol{\Omega}^{-1}\boldsymbol{X}(\boldsymbol{X}'\boldsymbol{\Omega}^{-1}\boldsymbol{X})^{-1}\\ &= (\boldsymbol{X}'\boldsymbol{\Omega}^{-1}\boldsymbol{X})^{-1}\boldsymbol{X}'\boldsymbol{\Omega}^{-1}\boldsymbol{\Omega}\boldsymbol{\Omega}^{-1}\boldsymbol{X}(\boldsymbol{X}'\boldsymbol{\Omega}^{-1}\boldsymbol{X})^{-1}\\ &= (\boldsymbol{X}'\boldsymbol{\Omega}^{-1}\boldsymbol{X})^{-1}\end{aligned}$$

（6）

$$\mathrm{MSE}(\hat{\beta}) = E[(\hat{\beta}-\beta^{o})(\hat{\beta}-\beta^{o})'] = (\boldsymbol{X}'\boldsymbol{X})^{-1}\boldsymbol{X}'\boldsymbol{\Omega}\boldsymbol{X}(\boldsymbol{X}'\boldsymbol{X})^{-1}$$

$$\mathrm{MSE}(\tilde{\beta}) = E[(\tilde{\beta}-\beta^{o})(\tilde{\beta}-\beta^{o})'] = (\boldsymbol{X}'\boldsymbol{\Omega}^{-1}\boldsymbol{X})^{-1}$$

$$\begin{aligned}&\mathrm{MSE}(\hat{\beta}) - \mathrm{MSE}(\tilde{\beta})\\ &= (\boldsymbol{X}'\boldsymbol{X})^{-1}\boldsymbol{X}'\boldsymbol{\Omega}\boldsymbol{X}(\boldsymbol{X}'\boldsymbol{X})^{-1} - (\boldsymbol{X}'\boldsymbol{\Omega}^{-1}\boldsymbol{X})^{-1}\\ &= (\boldsymbol{X}'\boldsymbol{X})^{-1}\boldsymbol{X}'\boldsymbol{\Omega}^{12}[-\boldsymbol{\Omega}^{-12}\boldsymbol{X}(\boldsymbol{X}'\boldsymbol{\Omega}^{-\frac{1}{2}}\boldsymbol{\Omega}^{-12}\boldsymbol{X})^{-1}\boldsymbol{X}'\boldsymbol{\Omega}^{-12}]\boldsymbol{\Omega}^{12}\boldsymbol{X}(\boldsymbol{X}'\boldsymbol{X})^{-1}\end{aligned}$$

$$= (\boldsymbol{X'X})^{-1}\boldsymbol{X'\Omega}^{1/2}[-\boldsymbol{X}^*(\boldsymbol{X}^{*1}\boldsymbol{X}^*)^{-1}\boldsymbol{X}^{*\prime}]\boldsymbol{\Omega}^{1/2}\boldsymbol{X}(\boldsymbol{X'X})^{-1}$$

$$= (\boldsymbol{X'X})^{-1}\boldsymbol{X}^1\boldsymbol{\Omega}^{12}\boldsymbol{M}^*\boldsymbol{\Omega}^{12}\boldsymbol{X}(\boldsymbol{X'X})^{-1}$$

$$= (\boldsymbol{X'X})^{-1}\boldsymbol{X'\Omega}^{12}\boldsymbol{M}^*\boldsymbol{M}^*\boldsymbol{\Omega}^{12}\boldsymbol{X}(\boldsymbol{X'X})^{-1}$$

$$= (\boldsymbol{X'X})^{-1}\boldsymbol{X'\Omega}^{1/2}\boldsymbol{M}^{*1}\boldsymbol{M}^*\boldsymbol{\Omega}^{12}\boldsymbol{X}(\boldsymbol{X'X})^{-1}$$

$$= [\boldsymbol{M}^*\boldsymbol{\Omega}^{12}\boldsymbol{X}(\boldsymbol{X'X})^{-1}]'[\boldsymbol{M}^*\boldsymbol{\Omega}^{12}\boldsymbol{X}(\boldsymbol{X'}X)^{-1}]$$

$\boldsymbol{M}^*$ 是对称幂等矩阵，所以 $\tilde{\beta}$ 更有效。

（7）

$$\tilde{\beta} - \beta^o \sim N[0, (\boldsymbol{X'\Omega}^{-1}\boldsymbol{X})^{-1}]$$

$$\boldsymbol{R}\tilde{\beta} - r \sim N[0, \boldsymbol{R}(\boldsymbol{X'\Omega}^{-1}\boldsymbol{X})^{-1}\boldsymbol{R'}]$$

$$W = (\boldsymbol{R}\tilde{\beta} - r)'[\boldsymbol{R}(\boldsymbol{X'\Omega}^{-1}\boldsymbol{X})^{-1}\boldsymbol{R'}]^{-1}(\boldsymbol{R}\tilde{\beta} - r) \sim \chi_J^2$$

习题 3.29

考虑一个线性回归模型

$$Y_t = X_t'\beta^o + \varepsilon_t, \quad t = 1, \cdots, n,$$

其中 X_t 是 $p\times 1$ 维回归元向量，β^o 是 $p\times 1$ 维未知向量，$\{\varepsilon_t\}$ 遵循 AR(q) 过程，即

$$\varepsilon_t = \sum_{j=1}^{q} \alpha_j \varepsilon_{t-j} + v_t,$$

$$\{v_t\} \sim \text{IID}(0, \sigma_v^2)$$

假设自回归系数 $\{\alpha_j\}_{j=1}^q$ 已知，σ_v^2 未知。$\{X_t\}$ 和 $\{v_t\}$ 相互独立。

（1）找到一个 β^o 的 BLUE 估计量，并解释。

（2）在 H_0：$\boldsymbol{R}\beta^o = \boldsymbol{r}$ 假设条件下，构建一个检验统计量，求出样本分布，其中 $\boldsymbol{R}$ 是已知的 $J\times p$ 非随机矩阵，$\boldsymbol{r}$ 是已知的 $J\times 1$ 非随机向量。分别讨论 $J = 1$ 和 $J > 1$ 的情况。

解答：

（1）令 $\varepsilon = (\varepsilon_1, \varepsilon_2, \cdots, \varepsilon_n)'$，并且定义对称有限正定矩阵 $\boldsymbol{V} = \text{var}(\varepsilon)$：

$$\mathrm{var}(\varepsilon)=\begin{pmatrix}\mathrm{var}(\varepsilon_1) & \mathrm{cov}(\varepsilon_1,\varepsilon_2) & \cdots & \mathrm{cov}(\varepsilon_1,\varepsilon_n)\\ \mathrm{cov}(\varepsilon_2,\varepsilon_1) & \mathrm{var}(\varepsilon_2) & \cdots & \mathrm{cov}(\varepsilon_2,\varepsilon_n)\\ \vdots & \vdots & \ddots & \vdots\\ \mathrm{cov}(\varepsilon_n,\varepsilon_1) & \mathrm{cov}(\varepsilon_n,\varepsilon_2) & \cdots & \mathrm{var}(\varepsilon_n)\end{pmatrix}$$

和令 $\mathrm{var}(\varepsilon)^{-1}=\boldsymbol{C}'\boldsymbol{C}$。

接下来计算 GLS：

$$\boldsymbol{Y}^*=\boldsymbol{X}^{*'}\beta^o+\varepsilon^*$$

其中 $\boldsymbol{Y}^*=\boldsymbol{CY}$，$\boldsymbol{X}^*=\boldsymbol{CX}$，$\varepsilon^*=\boldsymbol{C}\varepsilon$。

所以，可以得到 β^o 的 BLUE 估计量 $\hat{\theta}_o^*=(\boldsymbol{X}^{*'}\boldsymbol{X}^*)^{-1}\boldsymbol{X}^{*'}\boldsymbol{Y}^*=(\boldsymbol{X}'\boldsymbol{C}'\boldsymbol{C}\boldsymbol{X})^{-1}\boldsymbol{X}'\boldsymbol{C}'\boldsymbol{C}\boldsymbol{Y}=(\boldsymbol{X}'\boldsymbol{V}^{-1}\boldsymbol{X})^{-1}\ X'\boldsymbol{V}^{-1}Y$。

（2）对于转换后的模型，可以应用传统的 F 检验，因为所有的假设都与传统的 OLS 过程相同。

当 $J=1$，

$$T=\frac{\boldsymbol{R}\hat{\theta}_o^*-\boldsymbol{r}}{\sqrt{s^{*2}\boldsymbol{R}(\boldsymbol{X}^{*'}\boldsymbol{X}^*)^{-1}\boldsymbol{R}'}}\sim t_{n-K}$$

当 $J>1$，

$$F=\frac{(\boldsymbol{R}\hat{\theta}_o^*-\boldsymbol{r})'[(\boldsymbol{R}(\boldsymbol{X}^{*'}\boldsymbol{X}^*)^{-1}\boldsymbol{R}')^{-1}]^{-1}(\boldsymbol{R}\hat{\theta}_o^*-\boldsymbol{r})/J}{s^{*2}}\sim F_{J,n-K}$$

第四章

独立同分布随机样本的线性回归模型

重要概念

本章涉及的一些重要概念包括：

（1）**渐近理论（asymptotic theory）**。当经典假设不成立时，一般来说，将无法获知估计量和相关检验统计量的有限样本分布。在这种情形下，只能假设可获得无穷多观测值，即在样本容量 n 趋于无穷大的情形下，来考察估计量和检验统计量的统计性质，这称为大样本分析（large sample analysis）或渐近分析（asymptotic analysis）。事实上，样本容量 n 总是有限的。但是，当样本容量 n 足够大时，大样本特性在有限样本下可视为近似成立。对于大样本理论或渐近理论的更多介绍，参见 White（1994，1999）与 Davidson（1994）。

（2）**依二次方均值收敛（convergence in quadratic mean）**。依二次方均值收敛又称依均方收敛，其为衡量一个随机变量序列 $\{Z_n, n=1,2,\cdots\}$ 与一个随机变量 Z 之间距离的测度。根据实际案例（例 4.1）理解其定义（定义 4.1）。

（3）**依概率收敛（convergence in probability）**。依概率收敛也称为弱收敛 (weak convergence) 或依概率趋于 1 的收敛 (convergence with probability approaching 1)。如果 $Z_n - Z \xrightarrow{p} 0$，那么当 n 充分大时，$\| Z_n - Z \|$ 大于任何给定常数 ϵ 的概率是很小的。换言之，如果样本容量 n 充分大，随机变量 Z_n 靠近随机变量 Z 的概率非常高（即非常接近 1）。

（4）**独立同分布样本的弱大数定律（weak law of large numbers for IID sample）**。理解弱大数定律的基本内容、弱大数定律的证明（引理 4.1、4.2）及其经济学解释（例 4.2）。

（5）**几乎必然收敛（almost sure convergence）**。参见定义 4.4。结合随机变量的定

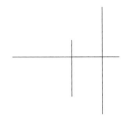

义深入理解几乎必然收敛的含义。

（6）**独立同分布随机样本的中心极限定理（central limit theorem for IID random samples）**。引理 4.7，中心极限定理是本书在推导渐近多元分布时所需要使用的核心定理。读者需要结合引理 4.7 的证明理解其内涵，从而更好地运用中心极限定理。

（7）**Slutsky 定理**（定理 4.9）。Slutsky 定理的运用范围非常广泛，本章而言，Slutsky 定理会在推导渐近多元分布时起到很大的帮助作用。

（8）**一致性（consistency）**。当样本量 $n \to \infty$ 时，若估计量能够依概率收敛于被估计参数的真实值，则称其存在一致性，或称该估计量为**一致估计量**。例如，引理 4.11 证明了 OLS 估计量的一致性，引理 4.16 则找到了 σ^2 的一致估计量。

（9）**渐近正态性（asymptotic normality）**。当样本量 $n \to \infty$ 时，若估计量（通常乘以根号 n）的分布收敛于一个正态分布，则称其存在渐近正态性。例如，定理 4.13 证明了 OLS 估计量的渐近正态性。

（10）**异方差一致性方差—协方差矩阵估计量（heteroskedasticity-consistent variance-covariance matrix estimator）**（定理 4.19）。其指代当存在条件异方差情形，即 $E(\varepsilon_t^2|X_t) \neq \sigma^2$ 时，$\sqrt{n}(\hat{\beta} - \beta^o)$ 的渐近方差估计量，由 White（1980）提出。

内容概要

本章在独立同分布随机样本框架下，放松了第三章经典线性回归模型的几个关键假设。特别是，没有假设 ε_t 服从条件正态分布，并允许存在条件异方差。在这些条件下，OLS 估计量的有限样本分布通常是未知的，因此需要进行大样本分析。可以发现，在大样本和条件同方差下，OLS 估计量 $\hat{\beta}$ 的统计性质和相关的检验统计量（比如 t 检验统计量和 F 检验统计量）仍然是近似适用的。但在条件异方差情况下，$\hat{\beta}$ 的统计性质与在条件同方差下是不同的。即使样本容量 n 趋于无穷大，通常的 t 检验和 F 检验也是无效的。在条件异方差情况下，必须使用 OLS 估计量 $\hat{\beta}$ 的 White 异方差一致性方差—协方差矩阵估计量。本章还介绍了 White（1980）条件异方差检验。

大样本理论为实际应用提供了方便的推断工具。但是，当样本容量很小时，$\hat{\beta}$ 的有限样本分布可能显著地不同于其大样本分布。大样本分布对有限样本分布的近似程度依赖于数据生成过程和数据的样本容量。在计量经济学中，模拟研究（simutlation study）可用来考察估计量或相关统计量的大样本分布对有限样本分布的逼近程度。另外，计量经济学中最近发展出了所谓 bootstrap 的再抽样方法，通过在计算机上进行数据模拟，可较为精确地得到估计量或其他统计量的有限样本分布（Hall，1992）。本书只考虑大样本理论。

习题解析

习题 4.1

给定假设 3.1、3.3 和 3.5，证明：

（1）$s^2 \xrightarrow{p} \sigma^2$。

（2）$s \xrightarrow{p} \sigma$。

解答：

（1）已知 $\frac{(n-K)s^2}{\sigma^2} \sim \mathcal{X}^2_{n-K}$，$E\left[\frac{(n-K)s^2}{\sigma^2}|\boldsymbol{X}\right] = n-K$ 和 $D\left[\frac{(n-K)s^2}{\sigma^2}|\boldsymbol{X}\right] = 2(n-K)$，从而，$E(s^2|\boldsymbol{X}) = \frac{n-K}{n-K}\sigma^2 = \sigma^2$ 和 $\text{var}(s^2|\boldsymbol{X}) = \frac{2(n-K)}{(n-K)^2}\sigma^4 = \frac{2\sigma^4}{n-K}$。

因此，可以得到 $E(s^2-\sigma^2)^2 \to 0$，其与 $\boldsymbol{X}$ 是独立的，即 $s^2 \xrightarrow{\text{q.m.}} \sigma^2$。根据定理 4.3 得到 $s^2 \xrightarrow{p} \sigma^2$。

（2）已知 $s^2 \xrightarrow{p} \sigma^2$，因此可以根据连续映射定理得到 $s \xrightarrow{p} \sigma$。

习题 4.2

令 $\{Z_t\}_{t=1}^n$ 为来自均值为 μ、方差为 σ^2 的总体的一个独立同分布随机样本，并定义 $\bar{Z}_n = n^{-1}\sum_{t=1}^{n} Z_t$。证明：

$$E\left[\frac{\sqrt{n}(\bar{Z}_n-\mu)}{\sigma}\right] = 0$$

$$\text{var}\left[\frac{\sqrt{n}(\bar{Z}_n-\mu)}{\sigma}\right] = 1$$

解答：

$$E\left[\frac{\sqrt{n}(\bar{Z}_n-\mu)}{\sigma}\right] = \frac{\sqrt{n}}{\sigma}E(\bar{Z}_n) - \frac{\sqrt{n}\mu}{\sigma} = \frac{\sqrt{n}}{\sigma}\cdot\frac{1}{n}\sum_{t=1}^{n}E(Z_t) - \frac{\sqrt{n}\mu}{\sigma} = 0$$

$$\text{var}\left[\frac{\sqrt{n}(\bar{Z}_n-\mu)}{\sigma}\right] = E\left[\frac{n(\bar{Z}_n-\mu)^2}{\sigma^2}\right] = \frac{n}{\sigma^2}\,\text{var}(\bar{Z}_n) = \frac{n}{\sigma^2}\cdot\frac{\sigma^2}{n} = 1$$

习题 4.3

假设一个随机变量序列 $\{Z_n, n = 1, 2, \cdots\}$，其中 Z_n 的概率分布为

$$\begin{array}{lcc} Z_n: & \frac{1}{n} & n \\ P_{Z_n}: & 1-\frac{1}{n} & \frac{1}{n} \end{array}$$

（1）$\{Z_n\}$ 是否依均方收敛于 0？请给出理由。

（2）$\{Z_n\}$ 是否依概率收敛于 0？请给出理由。

解答：

（1）$E|Z_n - 0|^2 = \frac{1}{n^2}\left(1-\frac{1}{n}\right) + n^2 \cdot \frac{1}{n} = \frac{1}{n^2} + \frac{1}{n^3} + n \to \infty$，因此，随着 $n \to \infty$，Z_n 依均方不收敛于 0。

（2）$P(|Z_n - 0| > \epsilon) = P(Z_n = n) = \frac{1}{n} \to 0$，因此，随着 $n \to \infty$，Z_n 能依概率收敛于 0。

习题 4.4

设样本空间 s 是闭区间 [0,1]，且其基本元素 $s \in \Omega$ 服从均匀分布。定义随机变量 $Z(s) = s$，$s \in [0,1]$。另外，对于 $n = 1, 2, \cdots$，定义一个随机变量序列

$$Z_n(s) = \begin{cases} s + s^n & \text{if } s \in [0, 1 - n^{-1}] \\ s + 1 & \text{if } s \in (1 - n^{-1}, 1] \end{cases}$$

（1）Z_n 是否依均方收敛于 Z？

（2）Z_n 是否于概率收敛于 Z？

（3）Z_n 是否几乎处处收敛于 Z？

解答：

（1）$E|Z_n - Z|^2 = (s + s^n - s)^2 \cdot \left(1-\frac{1}{n}\right) + 1^2 \cdot \left[1 - \left(1-\frac{1}{n}\right)\right] = \frac{n-1}{n} \cdot s^{2n} + \frac{1}{n}$，可知，随着 $n \to \infty$，$E|Z_n - Z|^2 \to 0$，即 Z_n 依均方收敛于 Z。

（2）如果 $Z_n - Z \xrightarrow{\text{q.m.}} 0$，根据定理 4.3，$Z_n - Z \xrightarrow{p} 0$。

（3）已知

$$Z_n - Z = \begin{cases} s^n & \text{如果 } s \in [0, 1 - n^{-1}] \\ 1 & \text{如果 } s \in (1 - n^{-1}, 1] \end{cases}$$

从而，$\{\lim_{n\to\infty} |Z_n - Z| = 0\} = \{Z_n - Z = s^n\}$。

因此，随着 $n \to \infty$，$P\{\lim_{n\to\infty} |Z_n - Z| = 0\} = 1 - \dfrac{1}{n} \to 1$，其为几乎处处收敛的定义。

习题 4.5

假设 $g(\cdot)$ 是一个实值连续函数，$\{Z_n, n = 1, 2, \cdots\}$ 是一个实值随机变量序列，并依概率收敛于随机变量 Z。证明：$g(Z_n) \xrightarrow{p} g(Z)$。

解答:

由于 $g(\cdot)$ 是一个实值连续函数，在 $\forall\epsilon > 0$，$\exists\delta > 0$，$|Z_n(w) - Z(w)| \leqslant \delta$ 时，可以得到 $|g(Z_n(w)) - g(Z(w))| \leqslant \epsilon$。

从而，随着 $n \to \infty$，$P\{|Z_n - Z| \leqslant \delta\} \leqslant P\{|g(Z_n) - g(Z)| \leqslant \epsilon\}$ 和 $P\{|g(Z_n) - g(Z)| \geqslant \epsilon\} \leqslant P\{|Z_n - Z| \geqslant \delta\} \to 0$，所以可以得到 $g(Z_n) \xrightarrow{p} g(Z)$。

习题 4.6

假设 $g(\cdot)$ 是实值连续函数，$\{Z_n, n = 1, 2, \cdots\}$ 是一个实值随机变量序列，且当 $n \to \infty$ 时几乎必然收敛于随机变量 Z。证明：$g(Z_n) \xrightarrow{\text{a.s.}} g(Z)$。

解答:

已知 $Z_n \xrightarrow{\text{a.s.}} Z$，也就是

$$P\{\omega, X_n(\omega) \to X(\omega)\} = 1$$

已知 g 是连续的，可以得到:

$$X_n(\omega) \to X(\omega) \Rightarrow g[Z_n(\omega)] \to g[Z(\omega)]$$

可以推出:

$$P\{\omega, g[Z_n(\omega)] \to g[Z(\omega)]\} \subseteq P\{\omega, X_n(\omega) \to X(\omega)\} = 1$$

习题 4.7

假设 $\boldsymbol{X^n} = (X_1, \cdots, X_n)$ 是来自 $N(0,1)$ 分布的 IID 随机样本，定义样本均值为 $\bar{X}_n = n^{-1}\sum_{t=1}^{n} X_t$。

（1）样本均值 X_n 的抽样分布是什么？

（2）假设 $F_n(\cdot)$ 是 $\{\bar{X}_n\}$ 的累积分布函数，$F_n(z)$ 的极限是什么？

（3）求 $\bar{X}_n$ 的渐近分布。

（4）$\bar{X}_n$ 的渐近分布与 $\lim\limits_{n\to\infty} F_n(z)$ 相同吗？请解释。

解答:

（1）对于 $i=1,\cdots,n$，由于 $X_i \sim N(0,1)$ 是独立同分布的样本变量，从而

$$\bar{X}_n = n^{-1}\sum_{t=1}^{n} X_t \sim N\left(0, \frac{1}{n}\right)$$

（2）从（1）的解答中可以得到：

$$\sqrt{n}\bar{X}_n \sim N(0,1)$$

从而

$$F_n(z) = P(\sqrt{n}\bar{X}_n \leqslant \sqrt{n}z) = \Phi(\sqrt{n}z) = \int_{-\infty}^{\sqrt{z}} \frac{1}{\sqrt{2\pi}} e^{-\frac{x^2}{x}} \mathrm{d}x$$

因此

$$\lim_{n\to\infty} F_n(z) = \begin{cases} 0 & \text{对于 } z<0; \\ \dfrac{1}{2} & \text{对于 } z=0; \\ 1 & \text{对于 } z>0 \end{cases}$$

（3）通过中心极限定理，

$$\sqrt{n}\bar{X} \xrightarrow{\mathrm{d}} N(0,1) \Rightarrow \bar{X} \xrightarrow{\mathrm{d}} 0$$

（4）从（2）和（3）的解答中，可以得知二者是不同的。

习题 4.8

假设 $Z_n = X_n + Y_n$，其中 $\{X_n\}$ 是来自 $N(0,1)$ 分布的 IID 序列，Y_n 是二值随机变量序列，且 $P\left(Y_n = \dfrac{1}{n}\right) = 1 - \dfrac{1}{n}$，$P(Y_n = n) = \dfrac{1}{n}$，$X_n$ 和 Y_n 之间相互独立。

（1）求出 Z_n 的极限分布（或渐近分布）。

（2）渐近分布的均值和方差分别称为渐近均值和渐近方差，求 $\lim\limits_{n\to\infty} E(Z_n)$ 和 $\lim\limits_{n\to\infty} \mathrm{var}(Z_n)$。它们分别跟 Z_n 的渐近均值和渐近方差一样吗？请给出解释。

解答:

（1）随着 $n \to \infty$，可以得到:

$$X_n \xrightarrow{\mathrm{d}} N(0,1)$$

对于 Y_n，$\forall \varepsilon > 0$，可以得到:

$$\begin{aligned} p(|Y_n| \leqslant \varepsilon) &= P\left(\frac{1}{n} \leqslant \varepsilon\right) P\left(Y_n = \frac{1}{n}\right) + P(n \leqslant \varepsilon) P(Y_n = n) \\ &= P\left(\frac{1}{n} \leqslant \varepsilon\right)\left(1 - \frac{1}{n}\right) + P(n \leqslant \varepsilon) \cdot \frac{1}{n} \\ &\to 1, \quad 当\ n \to \infty \end{aligned}$$

从而，通过 Slusky 定理，$Y_n \xrightarrow{p} 0$，因此，

$$Z_n = X_n + Y_n \xrightarrow{\mathrm{d}} N(0,1)$$

（2）首先，

$$E(Y_n) = \frac{1}{n} \cdot p\left(Y_n = \frac{1}{n}\right) + n \cdot p(Y_n = n) = 1 + \frac{1}{n} - \frac{1}{n^2},$$

$$E(Y_n^2) = \frac{1}{n^2} \cdot p\left(Y_n = \frac{1}{n}\right) + n^2 \cdot p(Y_n = n) = n + \frac{1}{n^2} - \frac{1}{n^3}$$

$$\operatorname{var}(Y_n) = E(Y_n^2) - [E(Y_n)]^2 = n - 1 - \frac{2}{n} + \frac{2}{n^2} + \frac{1}{n^3} - \frac{1}{n^4}$$

然后在 X_n 和 Y_n 独立的假设下，我们得到:

$$\begin{aligned} \lim_{n \to \infty} E(Z_n) &= \lim_{n \to \infty} E(X_n + Y_n) \\ &= \lim_{n \to \infty} E(X_n) + \lim_{n \to \infty} E(Y_n) \\ &= 0 + 1 = 1 \end{aligned}$$

和

$$\begin{aligned} \lim_{n \to \infty} \operatorname{var}(Z_n) &= \lim_{n \to \infty} \operatorname{var}(X_n + Y_n) \\ &= \lim_{n \to \infty} \operatorname{var}(X_n) + \lim_{n \to \infty} \operatorname{var}(Y_n) \\ &= \infty \end{aligned}$$

结果表明，均值和方差的极限不等价于渐近均值和渐近方差，后者是基于渐近分布定义的。

习题 4.9

假设当 $n \to \infty$ 时，$\sqrt{n}(\bar{X}_n-\mu)/\sigma \xrightarrow{\text{d}} N(0,1)$，函数 $g(\cdot)$ 二阶连续可微，且 $g'(\mu)=0$，$g''(\mu) \neq 0$，证明：当 $n \to \infty$ 时，

$$\frac{n\left[g(\bar{X}_n)-g(\mu)\right]}{\sigma^2} \xrightarrow{\text{d}} \frac{g''(\mu)}{2}\chi_1^2$$

解答：

通过泰勒展开，可以得到：

$$g(\bar{X}_n)=g(\mu)+g'(\mu)(\bar{X}_n-\mu)+\frac{g''(\tilde{\mu})}{2}(\bar{X}_n-\mu)^2$$

其中 $\tilde{\mu}=\lambda\bar{X}_n+(1-\lambda)\mu,\ \lambda \in [0,1]$。

通过大数定律和连续映射定理，可以得到：

$$\bar{X}_n \xrightarrow{p} \mu \Rightarrow \frac{g''(\tilde{\mu})}{2} \xrightarrow{p} \frac{g''(\mu)}{2} \neq 0$$

然后再结合 Slusky 定理，可以得到：

$$\frac{n[g(\bar{X}_n)-g(\mu)]}{\sigma^2}=\frac{g''(\tilde{\mu})}{2}\left[\frac{\sqrt{n}(\bar{X}_n-\mu)}{\sigma}\right]^2$$

令 $n \to \infty$，和在 $g''(\mu) \neq 0$ 假设下，

$$\frac{g''(\tilde{\mu})}{2}\left[\frac{\sqrt{n}(\bar{X}_n-\mu)}{\sigma}\right]^2 \xrightarrow{\text{d}} \frac{g''(\mu)}{2}\chi_1^2$$

习题 4.10

假设当 $n \to \infty$ 时，$\sqrt{n}(\bar{X}_n-\mu)/\sigma \xrightarrow{\text{d}} N(0,1)$。其中 $-\infty<\mu<\infty, 0<\sigma<\infty$。求出以下统计量归一化后的非退化渐近分布，并给出理由。（1）$Y_n=\exp\{-\bar{X}_n\}$，（2）$Y_n=\bar{X}_n^2$，其中 $\mu=0$。

解答：

（1）通过泰勒展开，可以得到

$$Y_n=\exp(-\bar{X}_n)=\exp(-\mu)-\exp(-\tilde{\mu})(\bar{X}_n-\mu)$$

其中 $\tilde{\mu}=\lambda\bar{X}_n+(1-\lambda)\mu, \lambda \in [0,1]$。

通过大数定律和连续映射定理，可以得到：

$$\bar{X}_n \xrightarrow{p} \mu \;\Rightarrow\; \exp(-\tilde{\mu}) \xrightarrow{p} \exp(-\mu)$$

然后，通过 Slusky 定理，可以推出

$$\frac{\sqrt{n}[Y_n - \exp(-\mu)]}{\sigma} \xrightarrow{d} \exp(-\mu)\cdot N(0,1)$$

（2）通过泰勒展开，和 $\mu = 0$，可以得到

$$Y_n = \mu^2 + 2\mu(\bar{X}_n - \mu) + 1\cdot(\bar{X}_n - \mu)^2 = \bar{X}_n^2$$

和

$$\frac{nY_n}{\sigma^2} = \frac{n\bar{X}^2}{\sigma^2} \xrightarrow{d} \chi_1^2$$

习题 4.11

假设随机过程 $\{Y_t, X_t'\}'$ 满足下列假设：

假设 4.11.1 $\{Y_t, X_t'\}_{t=1}^n$ 是一个可观测的独立同分布随机样本，并且

$$Y_t = X_t'\beta^o + \varepsilon_t,\quad t = 1,\cdots,n$$

其中 β^o 是 $K\times 1$ 的未知参数向量，ε_t 是不可观测扰动项。

假设 4.11.2 $K\times K$ 矩阵 $E(X_tX_t') = \boldsymbol{Q}$ 是有限、对称与非奇异的。

假设 4.11.3 （i）$E(X_t\varepsilon_t) = \mathbf{0}$;（ii）$E(\varepsilon_t^2|X_t) \neq \sigma^2$;（iii）对于所有的 $j\in\{0,1,\cdots,k\}$，$E(X_{jt}^4)\leqslant C$，$E(\varepsilon_t^4)\leqslant C$，这里 C 是一个常数。

（1）证明：$\hat{\beta} \xrightarrow{p} \beta^o$。

（2）证明：$\sqrt{n}(\hat{\beta} - \beta^o) \xrightarrow{d} N(\mathbf{0}, \boldsymbol{Q}^{-1}\boldsymbol{V}\boldsymbol{Q}^{-1})$，其中 $\boldsymbol{V} = E(X_tX_t'\varepsilon_t^2)$。

（3）证明：$\sqrt{n}\hat{\beta}$ 的渐近方差估计量

$$\hat{\boldsymbol{Q}}^{-1}\hat{\boldsymbol{V}}\hat{\boldsymbol{Q}}^{-1} \xrightarrow{p} \boldsymbol{Q}^{-1}\boldsymbol{V}\boldsymbol{Q}^{-1}$$

其中 $\hat{\boldsymbol{Q}} = n^{-1}\sum_{t=1}^{n} X_tX_t'$，$\hat{\boldsymbol{V}} = n^{-1}\sum_{t=1}^{n} X_tX_t'e_t^2$。这称为 White（1980）异方差一致性方差—协方差矩阵估计量。

（4）考虑检验原假设 H_0：$\boldsymbol{R}\beta^o = \boldsymbol{r}$，这里 $\boldsymbol{R}$ 是一个 $J\times K$ 满秩矩阵，$\boldsymbol{r}$ 是 $J\times 1$ 向量，$J\leqslant K$。是否有 $J\cdot F \xrightarrow{d} \chi_J^2$？这里

$$F = \frac{(\boldsymbol{R}\hat{\beta} - \boldsymbol{r})'[\boldsymbol{R}(\boldsymbol{X}'\boldsymbol{X})^{-1}\boldsymbol{R}']^{-1}(\boldsymbol{R}\hat{\beta} - \boldsymbol{r})/J}{s^2}$$

是经典 F 检验统计量。如果成立，给出理由；如果不成立，给出一个新的依分布收敛于 χ_J^2 的检验统计量。

解答：

（1）设 $C>0$ 是一个有界常数，通过 Cauchy-Schwarz 不等式，可得

$$E\left|X_{jt}\varepsilon_t\right| \leqslant (EX_{jt}^2)^{\frac{1}{2}}(E\varepsilon_t^2)^{\frac{1}{2}} \leqslant C^{\frac{1}{2}}C^{\frac{1}{2}} \leqslant C$$

其中 $E(X_{jt}^2)\leqslant C$（假设为 4.11.2）和 $E(\varepsilon_t^2)\leqslant C$（假设为 4.11.3）。由 WLLN（$Z_t=X_t\varepsilon_t$）得出

$$n^{-1}\sum_{t=1}^{n} X_t\varepsilon_t \xrightarrow{p} E(X_t\varepsilon_t)=0$$

同时，

$$E\left|X_{jt}X_{lt}\right| \leqslant \left[E(X_{jt}^2)E(X_{lt}^2)\right]^{\frac{1}{2}} \leqslant C$$

上式通过 Cauchy-Schwarz 不等式得到，对于 (j,l)，其中 $0\leqslant j,l\leqslant k$。再次应用 WLLN（$Z_t=X_tX_t'$），可以得到

$$\hat{\boldsymbol{Q}} \xrightarrow{p} E(X_tX_t')=\boldsymbol{Q}$$

因此，通过连续性定理，可以得到 $\hat{\boldsymbol{Q}}^{-1}\xrightarrow{p}\boldsymbol{Q}^{-1}$，从而

$$\begin{aligned}\hat{\beta}-\beta^o &= (X'X)^{-1}X'\varepsilon \\ &= \hat{\boldsymbol{Q}}^{-1}n^{-1}\sum_{t=1}^{n}X_t\varepsilon_t \\ &\xrightarrow{p} \boldsymbol{Q}^{-1}\cdot\mathbf{0}=\mathbf{0}\end{aligned}$$

（2）已知

$$\sqrt{n}(\hat{\beta}-\beta^o)=\hat{\boldsymbol{Q}}^{-1}n^{-\frac{1}{2}}\sum_{t=1}^{n}X_t\varepsilon_t$$

首先考虑第二项，

$$n^{-\frac{1}{2}}\sum_{t=1}^{n}X_t\varepsilon_t$$

上式根据假设 4.11.3 可得 $E(X_t\varepsilon_t)=\mathbf{0}$ 和 $\mathrm{var}(X_t\varepsilon_t)=E(X_tX_t'\varepsilon_t^2)=\boldsymbol{V}$。然后通过中心极限定理，$\{Z_t=X_t\varepsilon_t\}$，可以得到

$$n^{-\frac{1}{2}}\sum_{t=1}^{n}X_t\varepsilon_t=\sqrt{n}\left(n^{-1}\sum_{t=1}^{n}X_t\varepsilon_t\right)=\sqrt{n}\bar{Z}_n\xrightarrow{\text{d}}Z\sim N(\mathbf{0},\boldsymbol{V})$$

另一方面，如前所述，可以得到 $\hat{\boldsymbol{Q}}\xrightarrow{p}\boldsymbol{Q}$ 和 $\hat{\boldsymbol{Q}}^{-1}\xrightarrow{p}\boldsymbol{Q}^{-1}$，假设 $\boldsymbol{Q}$ 是非奇异的，因此其逆是连续的且可定义的。根据 Slutsky 定理可得，

$$\sqrt{n}(\hat{\beta}-\beta^o)=\hat{\boldsymbol{Q}}^{-1}n^{-\frac{1}{2}}\sum_{t=1}^{n}X_t\varepsilon_t\xrightarrow{\text{d}}\boldsymbol{Q}^{-1}Z\sim N(\mathbf{0},\boldsymbol{\Omega})$$

其中 $\boldsymbol{\Omega}=\boldsymbol{Q}^{-1}\boldsymbol{V}\boldsymbol{Q}^{-1}$。

（3）首先证明 $\hat{\boldsymbol{V}}\xrightarrow{p}\boldsymbol{V}$。因为 $e_t=\varepsilon_t-(\hat{\beta}-\beta^o)'X_t$，可以得到

$$\begin{aligned}\hat{\boldsymbol{V}}=&n^{-1}\sum_{t=1}^{n}X_tX_t'\varepsilon_t^2+\\&n^{-1}\sum_{t=1}^{n}X_tX_t'[(\beta-\beta^o)'X_tX_t'(\beta-\beta^o)]-\\&2n^{-1}\sum_{t=1}^{n}X_tX_t'[\varepsilon_tX_t'(\hat{\beta}-\beta^o)]\end{aligned}$$

对于第一项来说，通过 WLLN 和假设 4.11.3，有：

$$n^{-1}\sum_{t=1}^{n}X_tX_t'\varepsilon_t^2\xrightarrow{p}E(X_tX_t'\varepsilon_t^2)=\boldsymbol{V}$$

进而得到，

$$E\left|X_{it}X_{jt}\varepsilon_t^2\right|\leqslant[E(X_{it}^2X_{jt}^2)E(\varepsilon_t^4)]^{\frac{1}{2}}$$

对于第二项，可以得到

$$\begin{aligned}&n^{-1}\sum_{t=1}^{n}X_{it}X_{jt}[(\hat{\beta}-\beta^o)'X_tX_t'(\hat{\beta}-\beta^o)]\\=&\sum_{l=0}^{K}\sum_{m=0}^{K}(\beta_l-\beta_l^o)(\beta_m-\beta_m^o)\left(n^{-1}\sum_{t=1}^{n}X_{it}X_{jt}X_{lt}X_{mt}\right)\xrightarrow{p}\mathbf{0}\end{aligned}$$

上式成立主要依据 $\hat{\beta}-\beta^o\xrightarrow{p}\mathbf{0}$，和

$$n^{-1}\sum_{t=1}^{n}X_{it}X_{jt}X_{lt}X_{mt}\xrightarrow{p}E(X_{it}X_{jt}X_{lt}X_{mt})=O(1)$$

（根据 WLLN 和假设 4.11.3）。类似地，对于最后一项，可以得到

$$n^{-1}\sum_{t=1}^{n}X_{it}X_{jt}\varepsilon_t X_t'(\hat{\beta}-\beta^o)=\sum_{l=0}^{K}(\hat{\beta}_l-\beta_l^o)\left(n^{-1}\sum_{t=1}^{n}X_{it}X_{jt}X_{lt}\varepsilon_t\right)\xrightarrow{p}\mathbf{0}$$

上式成立主要依据 $\hat{\beta}-\beta^o\xrightarrow{p}\mathbf{0}$，和

$$n^{-1}\sum_{t=1}^{n}X_{it}X_{jt}X_{lt}\varepsilon_t\xrightarrow{p}E(X_{it}X_{jt}X_{lt}\varepsilon_t)=\mathbf{0}$$

（根据 WLLN 和假设 4.11.3）。从而，从（1）中可以得到

$$\hat{\boldsymbol{V}}\xrightarrow{p}\boldsymbol{V}+\mathbf{0}-\mathbf{2}\cdot\mathbf{0}=\boldsymbol{V}$$

我们已经证明 $\hat{\boldsymbol{Q}}^{-1}\xrightarrow{p}\boldsymbol{Q}^{-1}$，因此，

$$\hat{\boldsymbol{\Omega}}=\hat{\boldsymbol{Q}}^{-1}\hat{\boldsymbol{V}}\hat{\boldsymbol{Q}}^{-1}\xrightarrow{p}\boldsymbol{Q}^{-1}\boldsymbol{V}\boldsymbol{Q}^{-1}=\boldsymbol{\Omega}$$

（4）根据假设 4.11.3（ii），我们知道 $E(\varepsilon_t^2\mid X_t)\neq\sigma^2$，因此，当存在条件异方差时，则不能使用 $J\cdot F$。相反，我们应该使用稳健的 Wald 检验统计量，也就是，在 H_0 下，随着 $n\to\infty$，有：

$$W=\sqrt{n}(\boldsymbol{R}\hat{\beta}-r)'(\boldsymbol{R}\hat{\boldsymbol{Q}}^{-1}\hat{\boldsymbol{V}}\hat{\boldsymbol{Q}}^{-1}\boldsymbol{R}')^{-1}(\boldsymbol{R}\hat{\beta}-r)\xrightarrow{p}\chi_J^2$$

习题 4.12

令 $\boldsymbol{Q}=E(X_tX_t')$，$\boldsymbol{V}=E(\varepsilon_t^2X_tX_t')$，$\sigma^2=E(\varepsilon_t^2)$。假设存在条件异方差，$\mathrm{cov}(\varepsilon_t^2, X_tX_t')=V-\sigma^2Q$ 是半正定的，即 ε_t^2 与 X_tX_t' 正相关。证明：$Q^{-1}VQ^{-1}-\sigma^2Q^{-1}$ 也是半正定的。

解答:

已知 $\boldsymbol{V}-\sigma^2\boldsymbol{Q}$ 是对称和半正定的，所以存在一个 $K\times K$ 矩阵 $\boldsymbol{C}$，如 $\boldsymbol{V}-\sigma^2\boldsymbol{Q}=\boldsymbol{C}'\boldsymbol{C}$，从而，

$$\begin{aligned}\boldsymbol{Q}^{-1}\boldsymbol{V}\boldsymbol{Q}^{-1}-\sigma^2\boldsymbol{Q}^{-1}&=\boldsymbol{Q}^{-1}(\boldsymbol{V}-\sigma^2\boldsymbol{Q})\boldsymbol{Q}^{-1}\\&=\boldsymbol{Q}^{-1}\boldsymbol{C}'\boldsymbol{C}\boldsymbol{Q}^{-1}\\&=(\boldsymbol{C}\boldsymbol{Q}^{-1})'\boldsymbol{C}\boldsymbol{Q}^{-1}\\&=\boldsymbol{D}'\boldsymbol{D}\end{aligned}$$

其中 $\boldsymbol{D}=\boldsymbol{C}\boldsymbol{Q}^{-1}$。对于一个非零 $K\times 1$ 向量 x，可以得到

$$x'\boldsymbol{D}'\boldsymbol{D}x=(\boldsymbol{D}x)'\boldsymbol{D}x=a'a=\sum_{i=0}^{K}a_i^2\geqslant 0$$

所以 $\boldsymbol{Q}^{-1}\boldsymbol{V}\boldsymbol{Q}^{-1}-\sigma^2\boldsymbol{Q}^{-1}$ 是半正定的。

习题 4.13

假定下列假设成立：

假设 4.13.1 $\{Y_t, X_t'\}_{t=1}^n$ 是一个可观测的独立同分布随机样本，并且

$$Y_t = X_t'\beta^o + \varepsilon_t$$

其中 β^o 是 $K\times 1$ 未知参数向量，ε_t 是不可观测扰动项。

假设 4.13.2 $E(\varepsilon_t|X_t) = 0$。

假设 4.13.3 （i）$W_t = W(X_t)$ 是 X_t 的一个非负函数；（ii）$K\times K$ 阶矩阵 $E(X_tW_tX_t') = \boldsymbol{Q_W}$ 是有限、对称与非奇异的；（iii）对于所有的 $0 \leqslant j \leqslant k, E(\varepsilon_t^4) \leqslant C$，$E(W_t^8) \leqslant C$，$E(X_{jt}^8) \leqslant C$，这里 C 是一有限常数。

假设 4.13.4 $\boldsymbol{V_W} = E(W_t^2X_tX_t'\varepsilon_t^2)$ 是一个 $K\times K$ 有限、对称与非奇异的矩阵。

考虑 β^o 的加权最小二乘 (weighted least squares，WLS) 估计量

$$\hat{\beta}_W = \left(n^{-1}\sum_{t=1}^n X_tW_tX_t'\right)^{-1} n^{-1}\sum_{t=1}^n X_tW_tY_t$$

（1）证明：$\hat{\beta}_W$ 是下面加权最小二乘问题的最优解

$$\min_{\beta\in\mathbb{R}^K} \sum_{t=1}^n W_t(Y_t - X_t'\beta)^2$$

（2）证明：$\hat{\beta}_W$ 是 β^o 的一致估计。

（3）证明：$\sqrt{n}(\hat{\beta}_W - \beta^o) \xrightarrow{\text{d}} N(\boldsymbol{0}, \boldsymbol{\Omega_W})$，其中 $\boldsymbol{\Omega_W}$ 是一个 $K\times K$ 有限正定矩阵。分别在条件同方差 $(E(\varepsilon_t^2|X_t) = \sigma^2)$ 和条件异方差 $[E(\varepsilon_t^2|X_t) \neq \sigma^2]$ 情形下推导出 $\boldsymbol{\Omega_W}$ 的表达式。

（4）分别在条件同方差和条件异方差的情形下构建 $\boldsymbol{\Omega_W}$ 的估计量 $\hat{\boldsymbol{\Omega}}_{\boldsymbol{W}}$，并证明 $\hat{\boldsymbol{\Omega}}_{\boldsymbol{W}}$ 是 $\boldsymbol{\Omega_W}$ 的一致估计量。

（5）分别在条件同方差和条件异方差的情形下，构造一个统计量以检验原假设 H_0：$\boldsymbol{R}\beta^o = \boldsymbol{r}$，其中 $\boldsymbol{R}$ 是 $J\times K$ 矩阵，$\boldsymbol{r}$ 是一个 $J\times 1$ 向量，且 $J \leqslant K$。推导出在每种情形下，检验统计量在原假设 H_0：$\boldsymbol{R}\beta^o = \boldsymbol{r}$ 成立时的渐近分布。

（6）假设存在条件异方差且 $E(\varepsilon_t^2|X_t) = \sigma^2(X_t)$ 已知，并选择 $W_t = \sigma^{-1}(X_t)$。构造一个统计量以检验 H_0：$\boldsymbol{R}\beta^o = \boldsymbol{r}$，并推导出检验统计量在原假设 H_0：$\boldsymbol{R}\beta^o = \boldsymbol{r}$ 成立时的渐近分布。

解答:

（1）~（3）最小化目标函数:

$$\mathrm{SSR}(\beta)=\min_{\beta}\sum_{t=1}^{n}W_t(Y_t-X_t'\beta)^2$$

WLS 需满足 FOC:

$$\frac{\mathrm{d}\,\mathrm{SSR}(\beta)}{\mathrm{d}\beta}=\sum_{t=1}^{n}-2X_tW_t(Y_t-X_t'\beta)=0$$

从而

$$\hat{\beta}_w=\left(n^{-1}\sum_{t=1}^{n}X_tW_tX_t'\right)^{-1}n^{-1}\sum_{t=1}^{n}X_tW_tY_t$$

检查 SOC，可以得到

$$\frac{\partial\,\mathrm{SSR}(\beta)}{\partial\beta\,\partial\beta'}=\sum_{t=1}^{n}W_tX_tX_t'=\sum_{t=1}^{n}(\sqrt{W_t}X_t)(\sqrt{W_t}X_t)'\sim \text{ 正定}$$

$$\hat{\beta}_w=\left(n^{-1}\sum_{t=1}^{n}X_tW_tX_t'\right)^{-1}n^{-1}\sum_{t=1}^{n}X_tW_t(X_t'\beta^o+\varepsilon_t)$$

$$=\beta^o+\left(n^{-1}\sum_{t=1}^{n}X_tW_tX_t'\right)^{-1}\left(n^{-1}\sum_{t=1}^{n}X_tW_t\varepsilon_t\right)$$

$$E|X_{jt}W_tX_{lt}|\leqslant[E(X_{jt}^2W_t^2)E(X_{lt}^2)]^{\frac{1}{2}}\leqslant[E(X_{jt}^4)^{\frac{1}{2}}E(W_t^4)^{\frac{1}{2}}E(X_{lt}^2)]^{\frac{1}{2}}<\infty$$

给定假设 $E(W_t^8)\leqslant C<\infty$ 和 $E(X_{jt}^8)\leqslant C<\infty$。然后通过 WLLN,

$$\frac{1}{n}\sum_{t=1}^{n}X_tW_tX_t'\xrightarrow{p}E(X_tW_tX_t')=\boldsymbol{Q}_{\boldsymbol{w}}$$

类似地，通过 WLLN 和 LIE，可以得到

$$\frac{1}{n}\sum_{t=1}^{n}X_tW_t\varepsilon_t\xrightarrow{p}E(X_tW_t\varepsilon_t)=\mathbf{0}$$

从而，通过连续性定理和 Slutsky 定理,

$$\left(n^{-1}\sum_{t=1}^{n}X_tW_tX_t'\right)^{-1}\left(n^{-1}\sum_{t=1}^{n}X_tW_t\varepsilon_t\right)\xrightarrow{p}\boldsymbol{Q}_{\boldsymbol{w}}{}^{-1}\cdot\mathbf{0}=\mathbf{0}$$

因此能够证明 $\hat{\beta}_w\xrightarrow{p}\beta^o$。

$$\hat{\beta}_{\boldsymbol{w}} - \beta^o = \left(\frac{1}{n}\sum_{t=1}^{n} X_t W_t X_t'\right)^{-1}\left(\frac{1}{n}\sum_{t=1}^{n} X_t W_t \varepsilon_t\right)$$

令 $Z_t = X_t W_t \varepsilon_t, \bar{Z}_n = \frac{1}{n}\sum_{t=1}^{n} X_t W_t \varepsilon_t$，可得 $E(Z_t) = \mathbf{0}$ 和

$$\operatorname{var}(Z_t) = E(X_t W_t^2 X_t' \varepsilon_t^2) = \boldsymbol{V_w}$$

因为 $\boldsymbol{V_w}$ 是有限的和非奇异的，Z_t 是 IID $N(\mathbf{0}, \boldsymbol{V_w})$，然后通过 CLT，

$$\sqrt{n}\bar{Z}_n \xrightarrow{\mathrm{d}} N(\mathbf{0}, \boldsymbol{V_w})$$

因此，

$$\sqrt{n}(\hat{\beta}_w - \beta^o) = \left(\frac{1}{n}\sum_{t=1}^{n} X_t W_t X_t'\right)^{-1} \sqrt{n}\bar{Z}_n \xrightarrow{\mathrm{d}} N(\mathbf{0}, \boldsymbol{\Omega_w})$$

其中 $\boldsymbol{\Omega_w} = \boldsymbol{Q_w}^{-1}\boldsymbol{V_w}\boldsymbol{Q_w}^{-1}, \boldsymbol{Q_w} = E(X_t W_t X_t')$。

（i）在条件同方差下，$E(\varepsilon_t^2 \mid X_t) = \sigma^2$，可以得到

$$\boldsymbol{V_w} = E(X_t W_t^2 X_t' \varepsilon_t^2) = E[E(X_t W_t^2 X_t' \varepsilon_t^2 \mid X_t)] = \sigma^2 E(X_t W_t^2 X_t') = \sigma^2 \boldsymbol{Q}_{\boldsymbol{w}^2}$$

因此，$\boldsymbol{\Omega_w} = \sigma^2 \boldsymbol{Q_w}^{-1}\boldsymbol{Q}_{\boldsymbol{w}^2}\boldsymbol{Q_w}^{-1}$。

（ii）在条件异方差下，$-E(\varepsilon_t^2 \mid X_t) \neq \sigma^2$，因此，$\boldsymbol{\Omega_w} = \boldsymbol{Q_w}^{-1}\boldsymbol{V_w}\boldsymbol{Q_w}^{-1}$。

（4）（i）对于条件同方差，$\hat{\boldsymbol{\Omega}}_{\boldsymbol{w}} = s^2 \hat{\boldsymbol{Q}}_{\boldsymbol{w}}^{-1}\hat{\boldsymbol{Q}}_{\boldsymbol{w}^2}\hat{\boldsymbol{Q}}_{\boldsymbol{w}}^{-1}$，其中

$$\hat{\boldsymbol{Q}}_{\boldsymbol{w}}^{-1} = \left(n^{-1}\sum_{t=1}^{n} X_t W_t X_t'\right)^{-1} \xrightarrow{p} \boldsymbol{Q_w}^{-1}$$

$$\hat{\boldsymbol{Q}}_{\boldsymbol{w}^2} = \frac{1}{n}\sum_{t=1}^{n} X_t W_t^2 X_t' \xrightarrow{p} \boldsymbol{Q}_{\boldsymbol{w}^2}$$

和

$$\begin{aligned} s^2 = \frac{\boldsymbol{e}'\boldsymbol{e}}{n-K} &= \frac{1}{n-K}\sum_{t=1}^{n}(Y_t - X_t'\hat{\beta}_w)^2 \\ &= \frac{1}{n-K}\sum_{t=1}^{n}[\varepsilon_t - X_t'(\hat{\beta}_w - \beta^o)]^2 \\ &= \frac{n}{n-K}\left(\frac{1}{n}\sum_{t=1}^{n}\varepsilon_t^2\right) + \end{aligned}$$

$$(\hat{\beta}_w - \beta^o)'\left(\frac{1}{n-K}\sum_{t=1}^{n} X_t X_t'\right)(\hat{\beta}_w - \beta^o) -$$

$$2(\hat{\beta}_w - \beta^o)'\left(\frac{1}{n-K}\sum_{t=1}^{n} X_t \varepsilon_t\right)$$

$$\xrightarrow{p} 1 \cdot \sigma^2 + \mathbf{0}' \cdot E(X_t X_t') \cdot \mathbf{0} - \mathbf{2} \cdot \mathbf{0} = \sigma^2$$

因此，

$$s^2 \hat{\boldsymbol{Q}}_{\boldsymbol{w}}^{-1} \hat{\boldsymbol{Q}}_{\boldsymbol{w}^2} \hat{\boldsymbol{Q}}_{\boldsymbol{w}}^{-1} \xrightarrow{p} \sigma^2 \boldsymbol{Q}_{\boldsymbol{w}}^{-1} \boldsymbol{Q}_{\boldsymbol{w}^2} \boldsymbol{Q}_{\boldsymbol{w}}^{-1}$$

（ii）对于条件异方差，$\hat{\boldsymbol{\Omega}}_{\boldsymbol{w}} = \hat{\boldsymbol{Q}}_{\boldsymbol{w}}^{-1} \hat{\boldsymbol{V}}_{\boldsymbol{w}} \hat{\boldsymbol{Q}}_{\boldsymbol{w}}^{-1}$，其中

$$\begin{aligned}
\hat{\boldsymbol{V}}_{\boldsymbol{w}} &= \frac{1}{n}\sum_{t=1}^{n} X_t W_t^2 X_t' e_t^2 \\
&= \frac{1}{n}\sum_{t=1}^{n} X_t W_t^2 X_t' [\varepsilon_t - X_t'(\hat{\beta}_w - \beta^o)]^2 \\
&= \frac{1}{n}\sum_{t=1}^{n} X_t W_t^2 X_t' \varepsilon_t^2 + \\
&\quad \frac{1}{n}\sum_{t=1}^{n} X_t W_t^2 X_t' [(\hat{\beta}_w - \beta^o)' X_t X_t' (\hat{\beta}_w - \beta^o)] - \\
&\quad 2\frac{1}{n}\sum_{t=1}^{n} X_t W_t^2 X_t' [(\hat{\beta}_w - \beta^o)' X_t \varepsilon_t]
\end{aligned}$$

因为

$$\begin{aligned}
E\left|X_{jt} W_t^2 X_{lt} \varepsilon_t^2\right| &\leqslant [E(X_{jt}^2 W_t^4 X_{lt}^2) E(\varepsilon_t^4)]^{\frac{1}{2}} \\
&\leqslant [E(X_{jt}^4 X_{lt}^4) E(W_t^8)]^{\frac{1}{4}} E(\varepsilon_t^4)^{\frac{1}{2}} \\
&\leqslant E(X_{jt}^8)^{\frac{1}{8}} E(X_{lt}^8)^{\frac{1}{8}} E(W_t^8)^{\frac{1}{4}} E(\varepsilon_t^4)^{\frac{1}{2}} \\
&\leqslant C < \infty
\end{aligned}$$

通过 WLLN，可以得到

$$\frac{1}{n}\sum_{t=1}^{n} X_t W_t^2 X_t' \varepsilon_t^2 \xrightarrow{p} E(X_t W_t^2 X_t' \varepsilon_t^2) = \boldsymbol{V}_{\boldsymbol{w}}$$

类似地，

$$\frac{1}{n}\sum_{t=1}^{n} X_t W_t^2 X_t' [(\hat{\beta}_w - \beta^o)' X_t X_t' (\hat{\beta}_w - \beta^o)] \xrightarrow{p} \mathbf{0}$$

$$\frac{1}{n}\sum_{t=1}^{n}X_tW_t^2X_t'[(\hat{\beta}_w-\beta^o)'X_t\varepsilon_t]\xrightarrow{p}\mathbf{0}$$

因此，

$$\hat{\boldsymbol{\Omega}}_{\boldsymbol{w}}=\hat{\boldsymbol{Q}}_{\boldsymbol{w}}^{-1}\hat{\boldsymbol{V}}_{\boldsymbol{w}}\hat{\boldsymbol{Q}}_{\boldsymbol{w}}^{-1}\xrightarrow{p}\boldsymbol{Q}_{\boldsymbol{w}}^{-1}\boldsymbol{V}_{\boldsymbol{w}}\boldsymbol{Q}_{\boldsymbol{w}}^{-1}=\boldsymbol{\Omega}_{\boldsymbol{w}}$$

（5）（i）在条件同方差下，

$$n(\hat{\beta}_w-\beta^o)\xrightarrow{\mathrm{d}}N(0,\sigma^2\boldsymbol{Q}_{\boldsymbol{w}}^{-1}\boldsymbol{Q}_{\boldsymbol{w}^2}\boldsymbol{Q}_{\boldsymbol{w}}^{-1})$$

原假设 H_0 下：$\boldsymbol{R}\beta^o=\boldsymbol{r}$，

$$\sqrt{n}\boldsymbol{R}(\hat{\beta}_w-\beta^o)\xrightarrow{\mathrm{d}}N(0,\sigma^2\boldsymbol{R}\boldsymbol{Q}_{\boldsymbol{w}}^{-1}\boldsymbol{Q}_{\boldsymbol{w}^2}\boldsymbol{Q}_{\boldsymbol{w}}^{-1}\boldsymbol{R}')$$

对于 $J=1$，

$$\frac{\sqrt{n}(\boldsymbol{R}\hat{\beta}_w-\boldsymbol{r})}{\sqrt{\sigma^2\boldsymbol{R}\boldsymbol{Q}_{\boldsymbol{w}}^{-1}\boldsymbol{Q}_{\boldsymbol{w}^2}\boldsymbol{Q}_{\boldsymbol{w}}^{-1}\boldsymbol{R}'}}\xrightarrow{\mathrm{d}}N(0,1)$$

通过 Slustky 定理，

$$T_w=\frac{\sqrt{n}(\boldsymbol{R}\hat{\beta}_w-\boldsymbol{r})}{\sqrt{s^2\boldsymbol{R}\hat{\boldsymbol{Q}}_{\boldsymbol{w}}^{-1}\hat{\boldsymbol{Q}}_{\boldsymbol{w}^2}\hat{\boldsymbol{Q}}_{\boldsymbol{w}}^{-1}R'}}\xrightarrow{\mathrm{d}}N(0,1)$$

对于 $J>1$，

$$\sqrt{n}(\boldsymbol{R}\hat{\beta}_w-\boldsymbol{r})'(\sigma^2\boldsymbol{R}\boldsymbol{Q}_{\boldsymbol{w}}^{-1}\boldsymbol{Q}_{\boldsymbol{w}^2}\boldsymbol{Q}_{\boldsymbol{w}}^{-1}\boldsymbol{R}')^{-1}\sqrt{n}(\boldsymbol{R}\hat{\beta}_w-\boldsymbol{r})\xrightarrow{\mathrm{d}}\chi_J^2$$

通过 Slustky 定理，可以得到

$$\mathrm{J}\cdot\mathrm{F}_w=\sqrt{n}(\boldsymbol{R}\hat{\beta}_w-\boldsymbol{r})'(s^2\boldsymbol{R}\hat{\boldsymbol{Q}}_{\boldsymbol{w}}^{-1}\hat{\boldsymbol{Q}}_{\boldsymbol{w}^2}\hat{\boldsymbol{Q}}_{\boldsymbol{w}}^{-1}\boldsymbol{R}')^{-1}\sqrt{n}(\boldsymbol{R}\hat{\beta}_w-\boldsymbol{r})\xrightarrow{\mathrm{d}}\chi_J^2$$

（ii）在条件异方差下，

$$\sqrt{n}(\hat{\beta}_w-\beta^o)\xrightarrow{\mathrm{d}}N(\mathbf{0},\boldsymbol{Q}_{\boldsymbol{w}}^{-1}\boldsymbol{V}_{\boldsymbol{w}}\boldsymbol{Q}_{\boldsymbol{w}}^{-1})$$

类似地，

$$\text{For } J=1,\quad T_w=\frac{\sqrt{n}(\boldsymbol{R}\hat{\beta}_w-\boldsymbol{r})}{\sqrt{\boldsymbol{R}\hat{\boldsymbol{Q}}_{\boldsymbol{w}}^{-1}\hat{\boldsymbol{V}}_{\boldsymbol{w}}\hat{\boldsymbol{Q}}_{\boldsymbol{w}}^{-1}\boldsymbol{R}'}}\xrightarrow{\mathrm{d}}N(0,1)$$

对于 $J>1$，$W_w=\sqrt{n}(\boldsymbol{R}\hat{\beta}_w-\boldsymbol{r})'(\boldsymbol{R}\hat{\boldsymbol{Q}}_{\boldsymbol{w}}^{-1}\hat{\boldsymbol{V}}_{\boldsymbol{w}}\hat{\boldsymbol{Q}}_{\boldsymbol{w}}^{-1}\boldsymbol{R}')^{-1}\sqrt{n}(\boldsymbol{R}\hat{\beta}_w-\boldsymbol{r})\xrightarrow{\mathrm{d}}\chi_J^2$

（6）当 $E(\varepsilon_t^2\mid X_t)=\sigma^2(X_t)W_t=\sigma^{-1}(X_t)$，$\boldsymbol{V}_{\boldsymbol{w}}=E(X_tW_t^2X_t'\varepsilon_t^2)=E(X_tX_t')$ 是已知

的，因此，一个一致的估计量 $\boldsymbol{V_w}$ 是 $\hat{\boldsymbol{V}}_{\boldsymbol{w}} = \frac{1}{n}\sum_{t=1}^{n} X_t X_t' = \frac{1}{n}X'X$。因此，

$$T_w = \frac{n(\boldsymbol{R}\hat{\beta}_w - \boldsymbol{r})}{\sqrt{\boldsymbol{R}\hat{\boldsymbol{Q}}_{\boldsymbol{w}}^{-1}X'X\hat{\boldsymbol{Q}}_{\boldsymbol{w}}^{-1}\boldsymbol{R}'}} d \to N(0,1), \quad 当 J = 1$$

$$W_w = n(\boldsymbol{R}\hat{\beta}_w - \boldsymbol{r})'(\boldsymbol{R}\hat{\boldsymbol{Q}}_{\boldsymbol{w}}^{-1}X'X\hat{\boldsymbol{Q}}_{\boldsymbol{w}}^{-1}\boldsymbol{R}')^{-1}n(\boldsymbol{R}\hat{\beta}_w - \boldsymbol{r}) \xrightarrow{d} \chi_J^2, \quad 当 J > 1$$

习题 4.14

考虑以下线性回归模型的条件同方差检验问题［原假设为 H_0：$E(\varepsilon_t^2|X_t) = \sigma^2$］

$$Y_t = X_t'\beta^o + \varepsilon_t$$

其中 X_t 是 $K \times 1$ 随机向量，包括一个截距项和经济解释变量。为检验条件同方差，考虑以下辅助回归：

$$\varepsilon_t^2 = \text{vech}(X_t X_t')'\gamma + v_t$$

$$= U_t'\gamma + v_t$$

其中 $U_t = \text{vech}(X_t X_t')$。

证明：当 H_0：$E(\varepsilon_t^2|X_t) = \sigma^2$ 成立时，（1）$E(v_t|X_t) = 0$；（2）$E(v_t^2|X_t) = \sigma_v^2$ 当且仅当 $E(\varepsilon_t^4|X_t) = \mu_4$ 时，这里 μ_4 为一常数。

解答：

在 H_0：$E(\varepsilon_t^2 \mid X_t) = \sigma^2$ 下，辅助回归已更改为：

$$\varepsilon_t^2 = \beta_0^o + v_t$$

如果 $E(v_t \mid X_t) = 0$，则 $E(\varepsilon_t^2 \mid X_t) = \beta_0^o = \sigma^2$

$$E(\varepsilon_t^4 \mid X_t) = E[(\beta_0^o + v_t)^2 \mid X_t]$$

$$= (\beta_0^o)^2 + 2\beta_0^o E(v_t \mid X_t) + E(v_t^2 \mid X_t)$$

$$= \sigma^4 + E(v_t^2 \mid X_t) = \mu_4$$

因此，对于常数 σ_v^2，$E(v_t^2 \mid X_t) = \sigma_v^2$ 当且仅当 $E(\varepsilon_t^4) = \mu_4$ 对于常数 μ_4。

习题 4.15

考虑以下线性回归模型的条件同方差检验问题［H_0：$E(\varepsilon_t^2|X_t)=\sigma^2$］

$$Y_t = X_t'\beta^o + \varepsilon_t$$

其中 X_t 是 $K\times 1$ 的随机向量，包括截距项和解释变量。为检验条件同方差，考虑以下辅助回归：

$$\begin{aligned}\varepsilon_t^2 &= \text{vech}(X_tX_t')'\gamma + v_t \\ &= U_t'\gamma + v_t\end{aligned}$$

其中 $U_t=\text{vech}(X_tX_t')$ 是 $J^o\times 1$ 的向量，$J^o=K(K+1)/2$，假定第四章的假设 4.1、4.2、4.3、4.4 和 4.7 成立，$E(\varepsilon^4|X_t)=\mu_4$。假设 $\{\varepsilon_t\}$ 是可观测序列，R^2 是辅助回归的决定系数。证明：在 $\{\varepsilon_t\}$ 同方差的原假设下，检验统计量 $(n-J-1)R^2 \xrightarrow{d} \chi_J^2$，并给出理由。

解答:

将辅助回归展开为常数项和含 X 的部分，原假设成立等价于含 X 部分的所有系数均为 0，此时可以构建 F 检验统计量

$$F=\frac{R^2/J}{(1-R^2)/(n-J-1)}$$

其中 $J=J^o-1$，当 $n\to\infty$，可以得到

$$J\cdot F=\frac{(n-J-1)R^2}{1-R^2}\xrightarrow{d}\chi_J^2$$

$$R^2\xrightarrow{p}0 \quad 1-R^2, \quad \xrightarrow{p}1$$

因此有

$$(n-J-1)R^2\xrightarrow{d}\chi_J^2$$

习题 4.16

在练习题 4.15 中，ε_t 是可观测的并不现实。实践中，我们需要用估计的 OLS 残差 $e_t=Y_t-X_t'\hat{\beta}$ 替代 ε_t。请解释为何用 e_t 代替 ε_t 并不会影响练习题 4.15 中提出的检验条件同方差的统计量的渐近分布？

解答:

$$e_t^2=[\varepsilon_t-x_t'(\hat{\beta}-\beta^o)]^2$$

$$= \varepsilon_t^2 + (\hat{\beta} - \beta^o)' x_t x_t' (\hat{\beta} - \beta^o) - 2(\hat{\beta} - \beta^o)' x_t \varepsilon_t$$

所以最小二乘估计量可以被分解成三部分。

对于第一部分，是 $O_p\left(\frac{1}{\sqrt{n}}\right)$。

对于第二部分，$\|\hat{\beta} - \beta^o\|^2 = O_p\left(\frac{1}{n}\right)$，$X_t X_t'$ 估计值是 $O_p(1)$。因此，第二部分是 $O_p\left(\frac{1}{n}\right)$。

对于第三部分，是 $O_p\left(\frac{1}{n}\right)$。

总之，当 $n \to \infty$，只有第一部分 ε_t^2 决定了最终结果。因此，在问题 4.15 的条件同方差下，用 e_t 来替代 ε_t 对 4.15 提出的检验统计量的渐进分布没有影响。

习题 4.17

考虑以下线性回归模型的条件同方差检验问题［原假设为 H_0：$E(\varepsilon_t^2|X_t) = \sigma^2$］

$$Y_t = X_t'\beta^o + \varepsilon_t$$

其中 X_t 是 $K \times 1$ 的随机向量，包括一个截距项和经济解释变量。为检验条件同方差，考虑以下辅助回归

$$\begin{aligned} \varepsilon_t^2 &= \text{vech}(X_t X_t')'\gamma + v_t \\ &= U_t'\gamma + v_t \end{aligned}$$

假定假设 4.1 ~ 4.4 及 4.7 成立，且 $E(\varepsilon_t^4|X_t) \neq \mu_4$，即 $E(\varepsilon_t^4|X_t)$ 是 X_t 的非负函数。

（1）证明：当 H_0：$E(\varepsilon_t^2|X_t) = \sigma^2$ 成立时，$\text{var}(v_t|X_t) \neq \sigma_v^2$，即辅助回归模型的随机扰动项 v_t 存在条件异方差。

（2）假设可以直接观察到 $\{\varepsilon_t\}_{t=1}^n$。构造一个检验 ε_t 是否存在条件同方差的渐近有效统计量，并推导出其在原假设 H_0：$E(\varepsilon_t^2|X_t) = \sigma^2$ 成立时的渐近分布。

解答:

（1）在 H_0：$E(\varepsilon_t^2 \mid X_t) = \sigma^2$

$$\begin{aligned} \text{var}(v_t \mid X_t) &= \text{var}(\varepsilon_t^2 \mid X_t) \\ &= E(\varepsilon_t^4 \mid X_t) - \sigma^4 \\ &\neq \text{常数} \end{aligned}$$

因此，辅助回归的扰动项 v_t 呈现出条件异方差性。

（2）对于辅助回归模型，原假设下，

$$\mathrm{H}_0\text{：}\ \boldsymbol{R}\gamma^o = 0$$

其中 $\boldsymbol{R} = (\boldsymbol{0}, \boldsymbol{I_J})$ 和 $\boldsymbol{I_J}$ 是 $J = \dfrac{K(K+1)}{2} - 1$ 的单位矩阵。

$$\sqrt{n}(\hat{\gamma} - \gamma^o) \xrightarrow{\mathrm{d}} N(\boldsymbol{0}, \boldsymbol{Q_u}^{-1}\boldsymbol{V}_v\boldsymbol{Q_u}^{-1})$$

其中 $V_v = E(U_tU_t'v_t^2)$ 和 $\boldsymbol{Q_u} = E(U_tU_t')$，从而，

$$\sqrt{n}\boldsymbol{R}(\hat{\gamma} - \gamma^o) = \sqrt{n}R\hat{\gamma} \xrightarrow{\mathrm{d}} N(\boldsymbol{0}, \boldsymbol{R}\boldsymbol{Q_u}^{-1}\boldsymbol{V}_v\boldsymbol{Q_u}^{-1}\boldsymbol{R}')$$

现在我们来构建 Q_u 和 V_v 的一致估计量。通过 WLLN，

$$\hat{\boldsymbol{Q}}_{\boldsymbol{u}} = \frac{1}{n}\sum_{t=1}^{n} U_tU_t' \xrightarrow{p} \boldsymbol{Q_u} = E(U_tU_t')$$

$$\hat{\boldsymbol{V}}_{\boldsymbol{v}} = \frac{1}{n}\sum_{t=1}^{n} U_tU_t'\hat{v}_t^2 \xrightarrow{p} \boldsymbol{Q_u} = E(U_tU_t'v_t^2)$$

其中 $\hat{v}_t$ 是辅助回归模型的残差，因此，能够得到 Wald 统计量：

$$W = \sqrt{n}(\boldsymbol{R}\hat{\gamma})'(\boldsymbol{R}\hat{\boldsymbol{Q}}_{\boldsymbol{u}}^{-1}\hat{\boldsymbol{V}}_v\hat{\boldsymbol{Q}}_{\boldsymbol{u}}^{-1}\boldsymbol{R}')^{-1}\sqrt{n}\boldsymbol{R}\hat{\gamma} \xrightarrow{\mathrm{d}} \chi_J^2$$

习题 4.18

假设 $\{Y_t, X_t'\}_{t=1}^n$ 是 IID 随机样本。考虑非线性回归模型 $Y_t = g(X_t, \beta^o) + \varepsilon_t$，其中 β^o 是 $K \times 1$ 的未知参数向量，$E(\varepsilon_t|X_t) = 0$，$E(\varepsilon_t^2|X_t) = \sigma^2$，$\sigma^2$ 是未知参数。假设 $g(X_t, \cdot)$ 关于 β 二阶连续可微，其中 $K \times K$ 矩阵 $\boldsymbol{A}(\beta) = E\left[\dfrac{\partial g(X_t,\beta)}{\partial\beta}\dfrac{\partial g(X_t,\beta)}{\partial\beta'}\right]$，$\boldsymbol{B}(\beta) = E\left[\dfrac{\partial^2 g(X_t,\beta)}{\partial\beta\partial\beta'}\right]$ 都是有限、非奇异矩阵且对所有的 $\beta \in \Theta$ 连续，其中 Θ 是一个紧集。当 $n \to \infty$ 时，进一步假定

$$\sup_{\beta\in\Theta} = \left|\frac{1}{n}\sum_{t=1}^{n}\frac{\partial g(X_t,\beta)}{\partial\beta}\frac{\partial g(X_t,\beta)}{\partial\beta'} - \boldsymbol{A}(\beta)\right| \xrightarrow{p} 0$$

$$\sup_{\beta\in\Theta} = \left|\frac{\partial^2 g(X_t,\beta)}{\partial\beta\partial\beta'} - \boldsymbol{B}(\beta)\right| \xrightarrow{p} 0$$

定义非线性最小二乘（NLS）估计量 $\hat{\beta}$ 为最小化 SSR 问题的解，即

$$\hat{\beta} = \arg\min_{\beta} \sum_{t=1}^{n} [Y_t - g(X_t, \beta)]^2$$

FOC 为

$$\sum_{t=1}^{n} \frac{\partial g(X_t, \hat{\beta})}{\partial \beta} [Y_t - g(X_t, \hat{\beta})] = 0$$

其中 $\frac{\partial g(X_t, \beta)}{\partial \beta}$ 是 $K \times 1$ 向量。$\hat{\beta}$ 通常没有解析解，但是可以证明当 $n \to \infty$ 时，$\hat{\beta} \to \beta^o$。这可以用来回答下面的问题。假定所有必要的正则性条件成立。

（1）求出 $\sqrt{n}(\hat{\beta} - \beta^o)$ 的渐近分布，并给出理由。

（2）为假设 H_0：$\boldsymbol{R}(\beta^o) = 0$ 构建 Wald 检验，其中 $\boldsymbol{R}(\cdot)$ 是 $J \times 1$ 连续可微的向量值函数，$\boldsymbol{r}$ 是 $J \times 1$ 已知的常数向量，$J > 1$。推导在 H_0 下的检验统计量的渐近分布，并给出理由。［提示：导数 $\boldsymbol{R}'(\beta) = \frac{\mathrm{d}\boldsymbol{R}(\beta)}{\mathrm{d}\beta}$ 是一个 $J \times K$ 矩阵］

解答：

（1）通过泰勒展开，可以得到

$$g(x_t, \hat{\beta}) = g(x_1, \beta^o) + \frac{\partial g(x_t, \tilde{\beta})}{\partial \beta'} (\hat{\beta} - \beta^o), \quad (i)$$

其中 $\tilde{\beta} = \lambda \tilde{\beta} + (1 - \lambda) \beta^o$。因此有 $\hat{\beta} \xrightarrow{p} \beta^o \Rightarrow \quad \tilde{\beta} \xrightarrow{p} \beta^o$。

式 (i) 等价于

$$\frac{\partial g(x_t, \hat{\beta})}{\partial \beta} \frac{g(x_t, \tilde{\beta})}{\partial \beta'} (\hat{\beta} - \beta^o) = \frac{\partial g(x_t, \hat{\beta})}{\partial \beta} [g(x_t, \hat{\beta}) - g(x_t, \beta^o)]$$

从而，

$$\left[\frac{1}{n} \sum_{t=1}^{n} \frac{\partial g(x_t, \hat{\beta})}{\partial \beta} \frac{\partial g(x_t, \tilde{\beta})}{\partial \beta'} \right] (\hat{\beta} - \beta^o) = \frac{1}{n} \sum_{t=1}^{n} \frac{\partial g(x_t, \hat{\beta})}{\partial \beta} [g(x_t, \hat{\beta}) - g(x_t, \beta^o)]$$

通过一阶条件，可以得到

$$(\hat{\beta} - \beta^o) = \left[\frac{1}{n} \sum_{t=1}^{n} \frac{\partial g(x_t, \hat{\beta})}{\partial \beta} \frac{\partial g(x_t, \tilde{\beta})}{\partial \beta'} \right]^{-1} \left[\frac{1}{n} \sum_{=1}^{n} \frac{\partial g(x_1, \hat{\beta})}{\partial \beta} \cdot \varepsilon_t \right]$$

根据连续映射定理，可以得到：

$$\frac{1}{n} \frac{\partial g(x_t, \hat{\beta})}{\partial \beta} \frac{\partial g(x_t, \tilde{\beta})}{\partial \beta} \xrightarrow{p} \boldsymbol{A}(\beta)$$

根据 CLT，有：

$$\sqrt{n}\left[\frac{1}{n}\sum_{i=1}^{n}\frac{\partial g(x_t,\hat{\beta})}{\partial\beta}\varepsilon\right]\xrightarrow{\text{d}}N[0,\boldsymbol{A}(\beta)\sigma^2]$$

因此有：

$$\sqrt{n}(\hat{\beta}-\beta^o)\xrightarrow{\text{d}}N[0,\boldsymbol{A}^{-1}(\beta)\boldsymbol{A}(\beta)\sigma^2\boldsymbol{A}^{-1}(\beta)]=N[0,\boldsymbol{A}^{-1}(\beta)\sigma^2]$$

（2）基本推导思路如下。首先有：

$$\boldsymbol{R}\beta^o=\boldsymbol{r},\quad \boldsymbol{R}(\hat{\beta})-\boldsymbol{r}=\boldsymbol{R}(\hat{\beta})-\boldsymbol{R}(\beta^o)$$

其次，根据泰勒展开，可以分别得到：

$$\boldsymbol{R}(\hat{\beta})=\boldsymbol{R}(\beta^o)+\boldsymbol{R}'(\beta)\cdot(\hat{\beta}-\beta^o)$$

以及

$$\boldsymbol{R}(\hat{\beta})-\boldsymbol{R}(\beta^o)=\boldsymbol{R}'(\beta)\cdot(\hat{\beta}-\beta^o)$$

因此，类似（1），有：

$$\sqrt{n}[\boldsymbol{R}(\hat{\beta})-\boldsymbol{r}]=\sqrt{n}\boldsymbol{R}(\hat{\beta}-\beta^o)\xrightarrow{\text{d}}N[0,\boldsymbol{R}(\beta)\cdot\sigma^2\cdot\boldsymbol{A}^{-1}(\beta)\cdot\boldsymbol{R}'(\beta)]$$

进而可以得到：

$$W_r=\sqrt{n}(\boldsymbol{R}\hat{\beta}-\boldsymbol{r})'[\sigma^2\cdot\boldsymbol{R}(\beta)\boldsymbol{A}(\beta)\cdot\boldsymbol{R}'(\beta)]^{-1}\sqrt{n}(\boldsymbol{R}\hat{\beta}-\boldsymbol{r})\sim\chi_J^2$$

习题 4.19

假设没有施加条件同方差条件，即不假定 $E(\varepsilon_t^2|X_t)=\sigma^2$，求解练习题 4.18 中的问题。

解答:

（1）基本解答思路和 4.18 相同，区别在于渐近方差的估计量不同。

$$\text{令 var}\left[\frac{\partial g(X_t,\hat{\beta})}{\partial\beta}\cdot\varepsilon_t\right]=E\left[\frac{\partial g(X_t,\hat{\beta})}{\partial\beta}\frac{\partial g(X_t,\hat{\beta})}{\partial\beta'}\cdot\varepsilon_t^2\right]=V$$

$$\frac{1}{\sqrt{n}}\left[\frac{\partial g(X,\beta)}{\partial\beta}\right]'\varepsilon\xrightarrow{\text{d}}N(0,V)$$

$$\frac{1}{n}\cdot\left[\frac{\partial g(X,\beta)}{\partial\beta}\right]'\cdot\sqrt{n}[g(X,\hat{\beta})-g(X,\beta^o)]\xrightarrow{\text{d}}N(0,V)$$

$$\frac{1}{\sqrt{n}} \cdot n \cdot \boldsymbol{A}(\beta) \cdot (\hat{\beta} - \beta^o) \xrightarrow{\text{d}} N(0, V)$$

$$\sqrt{n}(\hat{\beta} - \beta^o) \xrightarrow{\text{d}} N\{0, [\boldsymbol{A}(\beta)]^{-1} V [\boldsymbol{A}(\beta)]^{-1}\}$$

（2）同 4.18 推导步骤，最后可以得到：

$$W_r = \sqrt{n}(\boldsymbol{R}\hat{\beta} - \boldsymbol{r})'[\boldsymbol{R}(\beta)\boldsymbol{A}^{-1}(\beta) \cdot V \cdot \boldsymbol{A}^{-1}(\beta) \cdot \boldsymbol{R}'\beta] \cdot \sqrt{n}(\boldsymbol{R}\hat{\beta} - \boldsymbol{r})' \sim \chi_J^2$$

第五章

平稳时间序列的线性回归模型

重要概念

本章涉及的一些重要概念包括：

（1）**时间序列（time series）**。第四章随机样本 $\{Y_t, X_t'\}_{t=1}^n$ 的独立同分布假设排除了时间序列数据，但在现实中，很多经济金融数据是时间序列数据。什么是时间序列？一个时间序列可以是随机的，也可以是非随机的。比如，混沌理论中的 Logistic 映射 $Z_t = 4Z_{t-1}(1 - Z_{t-1})$ 是一个确定性时间序列。本书中，我们考虑随机时间序列，读者需要根据定义 5.1 理解随机时间序列的概念，同时需要理解时间序列随机样本的概念，对比并思考其与独立同分布假设下得到的随机样本之间的区别。

（2）**平稳性（stationarity）**。一个随机时间序列 $\{Z_t\}$ 可以是平稳的，也可以是非平稳的。关于平稳的定义至少有两种，包括严平稳（strict stationarity，定义 5.2 及定义 5.3）以及弱平稳或协方差平稳（weak stationarity or or covariance stationarity，定义 5.4）。读者需要在明确平稳性概念的基础上，理解并对比弱平稳和严平稳之间的异同点。

（3）**白噪声（white noise，WN）**。参见定义 5.5。白噪声是线性时间序列建模的“基本单位”。

（4）**序列相关**。首先明确序列不相关的定义，若对于所有 $j \neq 0$，时间序列 $\{Z_t\}$ 的协方差函数 $\gamma(j) = 0$，则称 $\{Z_t\}$ 序列不相关，反之则称 $\{Z_t\}$ 序列相关。

（5）**随机游走（random walk）**。概念见例 5.9，读者需要将其与趋势平稳过程（例 5.8）相比较，理解二者的共同点，即两者均有一个确定性的线性时间趋势。并明确二者的不同之处：趋势平稳过程的方差是常数，而随机游走过程的方差随时间推移而变大。

（6）**鞅差分序列（martingale difference sequence，M.D.S）**。根据定义 5.7，理解鞅

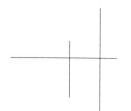

（martingale）的概念，从而理解何为鞅差分序列。平稳时间序列线性回归模型中，对于 $\{X_t\varepsilon_t\}$ 的鞅差分假设使得遍历平稳鞅差分序列的中心极限定理（引理 5.3）能够满足，保证了 OLS 估计量的渐近正态性。

（7）**单位根或差分平稳过程（unit root or difference stationary process）**。理解定义 5.8。

（8）**遍历性（ergodicity）**。参见定义 5.9，重要的是理解遍历性的“渐近独立”思想，它表示当时间间隔 $m \to \infty$ 时，$\{Z_t, \cdots, Z_{t+k}\}$ 和 $\{Z_{m+t}, \cdots, Z_{m+t+l}\}$ 是渐近独立的。从统计学上讲，独立性或弱相依意味着当样本容量 n 增加时，会产生更多新信息。在概率论中，两个随机变量 X 和 Y 相互独立，当且仅当对于任意可测函数 $f(\cdot)$ 和 $g(\cdot)$，有 $E[f(X)g(Y)] = E[f(X)]E[g(Y)]$。将这一定义扩展到渐近独立性，即遍历性。

（9）**动态回归模型、分布滞后模型与静态回归模型**。假设 5.1 中的遍历平稳过程可以在不同的时间段内独立或序列相关。因此，我们允许来自平稳随机过程的时间序列观测值。在假设 5.1 和 5.2 下，线性回归模型 X_t 允许回归向量包括滞后因变量和/或滞后解释变量。当 X_t 包含滞后因变量时，我们称线性回归模型为动态回归模型。当 X_t 包含滞后的解释变量时，我们称线性回归模型为分布滞后模型。如果 X_t 不包含任何滞后因变量，我们称线性回归模型为静态回归模型。

内容概要

本章首先介绍了时间序列分析的一些基本概念与分析工具，然后证明，第四章基于独立同分布随机样本假设的线性回归模型渐近理论，仍然适用于包含鞅差分扰动项的遍历平稳时间序列线性回归模型。其中，随机扰动项的鞅差分假设非常关键。对于静态线性回归模型，鞅差分假设是 White（1980）异方差一致性方差—协方差矩阵估计量渐近有效的关键条件。对于动态线性回归模型，鞅差分序列是条件均值 $E(Y_t|X_t)$ 模型正确设定的关键条件。为了检验鞅差分序列假设是否成立，可以检验回归扰动项是否存在序列相关。本章介绍了几种流行的序列相关检验，并讨论了静态回归模型和动态回归模型序列相关检验的差异与相关解释。

与第四章一样，OLS 估计量的渐近方差形式取决于是否存在条件同方差。本章分别介绍了如何检验相对于解释变量的条件异方差和相对于过去历史信息的自回归条件异方差 (ARCH)，并讨论了两者的区别与联系。

习题解析

习题 5.1

（1）为什么平稳性的概念对时间序列计量经济学很重要？

（2）为什么遍历性的概念对时间序列计量经济学很重要？

对于每个部分，用具体的例子来说明你的观点。

解答：

（1）非平稳时间序列所面临的问题是所谓的伪回归或伪相关问题。如果因变量 Y_t 和自变量 X_t 在时间上显示出类似的趋势行为，那么即使它们没有任何因果关系，也很可能获得看似高度“显著”的回归系数和高值的 R^2。这样的结果是完全虚假的。例如，在身体发育时期我的身高和我的同学的身高都会增加，这并不意味着他们有什么因果关系，但若对我们的身高进行回归，往往会得到“显著”的回归系数。因此，平稳性对计量分析非常重要。

（2）遍历性的一个重要含义是，遍历时间序列过程的统计特性（如总体均值和方差）可以从单个足够长的过程样本（实现）中推导出来。考虑一个不满足遍历条件的反例：对于所有 t，$Z_t = W$。样本均值 $\bar{Z}_n = W$，这是一个随机变量，不会随着 $n \to \infty$ 收敛到 μ。因此，遍历性对计量分析非常重要。

习题 5.2

假设时间序列 $\{Z_t\}$ 服从一阶自回归［AR（1）］过程

$$Z_t = \alpha Z_{t-1} + \varepsilon_t, \quad |\alpha| < 1$$

$$\{\varepsilon_t\} \sim \mathrm{WN}(0, \sigma^2)$$

（1）求 $E(Z_t)$，$\mathrm{var}(Z_t)$，$\mathrm{cov}(Z_t, Z_{t-j})$ 及 $\mathrm{corr}(Z_t, Z_{t-j})$，$j = 0, \pm 1, \cdots$。

（2）$\{Z_t\}$ 是一个弱平稳过程吗？

（3）如果 $|\alpha| \geqslant 1$，$\{Z_t\}$ 是弱平稳过程吗？请给出具体解释。

解答：

（1）令 $L^j Z_t \equiv Z_{t-j}$ 其中 L 表示滞后算子，有

$$Z_t = \alpha L Z_t + \varepsilon_t$$

$$\Leftrightarrow Z_t = \frac{1}{1-\alpha L}\varepsilon_t$$

$$\Leftrightarrow Z_t = \sum_{j=0}^{\infty}\alpha^j\varepsilon_{t-j}$$

最后一个等式成立的原因是 $|\alpha| < 1$。因此，

$$E(Z_t) = E\left(\sum_{j=0}^{\infty}\alpha^j\varepsilon_{t-j}\right) = \sum_{j=0}^{\infty}\alpha^j E(\varepsilon_{t-j}) = 0$$

$$\operatorname{var}(Z_t) = \operatorname{var}\left[\sum_{j=0}^{\infty}\alpha^j\varepsilon_{t-j}\right] = \sum_{j=0}^{\infty}\alpha^{2j}\operatorname{var}(\varepsilon_{t-j}) = \sigma^2\sum_{j=0}^{\infty}\alpha^{2j} = \frac{\sigma^2}{1-\alpha^2}$$

于是有

$$\operatorname{corr}(Z_t, Z_{t-j}) = \frac{\operatorname{cov}(Z_t, Z_{t-j})}{\sqrt{\operatorname{var}(Z_t)\operatorname{var}(Z_{t-j})}}$$

接下来计算 $\operatorname{cov}(Z_t, Z_{t-j})$。给定 $Z_t = \alpha Z_{t-1} + \varepsilon_t$，有

$$Z_t = \alpha^j Z_{t-j} + \sum_{l=0}^{j-1}\alpha^l\varepsilon_{t-l}$$

其中 $j \geqslant 1$。因此

$$\begin{aligned}
\operatorname{cov}(Z_t, Z_{t-j}) &= E(Z_t Z_{t-j}) - E(Z_t)E(Z_{t-j}) \\
&= E\left[(\alpha^j Z_{t-j} + \sum_{l=0}^{j-1}\alpha^l\varepsilon_{t-l})Z_{t-j}\right] \\
&= \alpha^j E(Z_{t-j}^2) + E(Z_{t-j})\sum_{l=0}^{j-1}\alpha^l E(\varepsilon_{t-l}) \\
&= \alpha^j\frac{\sigma^2}{1-\alpha^2}
\end{aligned}$$

其中，倒数第二个等式是由于对于所有的 $l = 0, 1, \cdots, j-1$，Z_{t-j} 与 ε_{t-l} 都是不相关的。当 $j \leqslant 1$ 时，我们可以应用相同的逻辑，因为它是完全对称的。此外，这个条件也适用于 $j = 0$。因此有

$$\operatorname{cov}(Z_t, Z_{t-j}) = \alpha^{|j|}\frac{\sigma^2}{1-\alpha^2}$$

于是可以得到

$$\text{corr}(Z_t, Z_{t-j}) = \alpha^{|j|}$$

（2）是的。

首先，$E(Z_t) = 0$ 与 $\text{var}(Z_t) = \dfrac{\sigma^2}{1-\alpha^2}$ 都不是时变的。此外，$\text{cov}(Z_t, Z_{t-j}) = \alpha^{|j|}\dfrac{\sigma^2}{1-\alpha^2}$ 是滞后阶数 j 的函数。根据定义，Z_t 是弱平稳的。

（3）如果 $\alpha \geqslant 1$，检查方差即可知 Z_t 不再是弱平稳的。由于 $Z_t = \alpha Z_{t-1} + \varepsilon_t$，可以证明

$$\text{var}(Z_t) = \alpha^2 \text{var}(Z_{t-1}) + \sigma^2$$

如果 $|\alpha| \geqslant 1$，那么 $\alpha^2 \geqslant 1$，不可能得到 $\text{var}(Z_t) = \text{var}(Z_{t-1})$。因此我们得到 $\{Z_t\}$ 不再是弱平稳的。

习题 5.3

假设时间序列 $\{Z_t\}$ 服从一阶移动平均［MA(1)］过程

$$Z_t = \alpha\varepsilon_{t-1} + \varepsilon_t$$

$$\{\varepsilon_t\} \sim \text{WN}(0, \sigma^2)$$

（1）求 $E(Z_t)$、$\text{var}(Z_t)$、$\text{cov}(Z_t, Z_{t-j})$ 及 $\text{corr}(Z_t, Z_{t-j})$，$j = 0, \pm 1, \cdots$。

（2）假设不对参数 α 作任何限制。$\{Z_t\}$ 是一个弱平稳过程吗？请给出具体解释。

（3）对同一个自相关系数 $\text{corr}(Z_t, Z_{t-j})$，是否存在两个不同的 α 值？请给出具体解释。

解答:

（1）

$$
\begin{aligned}
E(Z_t) &= E(\alpha\varepsilon_{t-1}) + E(\varepsilon_t) = 0 \\
\text{var}(Z_t) &= \text{var}(\alpha\varepsilon_{t-1}) + \text{var}(\varepsilon_t) = (1+\alpha^2)\sigma^2 \\
\text{cov}(Z_t, Z_{t-j}) &= E(Z_t Z_{t-j}) - E(Z_t)E(Z_{t-j}) \\
&= E\left[(\alpha\varepsilon_{t-1} + \varepsilon_t)(\alpha\varepsilon_{t-j-1} + \varepsilon_{t-j})\right] \\
&= \alpha^2 E(\varepsilon_{t-1}\varepsilon_{t-j-1}) + \alpha E(\varepsilon_{t-1}\varepsilon_{t-j}) + \\
&\quad \alpha E(\varepsilon_t\varepsilon_{t-j-1}) + E(\varepsilon_t\varepsilon_{t-j})
\end{aligned}
$$

$$
= \begin{cases} \alpha\sigma^2 & \text{当 } |j| = 1 \\ (1+\alpha^2)\sigma^2 & \text{当 } j = 0 \\ 0 & \text{其他} \end{cases}
$$

于是可得

$$
\begin{aligned}
\operatorname{corr}(Z_t, Z_{t-j}) &= \frac{\operatorname{cov}(Z_t, Z_{t-j})}{\sqrt{\operatorname{var}(Z_t)\operatorname{var}(Z_{t-j})}} \\
&= \begin{cases} \dfrac{\alpha}{1+\alpha^2} & \text{当 } |j| = 1 \\ 1 & \text{当 } j = 0 \\ 0 & \text{其他} \end{cases}
\end{aligned}
$$

（2）是的。由于我们前面已经不对 α 施加任何限制地证明了 $\{Z_t\}$ 的均值和方差是不随时间改变的，并且自协方差仅是滞后阶数 j 的函数。因此 $\{Z_t\}$ 是一个弱平稳过程。

（3）存在，当 $|j| > 1$ 或 $j = 0$ 时，自相关系数是与 α 的值无关的。

习题 5.4

假设时间序列 $\{Z_t\}$ 服从 ARMA(1,1) 过程

$$
\begin{aligned}
Z_t &= \alpha Z_{t-1} + \beta\varepsilon_{t-1} + \varepsilon_t, \quad |\alpha| < 1 \\
\{\varepsilon_t\} &\sim \mathrm{WN}(0, \sigma^2)
\end{aligned}
$$

（1）求 $E(Z_t)$、$\operatorname{var}(Z_t)$、$\operatorname{cov}(Z_t, Z_{t-j})$ 及 $\operatorname{corr}(Z_t, Z_{t-j})$，$j = 0, \pm1, \cdots$。

（2）$\{Z_t\}$ 是一个弱平稳过程吗？请解释。

（3）将 $\{Z_t\}$ 表示为一个 AR(∞) 过程。

（4）假设 $|\beta| < 1$，将 Z_t 表示为一个 MA(∞) 过程。

解答:

（1）分别计算 $E(Z_t)$(a)、$\operatorname{var}(Z_t)$(b)、$\operatorname{cov}(Z_t, Z_{t-j})$(c) 及 $\operatorname{corr}(Z_t, Z_{t-j})$，$j = 0, \pm1, \cdots$(d)。

（a）使用滞后算子 L，有

$$
\begin{aligned}
Z_t &= \alpha L Z_t + \beta\varepsilon_{t-1} + \varepsilon_t \\
(1-\alpha L)Z_t &= \beta\varepsilon_{t-1} + \varepsilon_t \\
Z_t &= \frac{\beta}{1-\alpha L}\varepsilon_{t-1} + \frac{1}{1-\alpha L}\varepsilon_t
\end{aligned}
$$

$$Z_t = \beta \sum_{j=0}^{\infty} (\alpha L)^j \varepsilon_{t-1} + \sum_{j=0}^{\infty} (\alpha L)^j \varepsilon_t$$

$$Z_t = \beta \sum_{j=0}^{\infty} \alpha^j \varepsilon_{t-1-j} + \sum_{j=0}^{\infty} \alpha^j \varepsilon_{t-j}$$

因此，

$$E(Z_t) = E\left(\beta \sum_{j=0}^{\infty} \alpha^j \varepsilon_{t-1-j}\right) + E\left(\sum_{j=0}^{\infty} \alpha^j \varepsilon_{t-j}\right) = 0$$

（b）

$$\begin{aligned}
\operatorname{var}(Z_t) = {} & \operatorname{var}\left(\beta \sum_{j=0}^{\infty} \alpha^j \varepsilon_{t-1-j}\right) + \operatorname{var}\left(\sum_{j=0}^{\infty} \alpha^j \varepsilon_{t-j}\right) + \\
& 2\operatorname{cov}\left(\beta \sum_{j=0}^{\infty} \alpha^j \varepsilon_{t-1-j}, \sum_{j=0}^{\infty} \alpha^j \varepsilon_{t-j}\right) \\
= {} & \frac{\sigma^2\beta^2}{1-\alpha^2} + \frac{\sigma^2}{1-\alpha^2} + 2\beta \sum_{j,k=0}^{\infty} \alpha^{j+k} \operatorname{cov}(\varepsilon_{t-1-j}, \varepsilon_{t-k}) \\
= {} & \frac{\sigma^2\beta^2}{1-\alpha^2} + \frac{\sigma^2}{1-\alpha^2} + 2\beta\alpha \sum_{j,k=0}^{\infty} \alpha^{j+k-1} \operatorname{cov}(\varepsilon_{t-1-j}, \varepsilon_{t-k}) \\
= {} & \frac{\sigma^2\beta^2}{1-\alpha^2} + \frac{\sigma^2}{1-\alpha^2} + 2\beta\alpha \sum_{j,k=0,j=k-1}^{\infty} \alpha^{2j} \operatorname{var}(\varepsilon_{t-j-1}) \\
= {} & \frac{\sigma^2\beta^2}{1-\alpha^2} + \frac{\sigma^2}{1-\alpha^2} + \frac{2\alpha\beta\sigma^2}{1-\alpha^2} \\
= {} & \frac{(1+\beta^2+2\alpha\beta)\sigma^2}{1-\alpha^2}
\end{aligned}$$

（c）

$$\operatorname{cov}(Z_t, Z_{t-j}) = \begin{cases} (1+\beta^2+2\alpha\beta)\dfrac{\sigma^2}{1-\alpha^2} & \text{当 } j=0 \\ (\alpha^{|j|}+\beta\alpha^{|j|+1}+\beta\alpha^{|j|-1}+\beta^2\alpha^{|j|})\dfrac{\sigma^2}{1-\alpha^2} & \text{当 } j \neq 0 \end{cases}$$

在前面的计算中有

$$\begin{aligned}
Z_t &= \frac{1+\beta L}{1-\alpha L}\varepsilon_t \\
&= (1+\beta L)\sum_{l=0}^{\infty} \alpha^l \varepsilon_{t-l}
\end{aligned}$$

代入即可得,

$$Z_{t-j}=(1+\beta L)\sum_{l=0}^{\infty}\alpha^l\varepsilon_{t-j-l}$$

给定对于任意的 t, $E(Z_t)=0$, 有

$$\begin{aligned}
\operatorname{cov}(Z_t,Z_{t-j}) &= E(Z_tZ_{t-j})\\
&= E\left[(1+\beta L)\sum_{l=0}^{\infty}\alpha^l\varepsilon_{t-l}(1+\beta L)\sum_{m=0}^{\infty}\alpha^m\varepsilon_{t-j-m}\right]\\
&= E\left[\left(\sum_{l=0}^{\infty}\alpha^l\varepsilon_{t-l}+\beta\sum_{l=0}^{\infty}\alpha^l\varepsilon_{t-l-1}\right)\left(\sum_{m=0}^{\infty}\alpha^m\varepsilon_{t-j-m}+\beta\sum_{m=0}^{\infty}\alpha^m\varepsilon_{t-j-m-1}\right)\right]+\\
&\quad \beta^2E\left(\sum_{l,m=0}^{\infty}\alpha^{l+m}\varepsilon_{t-l-1}\varepsilon_{t-j-m-1}\right)\\
&= E\left(\sum_{l,m=0}^{\infty}\alpha^{l+m}\varepsilon_{t-l}\varepsilon_{t-j-m}\right)+\beta E\left(\sum_{l,m=0}^{\infty}\alpha^{l+m}\varepsilon_{t-l}\varepsilon_{t-j-m-1}\right)+\\
&\quad \beta E\left(\sum_{l,m=0}^{\infty}\alpha^{l+m}\varepsilon_{t-l-1}\varepsilon_{t-j-m}\right)+A_2\\
&\equiv A_1+A_2+A_3+A_4
\end{aligned}$$

当 $t\neq s$ 时, 有 $E(\varepsilon_t\varepsilon_s)=0$, 于是仅当 $l=m+j$ 时, $E(\varepsilon_{t-l}\varepsilon_{t-j-m})=\sigma^2$ 成立。对于每一个 $m=0,1,2,\cdots$ 有使上述期望非零的 l, 其对应的指标为 $l=j,j+1,j+2,\cdots$。因此对于 A_1, 有

$$\begin{aligned}
A_1 &= E\left(\sum_{l,m=0}^{\infty}\alpha^{l+m}\varepsilon_{t-l}\varepsilon_{t-j-m}\right)\\
&= \sum_{l,m=0}^{\infty}\alpha^{l+m}E(\varepsilon_{t-l}\varepsilon_{t-j-m})\\
&= \sum_{m=0}^{\infty}\alpha^{m+m+j}E(\varepsilon_{t-j-m}\varepsilon_{t-j-m})\\
&= \sum_{m=0}^{\infty}\alpha^{2m+j}\sigma^2\\
&= \sigma^2\alpha^j\sum_{m=0}^{\infty}\alpha^{2m}\\
&= \frac{\sigma^2\alpha^j}{1-\alpha^2}
\end{aligned}$$

类似的有 A_2：

$$
\begin{aligned}
A_2 &= \beta^2 E\left(\sum_{l,m=0}^{\infty} \alpha^{l+m} \varepsilon_{t-l-1}\varepsilon_{t-j-m-1}\right) \\
&= \beta^2 \sum_{l,m=0}^{\infty} \alpha^{l+m} E(\varepsilon_{t-l-1}\varepsilon_{t-j-m-1}) \\
&= \beta^2 \sum_{m=0}^{\infty} \alpha^{m+m+j} E(\varepsilon_{t-j-m-1}\varepsilon_{t-j-m-1}) \\
&= \beta^2 \sum_{m=0}^{\infty} \alpha^{2m+j} \sigma^2 \\
&= \beta^2\sigma^2\alpha^j \sum_{m=0}^{\infty} \alpha^{2m} \\
&= \frac{\beta^2\sigma^2\alpha^j}{1-\alpha^2}
\end{aligned}
$$

A_3：

$$
\begin{aligned}
A_3 &= \beta E\left(\sum_{l,m=0}^{\infty} \alpha^{l+m} \varepsilon_{t-l-1}\varepsilon_{t-j-m}\right) \\
&= \beta \sum_{l,m=0}^{\infty} \alpha^{l+m} E(\varepsilon_{t-l-1}\varepsilon_{t-j-m})
\end{aligned}
$$

其中 $m=0, l=j-1, m=1, l=j, m=2, l=j+1, \cdots$ 可以使联合期望为 σ^2。因此，m 和 l 之间的关系应为 $l=m+j-1$。

然而当 $j=0$ 时，$m=0, l=-1$。这样的结果违反了原始的求和规则。因此，将 A_3 分成两项：

$$
\begin{aligned}
A_3 &= \beta \sum_{l,m=0}^{\infty} \alpha^{l+m} E(\varepsilon_{t-l-1}\varepsilon_{t-j-m}) \\
&= \beta \sum_{l=0}^{\infty}\sum_{m=1}^{\infty} \alpha^{l+m} E(\varepsilon_{t-l-1}\varepsilon_{t-j-m}) + \beta \sum_{l=0}^{\infty} \alpha^{l} E(\varepsilon_{t-l-1}\varepsilon_{t-j}) \\
&\equiv A_{31} + A_{32}
\end{aligned}
$$

其中 A_{31} 代表了 m 从 1 到无穷的情况，而 A_{32} 代表 $m=0$ 时的情况。首先计算 A_{31}：

$$
A_{31} = \beta \sum_{l=0}^{\infty}\sum_{m=1}^{\infty} \alpha^{l+m} E(\varepsilon_{t-l-1}\varepsilon_{t-j-m})
$$

$$
\begin{aligned}
&= \beta \sum_{m=1}^{\infty} \alpha^{m+j-1+m} E(\varepsilon_{t-j-m+1-1}\varepsilon_{t-j-m}) \\
&= \beta \alpha^{j-1} \sum_{m=1}^{\infty} \alpha^{2m}\sigma^2 \\
&= \beta \alpha^{j-1}\sigma^2 \frac{\alpha^2}{1-\alpha^2}
\end{aligned}
$$

随后计算 A_{32}：

$$
\begin{aligned}
A_{32} &= \beta \sum_{l=0}^{\infty} \alpha^l E(\varepsilon_{t-l-1}\varepsilon_{t-j}) \\
&= \begin{cases} 0 & \text{当 } j=0 \\ \beta\alpha^{j-1}\sigma^2 & \text{当 } j>0 \end{cases}
\end{aligned}
$$

将两者合并即可得到

$$
\begin{aligned}
A_3 &= A_{31} + A_{32} \\
&= \begin{cases} \dfrac{\beta\alpha^{j+1}\sigma^2}{1-\alpha^2} & \text{当 } j=0 \\ \dfrac{\beta\alpha^{j-1}\sigma^2}{1-\alpha^2} & \text{当 } j>0 \end{cases}
\end{aligned}
$$

对于 A_4：

$$
\begin{aligned}
A_4 &= \beta E\left(\sum_{l,m=0}^{\infty} \alpha^{l+m}\varepsilon_{t-l}\varepsilon_{t-j-m-1}\right) \\
&= \beta \sum_{l,m=0}^{\infty} \alpha^{l+m} E(\varepsilon_{t-l}\varepsilon_{t-j-m-1})
\end{aligned}
$$

其中 $m=0$，$l=j+1$，$m=1$，$l=j+2$，$m=2$，$l=j+3$，$\cdots$ 可以使联合期望为 σ^2。因此，有 $l=m+j+1$：

$$
\begin{aligned}
A_4 &= \beta \sum_{l,m=0}^{\infty} \alpha^{l+m} E(\varepsilon_{t-l}\varepsilon_{t-j-m-1}) \\
&= \beta \sum_{m=0}^{\infty} \alpha^{m+m+j+1} E[\varepsilon_{t-j-m-1}\varepsilon_{t-j-m-1}] \\
&= \beta\alpha^{j+1} \sum_{m=0}^{\infty} \alpha^{2m}\sigma^2 = \frac{\beta\alpha^{j+1}\sigma^2}{1-\alpha^2}
\end{aligned}
$$

综上所述，合并 A_1、A_2、A_3 以及 A_4，得到

$$\operatorname{cov}(Z_t, Z_{t-j}) = \begin{cases} (1+\beta^2+2\alpha\beta)\dfrac{\sigma^2}{1-\alpha^2} & 当\ j=0 \\ (\alpha^{|j|}+\beta\alpha^{|j|+1}+\beta\alpha^{|j|-1}+\beta^2\alpha^{|j|})\dfrac{\sigma^2}{1-\alpha^2} & 当\ j\neq 0 \end{cases}$$

（d）

$$\operatorname{corr}(Z_t, Z_{t-j}) = \begin{cases} 1 & 当\ j=0 \\ \dfrac{\alpha^j+\beta\alpha^{|j|+1}+\beta\alpha^{|j|-1}+\beta^2\alpha^{|j|}}{1+\beta^2+2\alpha\beta} & 当\ j\neq 0 \end{cases}$$

（2）是的。根据弱平稳定义和在（1）(a) 部分得到的结果，它是弱平稳的。

（3）假设 $|\beta|<1$，重写式子有，

$$\begin{aligned} \varepsilon_t &= \frac{1-\alpha L}{1+\beta L} z_t \\ &= (1-\alpha L)\left[\sum_{j=0}^{\infty}(-\beta)^j L^j\right] Z_t \\ &= \sum_{j=0}^{\infty}(-\beta)^j Z_{t-j} - \alpha\sum_{j=0}^{\infty}(-\beta)^j Z_{t-j-1} \end{aligned}$$

因此，

$$\begin{aligned} Z_t &= \alpha Z_{t-1} + \beta\varepsilon_{t-1} + \varepsilon_t \\ &= \alpha Z_{t-1} + \beta\sum_{j=0}^{\infty}(-\beta)^j Z_{t-1-j} - \alpha\beta\sum_{j=0}^{\infty}(-\beta)^j Z_{t-2-j} + \varepsilon_t \\ &= \sum_{j=1}^{\infty}(\alpha+\beta)(-\beta)^{j-1} Z_{t-j} + \varepsilon_t \end{aligned}$$

（4）假设 $|\alpha|<1$，通过重写 ARMA 式子，有

$$\begin{aligned} Z_t &= \frac{1+\beta L}{1-\alpha L}\varepsilon_t = \sum_{j=0}^{\infty}(1+\beta L)\alpha^j L^j \varepsilon_t = \sum_{j=0}^{\infty}\alpha^j \varepsilon_{t-j} + \beta\sum_{j=0}^{\infty}\alpha^j\varepsilon_{t-j-1} \\ &= \sum_{j=1}^{\infty}\alpha^j\varepsilon_{t-j} + \beta\sum_{j=0}^{\infty}\alpha^j\varepsilon_{t-j-1} + \varepsilon_t = \sum_{j=1}^{\infty}(\alpha+\beta)\alpha^{j-1}\varepsilon_{t-j} + \varepsilon_t \end{aligned}$$

习题 5.5

一个弱平稳的 ARMA (1, 1) 过程

$$Z_t = \alpha Z_{t-1} - \alpha^{-1} Z_{t-1} + \varepsilon_t, \quad |\alpha| < 1, \alpha \neq 0$$
$$\{\varepsilon_t\} \sim \text{IID}\ (0, \sigma^2)$$

称为全通滤波模型。求 $\{Z_t\}$ 的自相关函数 $\rho(j)$。

解答:

首先计算 $\{Z_t\}$ 的方差:

$$\begin{aligned}
r(0) &= \operatorname{cov}(z_t, z_t) = \operatorname{var}(z_t) \\
\operatorname{var}(z_t) &= \operatorname{var}[\alpha z_{t-1} + \alpha^{-1} z_{t-1}] + \operatorname{var}(\varepsilon_t) \\
&= \operatorname{var}\left[\left(\frac{\alpha^2 - 1}{\alpha}\right) z_{t-1}\right] + \sigma^2 \\
\operatorname{var}(z_t) &= \frac{\sigma^2}{1 - \left(\dfrac{\alpha^2 - 1}{\alpha}\right)^2}
\end{aligned}$$

其次计算 $\{Z_t\}$ 的协方差:

$$\begin{aligned}
r(j) = \operatorname{cov}(z_t, z_{t-j}) &= E(z_t z_{t-j}) - E(z_t)E(z_{t-j}) \\
&= E(\alpha z_{t-1} - \alpha^{-1} z_{t-1} + \varepsilon_t)(\alpha z_{t-j} - \alpha^{-1} z_{t-j-1} + \varepsilon_{t-j}) \\
&= \frac{\left(\dfrac{\alpha^2 - 1}{\alpha}\right)^{|j|} \sigma^2}{1 - \left(\dfrac{\alpha^2 - 1}{\alpha}\right)^2}
\end{aligned}$$

最后根据定义，计算 $\{Z_t\}$ 的自相关系数:

$$\rho(j) = \frac{\dfrac{\left(\dfrac{\alpha^2 - 1}{\alpha}\right)^{|j|} \sigma^2}{1 - \left(\dfrac{\alpha^2 - 1}{\alpha}\right)^2}}{\dfrac{\sigma^2}{1 - \left(\dfrac{\alpha^2 - 1}{\alpha}\right)^2}} = \left(\frac{\alpha^2 - 1}{\alpha}\right)^{|j|}$$

习题 5.6

讨论下列关系是对还是错，给出你的理由。

（1）零均值 IID 序列是 MDS（这里 IID 符号与 i. i. d. 等价，均代表独立同分布）。

（2）一个零均值 IID 序列是一个 WN 过程。

（3）MDS 是一个 WN 过程。

（4）WN 过程可能不是 IID 序列。

（5）WN 过程可能不是 MDS。

解答:

（1）正确。IID 下 $E(Z_t \mid I_{t-1}) = E(Z_t) = 0$，所以它是鞅差分序列。

（2）错误，如果某个 IID 序列 $\{Z_t\}$ 有 $\text{var}(Z_t) = \infty$ 成立（譬如如果其满足 IID 的柯西分布），那么它不是一个 WN 过程。

（3）错误，如果 $\{Z_t\}$ 有 $\text{var}(Z_t) = \infty$ 成立，那么它不是一个 WN 过程。

（4）正确。它可能有不同的高阶矩。

（5）正确。WN 过程可能不是鞅差分序列，比如序列满足 $\varepsilon_t = z_{t-1}z_{t-2} + z_t$ 成立。

习题 5.7

零均值随机时间序列 $\{X_t\}$ 是一个高斯过程，如果对任何正整数 t，k，$Z_t \equiv (X_t, X_{t-1}, \cdots, X_{t-k})'$ 服从联合正态分布。证明：如果 $\{X_t\}$ 是一个平稳高斯过程，则独立同分布、鞅差分序列、白噪声三者合一，即从其中任何一个定义，可推出另外两个定义。（提示：使用联合正态分布的概率密度函数。）

解答:

如果 $\{X_t\}$ 遵循平稳高斯过程，可以将 $Z_t \equiv (X_t, X_{t-1}, \cdots, X_{t-k})'$ 的 pdf 记为

$$f_{Z_t}(z_t) = (2\pi)^{-\frac{K}{2}} \left|\sum\right|^{-\frac{1}{2}} e^{-\frac{1}{2}(z_t-\mu)'\Sigma^{-1}(z_t-\mu)}$$

其中 $\mu \equiv [E(X_t), E(X_{t-1}), \cdots, E(X_{t-k})]'$ 是一个 $K \times 1$ 的表示 Z_t 的列向量，$\Sigma_{(i,j)} \equiv \text{cov}(X_{t-i+1}, X_{t-j+1})$ 是一个 $K \times K$ 的矩阵，用来表示 Z_t 的方差—协方差矩阵，$K \equiv k+1$，$\left|\sum\right|$ 表示 $\sum$ 的行列式。

首先证明，如果 $\{X_t\}$ 是 IID，那么它满足 MDS 和 WN：

X_t 是 IID，因此有 $E(X_t) = \mu_X = 0, \text{var}(X_t) = \sigma_X^2$ 以及对于 $|j| \geqslant 1$，有 $\text{cov}(X_t, X_{t-j}) = 0$ 成立。

那么有 $E(X_t \mid I_{t-1}) = E(X_t) = 0$，其中 I_{t-1} 是由 $\{X_{t-1}, X_{t-2}, \cdots\}$ 生成的 σ-域。因此可以证明 $\{X_t\}$ 是 MDS。

同样，可以直接得到 $\text{cov}(X_t, X_{t-j}) = E(X_t)E(X_{t-j}) = 0$。因此，可以证明 $\{X_t\}$ 是 WN。

接下来证明，如果 $\{X_t\}$ 是 MDS，那么它满足 IID 和 WN：

$\{X_t\}$ 是 MDS，有 $E(X_t \mid I_{t-1}) = 0 = E(X_t)$，其中 I_{t-1} 是由 $\{X_{t-1}, X_{t-2}, \cdots\}$ 生成的 σ-域。由于已知 $E(X_t \mid I_{t-1}) = 0$，可以证明对于所有的 $|j| > 1$，有 $E(X_t X_{t-j}) = 0$、$\text{cov}(X_t, X_{t-j}) = 0$ 成立。鉴于 $\{X_t\}$ 是平稳的以及 $E(X_t) = 0$ 和 $\text{var}(X_t) = \sigma_X^2$ 成立，可以证明 $\{X_t\}$ 是 WN。

进一步地，对任意 $|j| > 1$，已知 $\text{cov}(X_t, X_{t-j}) = 0$，因此有 $\sum = \text{diag}(\sigma_X^2, \sigma_X^2, \cdots, \sigma_X^2)$。计算可得

$$\left|\sum\right| = \prod_{j=1}^{K} \sigma_X^2$$

$$\sum\nolimits^{-1} = \text{diag}(1/\sigma_X^2, 1/\sigma_X^2, \cdots, 1/\sigma_X^2)$$

于是可以将 Z_t 的联合密度函数重写为

$$\begin{aligned}
f_{Z_t}(z_t) &= (2\pi)^{-\frac{K}{2}} \left|\sum\right|^{-\frac{1}{2}} \mathrm{e}^{-\frac{1}{2}(z_t-\mu)'\Sigma^{-1}(z_t-\mu)} \\
&= (2\pi)^{-\frac{K}{2}} \left(\prod_{j=1}^{K} \sigma_X^2\right)^{-\frac{1}{2}} \mathrm{e}^{-\frac{1}{2}\sum\limits_{j=1}^{K}\frac{(X_{t-j+1}-\mu_X)}{\sigma_X^2}} \\
&= \prod_{j=1}^{K} (2\pi\sigma_X^2)^{-\frac{1}{2}} \mathrm{e}^{-\frac{(X_{t-j+1}-\mu_X)}{2\sigma_X^2}} \\
&= \prod_{j=1}^{K} f_{X_{t-j+1}}(x_{t-j+1}) \\
&= f_{X_t}(x_t) \times f_{X_{t-1}}(x_{t-1}) \times \cdots \times f_{X_{t-k}}(x_{t-k})
\end{aligned}$$

因此可以证明 $\{X_t\}$ 是 IID。

最后证明，如果 $\{X_t\}$ 是 WN，那么它满足 IID 和 MDS：

本部分的证明与第二个证明非常相似。WN 意味着对于所有 $|j| > 1$，有 $\text{cov}(X_t, X_{t-j}) = 0$ 成立。因此，对于所有 $|j| > 1$，给定 $\text{cov}(X_t, X_{t-j}) = 0$，$\sum = \text{diag}(\sigma_X^2, \sigma_X^2, \cdots, \sigma_X^2)$ 成立。计算可得

$$\left|\sum\right| = \prod_{j=1}^{K} \sigma_X^2$$

$$\sum^{-1} = \text{diag}(1/\sigma_X^2, 1/\sigma_X^2, \cdots, 1/\sigma_X^2)$$

使用上面相同的方法，可以证明 $\{X_t\}$ 是 IID 和 MDS。

习题 5.8

（1）假设利用某一检验，发现 $\{\varepsilon_t\}$ 存在序列相关。那么，是否可以确定 $\{\varepsilon_t\}$ 不是一个鞅差分序列？请给出具体解释。

（2）假设 $\{\varepsilon_t\}$ 不存在序列相关，是否能确定 $\{\varepsilon_t\}$ 是一个鞅差分序列？请给出具体解释。[提示：考虑时间序列 $\varepsilon_t = z_{t-1}z_{t-2} + z_t$，其中 $z_t \sim \text{IID}\ (0, \sigma^2)$。]

解答:

（1）这取决于 $\{\varepsilon_t\}$ 的可观测性。

情况 1: 如果 $\{\varepsilon_t\}$ 是可观测的，那么它不是一个鞅差分序列。如果 $\{\varepsilon_t\}$ 存在序列相关，那么它违反了鞅差分序列的必要条件，因此它不是鞅差分序列。

情况 2: 如果 $\{\varepsilon_t\}$ 是不可观测的，那么不能确定它不是一个鞅差分序列。

如果对于某些 t, s，有 $\text{cov}(X_t, \varepsilon_s) \neq 0$，那么检验结果不能说明 $\{\varepsilon_t\}$ 不是 MDS，必须用 $e_t = \varepsilon_t - X_t'(\hat{\beta} - \beta^o)$ 取代 ε_t，否则检验结果不再可靠。

如果对于所有的 t, s，有 $\text{cov}(X_t, \varepsilon_s) = 0$ 成立，则序列相关性的测试结果可以说明 $\{\varepsilon_t\}$ 不是 MDS。

（2）不能确定。考虑以下例子：

$$\varepsilon_t = z_{t-1}z_{t-2} + z_t,$$

其中 $z_t \sim \text{IID}\ (0, \sigma^2)$。很容易证明对于所有的 $|j| \geqslant 1$，有 $\text{cov}(\varepsilon_t, \varepsilon_{t-j}) = 0$ 成立：

$$\begin{aligned}
&\text{cov}(\varepsilon_t, \varepsilon_{t-j}) \\
&= E(\varepsilon_t\varepsilon_{t-j}) - E(\varepsilon_t)E(\varepsilon_{t-j}) \\
&= E(\varepsilon_t\varepsilon_{t-j}) \\
&= E[(z_{t-1}z_{t-2} + z_t)(z_{t-j-1}z_{t-j-2} + z_{t-j})] \\
&= E(z_{t-1}z_{t-2}z_{t-j-1}z_{t-j-2}) + E(z_t z_{t-j-1}z_{t-j-2}) + E(z_{t-1}z_{t-2}z_{t-j}) + E(z_t z_{t-j}) \\
&= 0
\end{aligned}$$

但是我们发现 $E(\varepsilon_t \mid I_{t-1}) = z_{t-1}z_{t-2} \neq 0$，因此不能确定。

习题 5.9

假设 $\{Z_t\}$ 是一个均值为零的弱平稳过程，存在一个随机过程 $W(\omega)$ 使得

$$Z_t = \int_{-\pi}^{\pi} \mathrm{e}^{it\omega}\mathrm{d}W(\omega), \quad \omega \in [-\pi, \pi]$$

其中 $i = \sqrt{-1}$，ω 是频率，$W(\omega)$ 是一个不相关的增量过程，对于所有 $\omega \in [-\pi, \pi]$，有 $E[\mathrm{d}W(\omega)] = 0$。如果 $\omega = \lambda$，$\mathrm{cov}[\mathrm{d}W(\omega), \mathrm{d}W(\lambda)] = E|\mathrm{d}W(\omega)|^2$，否则为 0。

（1）证明自协方差函数 $\gamma(j) = \mathrm{cov}(Z_t, Z_{t-j}) = \int_{-\pi}^{\pi} \mathrm{e}^{it\omega} E|\mathrm{d}W(\omega)|^2$

（2）证明如果 $E|\mathrm{d}W(\omega)|^2 = h(\omega)\mathrm{d}\omega$，则 $\gamma(j) = \int_{-\pi}^{\pi} \mathrm{e}^{ij\omega} h(\omega)\mathrm{d}\omega$。这意味着 $\gamma(j)$ 是谱密度函数 $h(\omega)$ 的傅里叶逆变换。

解答:

（1）根据自协方差函数的定义以及 $\{Z_t\}$ 的定义，可以推得：

$$\begin{aligned}
\gamma(j) &= \mathrm{cov}(z_t, z_{t-j}) \\
&= E(z_t z_{t-j}) \\
&= E\left[\int_{-\pi}^{\pi} \mathrm{e}^{it\omega}\mathrm{d}W(\omega) \cdot \int_{-\pi}^{\pi} \mathrm{e}^{i(j-t)\lambda}\mathrm{d}W(\lambda)\right] \\
&= E\left[\int_{-\pi}^{\pi}\int_{-\pi}^{\pi} \mathrm{e}^{it(w-\lambda)} \cdot \mathrm{e}^{ij\lambda}\mathrm{d}W(\omega)\mathrm{d}W(\lambda)\right] \\
&= \int_{-\pi}^{\pi}\int_{-\pi}^{\pi} \mathrm{e}^{it(w-\lambda)} \cdot \mathrm{e}^{ij\lambda} E[\mathrm{d}W(w)\mathrm{d}W(\lambda)] \\
&= \int_{-\pi}^{\pi} \mathrm{e}^{ij\omega} E|\mathrm{d}W(\omega)|^2
\end{aligned}$$

（2）根据题目给出的条件，可以进一步得到：

$$\begin{aligned}
\gamma(j) &= \int_{-\pi}^{\pi} \mathrm{e}^{ij\omega} E|\mathrm{d}W(\omega)|^2 \\
&= \int_{-\pi}^{\pi} \mathrm{e}^{ij\omega} h(\omega)\mathrm{d}\omega
\end{aligned}$$

习题 5.10

假设 $\{Z_t\}_{t=1}^{n}$ 是来自弱平稳零均值时间序列过程 $\{Z_t\}$ 的大小为 n 的随机样本。定义离散傅里叶变换

$$D_n(\omega) = n^{-\frac{1}{2}} \sum_{t=1}^{n} Z_t \mathrm{e}^{it\omega}, \quad \omega \in [-\pi, \pi]$$

其中 $i = \sqrt{-1}$，ω 称为频率。直观地说，离散傅里叶变换 $D_n(\omega)$ 是从时间序列 $\{Z_t\}$ 中提取频率为 ω 的周期性分量。定义

$$\hat{h}_n(\omega) = \frac{1}{2\pi} |D_n(\omega)|^2$$

证明当 $n \to \infty$，$E\hat{h}_n(\omega) \to h(\omega) = \frac{1}{2\pi} \sum_{j=-\infty}^{\infty} \gamma(j) \mathrm{e}^{-ij\omega}$，其中 $\gamma(j) = \mathrm{cov}(Z_t, Z_{t-j})$。

解答:

$$\begin{aligned}
E(z_t z_s) &= \mathrm{cov}(z_t, z_s) + E(z_t)E(z_s) = \gamma(t-s) \\
E\hat{h}_n(w) &= E\frac{1}{2\pi} |D_n(w)|^2 \\
&= E\frac{1}{2\pi n} (\sum_{t=1}^{n} z_t \mathrm{e}^{itw})^2 \\
&= E\frac{1}{2\pi n} \sum_{t=1}^{n}\sum_{s=1}^{n} z_t z_s \mathrm{e}^{i\omega(t+s)} \\
&= \frac{1}{2\pi n} \sum_{t=1}^{n}\sum_{s=1}^{n} E(z_t z_s) \cdot \mathrm{e}^{iw(t+s)} \\
&= \frac{1}{2\pi n} \sum_{t=1}^{n}\sum_{s=1}^{n} \mathrm{e}^{iw(t+s)} \gamma(t-s) \\
&= \frac{1}{2\pi n} \left[\sum_{t=1}^{n} \mathrm{var}(z_t) + \sum_{t \neq s}^{n} \gamma(t-s) \mathrm{e}^{iw(t-s)} \right] \\
&= \frac{1}{2\pi} \left[\mathrm{var}(z_t) + \frac{1}{n} \sum_{t \neq s}^{n} \gamma(t-s) \mathrm{e}^{i(t-s)w} \right] \\
&= \frac{1}{2\pi} \sum_{j=-(n-1)}^{n-1} \left(1 - \frac{|j|}{n}\right) \gamma(j) \mathrm{e}^{-ijw}
\end{aligned}$$

因此当 $n \to \infty$ 时，有 $E\hat{h}_n(w) \to h(w)$ 成立。

习题 5.11

假设 $\{Z_t\}$ 是一个均值为零的弱平稳过程，其谱密度函数为 $h(\omega)$，标准谱密度函数为 $f(\omega)$。证明：

（1）$f(\omega)$，$\omega \in [-\pi, \pi]$，是实值函数。

（2）$f(\omega)$ 是对称函数，即 $f(-\omega)=f(\omega)$，$\omega\in[-\pi,\pi]$。

（3）$\int_{-\pi}^{\pi} f(\omega)\mathrm{d}\omega = 1$。

（4）$f(\omega)\geqslant 0$，$\omega\in[-\pi,\pi]$。

提示：考虑 $E\left|n^{-\frac{1}{2}}\sum_{t=1}^{n} Z_t \mathrm{e}^{it\omega}\right|^2$ 在 $n\to\infty$ 时的极限。

解答：

（1）根据定义，谱密度函数为

$$h(\omega)=\frac{1}{2\pi}\sum_{j=-\infty}^{\infty}\gamma(j)\mathrm{e}^{-ij\omega}$$

归一化谱密度函数为

$$f(\omega)=\frac{h(\omega)}{\gamma(0)}=\frac{1}{2\pi}\sum_{j=-\infty}^{\infty}\rho(j)\mathrm{e}^{-ij\omega}$$

其中 $\gamma(j)=\mathrm{cov}(Z_t,Z_{t-j})$ 且对于 $j=0,\pm1,\pm2,\cdots$，$\rho(j)=\mathrm{corr}(Z_t,Z_{t-j})$

我们想证明 $f(\omega)$ 总是实值的，根据欧拉公式，有

$$e^{ia}=\cos(a)+i\sin(a)$$

其中 $i=\sqrt{-1}$。于是有

$$\begin{aligned} f(\omega) &= \frac{1}{2\pi}\sum_{j=-\infty}^{\infty}\rho(j)e^{-ij\omega} \\ &= \frac{1}{2\pi}\sum_{j=-\infty}^{\infty}\rho(j)[\cos(-j\omega)+i\sin(-j\omega)] \\ &= \frac{1}{2\pi}\sum_{j=-\infty}^{\infty}\rho(j)\cos(j\omega) \end{aligned}$$

最后一个等式来自 $f(\omega)$ 关于 0 对称的事实，其中 $\sin(x)$ 是一个奇函数，$\cos(x)$ 是一个偶函数。由于虚部被消除，$f(\omega)$ 对于所有 $\omega\in[-\pi,\pi]$ 都是实值，原命题得证。

（2）从（1）中计算可知，

$$f(\omega)=\frac{1}{2\pi}\sum_{j=-\infty}^{\infty}\rho(j)\cos(j\omega)$$

因为 $\cos(x)$ 是一个偶函数，因此得到 $f(\omega)$ 是一个对称函数，即 $f(-\omega)=f(\omega)$。

（3）

$$\begin{aligned}
\int_{-\pi}^{\pi} f(\omega)\mathrm{d}\omega &= \frac{1}{2\pi}\sum_{j=-\infty}^{\infty}\rho(j)\int_{-\pi}^{\pi}\cos(j\omega)\mathrm{d}\omega \\
&= \frac{1}{\pi}\sum_{j=1}^{\infty}\rho(j)\int_{-\pi}^{\pi}\cos(j\omega)\mathrm{d}\omega + \frac{1}{2\pi}\rho(0)\int_{-\pi}^{\pi}\mathrm{d}\omega \\
&= \frac{1}{j\pi}\sum_{j=1}^{\infty}\rho(j)\int_{-\pi}^{\pi}\cos(j\omega)dj\omega + \frac{1}{2\pi}\rho(0)2\pi \\
&= \frac{1}{j\pi}\sum_{j=1}^{\infty}\rho(j)\int_{-j\pi}^{j\pi}\cos(u)du + \rho(0) \\
&= \frac{1}{j\pi}\sum_{j=1}^{\infty}2\sin(j\pi)\rho(j) + \rho(0) \\
&= 1
\end{aligned}$$

最后一个等式成立是因为对于所有 $j = 1, 2, \cdots, \sin(j\pi) = 0$ 以及 $\rho(0) = 1$。

（4）令 $X_n(\omega) \equiv n^{-\frac{1}{2}}\sum_{t=1}^{n} Z_t \mathrm{e}^{it\omega}$ 为复值随机变量，则其方差为

$$\begin{aligned}
\operatorname{var}(|X_n|) &= \operatorname{var}\left(n^{-\frac{1}{2}}\sum_{t=1}^{n} Z_t \mathrm{e}^{it\omega}\right) \\
&= \frac{1}{n}\left[\sum_{t=1}^{n}\operatorname{var}(Z_t) + \sum_{t\neq s}^{n}\operatorname{cov}(Z_t, Z_s)\mathrm{e}^{i(t-s)\omega}\right] \\
&= \operatorname{var}(Z_t) + \frac{1}{n}\left[\sum_{t\neq s}^{n}\operatorname{cov}(Z_t, Z_s)\mathrm{e}^{i(t-s)\omega}\right] \\
&= \sum_{j=-(n-1)}^{n-1}\left(1 - \frac{|j|}{n}\right)\operatorname{cov}(Z_t, Z_{t-j})\mathrm{e}^{-ij\omega} \\
&= \sum_{j=-(n-1)}^{n-1}\left(1 - \frac{|j|}{n}\right)\gamma(j)\mathrm{e}^{-ij\omega}
\end{aligned}$$

因此，

$$\begin{aligned}
\lim_{n\to\infty}\frac{\operatorname{var}(|X_n|)}{2\pi} &= \frac{1}{2\pi}\sum_{j=-\infty}^{\infty}\gamma(j)\mathrm{e}^{-ij\omega} \\
&= h(\omega)
\end{aligned}$$

由于对于所有的 n 与所有的 $\omega \in [-\pi, \pi]$，$\frac{\operatorname{var}(|X_n|)}{2\pi} > 0$，因此限制是非负的。于是对于所有的 $\omega \in [-\pi, \pi]$，$h(\omega) \geqslant 0$。进一步由 $f(\omega) = h(\omega)/\gamma(0)$ 与 $\gamma(0) > 0$，可知对于所有的 $\omega \in [-\pi, \pi]$，$f(\omega) \geqslant 0$。原命题得证。

习题 5.12

考虑 5.1 节中的 ARCH（1）过程。

（1）求 ARCH（1）过程是弱平稳的条件。

（2）求弱平稳 ARCH（1）过程的谱密度函数。

（3）谱密度函数 $h(\omega)$ 能否将具有有限方差的 IID 序列与弱平稳的 ARCH（1）过程区分开来？

解答：

（1）回顾 ARCH 过程的定义：

$$Z_t = \varepsilon_t h_t^{\frac{1}{2}},$$

$$h_t = \alpha_0 + \alpha_1 Z_{t-1}^2,$$

$$\varepsilon_t \sim \text{IID}\,(0,1)$$

$\{Z_t\}$ 的均值、协方差及方差可以通过如下方式计算：

$$E(Z_t) = 0,$$

$$\operatorname{cov}(Z_t, Z_{t-j}) = 0 \quad 对于\ j > 0$$

$$\operatorname{var}(Z_t) = \frac{\alpha_0}{1-\alpha_1}$$

如果 $\alpha_1 = 1$，则其不是弱平稳过程。

（2）根据谱密度函数的定义，有：

$$h(\omega) = \frac{1}{2\pi}\sum_{j=-\infty}^{+\infty}\gamma(j)\cdot e^{ij\omega} = \frac{1}{2\pi}\gamma(0)$$

$$= \frac{1}{2\pi}\cdot \operatorname{var}(z_t^2) = \frac{\alpha_0}{2\pi(1-\alpha_1)}$$

（3）不能，因为可以构造具有如下性质的 IID 序列：$\operatorname{var}(Z_t) = \frac{\alpha_0}{1-\alpha_1}$，它们具有相同的谱密度函数。因此，谱密度函数不能区分具有有限方差的 IID 序列与弱平稳的 ARCH(1) 过程。

习题 5.13

检验一个平稳时间序列回归模型 $Y_t = X_t'\beta^o + \varepsilon_t$ 的条件同方差性的原假设 H_0：$E(\varepsilon_t^2 \mid X_t) = \sigma^2$。其中 X_t 是由截距和解释变量组成的 $K \times 1$ 向量。为了检验条件同方差性，考虑辅助回归

$$\begin{aligned}\varepsilon_t^2 &= \text{vech}(X_t X_t')'\gamma + v_t \\ &= U_t'\gamma + v_t\end{aligned}$$

其中 $U_t = \text{vech}(X_t X_t')$ 是 $J \times 1$ 向量，$J = \dfrac{K(K+1)}{2}$。假设 5.1 至 5.5 和 5.7 成立，并且 $E(\varepsilon_t^4 \mid X_t) = \mu_4$。

（1）假设 ε_t 是可观察的，R^2 表示辅助回归的决定系数。证明 H_0 下的检验统计量 $(n-J)R^2 \xrightarrow{d} \chi_{J-1}^2$ 并给出理由。

（2）在第（1）部分中假设 ε_t 是可观察的是不现实的。现在将 ε_t 替换为 $e_t = Y_t - X_t'\hat{\beta}$，即估计的 OLS 残差。请具体解释为什么用 e_t 替换 ε_t 不会影响第（1）部分中提出的检验统计量的渐近分布。

解答：

（1）辅助回归模型的误差是条件同方差的［H_0：$E(\varepsilon_t^4 \mid X_t) = \mu_4$］，$F = \dfrac{R^2/(J-1)}{(1-R^2)/(n-J)}$ 为检验统计量。

在 H_0 下，当 $n \to \infty$ 时，可以通过定理 5.13 推导出 $(J-1)F = \dfrac{(n-J)R^2}{1-R^2} \xrightarrow{d} X_{J-1}^2$。这说明 $\dfrac{(n-J)R^2}{1-R^2} = O_p(1)$，即 $\dfrac{R^2}{1-R^2} \xrightarrow{p} 0$，于是有 $R^2 \xrightarrow{p} 0$ 和 $1 - R^2 \xrightarrow{p} 1$。

那么根据 Slutsky 定理，便得到 $(n-J)R^2 = \dfrac{(n-J)R^2}{1-R^2} \cdot (1-R^2) \xrightarrow{d} X_{J-1}^2$。

（2）考虑辅助回归：

$$\varepsilon_t^2 = U_t'\gamma + v_t$$

有 $\sqrt{n}(\tilde{\gamma} - \gamma^o) \xrightarrow{d} N(\mathbf{0}, \sigma_v^2 \boldsymbol{Q}_{uu}^{-1})$，其中 $\tilde{\gamma}$ 是 OLS 估计量，$\sigma_v^2 = E(v_t^2)$，$\boldsymbol{Q}_{uu} = E(U_t U_t')$。

在 H_0 下有 $\boldsymbol{R}\gamma^o = 0$，其中 $\boldsymbol{R}$ 是一个 $(J-1) \times J$ 对角矩阵，第一个对角元素为 0，其他对角元素为 1，于是有

$$\sqrt{n}\boldsymbol{R}(\tilde{\gamma} - \gamma^o) = \sqrt{n}\boldsymbol{R}\tilde{\gamma} \xrightarrow{d} N(0, \sigma_v^2 \boldsymbol{R}\boldsymbol{Q}_{uu}^{-1}\boldsymbol{R}')$$

现在用 $e_t = Y_t - X_t'\hat{\beta}$ 替换 ε_t，并考虑如下的辅助回归：

$$e_t^2 = U_t'\gamma + \tilde{v}_t$$

辅助回归模型的因变量为 $e_t^2 = [\varepsilon_t - X_t'(\hat{\beta} - \beta^o)]^2 = \varepsilon_t^2 + (\hat{\beta} - \beta^o)'X_tX_t'(\hat{\beta} - \beta^o) - 2(\hat{\beta} - \beta^o)'X_t\varepsilon_t$，包括三个部分。

因此辅助回归模型的 OLS 估计量 $\hat{\gamma}$ 也可以分为三个部分：$\hat{\gamma} = \tilde{\gamma} + \hat{\delta} + \hat{\eta}$，其中 $\tilde{\gamma}$ 是原始辅助回归模型的 OLS。

可以算出 $\hat{\delta} = O_p(n^{-1})$，即 $(\hat{\beta} - \beta^o)'X_tX_t'(\hat{\beta} - \beta^o)$ 在 U_t 上的回归系数在给定 $\|\hat{\beta} - \beta^o\|^2 = O_p\left(\frac{1}{n}\right)$ 的条件下，以 $\frac{1}{n}$ 的速率缩小为零。

而 $\hat{\eta} = O_p(n^{-\frac{1}{2}})$，即 $\varepsilon_t X_t'(\hat{\beta} - \beta^o)$ 在 U_t 上的回归系数将以 $\frac{1}{\sqrt{n}}$ 的速率缩小为零。这是因为在 $E(\varepsilon_t|X_t) = 0$ 和 $\|\hat{\beta} - \beta^o\| = O_p\left(\frac{1}{\sqrt{n}}\right)$ 的情况下，$X_t\varepsilon_t$ 与 U_t 不相关。

因此，将 ε_t 替换为 e_t 并不会影响所提出的检验统计量的渐近分布。

习题 5.14

假设动态线性时间序列回归模型

$$\begin{aligned} Y_t &= \beta_0^o + \beta_1^o Y_{t-1} + \varepsilon_t \\ &= X_t'\beta^o + \varepsilon_t \end{aligned}$$

满足假设 5.1、5.2 和 5.4，其中 $X_t = (1, Y_{t-1})'$。进一步假设 $\{\varepsilon_t\}$ 是一个 MA（1）过程

$$\varepsilon_t = \rho v_{t-1} + v_t$$

其中 $\{v_t\} \sim \text{IID}\ (0, \sigma_v^2)$，从而 $\{\varepsilon_t\}$ 存在一阶序列相关。在这种情形下，OLS 估计量 $\hat{\beta}$ 是 β^o 的一致估计量吗？请解释。

解答：

OLS 估计量 $\hat{\beta}$ 不是 β^o 的一致估计量。

有 $\hat{\beta} = (X'X)^{-1}X'Y$，其中 $X = (X_1, \cdots, X_n)'$ 且 $Y = (Y_1, \cdots, Y_n)'$，有

$$E(X_tX_t') = \begin{pmatrix} 1 & \dfrac{\beta_0^o}{1 - \beta_1^o} \\ \dfrac{\beta_0^o}{1 - \beta_1^o} & \dfrac{(1 + \rho^2 + 2\rho\beta_1^o)\sigma_v^2}{1 - \beta_1^o 2} \end{pmatrix}$$

和

$$E(X_t\varepsilon_t) = \begin{pmatrix} 0 \\ \rho\sigma_v^2 \end{pmatrix}$$

于是可以得到

$$\begin{aligned}\beta^* &= \{E(X_tX_t')\}^{-1} E(X_tY_t) \\ &= \{E(X_tX_t')\}^{-1} [E(X_tX_t')\beta^o + E(X_t\varepsilon_t)] \\ &= \beta^o + \{E(X_tX_t')\}^{-1} E(X_t\varepsilon_t) \\ &\neq \beta^o\end{aligned}$$

由于 $\hat{\beta} \xrightarrow{P} \beta^*$，因此可以得到 OLS 估计量 $\hat{\beta}$ 不是 β^o 的一致估计量。

习题 5.15

假设时间序列线性回归模型

$$Y_t = X_t'\beta^o + \varepsilon_t$$

满足假设 5.1 ~ 5.3，其中随机扰动项 ε_t 是直接可观测的。这一模型分别包括静态时间序列回归模型和动态时间序列回归模型两种情形。

（1）从模型正确设定条件 $E(\varepsilon_t|X_t) = 0$ 是否可推出 $\{\varepsilon_t\}$ 是白噪声？请给出具体解释。

（2）如果 $\{\varepsilon_t\}$ 是鞅差分序列，是否可推出 $E(\varepsilon_t|X_t) = 0$？请给出具体解释。

（3）如果 $\{\varepsilon_t\}$ 存在序列相关，是否必然意味着 $E(\varepsilon_t|X_t) \neq 0$，即 $E(Y_t|X_t)$ 的线性回归模型存在模型误设？请给出具体解释。

解答:

（1）不可以。$E(\varepsilon_t \mid X_t) = 0$ 并没有告诉我们关于 $\{\varepsilon_t\}$ 的序列相关性的信息。

（2）不可以。鞅差分序列只能得到 $\{\varepsilon_t\}$ 本身的序列依赖关系，它没有提供关于 X_t 和 $\{\varepsilon_t\}$ 之间依赖关系的信息。

（3）当模型是静态时，$\{\varepsilon_t\}$ 中的序列相关性并不意味着 $E(\varepsilon_t \mid X_t) \neq 0$。例如，$X_t$ 是 IID，$\{\varepsilon_t\}$ 是 AR(1)，X_t 和 ε_t 是相互独立的。我们可以发现 $E(\varepsilon_t \mid X_t) = E(\varepsilon_t) = 0$，而 $\{\varepsilon_t\}$ 是序列相关的。

而当它是一个动态模型时，即 $\{X_t\}$ 包含 $\{Y_t\}$ 的滞后项，则 $\{\varepsilon_t\}$ 中的序列相关性确实意味着模型设定错误。

习题 5.16

假设一个静态时间序列线性回归模型

$$Y_t = X_t'\beta^o + \varepsilon_t$$

满足假设 5.1 ~ 5.3，并且 $\{X_t\}$ 和 $\{\varepsilon_t\}$ 是相互独立的。

（1）求当 $\{\varepsilon_t\}$ 是 MDS 时 OLS 估计量 $\sqrt{n}\beta$ 的渐近方差。

（2）当 $\{\varepsilon_t\}$ 中存在序列相关时，OLS 估计量 $\hat{\beta}$ 对 β^o 是否一致？

（3）求出 $\{\varepsilon_t\}$ 存在序列相关时 OLS 估计量 $\sqrt{n}\hat{\beta}$ 的渐近方差。

解答:

（1）$\{X_t\}$ 与 $\{\varepsilon_t\}$ 相互独立，并且 $\{\varepsilon_t\}$ 是一个鞅差分过程，那么有 $E(\varepsilon_t|I_{t-1}) = 0$。可知 $\{X_t\varepsilon_t\}$ 也是一个鞅差分过程。

我们有 $\sqrt{n}(\hat{\beta} - \beta^o) = \sqrt{n}\hat{\boldsymbol{Q}}^{-1}\dfrac{1}{n}\sum\limits_t X_t\varepsilon_t$ 和 $\hat{\boldsymbol{Q}}^{-1} \xrightarrow{p} \boldsymbol{Q}^{-1}$。

根据中心极限定理，有 $\dfrac{1}{\sqrt{n}}\sum\limits_t X_t\varepsilon_t \xrightarrow{\mathrm{d}} N(0, \boldsymbol{V})$。

根据 Slutsky 定理，有 $\sqrt{n}(\hat{\beta} - \beta^o) \xrightarrow{\mathrm{d}} \boldsymbol{Q}^{-1}N(0, V) \sim N(0, \boldsymbol{Q}^{-1}\boldsymbol{V}\boldsymbol{Q}^{-1})$。

于是可以推导出 OLS 估计量 $\sqrt{n}\hat{\beta}$ 的渐进方差为 $\boldsymbol{Q}^{-1}\boldsymbol{V}\boldsymbol{Q}^{-1}$。

（2）由弱大数律，可以得到

$$\hat{\beta} - \beta^o = \hat{\boldsymbol{Q}}^{-1}\frac{1}{n}\sum_t X_t\varepsilon_t \xrightarrow{p} 0$$

（3）有

$$\boldsymbol{V}^* = \lim_{n\to\infty} \operatorname{var}\left(\frac{1}{\sqrt{n}}\sum X_t\varepsilon_t\right) = \lim_{n\to\infty}\frac{1}{n}\sum_{t=1}^{n}\sum_{s=1}^{n}E(X_t\varepsilon_t\varepsilon_s X_s')$$

所以 OLS 估计量 $\sqrt{n}\hat{\beta}$ 的渐进方差是 $\boldsymbol{Q}^{-1}\boldsymbol{V}^*\boldsymbol{Q}^{-1}$。

习题 5.17

假设线性回归模型

$$Y_t = X_t'\beta^o + \varepsilon_t$$

的扰动项 ε_t 是直接可观测的。假定假设 5.1 ~ 5.6 成立，且存在自回归条件同方差，即 $\operatorname{var}(\varepsilon_t|I_{t-1}) = \sigma^2$，这里 I_{t-1} 是由 $\{\varepsilon_{t-1}, \varepsilon_{t-2}, \cdots\}$ 生成的 σ 域。我们的目的是检验原假

设 H_0：$E(\varepsilon_t|I_{t-1})=0$。

（1）考虑辅助回归

$$\varepsilon_t=\sum_{j=1}^{p}\alpha_j\varepsilon_{t-j}+u_t,\quad t=p+1,\cdots,n$$

令 $\tilde{R}_{\text{uc}}^2$ 是辅助回归的非中心化 R^2。

证明：当原假设 H_0 成立，且 $n\to\infty$ 时，$n\tilde{R}_{\text{uc}}\xrightarrow{d}\chi_p^2$。

（2）现在考虑另一个有截距项的辅助回归

$$\varepsilon_t=\alpha_0+\sum_{j=1}^{p}\alpha_j\varepsilon_{t-j}+u_t,\quad t=p+1,\cdots,n$$

令 $\tilde{R}^2$ 是这一辅助回归模型中心化 R^2。

证明：当原假设 H_0 成立，且 $n\to\infty$ 时，$n\tilde{R}^2\xrightarrow{d}\chi_p^2$。

（3）在样本容量 n 较小的情形下，$n\tilde{R}_{\text{uc}}^2$ 和 $n\tilde{R}^2$ 这两个检验统计量，哪个表现更好？请给出具体的解释。

解答:

（1）原假设是 H_0：$E(\varepsilon_t|I_{t-1})=0$，这意味着辅助自回归中的原假设是 H_0'：$\alpha_j=0$，$\forall j=1\cdots p$。

在 H_0' 下，有 $E(v_t)=E(\varepsilon_t)=0$，$\text{var}(v_t|\varepsilon_t)=\sigma^2$。

因为 $\{v_t\}$ 是条件同方差，因此有 $p\cdot F\xrightarrow{d}X_p^2$。

定义 $\tilde{e}$ 为受限辅助模型的估计残差，e 为非受限辅助模型的估计残差，则有

$$\frac{\tilde{e}'\tilde{e}-e'e}{e'e/(n-p)}\xrightarrow{d}X_p^2。$$

在 H_0' 下，有 $\tilde{\alpha}=(0,\cdots,0)'$，$\tilde{e}=\varepsilon$ 以及 $R_{uc}^2=1-\dfrac{e'e}{\varepsilon'\varepsilon}=1-\dfrac{e'e}{\tilde{e}'\tilde{e}}$。

于是可以得到

$$\frac{R_{uc}^2}{(1-R_{uc}^2)/(n-p)}\xrightarrow{d}X_p^2$$

与 $R_{uc}^2\xrightarrow{p}0$。

那么有 $(n-p)R_{uc}^2\xrightarrow{d}X_p^2$，即得 $nR_{uc}^2\xrightarrow{d}X_p^2$。

（2）在辅助自回归和 H_0 下，有 $\tilde{\alpha}=(\bar{\varepsilon},0,\cdots,0)'$，$\tilde{e}=\varepsilon-\bar{\varepsilon}$ 和 $\tilde{R}^2=1-\dfrac{e'e}{\tilde{e}'\tilde{e}}$。

因此有

$$\frac{\tilde{R}^2}{(1-\tilde{R}^2)/(n-p-1)} \xrightarrow{d} X_p^2$$

与（1）中类似，有

$$\tilde{R}^2 \xrightarrow{p} 0 \text{ 和 } \frac{n}{n-p-1} \xrightarrow{p} 1$$

因此证明了 $n\tilde{R}^2 \xrightarrow{d} X_p^2$。

（3）$n\tilde{R}_{uc}^2$ 更好，因为在使用 $n\tilde{R}^2$ 时，有一个额外的参数需要估计。当样本容量 n 较小时，测试的能力可能会降低。

习题 5.18

在习题 5.17 中 ε_t 是可观察到的假设是不现实的。在实践中，必须使用估计的 OLS 残差 e_t 来代替 ε_t。对于习题 5.17 的第（1）和（2）部分，在 MDS 零假设下，用 e_t 替换 ε_t 是否影响检验统计量的渐近分布？请给出具体解释。(提示：您可能需要分别考虑静态和动态回归模型。)

解答:

本题的解法可参考 5.13（2）。

习题 5.19

假设一个线性回归模型

$$Y_t = X_t'\beta^o + \varepsilon_t$$

满足假设 5.1 到 5.5，并且 $E(\varepsilon_t^2 \mid X_t) \neq \sigma^2$。我们想检验原假设 H_0：$\{\varepsilon_t\}$ 是 MDS 的。假设 $\{\varepsilon_t\}$ 是可观察的，考虑辅助自回归

$$\varepsilon_t = \sum_{j=1}^{p} \alpha_j \varepsilon_{t-j} + v_t, \quad t = p+1, \cdots, n$$

（1）为 $\{\varepsilon_t\}$ 是 MDS 的原假设构造一个渐近有效的检验统计量。请给出具体的解释。

（2）可以使用 $n\tilde{R}_{uc}^2$ 作为检验统计量吗？请给出具体的解释。

解答:

（1）在辅助自回归下，检验 $\{\varepsilon_t\}$ 是 MDS 的零假设，即 H_0：$\alpha = 0$，其中 $\alpha = (\alpha_1, \cdots, \alpha_p)'$。

令 $\hat{\alpha}$ 表示 α 的 OLS 估计量。于是有

$$\sqrt{n}(\hat{\alpha}-\alpha) \xrightarrow{\mathrm{d}} N(\mathbf{0}, \boldsymbol{Q}_1^{-1}\boldsymbol{V}_1\boldsymbol{Q}_1^{-1})$$

其中 $\boldsymbol{Q}_1 = E(\tilde{\epsilon}_t\tilde{\epsilon}_t')$，$\boldsymbol{V}_1 = E(\tilde{\epsilon}_t\tilde{\epsilon}_t' v_t^2)$ 以及 $\tilde{\epsilon}_t = \{\epsilon_{t-1}, \epsilon_{t-2}, \cdots, \epsilon_{t-p}\}'$。

由于已知 $\frac{1}{n}\sum_{t=1}^{n}\tilde{\epsilon}_t\tilde{\epsilon}_t' \xrightarrow{p} \boldsymbol{Q}_1$ 与 $\frac{1}{n}\sum_{t=1}^{n}\tilde{\epsilon}_t\tilde{\epsilon}_t' v_t^2 \xrightarrow{p} \boldsymbol{V}_1$，可以在 H_0 下构造一个渐近有效的检验统计量

$$W = n\hat{\alpha}'(\boldsymbol{Q}_1^{-1}\boldsymbol{V}_1\boldsymbol{Q}_1^{-1})^{-1}\hat{\alpha}$$

它有如下性质：在 H_0 下，有 $W \xrightarrow{\mathrm{d}} X_p^2$。

（2）$n\tilde{R}_{uc}^2$ 可以被用作检验统计量需要满足 $E(v_t^2|\epsilon_{t-1}, \cdots, \epsilon_{t-p}) = \sigma_v^2$，这可以由在 H_0 下 $E(\epsilon_t^2|I_{t-1}) = \sigma_\epsilon^2$ 成立推导出。

习题 5.20

在习题 5.19 中（注意，此处与习题 5.18 不同）$\{\varepsilon_t\}$ 是可观察到的假设是不现实的。在实践中，必须使用估计的 OLS 残 e_t 来代替 ε_t。在习题 5.19 第（1）部分的 MDS 零假设下，请说明用 e_t 替换 ε_t 是否会影响检验统计量的渐近分布，并给出具体的解释。（提示：您需要分别考虑静态和动态回归模型。）

解答:

本题的解法，其基本思路仍然与 5.18 相同，可参考 5.13（2）。

习题 5.21

假设 ε_t 服从一个 ARCH（1）过程

$$\begin{aligned}
\varepsilon_t &= z_t\sigma_t \\
\sigma_t^2 &= \alpha_0 + \alpha_1\varepsilon_{t-1}^2, \quad \alpha_0 > 0,\ 0 < \alpha_1 < 1 \\
\{z_t\} &\sim \mathrm{IID}\, N(0,1)
\end{aligned}$$

（1）证明：$E(\varepsilon_t|I_{t-1}) = 0$，$\mathrm{cov}(\varepsilon_t, \varepsilon_{t-j}) = 0$，$j > 0$，其中 I_{t-1} 是由 $\{\varepsilon_{t-1}, \varepsilon_{t-2}, \cdots\}$ 生成的 σ-域。

（2）证明：$\mathrm{corr}(\varepsilon_t^2, \varepsilon_{t-1}^2) = \alpha_1$。

（3）证明：当 $0 < \alpha_1 < \frac{1}{\sqrt{3}}$ 时，ε_t 的峰度为 $K = \frac{E(\varepsilon_t^4)}{[E(\varepsilon_t^2)]^2} = \frac{3(1-\alpha_1^2)}{1-3\alpha_1^2} > 3$。

解答：

方法 1：（1）

$$\begin{aligned}E(\varepsilon_t \mid I_{t-1}) &= E(z_t\sigma_t \mid I_{t-1}) \\ &= E(z_t\sqrt{\alpha_0+\alpha_1\varepsilon_{t-1}^2} \mid I_{t-1}) \\ &= E(z_t)E(\sqrt{\alpha_0+\alpha_1\varepsilon_{t-1}^2} \mid I_{t-1}) \\ &= 0\end{aligned}$$

$E(\varepsilon_t \mid I_{t-1})$ 表明对于所有的 t，有 $E(\varepsilon_t)=0$。因此有 $\text{cov}(\varepsilon_t,\varepsilon_{t-j})=E(\varepsilon_t\varepsilon_{t-j})$ 以及

$$\begin{aligned}E(\varepsilon_t\varepsilon_{t-j}) &= E\left[E(\varepsilon_t\varepsilon_{t-j} \mid I_{t-1})\right] \\ &= E\left[\varepsilon_{t-j}E(\varepsilon_t \mid I_{t-1})\right] \\ &= 0\end{aligned}$$

（2）为了求 $\text{corr}(\varepsilon_t^2,\varepsilon_{t-1}^2)$，先计算 $\text{cov}(\varepsilon_t^2,\varepsilon_{t-1}^2)$：

$$\begin{aligned}\text{cov}(\varepsilon_t^2,\varepsilon_{t-1}^2) &= E(\varepsilon_t^2\varepsilon_{t-1}^2)-E(\varepsilon_t^2)E(\varepsilon_{t-1}^2) \\ &= E[z_t^2(\alpha_0+\alpha_1\varepsilon_{t-1}^2)\varepsilon_{t-1}^2]-E[z_t^2(\alpha_0+\alpha_1\varepsilon_{t-1}^2)]E(\varepsilon_{t-1}^2) \\ &= \alpha_0E(z_t^2)E(\varepsilon_{t-1}^2)+\alpha_1E(z_t^2)E(\varepsilon_{t-1}^4)- \\ &\quad \alpha_0E(z_t^2)E(\varepsilon_{t-1}^2)-\alpha_1E(z_t^2)E(\varepsilon_{t-1}^2)^2 \\ &= \alpha_1\,\text{var}(\varepsilon_{t-1}^2)\end{aligned}$$

接着来证明 $\text{var}(\varepsilon_t^2)=\text{var}(\varepsilon_{t-1}^2)$。首先证明 $E(\varepsilon_t^2)$ 是时间不变的：

$$\begin{aligned}\varepsilon_t^2 &= z_t^2\sigma_t^2 \\ &= z_t^2(\alpha_0+\alpha_1\varepsilon_{t-1}^2) \\ &= \alpha_0z_t^2+\alpha_1z_t^2\varepsilon_{t-1}^2 \\ &= \alpha_0z_t^2+\alpha_1z_t^2(L\varepsilon_t^2)\end{aligned}$$

其中 L 是滞后算子，即 $L\varepsilon_t^2=\varepsilon_{t-1}^2$。于是有

$$(1-\alpha_1z_t^2L)\varepsilon_t^2=\alpha_0z_t^2$$

$$\varepsilon_t^2=\frac{\alpha_0z_t^2}{1-\alpha_1z_t^2L}$$

$$\varepsilon_t^2=\alpha_0\sum_{j=0}^{\infty}(\alpha_1z_t^2L)^jz_t^2$$

$$\varepsilon_t^2 = \alpha_0(z_t^2 + \alpha_1 z_t^2 L + \alpha_1^2 z_t^2 L z_t^2 L + \alpha_1^3 z_t^2 L z_t^2 L z_t^2 L + \cdots .)z_t^2$$

$$\varepsilon_t^2 = \alpha_0(\sum_{j=0}^{\infty} \alpha_1^j \prod_{l=0}^{j} z_{t-l}^2)$$

$$E(\varepsilon_t^2) = \alpha_0 \sum_{j=0}^{\infty} \alpha_1^j E\left(\prod_{l=0}^{j} z_{t-l}^2\right) = \alpha_0 \sum_{j=0}^{\infty} \alpha_1^j = \frac{\alpha_0}{1-\alpha_1}$$

其中我们使用了 $E\left|\alpha_1 Z_t^2\right| < 1$ 且 z_t 是 IID $N(0,1)$ 的。或者可以使用以下方法计算：

$$\begin{aligned}
\varepsilon_t^2 &= z_t^2(\alpha_0 + \alpha_1 \varepsilon_{t-1}^2) \\
&= \alpha_0 z_t^2 + \alpha_1 z_t^2 \varepsilon_{t-1}^2 \\
&= \alpha_0 z_t^2 + \alpha_1 z_t^2 [z_{t-1}^2(\alpha_0 + \alpha_1 \varepsilon_{t-2}^2)] \\
&= \alpha_0 z_t^2 + \alpha_0 \alpha_1 z_t^2 z_{t-1}^2 + \alpha_1^2 z_t^2 z_{t-1}^2 \varepsilon_{t-2}^2 \\
&= \alpha_0 z_t^2 + \alpha_0 \alpha_1 z_t^2 z_{t-1}^2 + \alpha_1^2 z_t^2 z_{t-1}^2 z_{t-2}^2(\alpha_0 + \alpha_1 \varepsilon_{t-3}^2)] \\
&= \alpha_0 z_t^2 + \alpha_0 \alpha_1 z_t^2 z_{t-1}^2 + \alpha_0 \alpha_1^2 z_t^2 z_{t-1}^2 z_{t-2}^2 + \alpha_1^3 z_t^2 z_{t-1}^2 z_{t-2}^2 \varepsilon_{t-3}^2 \\
&= \cdots \\
&= \alpha_0\left(\sum_{j=0}^{\infty} \alpha_1^j \prod_{k=0}^{j} z_{t-k}^2\right)
\end{aligned}$$

因此，

$$E(\varepsilon_t^2) = \alpha_0 \left[\sum_{j=0}^{\infty} \alpha_1^j \prod_{k=0}^{j} E(z_{t-k}^2)\right] = \alpha_0\left(\sum_{j=0}^{\infty} \alpha_1^j\right) = \frac{\alpha_0}{1-\alpha_1}$$

紧接着计算 $E(\varepsilon_t^4)$：

$$\begin{aligned}
\varepsilon_t^4 &= z_t^4(\alpha_0^2 + \alpha_1^2 \varepsilon_{t-1}^4 + 2\alpha_0 \alpha_1 \varepsilon_{t-1}^2) \\
&= z_t^4 \alpha_0^2 + z_t^4 \alpha_1^2 (L\varepsilon_t^4) + 2\alpha_0 \alpha_1 z_t^4 \varepsilon_{t-1}^2 \\
(1 - \alpha_1^2 z_t^4 L)\varepsilon_t^4 &= \alpha_0^2 z_t^4 + 2\alpha_0 \alpha_1 z_t^4 \varepsilon_{t-1}^2 \\
\varepsilon_t^4 &= \frac{\alpha_0^2 z_t^4}{1 - \alpha_1^2 z_t^4 L} + \frac{2\alpha_0 \alpha_1 z_t^4 \varepsilon_{t-1}^2}{1 - \alpha_1^2 z_t^4 L} \\
\varepsilon_t^4 &= \alpha_0^2 \sum_{j=0}^{\infty} (\alpha_1^2 z_t^4 L)^j z_t^4 + 2\alpha_0 \alpha_1 \sum_{j=0}^{\infty} (\alpha_1^2 z_t^4 L)^j z_t^4 \varepsilon_{t-1}^2 \\
\varepsilon_t^4 &= \alpha_0^2 (1 + \alpha_1^2 z_t^4 L + \alpha_1^4 z_t^4 L z_t^4 L + \cdots) z_t^4 + \\
&\quad 2\alpha_0 \alpha_1 (1 + \alpha_1^2 z_t^4 L + \alpha_1^4 z_t^4 L z_t^4 L + \cdots) z_t^4 \varepsilon_{t-1}^2
\end{aligned}$$

$$\varepsilon_t^4=\alpha_0^2\sum_{j=0}^{\infty}\alpha_1^{2j}\prod_{l=0}^{j}z_{t-l}^4+2\alpha_0\alpha_1\sum_{j=0}^{\infty}\alpha_1^{2j}\left(\prod_{l=0}^{j}z_{t-l}^4\right)\varepsilon_{t-1-j}^2$$

我们知道 $E(\varepsilon_t^2)=\dfrac{\alpha_0}{1-\alpha_1}$ 是时间不变的，因此有：

$$\begin{aligned}E(\varepsilon_t^4)&=\alpha_0^2\sum_{j=0}^{\infty}\alpha_1^{2j}E\left(\prod_{l=0}^{j}z_{t-l}^4\right)+2\alpha_0\alpha_1\sum_{j=0}^{\infty}\alpha_1^{2j}E\left(\prod_{l=0}^{j}z_{t-l}^4\right)E(\varepsilon_{t-1-j}^2)\\&=3\alpha_0^2\sum_{j=0}^{\infty}\alpha_1^{2j}3^j+6\alpha_0\alpha_1\sum_{j=0}^{\infty}\alpha_1^{2j}3^j\frac{\alpha_0}{1-\alpha_1}\\&=3\alpha_0^2\sum_{j=0}^{\infty}(3\alpha_1^2)^j+\frac{6\alpha_0^2\alpha_1}{1-\alpha_1}\sum_{j=0}^{\infty}(3\alpha_1^2)^j\\&=3\alpha_0^2\frac{1}{1-3\alpha_1^2}+\frac{6\alpha_0^2\alpha_1}{1-\alpha_1}\frac{1}{1-3\alpha_1^2}\\&=\frac{3\alpha_0^2}{1-3\alpha_1^2}+\frac{6\alpha_0^2\alpha_1}{(1-\alpha_1)(1-3\alpha_1^2)}\end{aligned}$$

这样已经证明了 $E(\varepsilon_t^4)$ 是时间不变的。因此可以得到：

$$\operatorname{var}(\varepsilon_t^2)=\operatorname{var}(\varepsilon_{t-1}^2)$$

得到最后的结果如下：

$$\begin{aligned}\operatorname{corr}(\varepsilon_t^2,\varepsilon_{t-1}^2)&=\frac{\operatorname{cov}(\varepsilon_t^2,\varepsilon_{t-1}^2)}{\sqrt{\operatorname{var}(\varepsilon_t^2)\operatorname{var}(\varepsilon_{t-1}^2)}}\\&=\frac{\alpha_1\operatorname{var}(\varepsilon_{t-1}^2)}{\sqrt{\operatorname{var}(\varepsilon_{t-1}^2)\operatorname{var}(\varepsilon_{t-1}^2)}}\\&=\alpha_1\end{aligned}$$

（3）在 $0<\alpha_1<\dfrac{1}{\sqrt{3}}$ 情况下，代入（2）中计算得到的 $E(\varepsilon_t^4)$ 与 $E(\varepsilon_t^2)$，有：

$$\begin{aligned}K&=\frac{E(\varepsilon_t^4)}{\left[E(\varepsilon_t^2)\right]^2}\\&=\left[\frac{3\alpha_0^2}{1-3\alpha_1^2}+\frac{6\alpha_0^2\alpha_1}{(1-\alpha_1)(1-3\alpha_1^2)}\right]\times\frac{(1-\alpha_1)^2}{\alpha_0^2}\\&=\frac{3\alpha_0^2+3\alpha_0^2\alpha_1}{(1-\alpha_1)(1-3\alpha_1^2)}\times\frac{(1-\alpha_1)^2}{\alpha_0^2}=\frac{3(1-\alpha_1^2)}{1-3\alpha_1^2}>3\end{aligned}$$

方法 2：

我们提供了另一种等效解决此题的方法供参考。

将 ARCH 模型视作动态模型的一个特例。令 $X_t \equiv \varepsilon_t^2$ 和 $u_t \equiv z_t^2$。已知 $z_t \sim \text{IID}\, N(0,1)$，有 u_t 是 IID，并遵循 χ_1^2 分布。同时对所有的 $t \neq s$，有

$$E(u_t) = 1, \quad \text{var}(u_t) = 2, \quad E(u_t^2) = 3, \quad \text{cov}(u_t, u_s) = 0$$

原有 ARCH 模型相当于如下的动态过程：

$$X_t = \alpha_0 u_t + \alpha_1 u_t X_{t-1} = \sum_{n=0}^{\infty} \alpha_1^n \alpha_0 u_t \cdots u_{t-n} = \sum_{n=0}^{\infty} \alpha_0 \alpha_1^n \prod_{k=0}^{n} u_{t-k}$$

应用独立性的性质和 $E(u_t) = 1$，有

$$E(\varepsilon_t^2) = E(X_t) = \alpha_0 \sum_{n=0}^{\infty} \alpha_1^n \left[E(u_t)\right]^{n+1} = \frac{\alpha_0}{1-\alpha_1}$$

接下来计算 ε_t 的四阶矩，这等价于计算 X_t 的二阶矩，如下所示：

$$\begin{aligned} E(\varepsilon_t^4) \equiv E(X_t^2) &= E\left(\sum_{n=0}^{\infty} \alpha_0 \alpha_1^n u_t \cdots u_{t-n}\right)^2 \\ &= \sum_{n=0}^{\infty} \alpha_0^2 \alpha_1^{2n} E(u_t^2 \cdots u_{t-n}^2) + 2 \sum_{0 \leqslant i < j}^{\infty} \alpha_0^2 \alpha_1^{i+j} E\left(\prod_{l=0}^{i} u_{t-l} \prod_{k=0}^{j} u_{t-k}\right) \end{aligned}$$

已知 u_t 是 IID，因此

$$E(\varepsilon_t^4) = \alpha_0^2 \sum_{n=0}^{\infty} \alpha_1^{2n} [E(u_t^2)]^{n+1} + 2 \sum_{0 \leqslant i < j}^{\infty} \alpha_0^2 \alpha_1^{i+j} E\left[\left(\prod_{l=0}^{i} u_{t-l}\right)^2 \prod_{k=i+1}^{j} u_{t-k}\right]$$

使用 $E(u_t^2) = 3, E(u_t) = 1$，以及迭代期望定律有

$$\begin{aligned} E(\varepsilon_t^4) &= 3\alpha_0^2 \sum_{n=0}^{\infty} (3\alpha_1^2)^n + 2\alpha_0^2 \sum_{j=1}^{\infty} \sum_{i=0}^{j-1} \alpha_1^{i+j} E\left[\prod_{k=i+1}^{j} u_{t-k} E\left(\prod_{l=0}^{i} u_{t-l}^2 \mid I_{i-1}\right)\right] \\ &= \frac{3\alpha_0^2}{1-3\alpha_1^2} + 2\alpha_0^2 \sum_{j=1}^{\infty} \alpha_1^{j-1} \sum_{i=0}^{j-1} \alpha_1^{i+1} 3^{i+1} \\ &= \frac{3\alpha_0^2}{1-3\alpha_1^2} + 2\alpha_0^2 \sum_{j=1}^{\infty} \alpha_1^{j-1} \frac{3\alpha_1\left[1-(3\alpha_1)^j\right]}{1-3\alpha_1} \end{aligned}$$

$$= \frac{3\alpha_0^2}{1-3\alpha_1^2} + \frac{6\alpha_0^2\alpha_1}{1-3\alpha_1}\sum_{j=1}^{\infty}\left[\alpha_1^{j-1} - \frac{1}{\alpha_1}(3\alpha_1^2)^j\right]$$

$$= \frac{3\alpha_0^2}{1-3\alpha_1^2} + \frac{6\alpha_0^2}{1-3\alpha_1}\left(\frac{\alpha_1}{1-\alpha_1} - \frac{3\alpha_1^2}{1-3\alpha_1^2}\right)$$

$$= \frac{3\alpha_0^2}{1-3\alpha_1^2} + \frac{6\alpha_0^2\alpha_1}{(1-3\alpha_1^2)(1-\alpha_1)}$$

在 $0 < \alpha_1 < \frac{1}{\sqrt{3}}$ 的情况下把以上结果代入 K 的函数形式，有

$$K = \frac{E(\varepsilon_t^4)}{\left[E(\varepsilon_t^2)\right]^2}$$

$$= \left[\frac{3\alpha_0^2}{1-3\alpha_1^2} + \frac{6\alpha_0^2\alpha_1}{(1-\alpha_1)(1-3\alpha_1^2)}\right] \times \frac{(1-\alpha_1)^2}{\alpha_0^2}$$

$$= \frac{3(1-\alpha_1^2)}{1-3\alpha_1^2} > 3$$

习题 5.22

假设遍历平稳时间序列的线性回归模型为

$$Y_t = X_t'\beta^o + \varepsilon_t$$

$$\varepsilon_t = \sigma_t z_t$$

$$\sigma_t^2 = \alpha_0 + \alpha_1\varepsilon_{t-1}^2, \quad \alpha_0 > 0,\ 0 < \alpha_1 < 1$$

$$\{z_t\} \sim \text{IID}\, N(0,1)$$

其中，时间序列 $\{X_t\}$ 和 $\{\varepsilon_t\}$ 是相互独立的。

（1）OLS 估计量 $\hat{\beta}$ 是否是 β^o 的一致估计？请给出具体的解释。

（2）估计量 $s^2\hat{Q}$ 是否是渐近方差 $\text{avar}(\sqrt{n}\hat{\beta})$ 的一致估计？ARCH 效应是否会影响 OLS 估计量的渐近方差的结构？请给出具体的解释。

解答:

（1）OLS 估计量

$$\hat{\beta} = \left(\sum_{t=1}^{n} X_tX_t'\right)^{-1} X_tY_t$$

$$= \beta^o + \left(n^{-1}\sum_{t=1}^{n} X_tX_t'\right)^{-1} n^{-1}\sum_{t=1}^{n} X_t\varepsilon_t$$

由假设 5.1 ~ 5.5 与平稳遍历随机样本的弱大数律可以得到

$$n^{-1}\sum_{t=1}^{n} X_t X_t' \xrightarrow{p} \boldsymbol{Q} \equiv E(X_t X_t')$$

$$n^{-1} X_t \varepsilon_t \xrightarrow{p} 0$$

因此，$\hat{\beta} \xrightarrow{p} \beta^o$，即 OLS 估计量 $\hat{\beta}$ 是 β^o 的一致估计。

（2）根据定理 5.5，$\text{avar}(\sqrt{n}\hat{\beta}) = \boldsymbol{Q}^{-1}\boldsymbol{V}\boldsymbol{Q}^{-1}$，其中

$$\begin{aligned}\boldsymbol{V} &= E(X_t X_t' \varepsilon_t^2) \\ &= E(X_t X_t')E(\varepsilon_t^2) \quad (X_t \text{ 与 } \varepsilon_t \text{ 相互独立}) \\ &= \boldsymbol{Q}E(\varepsilon_t^2) \\ &= \sigma^2 \boldsymbol{Q} \quad (\text{假设 } 5.3)\end{aligned}$$

由引理 5.7 和定理 5.8 可知 $\hat{\boldsymbol{Q}} \xrightarrow{p} \boldsymbol{Q}$ 和 $s^2 \xrightarrow{p} \sigma^2$。于是有

$$s^2 \hat{\boldsymbol{Q}}^{-1} \xrightarrow{p} \text{avar}(\sqrt{n}\beta)$$

因此，ARCH 不影响 OLS 估计量的渐近方差的结构。在 ARCH(1) 扰动下，OLS 估计量仍然是 BLUE。

习题 5.23

假设线性时间序列回归模型

$$Y_t = X_t'\beta^o + \varepsilon_t$$

的随机扰动项 $\{\varepsilon_t\}$ 是直接可观测的。假定假设 5.1 ~ 5.5 成立。这个模型分别包括静态和动态回归模型两种情形。假设 $\{\varepsilon_t\}$ 存在 q 阶自回归条件异方差 ARCH(q)，即

$$E(\varepsilon_t^2 | I_{t-1}) = \alpha_0 + \sum_{j=1}^{q} \alpha_j \varepsilon_{t-j}^2$$

其中 I_{t-1} 是由 $\{\varepsilon_{t-1}, \varepsilon_{t-2}, \cdots\}$ 生成的 σ-域，是否必须使用 $\boldsymbol{Q}^{-1}\boldsymbol{V}\boldsymbol{Q}^{-1}$ 作为 $\text{avar}(\sqrt{n}\hat{\beta})$ 的渐近方差公式？请给出具体的解释。（提示：分别考虑静态和动态回归模型。）

解答:

情况 1：假设 $Y_t = X_t'\beta^o + \varepsilon_t$ 是一个静态时间序列模型，$\{X_t\}$ 和 $\{\varepsilon_t\}$ 相互独立，$\{\varepsilon_t\}$ 存在 ARCH 效应，即：

$$E(\varepsilon_t^2 \mid I_{t-1}) = \alpha_0 + \sum_{j=1}^{q} \alpha_j \varepsilon_{t-j}^2$$

其中 I_{t-1} 是由 $\{\varepsilon_{t-1}, \varepsilon_{t-2}, \cdots\}$ 构成的 $\sigma-$ 域，那么有

$$\operatorname{var}(\varepsilon_t \mid X_t) = \operatorname{var}(\varepsilon_t) = \sigma^2$$

因此假设 5.6 仍然成立，仍然可以得到 $\operatorname{avar}(\sqrt{n}\hat{\beta}) = \sigma^2 \boldsymbol{Q}^{-1}$。

情况 2：假设 $Y_t = X_t'\beta^o + \varepsilon_t$ 是一个动态时间序列回归模型，其中 X_t 包含一些滞后因变量 (比如 Y_{t-1})，并且 $\{\varepsilon_t\}$ 存在 ARCH 效应。那么在比如 Y_{t-1} 与 $\{\varepsilon_{t-j}^2, j = 1, \cdots, p\}$ 不互相独立的情况下，有 $E(\varepsilon_t^2 \mid X_t) \neq E(\varepsilon_t^2) = \sigma^2$，这样假设 5.6 就不成立。在这种情况下，必须使用 $\operatorname{avar}(\sqrt{n}\hat{\beta}) = \boldsymbol{Q}^{-1}\boldsymbol{V}\boldsymbol{Q}^{-1}$。

习题 5.24

假设线性时间序列回归模型

$$Y_t = X_t'\beta^o + \varepsilon_t$$

的随机扰动项 ε_t 是直接可观测的。假定假设 5.1 ~ 5.5 成立，且时间序列 $\{X_t\}$ 和 $\{\varepsilon_t\}$ 是相互独立的，但是 $\{\varepsilon_t\}$ 存在 q 阶自回归条件异方差 ARCH(q)，即

$$E(\varepsilon_t^2 | I_{t-1}) = \alpha_0 + \sum_{j=1}^{q} \alpha_j \varepsilon_{t-j}^2$$

其中 I_{t-1} 由是 $\{\varepsilon_{t-1}, \varepsilon_{t-2}, \cdots\}$ 生成的 σ-域。给出渐近方差 $\operatorname{avar}(\sqrt{n}\hat{\beta})$ 的表达形式，其中 $\hat{\beta}$ 是 OLS 估计量。

解答:

$$\hat{\beta} = \beta^o + \left(n^{-1}\sum_{t=1}^{n} X_t X_t'\right)^{-1}\left(n^{-1}\sum_{t=1}^{n} X_t \varepsilon_t\right)$$

$$\Rightarrow \sqrt{n}(\hat{\beta} - \beta^o) = \left(n^{-1}\sum_{t=1}^{n} X_t X_t'\right)^{-1}\left(n^{-\frac{1}{2}}\sum_{t=1}^{n} X_t \varepsilon_t\right)$$

引理 5.7 表明 $n^{-1}\sum_{t=1}^{n} X_t X_t' \xrightarrow{p} \boldsymbol{Q}$，随后根据定理 5.5，$\operatorname{avar}(\sqrt{n}\hat{\beta}) = \boldsymbol{Q}^{-1}\boldsymbol{V}\boldsymbol{Q}^{-1}$，其中 $V = E(X_t X_t' \varepsilon_t^2)$。由于 $\{X_t\}$ 与 $\{\varepsilon_t\}$ 相互独立，

$$\boldsymbol{V} = E(X_t X_t')E(\varepsilon_t^2) = \sigma^2 \boldsymbol{Q}$$

$$E(\varepsilon_t^2) = E[E(\varepsilon_t^2 \mid I_{t-1})]$$

$$= \alpha_0 + \sum_{j=1}^{q} \alpha_j E(\varepsilon_{t-j}^2)$$

$$\Leftrightarrow \sigma^2 = \alpha_0 + \sigma^2 \sum_{j=1}^{q} \alpha_j$$

$$\Rightarrow \sigma^2 = \frac{\alpha_0}{1 - \sum_{j=1}^{q} \alpha_j}$$

又因为 $\{X_t \varepsilon_t\}$ 是平稳遍历的鞅差分序列，因此

$$\begin{aligned} \operatorname{var}(X_t \varepsilon_t) &= E(X_t X_t' \varepsilon_t^2) \\ &= E(X_t X_t') E(\varepsilon_t^2) \\ &= \sigma^2 \boldsymbol{Q} \end{aligned}$$

因此

$$n^{-\frac{1}{2}} \sum_{t=1}^{n} X_t \varepsilon_t \xrightarrow{\text{d}} N(\mathbf{0}, \sigma^2 \boldsymbol{Q})$$

根据 Slutsky 定理，有

$$\sqrt{n}(\hat{\beta} - \beta^o) \xrightarrow{\text{d}} N(\mathbf{0}, \sigma^2 \boldsymbol{Q}^{-1})$$

因此 $\operatorname{avar}(\sqrt{n}\hat{\beta}) = \sigma^2 \boldsymbol{Q}^{-1}$，其中 $\sigma^2 = \dfrac{\alpha_0}{1 - \sum_{j=1}^{q} \alpha_j}$。

习题 5.25

假设动态线性时间序列回归模型

$$Y_t = \beta_0^o + \beta_1^o Y_{t-1} + \varepsilon_t = X_t' \beta^o + \varepsilon_t$$

满足假设 5.1 ~ 5.5。同时假设 $\{\varepsilon_t\}$ 存在一阶自回归条件异方差 ARCH(1)，即

$$E(\varepsilon_t^2 | I_{t-1}) = \alpha_0 + \alpha_1 Y_{t-1}^2$$

给出渐近方差 $\operatorname{avar}(\sqrt{n}\hat{\beta})$ 的表达形式，其中 $\hat{\beta}$ 是 OLS 估计量。

解答：

假设动态时间序列线性回归模型

$$Y_t = \beta_0^o + \beta_1^o Y_{t-1} + \varepsilon_t = X_t' \beta^o + \varepsilon_t$$

满足假设 5.1 ~ 5.5。由于 $\{\varepsilon_t\}$ 存在 ARCH 效应，因此有

$$\begin{aligned} E(\varepsilon_t^2 \mid X_t) &= E[E(\varepsilon_t^2 \mid Y_{t-1}) \mid I_{t-1}] \\ &= \alpha_0 + \alpha_1 Y_{t-1}^2 \\ &\neq \sigma^2 \end{aligned}$$

从上面的不等式我们知道假设 5.6 不成立。因此需要使用 $\text{avar}(\sqrt{n}\hat{\beta}) = \boldsymbol{Q}^{-1}\boldsymbol{V}\boldsymbol{Q}^{-1}$，其中

$$\begin{aligned} \boldsymbol{V} &= E(X_t X_t' \varepsilon_t^2) \\ &= E\left[X_t X_t' E(\varepsilon_t^2 \mid I_{t-1})\right] \\ &= E\left[X_t X_t'(\alpha_0 + \alpha_1 Y_{t-1}^2)\right] \\ &= \alpha_0 \begin{bmatrix} 1 & E(Y_{t-1}) \\ E(Y_{t-1}) & E(Y_{t-1}^2) \end{bmatrix} + \alpha_1 \begin{bmatrix} E(Y_{t-1}^2) & E(Y_{t-1}^3) \\ E(Y_{t-1}^3) & E(Y_{t-1}^4) \end{bmatrix} \end{aligned}$$

习题 5.26

假设一个时间序列线性回归模型

$$Y_t = X_t'\beta^o + \varepsilon_t$$

满足假设 5.1 到 5.5 以及假设 5.7。

我们有兴趣检验自回归条件同方差原假设 H_0：$E(\varepsilon_t^2 \mid I_{t-1}) = \sigma^2$，其中 $I_{t-1} = \{\varepsilon_{t-1}, \varepsilon_{t-2}, \cdots\}$。为此，我们假设

$$\varepsilon_t = \sigma_t z_t, \quad \{z_t\} \sim \text{IID}\,(0, q_z^2)$$

其中 $E(z_t^4) < \infty$。考虑一个 ARCH(q) 辅助模型

$$\varepsilon_t^2 = \alpha_0 + \sum_{j=1}^{q} \alpha_j \varepsilon_{t-j}^2 + v_t, \quad t = q+1, \cdots, n$$

其中 $E(v_t) = 0$。在 H_0 下，辅助 ARCH(q) 模型中的所有斜率系数应联合为零。

（1）证明：在 H_0 下，$E(v_t \mid I_{t-1}) = 0$ 以及 $E(v_t^2 \mid I_{t-1}) = \mu_4$。

（2）假设 ε_t 是可观察的，令 $\tilde{R}^2$ 为辅助 ARCH(q) 回归中的决定系数，证明：在 H_0 下，当 $n \to \infty$ 时，$n\tilde{R}^2 \xrightarrow{\text{d}} \chi_q^2 n$。

（3）ε_t 可观察的假设是不现实的。在实践中，必须使用 e_t 来替换辅助 ARCH(q) 回归中的 ε_t。令 R^2 为辅助 ARCH(q) 回归中的决定系数。证明：在 H_0 下，当 $n \to \infty$ 时 $nR^2 \xrightarrow{\text{d}} \chi_q^2 n$，即意味着用 e_t 替换的 ε_t 不会影响检验统计量的渐近分布。

解答:

（1）首先有

$$E(v_t|I_{t-1}) = E\left[\left(\varepsilon_t^2 - \alpha_0 - \sum_{j=1}^{q}\alpha_j\right)\varepsilon_{t-j}^2|I_{t-1}\right] = E(\varepsilon_t^2|I_{t-1}) - \alpha_0 - \sum_{j=1}^{q}\alpha_j\varepsilon_{t-j}^2$$

在 H_0 下，有 $\{\alpha_j\}_{j=1}^q = 0$，因此

$$E(v_t|I_{t-1}) = \sigma^2 - \alpha_0$$

进一步，在 H_0 下可以得到

$$E(\varepsilon_t^2) = \alpha_0 + E(v_t) = \alpha_0$$

而由另一种方法有

$$E(\varepsilon_t^2) = E[E(\varepsilon_t^2|I_{t-1})] = \sigma^2$$

因此可以得到

$$E(v_t|I_{t-1}) = \sigma^2 - \alpha_0 = 0$$

与之类似，在 H_0 下可知

$$\begin{aligned} E(v_t^2|I_{t-1}) &= E[(\varepsilon_t^2 - \alpha_0)^2|I_{t-1}] \\ &= E\{[\varepsilon_t^2 - E(\varepsilon_t^2|I_{t-1})]^2|I_{t-1}\} \\ &= \mu_4 \end{aligned}$$

（2）本题解法与 5.17（2）一致。

（3）考虑一个辅助 ARCH(q) 回归

$$e_t^2 = \alpha_0 + \sum_{j=1}^{q} e_{t-j}^2 + v_t, t = q+1, \cdots, n$$

其中

$$\begin{aligned} e_t^2 &= (Y_t - X_t'\hat{\beta})^2 \\ &= [\varepsilon_t - X_t'(\hat{\beta} - \beta^o)]^2 \\ &= \varepsilon_t^2 + (\hat{\beta} - \beta^o)'X_tX_t'(\hat{\beta} - \beta^o) - 2(\hat{\beta} - \beta^o)'X_t\varepsilon_t \end{aligned}$$

后续解法与 5.13（2）中一致。

第六章

具有条件异方差和自相关扰动项的线性回归模型

重要概念

本章涉及的重要概念包括：

（1）**长期方差—协方差矩阵（long-run variance-covariance matrix）**。参见假设 6.5。假设 6.1 ~ 6.4 与第五章的假设相同，假设 6.5 是一个新条件。假设 6.5（1）允许 $\{\varepsilon_t\}$ 存在未知形式的条件异方差和自相关，且没有假设$\{\varepsilon_t\}$ 服从条件正态分布。第六章中亦没有假设 $\{X_t\varepsilon_t\}$ 是一个鞅差分序列，尽管由模型正确设定条件 $E(\varepsilon_t|X_t)=\mathbf{0}$ 和重复期望法则可推出 $E(X_t\varepsilon_t)=\mathbf{0}$，但在时间序列条件下，$E(\varepsilon_t|X_t)=0$ 不一定表示 $\{X_t\varepsilon_t\}$ 就是一个鞅差分序列。假设 6.5（2）与（3）表明，当滞后阶数 $j\to\infty$ 时，$X_t\varepsilon_t$ 的条件均值及 $X_t\varepsilon_t$ 对 $X_{t-j}\varepsilon_{t-j}$ 的依赖趋于零。直观上，假设 6.5（3）可看成是 $X_{t-j}\varepsilon_{t-i}$ 对 $X_t\varepsilon_t$ 的条件均值的净效应。当 $j\to\infty$ 时，$E(r_j'r_j)\to 0$ 表示这种净效应将随着时间的推移越来越弱并最终消失。读者需要认真阅读本章前面的几个例子（例 6.1 ~ 6.4），理解本章的动机及其经济学含义。

（2）**谱密度矩阵（spectral density matrix）**。参见定义 6.1。读者需要理解单变量时间序列的谱密度函数与多元变量时间序列的谱密度矩阵之间的联系，进一步理解 $\{X_t\varepsilon_t\}$ 谱密度矩阵和长期方差—协方差矩阵之间的联系 $\left[\boldsymbol{V}=\sum_{j=-\infty}^{\infty}\boldsymbol{\Gamma}(j)=2\pi\boldsymbol{H}(0)\right]$。

（3）**核函数（kernel funcition）**。为了保证长期方差—协方差矩阵估计量 $\hat{V}$ 的半正定性，构造以下加权平均估计量

$$\hat{\boldsymbol{V}}=\sum_{j=-p_n}^{p_n}k(j/p_n)\hat{\boldsymbol{\Gamma}}(j)$$

其中权重函数 $k(\cdot)$ 称为核函数 (kernel funcition)。一个例子是使用 Bartlett 核

$$k(z) = (1 - |z|)\mathbf{1}(|z| \leqslant 1)$$

其中 $\mathbf{1}(\cdot)$ 是指标函数（indicator function），当括号中的条件成立时取 1，不成立时取 0。

（4）**Newey-West 估计量**。在计量经济学中，Newey 和 West（1987）最早用 Bartlett 核函数估计长期方差 V。截断取和方差估计量 $\hat{V}$ 可视为使用截断核 $k(z) = \mathbf{1}(|z| \leqslant 1)$ 对前 p_n 阶滞后项给予相同权重的加权平均。使用 Bartlett 核可以保证 $\hat{V}$ 对所有的样本容量 n 均为半正定矩阵。

（5）**非参数估计**。非参数估计是一种统计方法，其并不假设数据遵循任何特定的概率分布。本章对于长期方差—协方差矩阵的估计包含在非参数估计类别中。

（6）**异方差和自相关一致性方差—协方差矩阵 [heteroskedasticity and autocorrelation consistent (HAC) variance-covariance matrix]**。HAC 是一类用于处理异方差或自相关问题方法的统称，这种方法可以提供一致性的标准误估计。可以说，本章是围绕着 HAC 这一主题进行的。读者需要理解 HAC 的场景及其经济学动机。

（7）**方差比检验（variance ratio test）**。Cochrane（1988）、Poterba 和 Summers（1988）使用方差比检验来检验鞅假设，以及测量宏观时间序列的持续性。其中，Lo 和 MacKinlay（1988）是对 Cochrane（1988）进行拓展，严格推导出在假设资产收益率 $\{Y_t\}$ 是鞅差分序列 (有效市场假说) 条件下方差比检验统计量的渐近分布。记 $\sum_{j=1}^{p} Y_{t-j}$ 为 p 个持有期的累积资产收益率，则鞅差分序列假设意味着 $\gamma(j) \equiv \operatorname{cov}(Y_t, Y_{t+j}) = 0$，$j > 0$。因此，当有效市场假说成立时，有

$$\frac{\operatorname{var}\left(\sum_{j=1}^{p} Y_{t-j}\right)}{p \cdot \operatorname{var}(Y_t)} = \frac{p\gamma(0) + 2p\sum_{j=1}^{p}(1 - j/p)\gamma(j)}{p\gamma(0)} = 1$$

方差比等于 1 这个特征可用于检验鞅差分序列假设，因为任何方差比对 1 的偏离都是拒绝鞅差分序列的证据。方差比检验其实是检验 $\sum_{j=1}^{p}\gamma(j)$ 是否为零。

（8）**科克伦-奥克特法（Cochrane-Orcutt procedure）**。参见 6.8 节。读者需要阅读并理解 Cochrane-Orcutt 方法的假设、步骤以及估计量的性质，同时思考该方法的局限之处。

内容概要

这一章首先介绍了若干需要使用长期方差估计量的经济学例子，然后讨论了如何用非参数核方法一致估计长期方差—协方差矩阵。由于 $\{X_t\varepsilon_t\}$ 不再是鞅差分序列，使用一个新的中心极限定理，考察了 OLS 估计量的渐近统计性质。接着，推导了在具有未知形式的条件异方差和自相关情形下稳健 t 检验和稳健 Wald 检验。当存在未知形式的序列相关时，没有必要 (也没有办法) 区分条件同方差和条件异方差两种情形。当 $\{X_t\varepsilon_t\}$ 是鞅差分序列时，稳健 t 检验和稳健 Wald 检验也可以使用，但在有限样本下，它们通常存在较大第 I 类错误。因此，首先有必要检验是否需要使用长期方差估计量。提出了一个检验方法。还介绍了当回归扰动项服从一个 AR(p) 过程时，可以使用经典 Cochrane-Orcutt 方法以得到简单有效的参数估计。

长期方差在以单位根和协整为核心内容的非平稳时间序列计量经济学中也有着广泛的应用 (Engle and Granger，1986；Phillips，1987)。不幸的是，模拟研究和实证研究中都有发现，回归干扰项表现出了相对持续的序列相关性。即使在大样本中，很多以核函数为基础的长期方差估计量也倾向于低估真实的长期方差。当存在持续的序列相关时，时间序列过程的谱密度函数在频率 0 处展现出尖锐的模型形状。谱密度的核估计量是平滑的局部平均，因此往往会具有很大的负偏差。时间序列文献中提出了不同的方法。例如，提出了一个所谓的自归一化技术，该技术并不试图一致地估计长期方差，而是用一个收敛到长期方差的随机倍数递归统计量替代核长期方差估计量。不论长期方差是什么，得到的检验统计量会是渐近的，但是由于分母中的随机部分，会出现非标准分布。这样一个统计量在有限样本中会具有明显更好的规模，尽管由于非标准渐近分布的相对厚尾特征，它的功效会在一定程度上受到影响。对于自归一化方法，更多讨论参见 Shao (2010)。

习题解析

习题 6.1

给定假设 6.1 ~ 6.3 和 6.5 (1)，证明：

$$\operatorname{avar}\left(n^{-\frac{1}{2}}\sum_{t=1}^{n}X_t\varepsilon_t\right)\equiv\lim_{n\to\infty}\operatorname{var}\left(n^{-\frac{1}{2}}\sum_{t=1}^{n}X_t\varepsilon_t\right)$$
$$=\sum_{j=-\infty}^{\infty}\boldsymbol{\Gamma}(j)$$

解答:

令 $g_t = X_t\varepsilon_t$，有

$$\operatorname{var}\left(n^{-\frac{1}{2}}\sum_{t=1}^{n}X_t\varepsilon_t\right)$$
$$=\operatorname{var}\left(n^{-\frac{1}{2}}\sum_{t=1}^{n}g_t\right)$$
$$=E\left[\left(n^{-\frac{1}{2}}\sum_{t=1}^{n}g_t\right)\left(n^{-\frac{1}{2}}\sum_{t=1}^{n}g_t\right)'\right]$$
$$=n^{-1}\sum_{t=1}^{n}\sum_{s=1}^{n}E(g_tg_s')$$
$$=n^{-1}\sum_{t=1}^{n}E(g_tg_t')+n^{-1}\sum_{t=2}^{n}\sum_{s=1}^{t-1}E(g_tg_t')+n^{-1}\sum_{t=1}^{n-1}\sum_{s=t+1}^{n}E(g_tg_s')$$
$$=n^{-1}\sum_{t=1}^{n}E(g_tg_t')+\sum_{j=1}^{n-1}n^{-1}\sum_{t=j+1}^{n}E(g_tg_{t-j}')+\sum_{j=-(n-1)}^{-1}n^{-1}\sum_{t=1}^{n+j}E(g_tg_{t-j}')$$
$$=\sum_{j=-(n-1)}^{n-1}\left(1-\frac{|j|}{n}\right)\boldsymbol{\Gamma}(j)$$

于是可以得到

$$\operatorname{avar}\left(n^{-\frac{1}{2}}\sum_{t=1}^{n}X_t\varepsilon_t\right)\equiv\lim_{n\to\infty}\operatorname{var}\left(n^{-\frac{1}{2}}\sum_{t=1}^{n}X_t\varepsilon_t\right)$$
$$=\sum_{j=-\infty}^{\infty}\boldsymbol{\Gamma}(j)$$

习题 6.2

假设对于所有的 $j > p_o$，有 $\boldsymbol{\Gamma}(j)=\mathbf{0}$，这里 p_o 是一个固定的正整数。参见本章第一节例 6.2。在这种情形下，长期方差 $\boldsymbol{V}=\sum_{j=-p_o}^{p_o}\boldsymbol{\Gamma}(j)$，且可用以下方差估计量估计

$$\hat{\boldsymbol{V}}=\sum_{j=-p_o}^{p_o}\hat{\boldsymbol{\Gamma}}(j)$$

其中 $\hat{\boldsymbol{\Gamma}}(j)$ 是样本自协方差函数。证明对于任意给定的滞后阶 $j\in\{-p_o,\cdots,p_o\}$，当 $n\to\infty$ 时，$\hat{\boldsymbol{\Gamma}}(j)\xrightarrow{p}\boldsymbol{\Gamma}(j)$。

由于 p_o 是一固定的整数，因此对于给定的 $j\in\{-p_o,\cdots,p_o\}$，$\hat{\boldsymbol{\Gamma}}(j)\xrightarrow{p}\boldsymbol{\Gamma}(j)$ 的一个重要含义是，当 $n\to\infty$ 时，$\hat{\boldsymbol{V}}\xrightarrow{p}\boldsymbol{V}$。

解答:

有 $e_t=\varepsilon_t-X_t'(\hat{\beta}-\beta^o)$ 和 $e_{t-j}=\varepsilon_{t-j}-X_{t-j}'(\hat{\beta}-\beta^o)$。

首先考虑 $j>0$，$j<0$ 的情况类似。注意到，

$$\begin{aligned}
\hat{\boldsymbol{\Gamma}}_j&=\frac{1}{n}\sum_{t=j+1}^{n}X_tX_{t-j}'e_te_{t-j}\\
&=\frac{1}{n}\sum_{t=j+1}^{n}X_tX_{t-j}'[\varepsilon_t-X_t'(\hat{\beta}-\beta^o)][\varepsilon_{t-j}-X_{t-j}'(\hat{\beta}-\beta^o)]\\
&=\frac{1}{n}\sum_{t=j+1}^{n}X_tX_{t-j}[\varepsilon_t\varepsilon_{t-j}-X_t'(\hat{\beta}-\beta^o)\varepsilon_{t-j}-\\
&\quad X_{t-j}'(\hat{\beta}-\beta^o)\varepsilon_t+X_t'(\hat{\beta}-\beta^o)X_{t-j}'(\hat{\beta}-\beta^o)]\\
&=\frac{1}{n}\sum_{t=j+1}^{n}X_tX_{t-j}\varepsilon_t\varepsilon_{t-j}-\frac{1}{n}\sum_{t=j+1}^{n}X_tX_{t-j}X_t'(\hat{\beta}-\beta^o)\varepsilon_{t-j}-\\
&\quad\frac{1}{n}\sum_{t=j+1}^{n}X_tX_{t-j}X_{t-j}'(\hat{\beta}-\beta^o)\varepsilon_t+\frac{1}{n}\sum_{t=j+1}^{n}X_tX_{t-j}X_t'(\hat{\beta}-\beta^o)X_{t-j}'(\hat{\beta}-\beta^o)
\end{aligned}$$

当 $n\to\infty$，通过适当的矩条件，可以证明

$$\frac{1}{n}\sum_{t=j+1}^{n}X_tX_{t-j}\varepsilon_t\varepsilon_{t-j}\xrightarrow{p}E(X_tX_{t-j}\varepsilon_t\varepsilon_{t-j})=\boldsymbol{\Gamma}(j)$$

$$\begin{aligned}
\frac{1}{n}\sum_{t=j+1}^{n}X_tX_{t-j}X_t'(\hat{\beta}-\beta^o)\varepsilon_{t-j}&=\frac{1}{n}\sum_{t=j+1}^{n}X_tX_{t-j}X_t'\varepsilon_{t-j}(\hat{\beta}-\beta^o)\\
&\xrightarrow{p}E(X_tX_{t-j}X_t'\varepsilon_{t-j})\cdot\mathbf{0}=\mathbf{0}\cdot\mathbf{0}=\mathbf{0}
\end{aligned}$$

$$\begin{aligned}
\frac{1}{n}\sum_{t=j+1}^{n}X_tX_{t-j}X_{t-j}'(\hat{\beta}-\beta^o)\varepsilon_t&=\frac{1}{n}\sum_{t=j+1}^{n}X_tX_{t-j}X_{t-j}'\varepsilon_t(\hat{\beta}-\beta^o)\\
&\xrightarrow{p}E(X_tX_{t-j}X_{t-j}'\varepsilon_t)\cdot\mathbf{0}=\mathbf{0}\cdot\mathbf{0}=\mathbf{0}
\end{aligned}$$

$$\frac{1}{n}\sum_{t=j+1}^{n} X_t X_{t-j} X_t'(\hat{\beta}-\beta^o) X_{t-j}'(\hat{\beta}-\beta^o) = \frac{1}{n}\sum_{t=j+1}^{n} X_t X_{t-j} X_t'(\hat{\beta}-\beta^o)(\hat{\beta}-\beta^o)' X_{t-j}$$

$$\xrightarrow{p} 0$$

因此对于任意的 $j>0$，$\hat{\boldsymbol{\Gamma}}_j \xrightarrow{p} \boldsymbol{\Gamma}_j$。类似的，对于任意的 $j<0$，$\hat{\boldsymbol{\Gamma}}_j \xrightarrow{p} \boldsymbol{\Gamma}_j$。

习题 6.3

假设 $\{Y_t\}$ 是一个单变量平稳时间序列，且存在谱密度函数

$$h(\omega) = \frac{1}{2\pi}\sum_{j=-\infty}^{\infty} \gamma(j) \mathrm{e}^{-ij\omega}$$

证明：当 $p\to\infty$ 时，$\operatorname{var}\left(p^{-\frac{1}{2}}\sum_{j=1}^{p} Y_{t+j}\right) \to 2\pi h(0)$。

解答:

令 $g_t = Y_t - E(Y_t)$，与习题 6.1 中类似有

$$\begin{aligned}\operatorname{var}\left(p^{-\frac{1}{2}}\sum_{j=1}^{p} Y_{t-j}\right) &= \operatorname{var}\left(p^{-\frac{1}{2}}\sum_{j=1}^{p} g_t\right)\\ &= \sum_{j=-(p-1)}^{p-1}\left(1-\frac{|j|}{p}\right)\gamma(j)\end{aligned}$$

由谱密度函数式子与习题 6.1 中的证明可得

$$\begin{aligned}\lim_{p\to\infty}\operatorname{var}\left(p^{-\frac{1}{2}}\sum_{t=1}^{n} X_t\varepsilon_t\right) &= \sum_{j=-\infty}^{\infty}\Gamma(j)\\ &= 2\pi h(0)\end{aligned}$$

习题 6.4

令 $\gamma(j)=\operatorname{cov}(Y_t, Y_{t-j})$，其中 $\{Y_t\}$ 是一个弱平稳时间序列。

（1）给出一个 $\{Y_t\}$ 的例子，使得至少存在一个非零滞后阶 $j\neq 0$，有 $\gamma(j)\neq 0$，但 $\sum_{j=1}^{\infty}\gamma(j)=0$。

（2）方差比检验能否检测出（1）中的时间序列自相关特征？请给出具体解释。

（3）方差比检验通常被用于检验 MDS。如果方差比检验不能拒绝 MDS 的原假设，是否能得出鞅差分序列假设成立的结论？请给出具体解释。

解答:

（1）假设 Y_t 服从一个 MA（2）过程

$$Y_t = \alpha_0 + \varepsilon_t + \alpha_1\varepsilon_{t-1} + \alpha_2\varepsilon_{t-2}, \quad \varepsilon_t \sim \mathrm{WN}(0,\sigma^2)$$

那么可以得到

$$\gamma(j) = \begin{cases} \sigma^2(\alpha_1 + \alpha_1\alpha_2) & j = 1 \\ \sigma^2\alpha_2 & j = 2 \\ 0 & j > 2 \end{cases}$$

当 $\alpha_1 = \alpha_2 = -2$ 时，可以得到

$$\sum_{j=1}^{\infty}\gamma(j) = \sigma^2(\alpha_1 + \alpha_1\alpha_2 + \alpha_2) = 0$$

但是 $\gamma(2) = -2\sigma^2 \neq 0$。

（2）在这种情况下，我们无法使用方差比率检验检测自相关结构。由于方差比率检验是比较了 $\gamma(0)$ 和 $\sum_{j=-\infty}^{\infty}\gamma(j)$，而在（1）中它们是相等的。

（3）不可以，（1）和（2）中的讨论足以说明这一点。

习题 6.5

假设 $\{Y_t\}$ 是鞅差分过程，并且其四阶矩是有限的，$\{Y_t\}_{t=1}^n$ 是样本数为 n 的随机样本。定义样本自协方差函数

$$\hat{\gamma}(j) = \frac{1}{n}\sum_{t=j+1}^{n} Y_t Y_{t-j}, \quad j = 0, 1, \cdots$$

证明：如果 $E(Y_t^2 Y_{t-j} Y_{t-l}) = 0$，$\mathrm{cov}[\hat{\gamma}(j), \hat{\gamma}(l)] = 0$，$j, l > 0$，$j \neq l$。

解答:

首先有

$$\mathrm{cov}[\hat{\gamma}(j), \hat{\gamma}(l)] = E[\hat{\gamma}(j)\hat{\gamma}(l)] - E[\hat{\gamma}(j)]E[\hat{\gamma}(l)]$$

$$= E\left[\left(\frac{1}{n}\sum_{t=j+1}^{n} Y_t Y_{t-j}\right)\left(\frac{1}{n}\sum_{t=l+1}^{n} Y_t Y_{t-l}\right)\right] - E\left(\frac{1}{n}\sum_{t=j+1}^{n} Y_t Y_{t-j}\right)E\left(\frac{1}{n}\sum_{t=l+1}^{n} Y_t Y_{t-l}\right)$$

因为 $\{Y_t\}$ 是一个鞅差分序列，因此有

$$E(Y_t Y_{t-k}) = E[Y_{t-k}E(Y_t|I_{t-1})] = 0, \quad \forall\, k \geqslant 1$$

于是有

$$E\left(\frac{1}{n}\sum_{t=j+1}^{n} Y_t Y_{t-j}\right) = E\left(\frac{1}{n}\sum_{t=l+1}^{n} Y_t Y_{t-l}\right) = 0$$

更进一步，可以得到

$$E\left[\left(\frac{1}{n}\sum_{t=j+1}^{n} Y_t Y_{t-j}\right)\left(\frac{1}{n}\sum_{t=l+1}^{n} Y_t Y_{t-l}\right)\right] = \frac{1}{n^2}\sum_{t=j+1}^{n}\sum_{s=l+1}^{n} E\left[Y_t Y_s Y_{t-j} Y_{s-j}\right]$$

当 $t = s$ 时，有

$$E(Y_t^2 Y_{t-j} Y_{t-l}) = 0$$

而当 $t \neq s$ 且不失一般性地假设 $t > s$ 时，因为 $\{Y_t\}$ 有有限的四阶矩，因此有

$$E(Y_t Y_s Y_{t-j} Y_{s-j}) = E[Y_s Y_{t-j} Y_{s-j} E(Y_t|I_{t-1})] = 0$$

综上所述，我们证明了 $\text{cov}[\hat{\gamma}(j), \hat{\gamma}(l)] = 0$。

习题 6.6

假定在第六章第一节中的例 6.3 中假设 6.1 ~ 6.5 成立，其中 $X_t = (1, r_t, d_t - p_t)'$，$h \geqslant 1$ 是一个固定的正整数。

（1）OLS 估计量 $\sqrt{n}\hat{\beta}$ 的渐近方差是什么？请给出具体解释。

（2）为 $\sqrt{n}\hat{\beta}$ 的渐近方差构建一个估计量，证明它是一致估计量。请给出具体解释。

（3）我们是否可以对 $\sqrt{n}\hat{\beta}$ 使用核长期方差估计量？以核为基础的长期方差估计量和（2）中的估计量在有限样本中表现，哪一个更好？请给出具体解释。

解答：（1）已知

$$\hat{\beta} - \beta^o = \hat{\boldsymbol{Q}}^{-1} n^{-1} \sum_{t=1}^{n} X_t \varepsilon_t$$

根据假设 6.1、6.2、6.4 以及对于平稳遍历过程的弱大数律，有

$$\hat{\boldsymbol{Q}} \xrightarrow{p} \boldsymbol{Q}$$

以及

$$\hat{\boldsymbol{Q}}^{-1} \xrightarrow{p} \boldsymbol{Q}^{-1}$$

根据假设 6.1 ~ 6.3 与 6.5(a)，当 $E(\varepsilon_t|X_t)=0$ 时，有

$$n^{-1}\sum_{t=1}^{n} X_t\varepsilon_t \xrightarrow{p} E(X_t\varepsilon_t)=0$$

根据假设 6.1 ~ 6.3、6.5 以及对于平稳遍历过程的中心极限定理，有 $n^{-\frac{1}{2}}\sum_{t=1}^{n} X_t\varepsilon_t \xrightarrow{\mathrm{d}} N(\mathbf{0},\boldsymbol{V})$，其基于假设 6.5：$\boldsymbol{V}=\sum_{j=-\infty}^{\infty}\boldsymbol{\Gamma}(j)$。

于是根据 Slutsky 定理，有 $\sqrt{n}(\hat{\beta}-\beta^o) \xrightarrow{\mathrm{d}} N(\mathbf{0},\boldsymbol{Q}^{-1}\boldsymbol{V}\boldsymbol{Q}^{-1})$。

（2）考虑以下

$$\hat{\boldsymbol{V}}=\sum_{j=-p}^{p}\hat{\boldsymbol{\Gamma}}(j)$$

其中 p 是正整数。

如果 p 是固定的，可以得到

$$\hat{\boldsymbol{V}} \xrightarrow{p} \sum_{j=-p}^{p}\boldsymbol{\Gamma}(j) \neq 2\pi\boldsymbol{H}(0)=\boldsymbol{V}$$

否则，考虑以下的估计量

$$\hat{\boldsymbol{V}}=\sum_{j=-p_n}^{p_n}\hat{\boldsymbol{\Gamma}}(j)$$

其中 $p_n\to\infty$，$p_n/n\to 0$。

这个估计量对于 $\boldsymbol{V}$ 是一致的，而对于所有 n 可能不是正半定的。

（3）可以使用如下的加权平均估计量

$$\hat{\boldsymbol{V}}=\sum_{j=-p_n}^{p_n}k(j/p_n)\hat{\boldsymbol{\Gamma}}(j)$$

其中加权函数 $k(\cdot)$ 称为核函数。

这个基于核的长期方差估计量在有限样本中比（2）中的方差估计量更好，因为这个估计量是正定的，因此在 $\hat{V}$ 的渐近方差中具有最小的 MSE。

习题 6.7

假定假设 6.1 ~ 6.4 成立，干扰项 $\{\varepsilon_t\}$ 服从 AR（1）过程，

$$\varepsilon_t = \alpha\varepsilon_{t-1} + v_t, \quad \{v_t\} \sim \text{IID}\,(0, \sigma_v^2)$$

其中 $|\alpha| < 1$ 且 α 值未知。可以首先估计线性回归模型，$Y_t = X_t'\beta^o + \varepsilon_t$，$t = 1, \cdots, n$ 获得 OLS 估计量 $\hat{\beta}$。

（1）令 $e_t = Y_t - X_t'\hat{\beta}$，用 e_t 对 e_{t-1} 回归，得到自回归系数的 OLS 估计量 $\hat{\alpha}$。证明当 $n \to \infty$ 时，$\hat{\alpha} \xrightarrow{p} \alpha$。

（2）构建一个变换的线性回归模型，

$$\hat{Y}_t^* = \hat{X}_t^{*\prime}\beta^o + v_t^* \quad t = 2, \cdots, n,$$

其中 $\hat{Y}_t^* = Y_t - \hat{\alpha}Y_{t-1}$，$\hat{X}_t^* = X_t - \hat{\alpha}X_{t-1}$，和得到该回归的 OLS 估计量 $\tilde{\beta}_a$。

证明：当 $n \to \infty$ 时，$\tilde{\beta}_a \xrightarrow{p} \beta^o$。

（3）证明：$\sqrt{n}(\tilde{\beta}_a - \beta^o)$ 的渐近方差是 $\sigma_v^2 \boldsymbol{Q}_{X^*X^*}^{-1}$，其中 $\boldsymbol{Q}_{X^*X^*} = E(X_t^* X_t^{*\prime})$、$X_t^* = X_t - \alpha X_{t-1}$。

（4）为 $\tilde{\beta}_a$ 构建一个渐近方差估计量，并证明它是 $\text{avar}(\sqrt{n}\tilde{\beta}_a)$ 的一致估计量。

（5）为原假设 H_0：$\boldsymbol{R}\beta^o = r$ 构建一个 t 统计量，其中 $\boldsymbol{R}$ 是 $1 \times K$ 非随机向量，r 是常数。在 H_0 下求出该 t 统计量的渐近分布。

（6）为原假设 H_0：$\boldsymbol{R}\beta^o = r$ 构建一个 Wald 统计量，其中 $\boldsymbol{R}$ 是 $J \times K$ 非随机向量，r 是 $J \times 1$ 非随机向量。在 H_0 下求出该 Wald 统计量的渐近分布。

解答：

（1）OLS 估计量 $\hat{\alpha}$ 表达式如下：

$$\hat{\alpha} = \frac{\sum_{t=2}^{n} e_t e_{t-1}}{\sum_{t=2}^{n} e_{t-1}^2}$$

因为 $e_t = \varepsilon_t - X_t'(\hat{\beta} - \beta^o)$ 以及 $e_{t-1} = \varepsilon_{t-1} - X_{t-1}'(\hat{\beta} - \beta^o)$，因此有

$$e_{t-1}^2 = \varepsilon_{t-1}^2 + [X_t'(\hat{\beta} - \beta^o)]^2 - 2\varepsilon_{t-1}X_{t-1}'(\hat{\beta} - \beta^o)$$

以及

$$e_t e_{t-1} = \varepsilon_t \varepsilon_{t-1} + X_t'(\hat{\beta} - \beta^o) X_{t-1}'(\hat{\beta} - \beta^o) - X_t'(\hat{\beta} - \beta^o)\varepsilon_{t-1} - \varepsilon_t X_{t-1}'(\hat{\beta} - \beta^o)$$

于是在有 $\hat{\beta} \xrightarrow{p} \beta^o$ 的情况下，得到以下的推导

$$\hat{\alpha} = \frac{\sum_{t=2}^{n} e_t e_{t-1}}{\sum_{t=2}^{n} e_{t-1}^2} = \frac{\sum_{t=2}^{n} \varepsilon_t \varepsilon_{t-1} + o_p(1)}{\sum_{t=2}^{n} \varepsilon_{t-1}^2 + o_p(1)}$$

考虑等式 $\varepsilon_t = \alpha\varepsilon_{t-1} + v_t$，于是有

$$\begin{aligned}
\hat{\alpha} &= \frac{\alpha \sum \varepsilon_{t-1}^2 + \sum v_t \varepsilon_{t-1} + o_p(1)}{\sum \varepsilon_{t-1}^2 + o_p(1)} \\
&= \alpha + \frac{\sum v_t \varepsilon_{t-1} + o_p(1)}{\sum \varepsilon_{t-1}^2 + o_p(1)} \\
&\xrightarrow{p} \alpha + \frac{E(v_t \varepsilon_{t-1})}{E(\varepsilon_t^2)} \\
&= \alpha
\end{aligned}$$

综上所述，原命题得证。

（2）由题可知，

$$\begin{aligned}
\hat{Y}_t^* &= Y_t - \hat{\alpha} Y_{t-1} \\
&= X_t'\beta^o + \varepsilon_t - \hat{\alpha}(X_{t-1}'\beta^o + \varepsilon_{t-1}) \\
&= (X_t' - \hat{\alpha} X_{t-1}')\beta^o + (\varepsilon_t - \hat{\alpha}\varepsilon_{t-1}) \\
&= \hat{X}_t^{*\prime}\beta^o + v_t^*
\end{aligned}$$

于是可以得到

$$\begin{aligned}
v_t^* &= \varepsilon_t - \hat{\alpha}\varepsilon_{t-1} \\
&= (\alpha\varepsilon_{t-1} + v_t) - \hat{\alpha}\varepsilon_{t-1} \\
&= (\alpha - \hat{\alpha})\varepsilon_{t-1} + v_t
\end{aligned}$$

因为 $\tilde{\beta}_\alpha = \left(\sum \hat{X}_t^* \hat{X}_t^{*\prime}\right)^{-1} \sum \hat{X}_t^* \hat{Y}_t^* = \beta^o + \left(\sum \hat{X}_t^* \hat{X}_t^{*\prime}\right)^{-1} \sum \hat{X}_t^* v_t^*$ 以及 $\hat{\alpha} \xrightarrow{p} \alpha$，可以推导出当 $n \to \infty$ 时，OLS 估计量 $\tilde{\beta}_a \xrightarrow{p} \beta^o$。

（3）由前面的分析不难得到

$$\sqrt{n}(\tilde{\beta}_\alpha - \beta^o) = \hat{\boldsymbol{Q}}_{X^*X^*}^{-1}\frac{1}{\sqrt{n}}\sum \hat{X}_t^* v_t^*$$

其中 $\frac{1}{\sqrt{n}}\sum \hat{X}_t^* v_t^* \xrightarrow{\text{d}} N(0,\sigma_v^2\boldsymbol{Q}_{X^*X^*})$。

因此 $\sqrt{n}(\tilde{\beta}_a - \beta^o)$ 的渐近方差是 $\sigma_v^2\boldsymbol{Q}_{X^*X^*}^{-1}$。

（4）根据前面的分析，可以得到 $\frac{e'e}{n-K}(X^{*'}X^*/n)^{-1} \xrightarrow{p} \text{avar}(\sqrt{n}\tilde{\beta}_\alpha)$。

（5）类似地，基于 $\tilde{\beta}_\alpha$ 的渐近分布，可以得到 $T_r = \frac{\sqrt{n}(\boldsymbol{R}\tilde{\beta}_\alpha - r)}{\sqrt{\boldsymbol{R}\hat{\boldsymbol{Q}}_{X^*X^*}^{-1}\hat{\boldsymbol{V}}\hat{\boldsymbol{Q}}_{X^*X^*}^{-1}\boldsymbol{R}'}} \xrightarrow{\text{d}} N(0,1)$。

（6）同样，也可得到 Wald 检验统计量：$W_r = n(\boldsymbol{R}\tilde{\beta}_\alpha - r)'(\boldsymbol{R}\hat{\boldsymbol{Q}}_{X^*X^*}^{-1}\hat{\boldsymbol{V}}\hat{\boldsymbol{Q}}_{X^*X^*}^{-1}\boldsymbol{R}')^{-1}\sqrt{n}$ $(\boldsymbol{R}\tilde{\beta}_\alpha - r) \xrightarrow{\text{d}} X_J^2$。

习题 6.8

考虑 6.8 章节中的 Cochrane-Orcutt 过程。假定假设 6.1 ~ 6.4 成立，$\{\varepsilon_t\}$ 服从平稳 AR(p) 过程，$\varepsilon_t=\sum_{j=1}^{p}\alpha_j\varepsilon_{t-j} + v_t$，其中 $\{v_t\} \sim$ IID $(0,\sigma_v^2)$，$0 < \sigma_v^2 < \infty$，自回归系数是已知的。证明：

（1）当 $n \to \infty$ 时，Cochrane-Orcutt 估计量 $\tilde{\beta}$ 是 β^o 的一致估计量。

（2）$\sqrt{n}(\tilde{\beta} - \beta^o)$ 服从渐近正态分布。

解答：

（1）我们可以得到

$$\begin{aligned}
Y_t^* &= Y_t - \hat{\alpha}Y_{t-1} \\
&= X_t'\beta^o + \varepsilon_t - \hat{\alpha}(X_{t-1}'\beta^o + \varepsilon_{t-1}) \\
&= (X_t' - \hat{\alpha}X_{t-1}')\beta^o + (\varepsilon_t - \hat{\alpha}\varepsilon_{t-1}) \\
&= X_t^{*'}\beta^o + v_t
\end{aligned}$$

并且由于 $\{v_t\}$ 是 IID，有

$$E(v_t|X_t^*) = E(v_t) = 0$$

以及

$$E(v_t^2|X_t^*) = E(v_t^2) = \sigma^2$$

因此可以得到

$$\tilde{\beta} = \beta^o + \left(\sum_{t=1}^{n} X_t^{*\prime} X_t^*\right)^{-1} \left(\sum_{t=1}^{n} X_t^{*\prime} v_t\right) \xrightarrow{p} 0$$

（2）

$$\tilde{\beta} - \beta^o = \left(\sum_{t=1}^{n} X_t^{*\prime} X_t^*\right)^{-1} \left(\sum_{t=1}^{n} X_t^{*\prime} v_t\right) = \hat{\boldsymbol{Q}}_{X_t^{*\prime} X_t^*}^{-1} \frac{1}{n} \sum_{t=1}^{n} X_t^{*\prime} v_t$$

因此，

$$\sqrt{n}(\tilde{\beta} - \beta^o) = \hat{\boldsymbol{Q}}_{X_t^{*\prime} X_t^*}^{-1} \frac{1}{\sqrt{n}} \sum_{t=1}^{n} X_t^{*\prime} v_t \xrightarrow{\text{d}} N(\mathbf{0}, \sigma_v^2 \boldsymbol{Q}_{X_t^* X_t^*}^{-1})$$

其中 $\boldsymbol{Q}_{X_t^* X_t^*} = E(X_t^* X_t^{*\prime})$。

习题 6.9

考虑节 6.8 中的 Cochrane-Orcutt 过程。假定假设 6.1 ~ 6.4 成立，$\{\varepsilon_t\}$ 服从平稳 AR(p) 过程，$\varepsilon_t = \sum_{j=1}^{p} \alpha_j \varepsilon_{t-j} + v_t$，其中 $\{v_t\} \sim \text{IID}\ (0, \sigma_v^2)$，$0 < \sigma_v^2 < \infty$，但自回归系数 $\{\alpha_j^o\}_{j=1}^p$ 未知。考虑节 6.8 中描述过的适应性可行 Cochrane-Orcutt 估计量 $\tilde{\beta}_a$。

（1）证明当 $n \to \infty$ 时，$\tilde{\beta}_a$ 是 β^o 的一致估计量。请给出具体解释。

（2）求出 $\sqrt{n}(\tilde{\beta} - \beta^o)$ 的渐近分布。请给出具体解释。

（3）第一阶段的自回归系数 $\{\alpha_j^o\}_{j=1}^p$ 估计值对 $\sqrt{n}(\tilde{\beta} - \beta^o)$ 的渐近分布有影响吗？请给出具体解释。

解答:

（1）考虑以下的线性回归模型

$$Y_t - \sum_{j=1}^{p} \alpha_j Y_{t-j} = \left(X_t - \sum_{j=1}^{p} \alpha_j X_{t-j}\right)' \beta^o + \left(\varepsilon_t - \sum_{j=1}^{p} \alpha_j \varepsilon_{t-j}\right)$$
$$= \left(X_t - \sum_{j=1}^{p} \alpha_j X_{t-j}\right)' \beta^o + v_t$$

改写如下：

$$Y_t^* = Y_t - \sum_{j=1}^{p} \alpha_j Y_{t-j}$$

$$X_t^* = X_t - \sum_{j=1}^{p} \alpha_j X_{t-j}$$

于是有 $Y_t^* = X_t^{*\prime} \beta^o + v_t$。

这样可以得到 OLS 估计量：

$\tilde{\beta}_a = (X^{*\prime} X^*)^{-1} X^{*\prime} Y^*$

$\tilde{\beta}_a = (X^{*\prime} X^*)^{-1} X^{*\prime} (X^{*\prime} \beta^o + v) = \beta^o + (X^{*\prime} X^*)^{-1} X^{*\prime} v$

于是可得 $\tilde{\beta}_a - \beta^o = (X^{*\prime} X^*)^{-1} X^{*\prime} v$。

因为 $\{v_t\} \sim \text{IID}\,(0, \sigma_v^2)$，因此有 $E(v_t) = E(v_t|X_t^*) = 0$ 以及

$$\frac{1}{n} X^{*\prime} v \xrightarrow{p} E(X_t^* v_t) = 0$$

因此，当 $n \to \infty$ 时，$\tilde{\beta}_a$ 是 β^o 的一致估计量。

（2）从（1）中可知，

$$\sqrt{n}(\tilde{\beta}_a - \beta^o) = \hat{\boldsymbol{Q}}_{X^* X^*}^{-1} \frac{1}{\sqrt{n}} X^{*\prime} v^*$$

其中 $\hat{\boldsymbol{Q}}_{X^* X^*} = \dfrac{1}{n} \sum X_t^{*\prime} X_t^*$。

给定 $E(X_t^* v_t) = 0$，有

$$\text{var}\left(\frac{1}{\sqrt{n}} X^{*\prime} v^* \right) = E(X_t^* X_t^{*\prime} v_t^2) = \sigma_v^4 2 \boldsymbol{Q}_{X^* X^*}$$

因此，可以推导出 $\sqrt{n}(\tilde{\beta}_a - \beta^o)$ 的渐近分布是 $\sigma_v^2 \boldsymbol{Q}_{X^* X^*}^{-1}$。

（3）第一阶段的自回归系数 $\{\alpha_j^o\}_{j=1}^{p}$ 估计值对 $\sqrt{n}(\tilde{\beta} - \beta^o)$ 的渐近分布没有影响。

因为 $e_t = \varepsilon_t - X_t'(\hat{\beta} - \beta^o)$ 以及 $\hat{\beta} \xrightarrow{p} \beta^o$，就可以得到 $e_t \xrightarrow{p} \varepsilon_t$ 与 $\hat{\alpha}_j \xrightarrow{p} \alpha_j$。

第七章

工具变量回归分析

重要概念

本章涉及的重要概念包括:

(1)**解释变量存在测量误差(也称为变量包含误差)**。阅读并理解例 7.1 ~ 7.4。重点思考测量误差带来了什么问题,其使得经典线性回归模型中什么重要假设不成立?此时 OLS 估计量还是一致估计吗?

(2)**遗漏变量**。阅读并理解例 7.5。遗漏变量是模型错误设定的一种情况。

(3)**联立方程组存在内生性(endogeneity)**。阅读并理解例 7.6 ~ 7.8。思考忽略了方程联立关系可能带来的问题。

(4)**工具变量(instrumental variable,IV)**。参见假设 7.4。读者需要根据本章前面的案例,理解 IV 的基本目的是当回归模型中的解释变量与扰动项相关时产生一致的估计量。当因变量的变化引起至少一个解释变量的值的改变(即存在"反向"因果关系),或者存在遗漏变量同时影响因变量和解释变量,或者解释变量存在测量误差时,就会出现这种相关性。在回归中,存在这些问题的解释变量也称为内生变量。在这种情况下,OLS 方法产生的估计量是有偏的、不一致的。但是,如果存在工具变量,仍然可以得到参数的一致估计。工具变量是本身不属于解释变量的集合但与内生变量相关的一类变量。对于线性模型,假设 7.4(2)和 7.4(3)是 IV 的两个主要要求。当假设 7.4(2)成立时,称工具向量 Z_t 满足排除性约束。

(5)**两阶段最小二乘法(two-stage least squares,2SLS)**。参见节 7.3 ~ 7.5。其中,节 7.3 给出了 2SLS 方法的基本思路及估计量的解析形式,节 7.4 讨论了 2SLS 估计量的一致性,节 7.5 给出 2SLS 估计量的渐近正态性。2SLS 为本章的核心,读者需要深刻理解 2SLS 的动机、估计方法以及估计量的统计学性质。

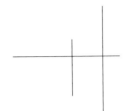

（6）**Hausman 检验**。参见节 7.8。Hausman 检验的基本目的是检验内生性，读者需要理解本节中 Hausman 检验依赖的基本假设和检验统计量的构建框架。

内容概要

这一章指出，在实际应用中，条件 $E(\varepsilon_t|X_t)=0$ 可能不成立，从而导致 OLS 估计不是真实模型参数的一致估计。为了克服这一问题，首先引入了工具变量，并介绍了两阶段最小二乘 (2SLS) 估计方法。其次，考察了 2SLS 估计量的统计性质，并通过一个虚拟线性回归模型提供了 2SLS 估计量的一种简单解释，以加深读者对 2SLS 估计量渐近性质的理解。再次，分几种情形讨论了 2SLS 估计量的渐近方差一致估计量的构造方法，包括条件同方差鞅差分序列、条件异方差鞅差分序列和非鞅差分序列三种情形。对于最后一种情形，需要估计长期方差—协方差矩阵。有了这些一致的渐近方差估计量，即可对模型参数进行区间估计与假设检验。需要强调的是，2SLS 第二阶段回归中经典的 t 检验统计量和 F 检验统计量即使在条件同方差及大样本情形下也是不适用的。最后，讨论了可用于检验内生性的 Hausman 检验，这其实也是线性回归模型设定的一般检验方法。

实际上，在条件 $E(\varepsilon_t|X_t)=0$ 不成立时，有多种方法可以得到模型参数的一致估计，2SLS 方法只是其中的一种。比如，假设 X_t 和 ε_t 之间存在相关性是由于遗漏变量问题，即

$$\varepsilon_t = g(W_t) + u_t$$

这里 $E(u_t|X_t,W_t)=0$，W_t 是一个与 X_t 相关的遗漏变量，而 $g(\cdot)$ 是一个未知函数。正确的回归模型是

$$Y_t = X_t'\beta^o + g(W_t) + u_t$$

由于 $E(Y_t|W_t) = E(X_t|W_t)'\beta^o + g(W_t)$，通过差分，可得

$$Y_t - E(Y_t|W_t) = [X_t - E(X_t|W_t)]'\beta^o + u_t$$

或者

$$Y_t^* = X_t^{*\prime}\beta^o + u_t$$

其中 $Y_t^* = Y_t - E(Y_t|W_t)$，$X_t^* = X_t - E(X_t|W_t)$。由于 $E(u_t|X_t^*)=0$，Y_t^* 对 X_t^* 的 OLS 估计量 $\tilde{\beta}^*$ 是 β^o 的一致估计量。但是，$\{Y_t^*, X_t^{*\prime}\}_{t=1}^n$ 是不可观测的，因而 $\tilde{\beta}^*$ 是不可行的。然而，

可首先采用非参数方法来估计 $E(Y_t|W_t)$ 和 $E(X_t|W_t)$，然后获得可行 OLS 估计量，该估计量将是真实模型参数 β^o 的一致估计量（Robinson，1988）。具体而言，令 $\hat{m}_Y(W_t)$、$\hat{m}_X(W_t)$ 分别是 $E(Y_t|W_t)$、$E(X_t|W_t)$ 的非参数一致估计量，则可行 OLS 估计量为

$$\tilde{\beta}_a^* = \left(\sum_{t=1}^{n} \hat{X}_t^* \hat{X}_t^{*\prime}\right)^{-1} \sum_{t=1}^{n} \hat{X}_t^* \hat{Y}_t^*$$

其中 $\hat{X}_t^* = X_t - \hat{m}_X(W_t)$，$\hat{Y}_t^* = Y_t - \hat{m}_Y(W_t)$。可以证明 $\tilde{\beta}_a^* \xrightarrow{p} \beta^o$，且

$$\sqrt{n}(\tilde{\beta}_a^* - \beta^o) \xrightarrow{\mathrm{d}} N(\mathbf{0}, \boldsymbol{Q}^{*-1}\boldsymbol{V}^*\boldsymbol{Q}^{*-1})$$

其中 $\boldsymbol{Q}^* = E(X_t^* X_t^{*\prime})$，$\boldsymbol{V}^* = \text{avar}\left(n^{-\frac{1}{2}} \sum_{t=1}^{n} X_t^* u_t\right)$。在一定正则条件下，第一阶段的非参数估计对可行 OLS 估计量 $\tilde{\beta}_a$ 的渐近性质没有影响。

得到真实模型参数一致估计的另一种方法是使用面板数据。面板数据是指包括 n 个截面个体，并且每个个体在相同时期内都具有 T 个时间序列观测值数据。这样的数据称为平衡面板数据。而非平衡面板数据是指数据有 n 个个体，每个个体的时间序列观测值长度不同，但有部分数据的观测时期是重叠的。

对于平衡面板数据，有

$$\begin{aligned} Y_{it} &= X_{it}'\beta^o + \varepsilon_{it} \\ &= X_{it}'\beta^o + \alpha_i + u_{it}, \quad t = 1, \cdots, T;\ i = 1, \cdots, n \end{aligned}$$

其中 α_i 称为个体效应，u_{it} 称为个体特质扰动项，满足 $E(u_{it}|X_{it}, \alpha_i) = 0$。当 α_i 与 X_{it} 之间存在相关时，这种相关可能是由于遗漏了不随时间变化的变量造成的，这时的面板数据模型称为固定效应 (fixed effect) 面板数据模型。而当 α_i 与 X_{it} 之间不存在相关时，称为随机效应 (random effect) 面板数据模型。下面，考虑固定效应面板数据模型，且假设 X_{it} 是严格的外生变量，即 $E(u_{it}|X_{i1}, \cdots, X_{iT}) = 0$。因为 ε_{it} 与 X_{it} 相关，Y_{it} 对 X_{it} 的 OLS 估计量将不是 β^o 的一致估计量。但是，可考虑去均值后的变换模型（demeaned model）：

$$Y_{it} - \dot{Y}_{i\cdot} = (X_{it} - \dot{X}_{i\cdot})'\beta^o + (\varepsilon_{it} - \dot{\varepsilon}_{i\cdot}), \quad t = 1, \cdots, T;\ i = 1, \cdots, n$$

其中 $\dot{Y}_{i\cdot} = T^{-1}\sum_{t=1}^{T} Y_{it}$，同样定义 $\dot{X}_{i\cdot}$ 和 $\dot{\varepsilon}_{i\cdot}$。去均值法能够消除不可观测的个体效应 α_i 的影响，从而当 $n \to \infty$ 时，去均值回归模型的 OLS 估计量是真实模型参数 β^o 的一致估计。在面板数据文献中，这一估计量称为组内估计量 (within estimator)。需要指出的

是，在动态面板数据模型中，即当 X_{it} 包含有 Y_{it} 的滞后项时，X_{it} 不是严格外生的。当 $n \to \infty$ 但 T 固定时，组内估计量将不是 β^o 的一致估计。在这种情形下，需要采用不同的估计方法。参见 Hsiao（2002）对面板数据计量经济学模型的更多讨论。

第二章至第七章建立了比较系统的经济学和金融学中常用的线性回归模型的计量经济学理论。首先讨论了一般回归分析，强调了线性回归模型参数的有效解释依赖于线性回归模型是否正确设定。第三章讨论经典线性回归模型，第四章至第七章对经典线性回归模型进行了扩展，讨论了各种经典线性回归模型假设不成立时的处理方法。特别是，讨论了在大样本情形下，经典线性回归模型的理论与方法仍然可以近似适用的情形，其中关键条件是回归扰动项满足条件同方差和序列不相关。当回归扰动项中存在条件异方差或自相关时，经典线性回归模型的渐近理论不再适用；在这种情形下，给出了稳健的渐近有效的计量经济学方法。

第四章至第七章关于线性回归模型渐近理论可扩展到一些更复杂的非线性模型。比如考虑非线性回归模型

$$Y_t = g(X_t, \beta^o) + \varepsilon_t$$

其中 $E(\varepsilon_t|X_t) = 0$。非线性回归估计量 $\hat{\beta}$ 是最小化残差平方和的解，即

$$\hat{\beta} = \arg\min_{\beta \in \mathbb{R}^K} \sum_{t=1}^{n} [Y_t - g(X_t, \beta)]^2$$

其一阶条件为

$$\boldsymbol{D}(\hat{\beta})'\boldsymbol{e} = \sum_{t=1}^{n} \frac{\partial g(X_t, \hat{\beta})}{\partial \beta} [Y_t - g(X_t, \hat{\beta})] = \boldsymbol{0}$$

其中 $\boldsymbol{D}(\beta)$ 是 $n \times K$ 矩阵，第 t 行为 $\dfrac{\partial g(X_t, \beta)}{\partial \beta'}$。这里，一般无法得到 $\hat{\beta}$ 的显性解，但可以证明，如果用 $\dfrac{\partial g(X_t, \beta)}{\partial \beta'}$ 或 $\dfrac{\partial g(X_t, \hat{\beta})}{\partial \beta}$ 替换 X_t，则第四章至第七章的所有渐近理论和方法仍然适用于非线性最小二乘估计量 (参考第八章和第九章的有关讨论)。

但是，第四章至第七章的渐近理论不能直接用于一些常见的非线性模型，举例如下。

（1）具有内生性的非线性回归模型：

$$Y_t = g(X_t, \beta^o) + \varepsilon_t$$

其中，$E(\varepsilon_t|X_t) \neq 0$。

（2）理性预期模型

$$E\left[m_t(\beta^o)\right] = \mathbf{0}$$

其中 $m_t(\beta)$ 称为矩函数，一般情形下是参数 β 的非线性函数，例如 $m_t(\beta) = Z_t[Y_t - g(X_t, \beta)]$。

（3）条件方差模型

$$Y_t = g(X_t, \beta^o) + \sigma(X_t, \beta^o) z_t$$

其中 $g(X_t, \beta)$ 是 $E(Y_t|X_t)$ 的参数模型，$\sigma^2(X_t, \beta)$ 是 $\mathrm{var}(Y_t|X_t)$ 的参数模型，$\{z_t\} \sim \mathrm{IID}\,(0, 1)$。

（4）Y_t 相对 X_t 的条件概率模型

$$f(y|X_t, \beta)$$

这些非线性模型不是条件均值或回归模型，它们描述了给定 X_t 的条件下 Y_t 的条件分布的其他特征。对于这些模型，需要发展新的估计方法和新的渐近理论，后面的章节将对此进行讨论。

第二章至第七章尚未详细讨论模型设定检验。第二章强调了正确模型设定对于模型参数的经济解释有效性的重要性。如何检查一个线性回归模型是否关于条件均值 $E(Y_t|X_t)$ 正确设定，称为模型设定检验。计量经济学中流行的模型设定检验是 Hausman（1978）检验和 White（1981）检验，它们比较同一个模型参数的两个参数估计量。此外，请参见 Hong 和 White（1995）使用非参数序列回归构建模型设定检验的广义 F 检验。

习题解析

习题 7.1

假设 $Y_t = X_t'\beta^o + \varepsilon_t$，其中 Y_t 和 X_t' 是可观测的，ε_t 是不可观测的。如果 $E(\varepsilon_t|X_t) \neq 0$，这是否总是意味着 $E(Y_t|X_t)$ 的线性回归模型设定错误？换句话说，除了模型错误设定之外，是否还有其他导致 $E(\varepsilon_t|X_t) \neq 0$ 的可能原因？请举例。

解答:

有其他原因，如遗漏变量和回归变量中的测量误差，可能导致 $E(\varepsilon_t|X_t) \neq 0$。

示例 1：遗漏变量

$$Y_i = \beta_0 + \beta_1 \operatorname{edu}_i + \beta_2 \exp_i + \beta_3 \exp_i^2 + \beta_4 \operatorname{gender}_i + \beta_5 \operatorname{age}_i + \varepsilon_i$$

其中 Y_i 代表个体 i 的工资，edu 代表教育程度，β_1 表示受教育回报。在这个方程中，我们无法观察到个体的能力。在大多数情况下，一个人的能力与其教育水平相关。换句话说，$E(\varepsilon|X) \neq 0$。

示例 2：如果我们假设能力与教育程度无关，但教育程度存在测量误差，并且测量误差与 ε 有关，也有 $E(\varepsilon|X) \neq 0$。

习题 7.2

考虑节 7.1 中的例 7.7，其中 $\varepsilon_t \sim \text{IID}\ (0, \sigma_\varepsilon^2)$，$v_t \sim \text{IID}\ (0, \sigma_v^2)$，并且 ε_t 和 v_t 是相互独立的。

（1）假设方程 7.8 和 7.9 构成方程组，请解释为什么参数 β_2^o 不可识别。

（2）现在假设方程 7.8 和 7.12 构成方程组，请解释为什么参数 β_2^o 变得可识别。

（3）假设现在有一个方程组：$W_t = \beta_1^o + \beta_2^o P_t + \beta_3^o D_t + \varepsilon_t$ 和 $P_t = \alpha_1^o + \alpha_2^o W_t + \alpha_3^o D_t + v_t$，参数 β_2^o 是否可识别？请解释。

解答:

（1）我们知道式 7.8 和 7.10

$$W_t = \beta_1^o + \beta_2^o P_t + \beta_3^o D_t + \varepsilon_t \tag{7.8}$$

$$P_t = \alpha_1^o + \alpha_2^o W_t + v_t \tag{7.9}$$

并且可以将其写作

$$W_t = -\frac{\alpha_1^o}{\alpha_2^o} + \frac{1}{\alpha_2^o} P_t - \frac{v_t}{\alpha_2^o} \tag{7.10}$$

接下来，我们将等式 (7.8) 乘以 a，将等式 (7.10) 乘以 b 并将它们相加：

$$\begin{aligned} W_t = {} & \left[\frac{a\beta_1^o}{a+b} - \frac{\alpha_1^o b}{(a+b)\alpha_2^o}\right] + \frac{1}{a+b}\left(a\beta_2^o + \frac{b}{\alpha_2^o}\right) P_t + \\ & \frac{a\beta_3^o}{a+b} D_t + \frac{1}{a+b}\left(a\varepsilon_t - \frac{b}{\alpha_2^o} v_t\right) \end{aligned} \tag{7.11}$$

由于 a 和 b 是任意的，有无穷多个参数可以满足等式 (7.11)，并且它们与等式 (7.8)

无法区分。因此，如果我们使用 OLS 对 W_t 关于 P_t 和 D_t 进行回归，或者更一般地说，使用任何其他方法估计等式 (7.8) 或 (7.11)，无法知道究竟是估计了等式 (7.8) 还是等式 (7.11)。因此，无法估计 β_2^o。

（2）等式 (7.12) 可以转换为

$$W_t = -\frac{\alpha_0^o}{\alpha_1^o} + \frac{1}{\alpha_1^o}P_t - \frac{\alpha_2^o}{\alpha_1^o}M_t - \frac{v_t}{\alpha_1^o} \tag{7.13}$$

接下来，将等式 (7.8) 乘以 a，将等式 (7.13) 乘以 b 并将它们相加：

$$\begin{aligned} W_t = &\left[\frac{a\beta_1^o}{a+b} - \frac{\alpha_0^o b}{(a+b)\alpha_1^o}\right] + \frac{1}{a+b}\left(a\beta_2^o + \frac{b}{\alpha_1^o}\right)P_t + \\ &\frac{a\beta_3^o}{a+b}D_t - \frac{\alpha_2^o b}{a+b}M_t + a\varepsilon_t - \frac{bv_t}{\alpha_1^o} \end{aligned} \tag{7.14}$$

从上述等式中，我们知道一旦 $\alpha_2^o \neq 0$，从等式 (7.14) 中恢复等式 (7.8) 的唯一方法是让 $b = 0$，因此，参数 β_2^o 是可识别的。

（3）请注意

$$W_t = \beta_1^o + \beta_2^o P_t + \beta_3^o D_t + \varepsilon_t \tag{1}$$

且

$$P_t = \alpha_1^o + \alpha_2^o W_t + \alpha_3^o D_t + v_t \tag{2}$$

从等式（2）可以知道，$W_t = -\frac{\alpha_1^o}{\alpha_2^o} + \frac{1}{\alpha_2^o}P_t - \frac{\alpha_3^o}{\alpha_2^o}D_t - \frac{v_t}{\alpha_2^o}$ （3）

接下来，将等式（1）乘以 a，将等式（3）乘以 b 并将它们相加：

$$\begin{aligned} W_t = &\left[\frac{a\beta_1^o}{a+b} - \frac{\alpha_1^o b}{(a+b)\alpha_2^o}\right] + \frac{1}{a+b}\left(a\beta_2^o + \frac{b}{\alpha_2^o}\right)P_t + \\ &\frac{1}{a+b}\left(a\beta_3^o - \frac{\alpha_3^o b}{\alpha_2^o}\right)D_t + \frac{a\varepsilon_t - b\varepsilon_t/\alpha_2^o}{a+b} \end{aligned} \tag{4}$$

从上述等式中，我们可以发现等式（4）和（1）具有相同的函数形式，因此参数 β_2^o 无法识别。

习题 7.3

考虑以下简单的凯恩斯国民收入决定模型

$$C_t = \beta_0^o + \beta_1^o(Y_t - T_t) + \varepsilon_t \tag{7.1.1}$$

$$T_t = \gamma_0^o + \gamma_1^o Y_t + v_t \tag{7.1.2}$$

$$Y_t = C_t + G_t \tag{7.1.3}$$

其中 C_t、Y_t、T_t、G_t 分别是消费、收入、税收和政府支出，$\{\varepsilon_t\} \sim \text{IID}\ (0,\sigma_u^2)$，$\{v_t\} \sim \text{IID}\ (0,\sigma_v^2)$，且 $\{\varepsilon_t\}$ 和 $\{v_t\}$ 两个序列相互独立。方程 (7.1.1) 是消费函数，(7.1.2) 是税收函数，(7.1.3) 是收入恒等式。

（1）模型 (7.1.1) 的 OLS 估计量 $\hat{\beta}_1$ 是边际消费倾向 β_1^o 的一致估计量吗？请解释。

（2）假定 G_t 是外生变量 (即 G_t 不依赖于 C_t 和 Y_t)。G_t 是否可作为有效的工具变量？如果是，描述两阶段最小二乘估计方法；如果不是，请解释。

（3）假设政府要保证预算平衡，使得

$$G_t = T_t + w_t \tag{7.1.4}$$

其中 $\{w_t\} \sim \text{IID}\ (0,\sigma_w^2)$。$G_t$ 是否为有效的工具变量？如果是，描述两阶段最小二乘估计方法；如果不是，请解释。

解答:

（1）不是一致估计，原因是：

给定

$$\begin{aligned} Y_t - T_t &= Y_t - (\gamma_1^o + \gamma_2^o Y_t + v_t) \\ &= (1-\gamma_2^o)Y_t - (\gamma_1^o + v_t) \\ &= (1-\gamma_2^o)(C_t + G_t) - (\gamma_1^o + v_t) \end{aligned}$$

有

$$\begin{aligned} E[(Y_t - T_t)\varepsilon_t] &= E\{[(1-\gamma_2^o)(C_t+G_t) - (\gamma_1^o + v_t)]\varepsilon_t\} \\ &= (1-\gamma_2^o)E[(C_t+G_t)\varepsilon_t] - E[(\gamma_1^o + v_t)\varepsilon_t] \\ &= (1-\gamma_2^o)[E(C_t\varepsilon_t) + E(G_t\varepsilon_t)] - E(\gamma_1^o + v_t)E(\varepsilon_t) \\ &= (1-\gamma_2^o)[E(C_t\varepsilon_t) + E(G_t\varepsilon_t)] \end{aligned}$$

其中 $v_t \sim \text{IID}\ (0,\sigma_v^2)$ 且 $\varepsilon_t \sim \text{IID}\ (0,\sigma_\varepsilon^2)$（这里为了简便，我们假设它们相互独立）。

另一方面，有：

$$\begin{aligned} E(C_t\varepsilon_t) &= E\{[\beta_1^o + \beta_2^o(Y_t - T_t) + \varepsilon_t]\varepsilon_t\} \\ &= \beta_2^o E[(Y_t - T_t)\varepsilon_t] + E[(\beta_1^o + \varepsilon_t)\varepsilon_t] \\ &= \beta_2^o E[(Y_t - T_t)\varepsilon_t] + \sigma_\varepsilon^2 \end{aligned}$$

然后有：

$$E[(Y_t - T_t)\varepsilon_t] = (1-\gamma_2^o)\beta_2^o E[(Y_t - T_t)\varepsilon_t] + (1-\gamma_2^o)[E(G_t\varepsilon_t) + \sigma_\varepsilon^2]$$

即

$$E[(Y_t - T_t)\varepsilon_t] = \frac{(1-\gamma_2^o)[E(G_t\varepsilon_t)+\sigma_\varepsilon^2]}{1-(1-\gamma_2^o)\beta_2^o}$$

其中 γ_2^o 和 β_2^o 通常不等于 1。

因此有 $E[(Y_t - T_t)\varepsilon_t] \neq 0$ 这表明 OLS 估计量 $\hat{\beta}$ 并非一致估计。

（2）G_t 是有效工具变量。原因是：

$$E(G_t\varepsilon_t) = E(G_t)E(\varepsilon_t) = 0$$

这是由于 G_t 是外生的且 $\varepsilon_t \sim \text{IID}\,(0,\sigma_\varepsilon^2)$。

不仅如此，我们也有

$$\begin{aligned}
E[(Y_t - T_t)G_t] &= E\{[(1-\gamma_2^o)(C_t+G_t)-(\gamma_1^o+v_t)]G_t\} \\
&= (1-\gamma_2^o)[E(C_tG_t)+EG_t^2] - E(\gamma_1^o+v_t)EG_t \\
&= (1-\gamma_2^o)[E(C_tG_t)+EG_t^2] - \gamma_1^o EG_t \\
&= (1-\gamma_2^o)(E\{[\beta_1^o+\beta_2^o(Y_t-T_t)+\varepsilon_t]G_t\}+EG_t^2) - \gamma_1^o EG_t \\
&= (1-\gamma_2^o)\beta_2^o E[(Y_t-T_t)G_t] + (1-\gamma_2^o)EG_t^2 + [(1-\gamma_2^o)\beta_1^o - \gamma_1^o]EG_t
\end{aligned}$$

这意味着

$$E[(Y_t - T_t)G_t] = \frac{(1-\gamma_2^o)EG_t^2 + [(1-\gamma_2^o)\beta_1^o - \gamma_1^o]EG_t}{1-(1-\gamma_2^o)\beta_2^o}$$

其通常来讲不等于 0。

因此 G_t 满足Ⅳ的条件，其为合理的Ⅳ变量。

进一步地，可以通过以下步骤基于工具变量 G_t 做 2SLS 估计：

令 $X_t = (1, Y_t - T_t)'$ 且 $Z_t = (1, G_t)'$，

第一步：

将 X_t 对 Z_t 做回归，并得到 OLS 估计量和拟合值 $\hat{X}_t$。

第二步：

将 C_t 对拟合值 $\hat{X}_t$ 做回归得到 2SLS 估计量 $\hat{\beta}_{2\text{SLS}}$。

（3）不是。原因是：

给定

$$\begin{aligned}
G_t &= T_t + \omega_t \\
&= \gamma_1^o + \gamma_2^o Y_t + v_t + \omega_t
\end{aligned}$$

$$= \gamma_2^o(C_t + G_t) + (\gamma_1^o + v_t + \omega_t)$$

有

$$\begin{aligned} E(G_t\varepsilon_t) &= \gamma_2^o[E(C_t\varepsilon_t) + E(G_t\varepsilon_t)] + E[(\gamma_1^o + v_t + \omega_t)\varepsilon_t] \\ &= \gamma_2^o[E(C_t\varepsilon_t) + E(G_t\varepsilon_t)] + E(\gamma_1^o + v_t + \omega_t)E(\varepsilon_t) \\ &= \gamma_2^o E(C_t\varepsilon_t) + \gamma_2^o E(G_t\varepsilon_t) \end{aligned}$$

其中 $v_t \sim \text{IID}\ (0,\sigma_v^2)$，$\varepsilon_t \sim \text{IID}\ (0,\sigma_\varepsilon^2)$ 且 $\omega_t \sim \text{IID}\ (0,\sigma_\omega^2)$ (这里为了简便分析，假设它们是相互独立的)。

因此有

$$E(G_t\varepsilon_t) = \frac{\gamma_2^o E(C_t\varepsilon_t)}{1 - \gamma_2^o}$$

显然 $E(C_t\varepsilon_t) \neq 0$，这是因为 C_t 包含 ε_t。因此 G_t 不是一个合格的Ⅳ。

习题 7.4

考虑数据生成过程

$$Y_t = X_t'\beta^o + \varepsilon_t \tag{7.2.1}$$

其中 $X_t = (1, X_{1t})'$，有

$$X_{1t} = v_t + u_t \tag{7.2.2}$$

$$\varepsilon_t = w_t + u_t \tag{7.2.3}$$

其中 $\{v_t\}$、$\{u_t\}$ 和 $\{w_t\}$ 均是 IID $N(0,1)$，并且三个序列相互独立。

（1）OLS 估计量 $\hat{\beta}$ 是 β^o 的一致估计吗？请解释。

（2）假定 $Z_{1t} = w_t - \varepsilon_t$ 且可以观测到 Z_{1t}，则 $Z_t = (1, Z_{1t})'$ 是有效的工具向量吗？请解释。

（3）找一个工具变量，用该工具变量构造 $\hat{\beta}_{2SLS}$ 并推导其渐进分布。

（4）考虑检验原假设

$$\text{H}_0：\boldsymbol{R}\beta^o = \boldsymbol{r}$$

其中 $\boldsymbol{R}$ 是 $J \times 2$ 常矩阵，$\boldsymbol{r}$ 是 $J \times 1$ 常向量，且 $J \leqslant 2$。假设 F 是 2SLS 第二阶段的经典 F 统计量，$J \cdot F$ 在原假设 H_0 下是否服从渐近 χ_J^2 分布？请解释。

解答：

（1）不是，原因是：

$$E(X_{1t}\varepsilon_t)=E[(v_t+u_t)(\omega_t+u_t)]=E(u_t^2)=1\neq 0$$

其中 v_t、ω_t 和 u_t 都是 IID (0, 1) 且相互独立的。

（2）不是。原因是：

$$E(Z_{1t}\varepsilon_t)=E[(\omega_t-\varepsilon_t)(\omega_t+u_t)]=-E(u_t^2)=-1\neq 0$$

给定 $\varepsilon_t=\omega_t+u_t$。

（3）$Z_{1t}=X_{1t}-u_t=v_t$ 是一个合格的工具变量。原因如下：

$$E(Z_{1t}\varepsilon_t)=E[v_t(\omega_t+u_t)]=E(v_t)E(\omega_t+u_t)=0$$

且

$$E(Z_{1t}X_{1t})=E[v_t(v_t+u_t)]=E(v_t^2)=1\neq 0$$

现在推导 $\hat{\beta}_{2\text{SLS}}$ 的渐近方差，利用 $Z_t=(1,Z_{1t})'$ 作为工具变量。我们知道 $\boldsymbol{V}$ 的一般形式为：

$$\boldsymbol{V}=\boldsymbol{Q}_{\tilde{X}\tilde{X}}^{-1}\boldsymbol{V}_{\tilde{X}\tilde{X}}\boldsymbol{Q}_{\tilde{X}\tilde{X}}^{-1}$$

其中

$$\tilde{X}=\gamma' Z_t$$

$$\gamma=E(Z_tZ_t')^{-1}E(Z_tX_t')$$

$$\boldsymbol{Q}_{\tilde{X}\tilde{X}}=E[\tilde{X}_t\tilde{X}_t']$$

$$\boldsymbol{V}_{\tilde{X}\tilde{X}}=\text{avar}\left(1/\sqrt{n}\sum_{t=1}^{n}\tilde{X}_t\varepsilon_t\right)$$

给定 v_t、ω_t 和 u_t 都是 IID (0, 1) 且相互独立的，有

$$E(Z_tZ_t')=E\begin{bmatrix}1 & Z_{1t}\\ Z_{1t} & Z_{1t}^2\end{bmatrix}=E\begin{bmatrix}1 & v_t\\ v_t & v_t^2\end{bmatrix}=\begin{bmatrix}1 & 0\\ 0 & 1\end{bmatrix}$$

且

$$E(Z_tX_t')=E\begin{bmatrix}1 & X_{1t}\\ Z_{1t} & Z_{1t}X_{1t}\end{bmatrix}=E\begin{bmatrix}1 & v_t+u_t\\ v_t & v_t(v_t+u_t)\end{bmatrix}=\begin{bmatrix}1 & 0\\ 0 & 1\end{bmatrix}$$

因此

$$\gamma = E(Z_t Z_t')^{-1} E(Z_t X_t') = \begin{bmatrix} 1 & 0 \\ 0 & 1 \end{bmatrix}$$

然后有

$$\boldsymbol{Q}_{\tilde{X}\tilde{X}} = E(\tilde{X}_t \tilde{X}_t') = \gamma' E(Z_t Z_t')\gamma = \begin{bmatrix} 1 & 0 \\ 0 & 1 \end{bmatrix} E(Z_t Z_t') \begin{bmatrix} 1 & 0 \\ 0 & 1 \end{bmatrix} = \begin{bmatrix} 1 & 0 \\ 0 & 1 \end{bmatrix}$$

另一方面，有

$$\boldsymbol{V}_{\tilde{X}\tilde{X}} = \text{avar}\left(\frac{1}{\sqrt{n}} \sum_{t=1}^{n} \tilde{X}_t \varepsilon_t\right) = \text{var}(\tilde{X}_t \varepsilon_t)$$

因为

$$\tilde{X}_t \varepsilon_t = \gamma' Z_t \varepsilon_t = Z_t \varepsilon_t$$

给定 v_t、ω_t 和 u_t 都是 IID (0, 1) 且相互独立，其为 MDS 序列且具有条件同方差。

然后有

$$\boldsymbol{V}_{\tilde{X}\tilde{X}} = \text{var}(\tilde{X}_t \varepsilon_t) = \text{var}(Z_t \varepsilon_t) = E(Z_t Z_t') E(\varepsilon_t^2) = \begin{bmatrix} 2 & 0 \\ 0 & 2 \end{bmatrix}$$

给定 $E(\varepsilon_t^2) = E[(\omega + u_t)^2] = 2$。

因此可以看出

$$\boldsymbol{V} = \begin{bmatrix} 2 & 0 \\ 0 & 2 \end{bmatrix}$$

（4）不能。理由如下：

从（3）中可知 $\boldsymbol{V}$ 可以被简化为 $\sigma_\varepsilon^2 \boldsymbol{Q}_{\tilde{X}\tilde{X}}^{-1}$，给定 $\{\tilde{X}_t \varepsilon_t\}$ 是一个 MDS 且具有条件同方差。

于是可以构建如下检验：

$$\text{H}_0\text{：} \boldsymbol{R}\beta^o = r$$

$$\frac{\sqrt{n}(\boldsymbol{R}\hat{\beta}_{2\text{SLS}} - \boldsymbol{r})^{\gamma} [\boldsymbol{R}\hat{\boldsymbol{Q}}_{\tilde{X}\tilde{X}}^{-1} \boldsymbol{R}]^{-1} \sqrt{n}(\boldsymbol{R}\hat{\beta}_{2\text{SLS}} - \boldsymbol{r})}{\hat{s}^2} \xrightarrow{\text{d}} \chi_J^2$$

其中 $\hat{\boldsymbol{Q}}_{\tilde{X}\tilde{X}} = 1/n\sum_{t=1}^{n}\hat{X}_t\hat{X}_t'$ 且 $\hat{s}^2 = 1/(n-K)\sum_{t=1}^{n}(Y_t - X_t'\hat{\beta}_{2\,\mathrm{SLS}})^2$。

然而

$$J\tilde{F} = \frac{\sqrt{n}(\boldsymbol{R}\hat{\beta}_{2\,\mathrm{SLS}} - \boldsymbol{r})'(\boldsymbol{R}\hat{\boldsymbol{Q}}_{\tilde{X}\tilde{X}}^{-1}\boldsymbol{R}')^{-1}\sqrt{n}(\boldsymbol{R}\hat{\boldsymbol{Q}}_{2\,\mathrm{SLS}} - \boldsymbol{r})}{s^2}$$

其中 $s^2 = 1/(n-K)\sum_{t=1}^{n}(Y_t - \hat{X}_t'\hat{\beta}_{2\,\mathrm{SLS}})^2$ 并不能依概率收敛于 σ_ε^2 (详见问题 6)。

因此不能将 $J\tilde{F}$ 作为 χ_J^2 的渐近统计量。

习题 7.5

考虑下列供求模型

$$Y_t = \alpha_0^o + \alpha_1^o P_t + \alpha_2^o S_t + \varepsilon_t$$

$$Y_t = \beta_0^o + \beta_1^o P_t + \beta_2^o C_t + v_t$$

其中，第一个方程是某一商品需求模型，Y_t 是商品需求数量，P_t 是商品价格，S_t 是替代品的价格，ε_t 是需求冲击。第二个方程是商品供给模型，其中 Y_t 是商品供应量，C_t 是生产成本，v_t 是供给冲击。假定 S_t 和 C_t 是外生变量，$\{\varepsilon_t\} \sim \mathrm{IID}\ (0,\sigma_\varepsilon^2)$，$\{v_t\} \sim \mathrm{IID}\ (0,\sigma_v^2)$，并且 $\{\varepsilon_t\}$ 和 $\{v_t\}$ 两个序列相互独立。假设市场总是出清，即需求数量总是等于供给数量。

（1）假设选择工具向量 $Z_t = (S_t, C_t)'$ 并用两阶段法估计需求模型。描述两阶段最小二乘法估计步骤。得到的 2SLS 估计量 $\hat{\alpha}_{2\mathrm{SLS}}$ 是 $\alpha^o = (\alpha_0^o, \alpha_1^o, \alpha_2^o)'$ 的一致估计量吗? 请解释。

（2）假设用工具向量 $Z_t = (S_t, C_t)'$ 并用两阶段法估计供给模型。描述两阶段最小二乘法估计步骤。得到的 2SLS 估计量 $\hat{\beta}_{2\mathrm{SLS}}$ 是 $\beta^o = (\beta_0^o, \beta_1^o, \beta_2^o)'$ 的一致估计量吗？请解释。

（3）假定 $\{\varepsilon_t\}$ 和 $\{v_t\}$ 是同期相关的，即 $E(\varepsilon_t v_t) \neq 0$。当商品供求受同一冲击影响时，就会出现这种情形。这会影响（1）和（2）的结论吗？请解释。

解答:

（1）(i) 两阶段最小二乘法（2SLS）过程:

设 $\tilde{Z}_t = (1, Z_t)' = (1, S_t, C_t)'$ 以及 $X_t = (1, P_t, S_t)'$

阶段 1:

将 X_t 对 $\tilde{Z}_t$ 回归，并使用 OLS 估计得到拟合值 $\hat{X}_t$。

阶段 2：

将 Y_t 对拟合值 $\hat{X}_t$ 回归，并得到 OLS 估计量 $\hat{\alpha}_{2\,\mathrm{SLS}}$。

(ii) 得到的 2 SLS 估计量 $\hat{\beta}_{2\,\mathrm{SLS}}$ 是一致估计，原因是：

$$E(\tilde{Z}_t v_t) = E(v_t)[1, E(S_t), E(C_t)]' = (0,0,0)'$$

给定 S_t 和 C_t 是外生的且 $v_t \sim \mathrm{IID}\ (0, \sigma_v^2)$。

不仅如此，还有

$$E(\tilde{Z}_t X_t') \neq 0$$

这是由于 $P_t = \dfrac{Y_t - \alpha_0^o - \alpha_2^o S_t - \varepsilon_t}{\alpha_1^o}$，其为 S_t 的线性函数。

因此，可以发现 $\tilde{Z}_t$ 是一个合格的工具变量，且因此 2SLS 估计量 $\hat{\beta}_{2\,\mathrm{SLS}}$ 是一致估计。（2）的解答思路类似，此处不再赘述。

（3）不会影响，2SLS 估计量 $\hat{\beta}_{2\,\mathrm{SLS}}$ 和 $\hat{\alpha}_{2\,\mathrm{SLS}}$ 仍然是一致的。原因是 $\tilde{Z}_t$ 仍然是一个有效的工具变量，因为 S_t 和 C_t 是外生的，这意味着无论 ε_t 和 v_t 是否同时相关，$\tilde{Z}_t$ 都满足上述有效Ⅳ的条件。

习题 7.6

证明当假设 7.1 ~ 7.4 成立，且 $n \to \infty$ 时，$\hat{\beta}_{2\mathrm{SLS}} \xrightarrow{p} \beta^o$。

解答：

$$\begin{aligned}
\hat{\beta}_{2\,\mathrm{SLS}} &= (\hat{\boldsymbol{X}}'\hat{\boldsymbol{X}})^{-1}\hat{\boldsymbol{X}}'\boldsymbol{Y} \\
&= (\hat{\boldsymbol{X}}'\hat{\boldsymbol{X}})^{-1}\hat{\boldsymbol{X}}'(\boldsymbol{X}\beta^o + \varepsilon) \leftarrow [\text{ 假设 7.2（线性）}] \\
&= \beta^o + (\hat{\boldsymbol{X}}'\hat{\boldsymbol{X}})^{-1}\hat{\boldsymbol{X}}'\varepsilon \\
&= \beta^o + \left(\frac{1}{n}\sum_{t=1}^{n}\hat{\boldsymbol{X}}_t\hat{\boldsymbol{X}}_t'\right)^{-1}\left(\frac{1}{n}\sum_{t=1}^{n}\hat{\boldsymbol{X}}_t\varepsilon_t\right)
\end{aligned}$$

其中 $\hat{\boldsymbol{X}}'\boldsymbol{X} = \hat{\boldsymbol{X}}'(\hat{\boldsymbol{X}} + e_1) = \hat{\boldsymbol{X}}'\hat{\boldsymbol{X}}$ 由于 $\hat{\boldsymbol{X}}'e_1 = \hat{\gamma}'Z'e_1 = 0$ (e_1 是第一步 OLS 回归的残差)。

另一方面，有

$$\frac{1}{n}\sum_{t=1}^{n}\hat{X}_t\hat{X}_t' = \hat{\gamma}\left(\frac{1}{n}\sum_{t=1}^{n}Z_tZ_t'\right)\hat{\gamma}$$

其中

$$\begin{aligned}
\hat{\gamma} &= (\boldsymbol{Z}'\boldsymbol{Z})^{-1}\boldsymbol{Z}'\boldsymbol{X} \\
&= \left(\frac{1}{n}\sum_{t=1}^{n}Z_tZ_t'\right)^{-1}\left(\frac{1}{n}\sum_{t=1}^{n}Z_tX_t'\right)
\end{aligned}$$

通过平稳遍历序列的 WLLN $\{X_t', Z_t'\}'$（假设 7.1），可以得到

$$\frac{1}{n}\sum_{t=1}^{n} Z_t Z_t' \xrightarrow{p} = E(Z_t Z_t') = \boldsymbol{Q}_{zz}$$

$$\frac{1}{n}\sum_{t=1}^{n} Z_t X_t' \xrightarrow{p} = E(Z_t X_t') = \boldsymbol{Q}_{zx}$$

给定 $\boldsymbol{Q}_{zz}$ 是有限且非奇异 [假设 7.4（Ⅳ条件）]，可以得到

$$\hat{\gamma} \xrightarrow{p} \boldsymbol{Q}_{zz}^{-1}\boldsymbol{Q}_{zx} \equiv \gamma$$

基于连续性和 Slusky 定理。

然后可以得到：

$$\frac{1}{n}\sum_{t=1}^{n} \hat{X}_t \hat{X}_t' \xrightarrow{p} \boldsymbol{Q}_{xz}\boldsymbol{Q}_{zz}^{-1}\boldsymbol{Q}_{zz}\boldsymbol{Q}_{zz}^{-1}\boldsymbol{Q}_{zx} = \boldsymbol{Q}_{xz}\boldsymbol{Q}_{zz}^{-1}\boldsymbol{Q}_{zx}$$

另一方面，有

$$\frac{1}{n}\sum_{t=1}^{n} \hat{X}_t \varepsilon_t = \hat{\gamma}'\left(\frac{1}{n}\sum_{t=1}^{n} Z_t \varepsilon_t\right)$$

其中

$$\frac{1}{n}\sum_{t=1}^{n} Z_t \varepsilon_t \xrightarrow{p} E(Z_t \varepsilon_t) = 0$$

基于假设 7.1 和假设 7.2（线性），利用平稳遍历序列 $\{Z_t', \varepsilon_t\}'$ 的 WLLN。

于是有

$$\frac{1}{n}\sum_{t=1}^{n} \hat{X}_t \varepsilon_t \xrightarrow{p} \gamma'\mathbf{0} = \mathbf{0}$$

基于 Slutsky 定理。

给定上述结果，有：

$$\hat{\beta}_{2\mathrm{SLS}} - \beta^o = \left(\frac{1}{n}\sum_{t=1}^{n} \hat{X}_t \hat{X}_t'\right)^{-1}\left(\frac{1}{n}\sum_{t=1}^{n} \hat{X}_t \varepsilon_t\right) \xrightarrow{p} [\boldsymbol{Q}_{xz}\boldsymbol{Q}_{zz}^{-1}\boldsymbol{Q}_{zx}]^{-1}\mathbf{0} = \mathbf{0}$$

基于连续性和 Slutsky 定理［Q_{xz} 是有限和满秩的，给定假设 7.4（Ⅳ条件）］。

习题 7.7

假定假设 7.1 ~ 7.5 成立，证明：

（1）当 $n \to \infty$ 时，$\sqrt{n}(\hat{\beta}_{2SLS} - \beta^o) \xrightarrow{d} N(\mathbf{0}, \boldsymbol{\Omega})$，其中

$$\boldsymbol{\Omega} = (\boldsymbol{Q}_{XZ}\boldsymbol{Q}_{ZZ}^{-1}\boldsymbol{Q}_{ZX})^{-1}\boldsymbol{Q}_{XZ}\boldsymbol{Q}_{ZZ}^{-1}\boldsymbol{V}\boldsymbol{Q}_{ZZ}^{-1}\boldsymbol{Q}_{ZX}(\boldsymbol{Q}_{XZ}\boldsymbol{Q}_{ZZ}^{-1}\boldsymbol{Q}_{ZX})^{-1}$$

这里 V 由假设 7.5 给出。

（2）另外，如果 $\{Z_t\varepsilon_t\}$ 是一个遍历平稳的鞅差分序列，且 $E(\varepsilon_t^2|Z_t) = \sigma^2$，则

$$\boldsymbol{\Omega} = \sigma^2 \left(\boldsymbol{Q}_{XZ}\boldsymbol{Q}_{ZZ}^{-1}\boldsymbol{Q}_{ZX}\right)^{-1}$$

解答：

（1）从问题 4 中，我们有［基于假设 7.2（线性）］

$$\begin{aligned}\sqrt{n}(\hat{\beta}_{2\,SLS} - \beta^o) &= \left(\frac{1}{n}\sum_{t=1}^{n}\hat{X}_t\hat{X}_t'\right)^{-1}\left(\frac{1}{\sqrt{n}}\sum_{t=1}^{n}\hat{X}_t\varepsilon_t\right) \\ &= \hat{\boldsymbol{Q}}_{\tilde{X}\tilde{X}}^{-1}\hat{\gamma}'\left(\frac{1}{\sqrt{n}}\sum_{t=1}^{n}Z_t\varepsilon_t\right)\end{aligned}$$

不仅如此，我们已经证明

$$\hat{\boldsymbol{Q}}_{\tilde{X}\tilde{X}} = \frac{1}{n}\sum_{t=1}^{n}\hat{X}_t\hat{X}_t' \xrightarrow{p} \boldsymbol{Q}_{xz}\boldsymbol{Q}_{zz}^{-1}\boldsymbol{Q}_{zx}$$

$$\hat{\gamma} \xrightarrow{p} \gamma = \boldsymbol{Q}_{zz}^{-1}\boldsymbol{Q}_{zx}$$

基于假设 7.1 和 7.4。

现在，存在另外的假设 7.5，这意味着

$$\frac{1}{\sqrt{n}}\sum_{t=1}^{n}Z_t\varepsilon_t \xrightarrow{d} N(\mathbf{0}, V)$$

其中 $V \equiv \text{avar}\left(\frac{1}{\sqrt{n}}\sum_{t=1}^{n}Z_t\varepsilon_t\right)$。

接着，基于 Slutsky 定理和连续性条件［$\boldsymbol{Q}_{xz}$ 是有限且满秩的，基于假设 7.4（Ⅳ条件）］，有：

$$\sqrt{n}(\hat{\beta}_{2\,SLS} - \beta^o) \xrightarrow{d} N(\mathbf{0}, \boldsymbol{\Omega})$$

其中

$$\boldsymbol{\Omega}=[\boldsymbol{Q}_{xz}\boldsymbol{Q}_{zz}^{-1}\boldsymbol{Q}_{zx}]^{-1}\boldsymbol{Q}_{xz}\boldsymbol{Q}_{zz}^{-1}\boldsymbol{V}\boldsymbol{Q}_{zz}^{-1}\boldsymbol{Q}_{zx}\left[\boldsymbol{Q}_{xz}\boldsymbol{Q}_{zz}^{-1}\boldsymbol{Q}_{zx}\right]^{-1}$$

（2）当 $\{Z_t\varepsilon_t\}$ 是一个平稳遍历的 MDS 过程，且 $E(\varepsilon_t^2|Z_t)=\sigma^2$ 时，可以得到：

$$\begin{aligned}\operatorname{avar}\left(\frac{1}{\sqrt{n}}\sum_{t=1}^{n}Z_t\varepsilon_t\right)&=E(Z_tZ_t'\varepsilon_t^2)\\&=E[Z_tZ_t'E(\varepsilon_t^2|Z_t)]\\&=\sigma^2E(Z_tZ_t')\\&=\sigma^2\boldsymbol{Q}_{zz}\end{aligned}$$

然后可以将 $\boldsymbol{\Omega}$ 改写为：

$$\begin{aligned}\boldsymbol{\Omega}&=\left[\boldsymbol{Q}_{xz}\boldsymbol{Q}_{zz}^{-1}\boldsymbol{Q}_{zx}\right]^{-1}\boldsymbol{Q}_{xz}\boldsymbol{Q}_{zz}^{-1}\boldsymbol{V}\boldsymbol{Q}_{zz}^{-1}\boldsymbol{Q}_{zx}\left[\boldsymbol{Q}_{xz}\boldsymbol{Q}_{zz}^{-1}\boldsymbol{Q}_{zx}\right]^{-1}\\&=\left[\boldsymbol{Q}_{xz}\boldsymbol{Q}_{zz}^{-1}\boldsymbol{Q}_{zx}\right]^{-1}\boldsymbol{Q}_{xz}\boldsymbol{Q}_{zz}^{-1}\sigma^2\boldsymbol{Q}_{zz}\boldsymbol{Q}_{zz}^{-1}\boldsymbol{Q}_{zx}\left[\boldsymbol{Q}_{xz}\boldsymbol{Q}_{zz}^{-1}\boldsymbol{Q}_{zx}\right]^{-1}\\&=\left[\boldsymbol{Q}_{xz}\boldsymbol{Q}_{zz}^{-1}\boldsymbol{Q}_{zx}\right]^{-1}\sigma^2\boldsymbol{Q}_{xz}\boldsymbol{Q}_{zz}^{-1}\boldsymbol{Q}_{zx}\left[\boldsymbol{Q}_{xz}\boldsymbol{Q}_{zz}^{-1}\boldsymbol{Q}_{zx}\right]^{-1}\\&=\sigma^2\left[\boldsymbol{Q}_{xz}\boldsymbol{Q}_{zz}^{-1}\boldsymbol{Q}_{zx}\right]^{-1}\end{aligned}$$

习题 7.8

Ⅳ的使用确保了 2SLS 估计量的一致性。解释Ⅳ的选择为何以及如何影响 2SLS 估计的效率（给定假设 7.1 ~ 7.5 成立）。

解答:

我们应该分析 X_t 中哪些解释变量是内生的或外生的。如果一个解释变量是外生的，那么这个变量应该包含在 Z_t 中，即工具变量集合。我们应该尽可能选择与 X_t 密切相关的工具变量向量 Z_t。尽管只要 Z_t 和 X_t 之间的相关性是一个非零常数就不会影响估计量的一致性，但是 Z_t 和 X_t 之间的相关性强度会影响 β^o 的 2SLS 估计量的渐进方差的大小，从而影响 2SLS 估计量的效率。

习题 7.9

给定假设 7.1 ~ 7.4、7.6 和 7.7 成立，考虑检验原假设 H_0：$\boldsymbol{R}\beta^o=r$，其中 $\boldsymbol{R}$ 是 $1\times K$ 常数向量，r 是常数。请构造一个 t 检验统计量，并在下列情形下推导其在 H_0 下的渐近分布：

（1）$\{Z_t\varepsilon_t\}$ 是 MDS，且 $E(\varepsilon_t^2|Z_t)=\sigma^2$。第二阶段 Y_t 对 $\hat{X}_t$ 回归的标准 t 检验统计量是否在 H_0 下服从渐近 $N(0,1)$ 分布？请解释。

（2）$\{Z_t\varepsilon_t\}$ 是 MDS，且 $E(\varepsilon_t^2|Z_t) \neq 0$。

（3）$\{Z_t\varepsilon_t\}$ 是非 MDS。

解答：

（1）首先给出 2SLS 估计量渐近分布的一般形式：

$$\sqrt{n}(\hat{\beta}_{2\,\mathrm{SLS}} - \beta^o) \xrightarrow{\mathrm{d}} N(\mathbf{0}, \boldsymbol{\Omega})$$

当 $\{Z_t\varepsilon_t\}$ 是 MDS，且 $E(\varepsilon_t^2|Z_t) = \sigma^2$ 时，$\boldsymbol{\Omega}$ 可以被简化为：

$$\begin{aligned}\boldsymbol{\Omega} &= [\boldsymbol{Q}_{XZ}\boldsymbol{Q}_{ZZ}^{-1}\boldsymbol{Q}_{ZX}]^{-1}\boldsymbol{Q}_{XZ}\boldsymbol{Q}_{ZZ}^{-1}\sigma^2\boldsymbol{Q}_{ZZ}\boldsymbol{Q}_{ZZ}^{-1}\boldsymbol{Q}_{ZX}[\boldsymbol{Q}_{XZ}\boldsymbol{Q}_{ZZ}^{-1}\boldsymbol{Q}_{ZX}]^{-1} \\ &= \sigma^2[\boldsymbol{Q}_{XZ}\boldsymbol{Q}_{ZZ}^{-1}\boldsymbol{Q}_{ZX}]^{-1}\end{aligned}$$

因此，可以通过下式得到 $\boldsymbol{\Omega}$ 的估计量：

$$\hat{\boldsymbol{\Omega}} = \hat{s}^2\hat{\boldsymbol{Q}}_{\hat{X}\hat{X}}^{-1}$$

$$\hat{s}^2 = \frac{\hat{e}'\hat{e}}{(n-K)}$$

$$\hat{\boldsymbol{Q}}_{\hat{X}\hat{X}} = n^{-1}\sum_{t=1}^{n}\hat{X}_t\hat{X}_t'$$

从而推导得到 t 检验统计量及其渐近分布：

$$T = \frac{\sqrt{n}(\hat{\beta}_{2\,\mathrm{SLS}} - \beta^o)}{\sqrt{\boldsymbol{R}\hat{s}^2\hat{\boldsymbol{Q}}_{\hat{X}\hat{X}}\boldsymbol{R}'}} \xrightarrow{\mathrm{d}} N(0,1)$$

（2）还是从 2SLS 估计量的渐近分布的一般形式出发：

$$\sqrt{n}(\hat{\beta}_{2\,\mathrm{SLS}} - \beta^o) \xrightarrow{\mathrm{d}} N(\mathbf{0}, \boldsymbol{\Omega})$$

当 $\{Z_t\varepsilon_t\}$ 是 MDS，且 $E(\varepsilon_t^2|Z_t) \neq 0$ 时，有：

$$\boldsymbol{\Omega} = [\boldsymbol{Q}_{XZ}\boldsymbol{Q}_{ZZ}^{-1}\boldsymbol{Q}_{ZX}]^{-1}\boldsymbol{Q}_{XZ}\boldsymbol{Q}_{ZZ}^{-1}E(Z_tZ_t's_t^2)\boldsymbol{Q}_{ZZ}^{-1}\boldsymbol{Q}_{ZX}[\boldsymbol{Q}_{XZ}\boldsymbol{Q}_{ZZ}^{-1}\boldsymbol{Q}_{ZX}]^{-1}$$

$$\hat{\boldsymbol{\Omega}} = \hat{\boldsymbol{Q}}_{\hat{X}\hat{X}}^{-1}\hat{\boldsymbol{V}}_{\hat{X}\hat{X}}\hat{\boldsymbol{Q}}_{\hat{X}\hat{X}}^{-1} \xrightarrow{P} \boldsymbol{\Omega}$$

$$T = \frac{\sqrt{n}(\hat{\beta}_{2\,\mathrm{SLS}} - \beta^o)}{\sqrt{\boldsymbol{R}\hat{\boldsymbol{Q}}_{\hat{X}\hat{X}}^{-1}\hat{\boldsymbol{V}}_{\hat{X}\hat{X}}\hat{\boldsymbol{Q}}_{\hat{X}\hat{X}}^{-1}\boldsymbol{R}'}} \xrightarrow{\mathrm{d}} N(0,1)$$

其中

$$\hat{\boldsymbol{Q}}_{\hat{X}\hat{X}} = \frac{1}{n}\sum_{t=1}^{n}\hat{X}_t\hat{X}_t'$$

$$\hat{V}_{\hat{X}\hat{X}}=\frac{1}{n}\sum_{t=1}^{n}\hat{X}_t\hat{X}_t'\hat{e}_t^2$$

$$\hat{e}_t=Y_t-X_t'\hat{\beta}_{2\,\mathrm{SLS}}$$

（3）进一步地，当 $\{Z_t\varepsilon_t\}$ 是非 MDS 时，有：

$$T=\frac{\sqrt{n}(\hat{\beta}_{2\,\mathrm{SLS}}-\beta^o)}{\sqrt{\boldsymbol{R}\hat{\boldsymbol{Q}}_{\hat{X}\hat{X}}^{-1}\hat{\boldsymbol{V}}_{\hat{X}\hat{X}}\hat{\boldsymbol{Q}}_{\hat{X}\hat{X}}^{-1}\boldsymbol{R}'}}\xrightarrow{\mathrm{d}}N(0,1)$$

其中

$$\hat{\boldsymbol{Q}}_{\hat{X}\hat{X}}=\frac{1}{n}\sum_{t=1}^{n}\hat{X}_t\hat{X}_t'$$

$$\hat{\boldsymbol{V}}_{\hat{X}\hat{X}}=\hat{\gamma}'\hat{\boldsymbol{V}}\hat{\gamma}$$

$$\hat{\gamma}=(\boldsymbol{Z}'\boldsymbol{Z})^{-1}\boldsymbol{Z}'\boldsymbol{X}$$

习题 7.10

假定假设 7.1 ~ 7.4、7.6 和 7.7 成立。

（1）定义

$$\hat{s}^2=\frac{\hat{\boldsymbol{e}}'\hat{\boldsymbol{e}}}{n}$$

其中 $\hat{\boldsymbol{e}}=\boldsymbol{Y}-\boldsymbol{X}\hat{\beta}_{2\mathrm{SLS}}$。证明：当 $n\to\infty$ 时，$\hat{s}^2\xrightarrow{p}\sigma^2=\mathrm{var}(\varepsilon_t)$。

（2）定义

$$s^2=\frac{\boldsymbol{e}'\boldsymbol{e}}{n}$$

其中 $\boldsymbol{e}=\boldsymbol{Y}-\hat{\boldsymbol{X}}\hat{\beta}_{2\mathrm{SLS}}$ 是第二阶段 Y_t 对 $\hat{X}_t=\hat{\gamma}'Z_t$ 回归的估计残差。证明：s^2 不是 σ^2 的一致估计量。

解答：

（1）根据定义，有

$$\begin{aligned}\hat{s}^2&=\frac{\hat{\boldsymbol{e}}'\hat{\boldsymbol{e}}}{n}\\&=\frac{(\boldsymbol{Y}-\boldsymbol{X}\hat{\beta}_{2\,\mathrm{SLS}})'(\boldsymbol{Y}-\boldsymbol{X}\hat{\beta}_{2\,\mathrm{SLS}})}{n}\\&=\frac{[\varepsilon-\boldsymbol{X}(\hat{\beta}_{2\,\mathrm{SLS}}-\beta^o)]'[\varepsilon-\boldsymbol{X}(\hat{\beta}_{2\,\mathrm{SLS}}-\beta^o)]}{n}\end{aligned}$$

$$= \frac{\varepsilon'\varepsilon - 2(\hat{\beta}_{2\,\mathrm{SLS}} - \beta^o)'\boldsymbol{X}'\varepsilon + (\hat{\beta}_{2\,\mathrm{SLS}} - \beta^o)'\boldsymbol{X}'\boldsymbol{X}(\hat{\beta}_{2\,\mathrm{SLS}} - \beta^o)}{n}$$

$$= \frac{1}{n}\sum_{t=1}^{n}\varepsilon_t^2 - 2(\hat{\beta}_{2\,\mathrm{SLS}} - \beta^o)'\left(\frac{1}{n}\sum_{t=1}^{n}X_t\varepsilon_t\right) +$$

$$(\hat{\beta}_{2\,\mathrm{SLS}} - \beta^o)'\left(\frac{1}{n}\sum_{t=1}^{n}X_tX_t'\right)(\hat{\beta}_{2\,\mathrm{SLS}} - \beta^o)$$

另一方面，习题 7.6 中，基于假设 7.1 ~ 7.4，已证

$$\hat{\beta}_{2\,\mathrm{SLS}} \xrightarrow{p} \beta^o$$

除此之外，可以得到

$$\frac{1}{n}\sum_{t=1}^{n}X_tX_t' \xrightarrow{p} E(X_tX_t') = \boldsymbol{Q}_{xx}$$

$$\frac{1}{n}\sum_{t=1}^{n}X_t\varepsilon_t \xrightarrow{p} E(X_t\varepsilon_t)$$

基于遍历平稳过程的 WLLN，给定假设 7.1 ~ 7.4。

另一方面，亦有：

$$\frac{1}{n}\sum_{t=1}^{n}\varepsilon_t^2 \xrightarrow{p} E\varepsilon_t^2$$

基于遍历平稳过程的 WLLN，给定假设 7.1 和 7.2。给定假设 7.7，即 $E(\varepsilon_t^2|Z_t) = \sigma^2$，可以得到

$$E\varepsilon_t^2 = E[E(\varepsilon_t^2|Z_t)] = \sigma^2$$

给定上述的所有条件，有：

$$\hat{s}^2 = \frac{1}{n}\sum_{t=1}^{n}\varepsilon_t^2 - 2(\hat{\beta}_{2\,\mathrm{SLS}} - \beta^o)'\left(\frac{1}{n}\sum_{t=1}^{n}X_t\varepsilon_t\right) +$$

$$(\hat{\beta}_{2\,\mathrm{SLS}} - \beta^o)'\left(\frac{1}{n}\sum_{t=1}^{n}X_tX_t'\right)(\hat{\beta}_{2\,\mathrm{SLS}} - \beta^o)$$

$$\to \sigma^2 - \mathbf{2}\cdot\mathbf{0}'E(X_t\varepsilon_t) + \mathbf{0}'\boldsymbol{Q}_{xx}\mathbf{0}$$

$$= \sigma^2$$

因此 $\hat{s}^2 \xrightarrow{p} \sigma^2 = \mathrm{var}(\varepsilon_t)$ 当 $n \to \infty$。

（2）根据定义，有：

$$\begin{aligned}
\boldsymbol{e}'\boldsymbol{e} &= (\boldsymbol{Y} - \hat{\boldsymbol{X}}\hat{\beta}_{2\,\mathrm{SLS}})'(\boldsymbol{Y} - \hat{\boldsymbol{X}}\hat{\beta}_{2\,\mathrm{SLS}}) \\
&= [\boldsymbol{Y} - (\hat{\boldsymbol{X}} - \boldsymbol{X} + \boldsymbol{X})\hat{\beta}_{2\,\mathrm{SLS}}]'[\boldsymbol{Y} - (\hat{\boldsymbol{X}} - \boldsymbol{X} + \boldsymbol{X})\hat{\beta}_{2\,\mathrm{SLS}}] \\
&= [(\boldsymbol{Y} - \boldsymbol{X}\hat{\beta}_{2\,\mathrm{SLS}}) + (\boldsymbol{X} - \hat{\boldsymbol{X}})\hat{\beta}_{2\,\mathrm{SLS}}]'[(\boldsymbol{Y} - \boldsymbol{X}\hat{\beta}_{2\,\mathrm{SLS}}) + (\boldsymbol{X} - \hat{\boldsymbol{X}})\hat{\beta}_{2\,\mathrm{SLS}}] \\
&= [\hat{\boldsymbol{e}} + (\boldsymbol{X} - \hat{\boldsymbol{X}})\hat{\beta}_{2\,\mathrm{SLS}}]'[\hat{e} + (\boldsymbol{X} - \hat{\boldsymbol{X}})\hat{\beta}_{2\,\mathrm{SLS}}] \\
&= \hat{\boldsymbol{e}}'\hat{\boldsymbol{e}} + 2\hat{\beta}'_{2\,\mathrm{SLS}}(\boldsymbol{X} - \hat{\boldsymbol{X}})'\hat{\boldsymbol{e}} + \hat{\beta}'_{2\,\mathrm{SLS}}(\boldsymbol{X} - \hat{\boldsymbol{X}})'(\boldsymbol{X} - \hat{\boldsymbol{X}})\hat{\beta}_{2\,\mathrm{SLS}}
\end{aligned}$$

因此有：

$$\frac{\boldsymbol{e}'\boldsymbol{e} - \hat{\boldsymbol{e}}'\hat{\boldsymbol{e}}}{n} = 2\beta'_{2\,\mathrm{SLS}}\left[\frac{1}{n}\sum_{t=1}^{n}(X_t - \hat{X}_t)\hat{e}_t\right] + \beta'_{2\,\mathrm{SLS}}\left[\frac{1}{n}\sum_{t=1}^{n}(X_t - \hat{X}_t)(X_t - \hat{X}_t)'\right]\hat{\beta}_{2\,\mathrm{SLS}}$$

另一方面，有：

$$\begin{aligned}
\frac{1}{n}\sum_{t=1}^{n}(X_t - \hat{X}_t)\hat{e}_t &= \frac{1}{n}\sum_{t=1}^{n}(X_t - \hat{\gamma}'Z_t)\left[\varepsilon_t - X_t'(\hat{\beta}_{2\,\mathrm{SLS}} - \beta^o)\right] \\
&= \frac{1}{n}\sum_{t=1}^{n}X_t\varepsilon_t - \hat{\gamma}'\left(\frac{1}{n}\sum_{t=1}^{n}Z_t\varepsilon_t\right) - \left(\frac{1}{n}\sum_{t=1}^{n}X_tX_t'\right)(\hat{\beta}_{2\,\mathrm{SLS}} - \beta^o) + \\
&\quad \hat{\gamma}'\left(\frac{1}{n}\sum_{t=1}^{n}Z_tX_t'\right)(\hat{\beta}_{2\,\mathrm{SLS}} - \beta^o) \\
&\xrightarrow{p} E(X_t\varepsilon_t) - \gamma'E(Z_t\varepsilon_t) - E(X_tX_t')\mathbf{0} + \gamma'E(Z_tX_t')\mathbf{0} \\
&= E(X_t\varepsilon_t) \neq \mathbf{0}!
\end{aligned}$$

基于遍历平稳过程的 WLLN，给定假设 7.1 ~ 7.2 和假设 7.3 与 7.4 (回顾在习题 7.4 中，已经证明了 $\hat{\gamma} \xrightarrow{p} \gamma \equiv \boldsymbol{Q}_{zz}^{-1}\boldsymbol{Q}_{zx}$)。

另一方面，利用相同方法，可以得到：

$$\begin{aligned}
\frac{1}{n}\sum_{t=1}^{n}(X_t - \hat{X}_t)(X_t - \hat{X}_t)' &= \frac{1}{n}\sum_{t=1}^{n}(X_t - \hat{\gamma}'Z_t)(X_t - \hat{\gamma}'Z_t)' \\
&= \frac{1}{n}\sum_{t=1}^{n}X_tX_t' - \hat{\gamma}'\left(\frac{1}{n}\sum_{t=1}^{n}Z_tX_t'\right) - \\
&\quad \left(\frac{1}{n}\sum_{t=1}^{n}X_tZ_t'\right)\hat{\gamma} + \hat{\gamma}'\left(\frac{1}{n}\sum_{t=1}^{n}Z_tZ_t'\right)\hat{\gamma} \\
&\xrightarrow{p} E(X_tX_t') - \gamma'E(Z_tX_t') - E(X_tZ_t')\gamma + \gamma'E(Z_tZ_t')\gamma \\
&= \boldsymbol{Q}_{xx} - \boldsymbol{Q}_{xz}\boldsymbol{Q}_{zz}^{-1}\boldsymbol{Q}_{zx} - \boldsymbol{Q}_{xz}\boldsymbol{Q}_{zz}^{-1}\boldsymbol{Q}_{zx} + \boldsymbol{Q}_{xz}\boldsymbol{Q}_{zz}^{-1}\boldsymbol{Q}_{zz}\boldsymbol{Q}_{zz}^{-1}\boldsymbol{Q}_{zx}
\end{aligned}$$

$$= Q_{xx} - Q_{xz}Q_{zz}^{-1}Q_{zx}$$

现在让我们通过如下方法分解 X_t：

$$X_t = \tilde{X}_t + v_t = \gamma' Z_t + v_t$$

其中 $E(Z_t v_t') = 0$。

然后可以得到：

$$Q_{xx} = E[(\gamma' Z_t + v_t)(\gamma' Z_t + v_t)'] = \gamma' E(Z_t Z_t)\gamma + E(v_t v_t') = Q_{xz}Q_{zz}^{-1}Q_{zx} + E(v_t v_t')$$

因此有：

$$\frac{1}{n}\sum_{t=1}^{n}(X_t - \hat{X}_t)(X_t - \hat{X}_t) \xrightarrow{p} E(v_t v_t') \neq 0$$

给定上述结果，有：

$$\frac{\mathrm{e}'e - \hat{e}'\hat{e}}{n} = 2\hat{\beta}_{2\,\mathrm{SLS}}'\left[\frac{1}{n}\sum_{t=1}^{n}(X_t - \hat{X}_t)\hat{e}_t\right] + \hat{\beta}_{2\,\mathrm{SLS}}'\left[\frac{1}{n}\sum_{t=1}^{n}(X_t - \hat{X}_t)(X_t - \hat{X}_t)'\right]\hat{\beta}_{2\,\mathrm{SLS}}$$

$$\xrightarrow{p} 2\beta^{o\prime}E(X_t\varepsilon_t) + \beta^{o\prime}E(v_t v_t')\beta^o$$

其通常不等于 0。

因此，s^2 并非 σ^2 的一致估计量。

习题 7.11

（2SLS 假设检验）假定假设 7.1 ~ 7.5 成立，定义第二阶段回归的 F 统计量

$$F = \frac{n(\boldsymbol{R}\hat{\beta}_{2\mathrm{SLS}} - r)'[\boldsymbol{R}\hat{\boldsymbol{Q}}_{\hat{X}\hat{X}}^{-1}\boldsymbol{R}']^{-1}(\boldsymbol{R}\hat{\beta}_{2\mathrm{SLS}} - r)/J}{\boldsymbol{e}'\boldsymbol{e}/(n-K)}$$

其中 $\boldsymbol{e} = (e_1, e_2, \cdots, e_n)'$，$e_t = Y_t - \hat{X}_t'\hat{\beta}_{2\mathrm{SLS}}$ 是第二阶段 Y_t 对 $\hat{X}_t$ 回归的估计残差。在原假设 H_0：$\boldsymbol{R}\beta^o = \gamma$ 下，$J \cdot F \xrightarrow{\mathrm{d}} \chi_J^2$ 吗？如果是，给出理由。如果不是，对其进行修正，从而使其在原假设 H_0：$\boldsymbol{R}\beta^o = \gamma$ 成立时，收敛于 χ_J^2 分布。

解答:

不是。给定假设 7.1 ~ 7.5，有：

$$\sqrt{n}(\hat{\beta}_{2\,\mathrm{SLS}} - \beta^o) \xrightarrow{\mathrm{d}} N(\mathbf{0}, \boldsymbol{\Omega})$$

其中，

$$\boldsymbol{\Omega}=[\boldsymbol{Q}_{xz}\boldsymbol{Q}_{zz}^{-1}\boldsymbol{Q}_{zx}]^{-1}\boldsymbol{Q}_{xz}\boldsymbol{Q}_{zz}^{-1}\boldsymbol{V}\boldsymbol{Q}_{zz}^{-1}\boldsymbol{Q}_{zx}[\boldsymbol{Q}_{xz}\boldsymbol{Q}_{zz}^{-1}\boldsymbol{Q}_{zx}]^{-1}$$

$$\boldsymbol{V}\equiv \text{avar}\left(\frac{1}{\sqrt{n}}\sum_{t=1}^{n}Z_t\varepsilon_t\right)$$

为了给出一个修正后的检验统计量，我们需要考虑以下三种情况：

情况 1：$\{Z_t\varepsilon_t\}$ 是一个 MDS 且有 $E(\varepsilon_t^2|Z_t)=\sigma^2$。

给定

$$\text{avar}(\frac{1}{\sqrt{n}}\sum_{t=1}^{n}Z_t\varepsilon_t)=E(Z_tZ_t'\varepsilon_t^2)=E[Z_tZ_t'E(\varepsilon_t^2|Z_t)]=\sigma^2\boldsymbol{Q}_{zz}$$

有

$$\boldsymbol{\Omega}=[\boldsymbol{Q}_{xz}\boldsymbol{Q}_{zz}^{-1}\boldsymbol{Q}_{zx}]^{-1}\boldsymbol{Q}_{xz}\boldsymbol{Q}_{zz}^{-1}\sigma^2\boldsymbol{Q}_{zz}\boldsymbol{Q}_{zz}^{-1}\boldsymbol{Q}_{zx}[\boldsymbol{Q}_{xz}\boldsymbol{Q}_{zz}^{-1}\boldsymbol{Q}_{zx}]^{-1}=\sigma^2[\boldsymbol{Q}_{xz}\boldsymbol{Q}_{zz}^{-1}\boldsymbol{Q}_{zx}]^{-1}$$

修正后的检验统计量如下：

$$\frac{\sqrt{n}(\boldsymbol{R}\hat{\beta}_{2\text{SLS}}-r)'[\boldsymbol{R}\hat{\boldsymbol{Q}}_{\tilde{X}\tilde{X}}^{-1}\boldsymbol{R}']^{-1}\sqrt{n}(\boldsymbol{R}\hat{\beta}_{2\text{SLS}}-r)}{\hat{s}^2}\xrightarrow{d}\chi_J^2$$

其中 $\hat{\boldsymbol{Q}}_{\tilde{X}\tilde{X}}=\frac{1}{n}\sum_{t=1}^{n}\hat{X}_t\hat{X}_t'$ 且 $\hat{s}^2=\frac{1}{(n-K)}\sum_{t=1}^{n}(Y_t-X_t'\hat{\beta}_{2\text{SLS}})^2$。

情况 2：$\{Z_t\varepsilon_t\}$ 是一个 MDS 且为条件异方差。

给定

$$\text{avar}\left(\frac{1}{\sqrt{n}}\sum_{t=1}^{n}Z_t\varepsilon_t\right)=E(Z_tZ_t'\varepsilon_t^2)$$

有

$$\begin{aligned}\boldsymbol{\Omega}&=[\boldsymbol{Q}_{xz}\boldsymbol{Q}_{zz}^{-1}\boldsymbol{Q}_{zx}]^{-1}\boldsymbol{Q}_{xz}\boldsymbol{Q}_{zz}^{-1}E(Z_tZ_t'\varepsilon_t^2)\boldsymbol{Q}_{zz}^{-1}\boldsymbol{Q}_{zx}[\boldsymbol{Q}_{xz}\boldsymbol{Q}_{zz}^{-1}\boldsymbol{Q}_{zx}]^{-1}\\&=\boldsymbol{Q}_{\tilde{x}\tilde{x}}^{-1}\gamma'E(Z_tZ_t'\varepsilon_t^2)\gamma\boldsymbol{Q}_{\tilde{x}\tilde{x}}^{-1}\\&=\boldsymbol{Q}_{\tilde{x}\tilde{x}}^{-1}E(\tilde{X}_t\tilde{X}_t'\varepsilon_t^2)\boldsymbol{Q}_{\tilde{x}\tilde{x}}^{-1}\end{aligned}$$

于是，修正后的检验统计量为：

$$\sqrt{n}(\boldsymbol{R}\hat{\beta}_{2\text{SLS}}-r)'[\boldsymbol{R}\hat{\boldsymbol{Q}}_{\tilde{X}\tilde{X}}^{-1}\hat{\boldsymbol{V}}_{\tilde{X}\tilde{X}}\hat{\boldsymbol{Q}}_{\tilde{X}\tilde{X}}^{-1}\boldsymbol{R}']^{-1}\sqrt{n}(\boldsymbol{R}\hat{\beta}_{2\text{SLS}}-r)\xrightarrow{d}\chi_J^2$$

其中，

$$\hat{\boldsymbol{Q}}_{\tilde{X}\tilde{X}}=\frac{1}{n}\sum_{t=1}^{n}\hat{X}_t\hat{X}_t'$$

$$\hat{V}_{\tilde{X}\tilde{X}} = \frac{1}{n}\sum_{t=1}^{n}\hat{X}_t\hat{X}_t'\hat{e}_t^2$$

$$\hat{e}_t = Y_t - X_t'\hat{\beta}_{2\,\mathrm{SLS}}$$

情况 3：$\{Z_t\varepsilon_t\}$ 不是一个 MDS。

现在渐近方差 $\left(\frac{1}{\sqrt{n}}\sum_{t=1}^{n}Z_t\varepsilon_t\right)$ 不能再被简化了，我们需要估计长期方差协方差矩阵。鉴于此，修正后的检验统计量为：

$$\sqrt{n}(\boldsymbol{R}\hat{\beta}_{2\,\mathrm{SLS}} - r)'[\boldsymbol{R}\hat{\boldsymbol{Q}}_{\tilde{X}\tilde{X}}^{-1}\hat{\boldsymbol{V}}_{\tilde{X}\tilde{X}}\hat{\boldsymbol{Q}}_{\tilde{X}\tilde{X}}^{-1}\boldsymbol{R}']^{-1}\sqrt{n}(\boldsymbol{R}\hat{\beta}_{2\,\mathrm{SLS}} - r) \xrightarrow{\mathrm{d}} \chi_J^2$$

其中，

$$\hat{\boldsymbol{Q}}_{\tilde{X}\tilde{X}} = \frac{1}{n}\sum_{t=1}^{n}\hat{X}_t\hat{X}_t'$$

$$\hat{\boldsymbol{V}}_{\tilde{X}\tilde{X}} = \hat{\gamma}'\hat{\boldsymbol{V}}\hat{\gamma}$$

$$\hat{\gamma} = (\boldsymbol{Z}'\boldsymbol{Z})^{-1}\boldsymbol{Z}'\boldsymbol{X}$$

这里直接假设 $\hat{V}$ 是 V 的一致估计量。

习题 7.12

令

$$\hat{\boldsymbol{V}} = \frac{1}{n}\sum_{t=1}^{n}Z_tZ_t'\hat{\boldsymbol{e}}_t^2$$

其中 $\hat{e}_t = Y_t - X_t'\hat{\beta}_{2\mathrm{SLS}}$。证明：在假设 7.1 ~ 7.8 下，$\hat{\boldsymbol{V}} \xrightarrow{p} \boldsymbol{V} \equiv E(Z_tZ_t'\varepsilon_t^2)$。

解答：

根据定义，且基于假设 7.2，有

$$\hat{e}_t = Y_t - X_t'\hat{\beta}_{2\,\mathrm{SLS}} = \varepsilon_t - X_t'(\hat{\beta}_{2\,\mathrm{SLS}} - \beta^o)$$

于是可以得到：

$$\begin{aligned}\hat{\boldsymbol{V}} &= \frac{1}{n}\sum_{t=1}^{n}Z_tZ_t'\hat{\epsilon}_t^2\\ &= \frac{1}{n}\sum_{t=1}^{n}Z_tZ_t'[\varepsilon_t - X_t'(\hat{\beta}_{2\,\mathrm{SLS}} - \beta^o)]^2\end{aligned}$$

$$= \frac{1}{n}\sum_{t=1}^{n} Z_t Z_t' \varepsilon_t^2 - 2\left(\frac{1}{n}\sum_{t=1}^{n} Z_t Z_t' X_t' \varepsilon_t\right)(\hat{\beta}_{2\text{SLS}} - \beta^o) +$$

$$\frac{1}{n}\sum_{t=1}^{n} Z_t Z_t' (\hat{\beta}_{2\text{SLS}} - \beta^o)' X_t X_t' (\hat{\beta}_{2\text{SLS}} - \beta^o)$$

现在我们一项一项拆解分析上式：

(1) 给定假设 7.1 和 7.2，有：

$$\frac{1}{n}\sum_{t=1}^{n} Z_t Z_t' \varepsilon_t^2 \xrightarrow{p} E(Z_t Z_t' \varepsilon_t^2)$$

基于遍历平稳过程的 WLLN。

$E(Z_t Z_t' \varepsilon_t^2)$ 成立，这是因为根据假设 7.8，

$$E|Z_{it} Z_{jt} \varepsilon_t^2| \leqslant \sqrt{E(Z_{it}^2 Z_{jt}^2) E(\varepsilon_t^4)} \leqslant \sqrt[4]{E Z_{it}^4 E Z_{jt}^4}\sqrt{E\varepsilon_t^4} < \infty$$

(2) 给定假设 7.1 ~ 7.4，有（习题 7.6）：

$$\hat{\beta}_{2\text{SLS}} \xrightarrow{p} \beta^o$$

给定假设 7.1 和 7.2，根据遍历平稳过程的 WLLN，有：

$$\frac{1}{n}\sum_{t=1}^{n} Z_t Z_t' X_t' \varepsilon_t \xrightarrow{p} E(Z_t Z_t' X_t \varepsilon_t)$$

$E(Z_t Z_t' X_t \varepsilon_t)$ 存在，这是因为给定假设 7.3、7.7 和 7.8，有：

$$\begin{aligned}
E|Z_{it} Z_{jt} X_{lt} \varepsilon_t| &\leqslant \sqrt{E(Z_{it}^2 Z_{jt}^2 \varepsilon_t^2) E X_{lt}^2} \\
&\leqslant \sqrt{E[Z_{it}^2 Z_{jt}^2 E(\varepsilon_t^2 | Z_t)] E X_{lt}^2} \\
&\leqslant \sqrt{E(Z_{it}^2 Z_{jt}^2)\sigma^2 E X_{lt}^2} \\
&\leqslant \sqrt[4]{E Z_{it}^4 E Z_{jt}^4}\sqrt{\sigma^2 E X_{lt}^2} \\
&< \infty
\end{aligned}$$

因此，可以得到：

$$\left(\frac{1}{n}\sum_{t=1}^{n} Z_t Z_t' X_t' \varepsilon_t\right)(\hat{\beta}_{2\text{SLS}} - \beta^o) \xrightarrow{p} E(Z_t Z_t' X_t \varepsilon_t) \cdot \mathbf{0} = \mathbf{0}$$

(3) 给定

$$\frac{1}{n}\sum_{t=1}^{n} Z_{it}Z_{jt}(\hat{\beta}_{2\,\mathrm{SLS}}-\beta^o)'X_tX_t'(\hat{\beta}_{2\,\mathrm{SLS}}-\beta^o)$$
$$=\sum_{l=0}^{k}\sum_{m=0}^{k}[(\hat{\beta}_{2\,\mathrm{SLS}})_l-\beta_l^o][(\hat{\beta}_{2\,\mathrm{SLS}})_m-\beta_m^o]\left(\frac{1}{n}\sum_{t=1}^{n}Z_{it}Z_{jt}X_{lt}X_{mt}\right)$$
$$\xrightarrow{p}\sum_{l=0}^{k}\sum_{m=0}^{k}\mathbf{0}\cdot\mathbf{0}\cdot E(Z_{it}Z_{jt}X_{lt}X_{mt})=0$$

其中 $E(Z_{it}Z_{jt}X_{lt}X_{mt})$ 存在，这是因为基于假设 7.8（这里我们施加了其他的假设 $E(X_{jt}^4)<\infty$ 对于所有 $0\leqslant j\leqslant k$），有：

$$E|Z_{it}Z_{jt}X_{lt}X_{mt}|\leqslant\sqrt{E(Z_{it}^2Z_{jt}^2)E(X_{lt}^2X_{mt}^2)}\leqslant\sqrt[4]{EZ_{it}^4EZ_{jt}^4EX_{lt}^4EX_{mt}^4}<\infty$$

因此，我们可以得到：

$$\frac{1}{n}\sum_{t=1}^{n}Z_tZ_t'(\hat{\beta}_{2\,\mathrm{SLS}}-\beta^o)'X_tX_t'(\hat{\beta}_{2\,\mathrm{SLS}}-\beta^o)\xrightarrow{p}0$$

综上，给定（1）、（2）和（3），有：

$$\hat{V}=\frac{1}{n}\sum_{t=1}^{n}Z_tZ_t'\varepsilon_t^2-2\left(\frac{1}{n}\sum_{t=1}^{n}Z_tZ_t'X_t'\varepsilon_t\right)(\hat{\beta}_{2\,\mathrm{SLS}}-\beta^o)+$$
$$\frac{1}{n}\sum_{t=1}^{n}Z_tZ_t'(\hat{\beta}_{2\,\mathrm{SLS}}-\beta^o)'X_tX_t'(\hat{\beta}_{2\,\mathrm{SLS}}-\beta^o)$$
$$\xrightarrow{p}E(Z_tZ_t'\varepsilon_t^2)-\mathbf{2}\cdot\mathbf{0}+\mathbf{0}=E(Z_tZ_t'\varepsilon_t^2)$$

不仅如此，给定假设 7.5 和 7.6，可以得到：

$$\boldsymbol{V}\equiv\mathrm{avar}\left(\frac{1}{\sqrt{n}}\sum_{t=1}^{n}Z_t\varepsilon_t\right)=E(Z_tZ_t\varepsilon_t^2)$$

因此，可以证明：

$$\hat{\boldsymbol{V}}=\frac{1}{n}\sum_{t=1}^{n}Z_tZ_t'\hat{e}_t^2\xrightarrow{p}\boldsymbol{V}$$

习题 7.13

假定下列假设成立。

假设 7.9.1 （线性）: $\{Y_t, X_t', Z_t'\}'$ 是一个可观测的遍历平稳过程

$$Y_t = X_t'\beta^o + \varepsilon_t, \quad t = 1, \cdots, n$$

β^o 是 $K \times 1$ 未知参数向量，ε_t 是不可观测扰动项。

假设 7.9.2 （非奇异性）: $K \times K$ 矩阵 $\boldsymbol{Q}_{XX} = E(X_t X_t')$ 是有限、对称与非奇异的矩阵。

假设 7.9.3 （正交性）:

(i) $E(X_t \varepsilon_t) = \mathbf{0}$;

(ii) $E(Z_t \varepsilon_t) = \mathbf{0}$, 其中 Z_t 是 $l \times 1$ 随机向量，$l \geqslant K$；

(iii) $l \times l$ 矩阵 $\boldsymbol{Q}_{ZZ} = E(Z_t Z_t')$ 是有限与非奇异的，$l \times K$ 矩阵 $\boldsymbol{Q}_{XZ} = E(Z_t X_t')$ 是有限与满秩的。

假设 7.9.4 （鞅差分）: $\{(X_t', Z_t')'\varepsilon_t\}$ 是鞅差分序列。

假设 7.9.5 （条件同方差）: $E(\varepsilon_t^2 | X_t, Z_t) = \sigma^2$。

在这些假设下，OLS 估计量

$$\hat{\beta} = (\boldsymbol{X}'\boldsymbol{X})^{-1}\boldsymbol{X}'\boldsymbol{Y}$$

和 2SLS 估计量

$$\hat{\beta}_{2SLS} = [\boldsymbol{X}'\boldsymbol{Z}(\boldsymbol{Z}'\boldsymbol{Z})^{-1}\boldsymbol{Z}'\boldsymbol{X}]^{-1}\boldsymbol{X}'\boldsymbol{Z}(\boldsymbol{Z}'\boldsymbol{Z})^{-1}\boldsymbol{Z}'\boldsymbol{Y}$$

都是 β^o 的一致估计量。

（1）证明：通过选择合适的工具变量 Z_t，$\hat{\beta}$ 是 2SLS 估计量 $\hat{\beta}_{2SLS}$ 的一个特例。

（2）估计量 $\hat{\beta}$ 和 $\hat{\beta}_{2SLS}$，哪一个更加渐近有效？提示：如果 $\sqrt{n}(\hat{\beta}_1 - \beta^o) \xrightarrow{d} N(\mathbf{0}, \boldsymbol{\Omega}_1)$，$\sqrt{n}(\hat{\beta}_2 - \beta^o) \xrightarrow{d} N(\mathbf{0}, \boldsymbol{\Omega}_2)$，则 $\hat{\beta}_1$ 是比 $\hat{\beta}_2$ 更加渐近有效的，当且仅当 $\boldsymbol{\Omega}_2 - \boldsymbol{\Omega}_1$ 或 $\boldsymbol{\Omega}_1^{-1} - \boldsymbol{\Omega}_2^{-1}$ 是半正定的。

解答:

（1）如果令 $Z_t = X_t$，那么有

$$\hat{\beta}_{2\,SLS} = (\boldsymbol{X}'\boldsymbol{X})^{-1}\boldsymbol{X}'\boldsymbol{Y}$$

（2）OLS 估计量 $\hat{\beta}$ 相比于 2 SLS 估计量 $\hat{\beta}_{2\,SLS}$ 是更为渐近有效的。

基于假设 3.4 和 3.5,

$$\sqrt{n}(\hat{\beta} - \beta^o) \xrightarrow{d} N(\mathbf{0}, \boldsymbol{\Omega}_1)，\text{其中 } \boldsymbol{\Omega}_1 = \sigma^2 \boldsymbol{Q}_{xx}^{-1}$$

$$\sqrt{n}(\hat{\beta}_{2\,SLS} - \beta^o) \xrightarrow{d} N(0, \boldsymbol{\Omega}_2)，\text{其中 } \boldsymbol{\Omega}_2 = \sigma^2(\boldsymbol{Q}_{xz}\boldsymbol{Q}_{zz}^{-1}\boldsymbol{Q}_{zx})^{-1}$$

我们考虑

$$\begin{aligned}&\boldsymbol{\Omega}_1^{-1}-\boldsymbol{\Omega}_2^{-1}\\=&\frac{1}{\sigma^2}(\boldsymbol{Q}_{xx}-\boldsymbol{Q}_{xz}\boldsymbol{Q}_{zz}^{-1}\boldsymbol{Q}_{zx})\\=&\frac{1}{\sigma^2}[\boldsymbol{I},-\boldsymbol{Q}_{xz}\boldsymbol{Q}_{zz}^{-1}]\begin{bmatrix}\boldsymbol{Q}_{xx}&\boldsymbol{Q}_{xz}\\\boldsymbol{Q}_{zx}&\boldsymbol{Q}_{zz}\end{bmatrix}\begin{bmatrix}\boldsymbol{I}\\(-\boldsymbol{Q}_{xz}\boldsymbol{Q}_{zz}^{-1})'\end{bmatrix}\\=&\frac{1}{\sigma^2}[\boldsymbol{I},-\boldsymbol{Q}_{xz}\boldsymbol{Q}_{zz}^{-1}]E\left[\begin{pmatrix}X_t\\Z_t\end{pmatrix}(X_t,Z_t)'\right]\begin{bmatrix}\boldsymbol{I}\\(-\boldsymbol{Q}_{xz}\boldsymbol{Q}_{zz}^{-1})'\end{bmatrix}\\\sim&\ \mathrm{PSD}\end{aligned}$$

因此，$\hat{\beta}$ 相比 2SLS 估计量 $\hat{\beta}_{2\text{SLS}}$ 是更为渐近有效的。

习题 7.14

考虑线性回归模型

$$Y_t = X_t'\beta^o + \varepsilon_t$$

其中 $E(X_t\varepsilon_t) \neq \mathbf{0}$。我们的目的是得到 β^o 的一致估计。

首先，考虑辅助回归：

$$X_t = \gamma' Z_t + v_t$$

其中 X_t 是原始模型的解释变量，Z_t 是工具变量，$\gamma = [E(Z_tZ_t')]^{-1}E(Z_tX_t')$ 是最优线性最小二乘近似系数，v_t 是 $K \times 1$ 回归误差项。

假设现在不是分解 X_t，而是对原始回归模型的随机扰动项 ε_t 进行分解：

$$\varepsilon_t = v_t'\rho^o + u_t$$

其中 $\rho^o = [E(v_tv_t')]^{-1}E(v_t\varepsilon_t)$ 是最优线性最小二乘近似系数。

假设 v_t 是可观测的，考虑下面扩展的线性回归模型：

$$Y_t = X_t'\beta^o + v_t'\rho^o + u_t$$

证明：$E[(X_t', v_t)'u_t] = \mathbf{0}$。这一正交条件的一个重要含义是，如果 v_t 是可观测的，则 Y_t 对 X_t 和 v_t 的 OLS 估计量是 $(\beta^o, \rho^o)'$ 的一致估计。

解答:

由于投影空间和残差的正交性，从人工回归 $X_t = \gamma' Z_t + v_t$ 和 $\varepsilon_t = v_t' \rho^o + u_t$ 中，分别可以观察到 $E(Z_t v_t') = \mathbf{0}$ 且 $E(v_t u_t) = 0$。

$$
\begin{aligned}
E(X_t u_t) &= E[(\gamma' Z_t + v_t) u_t] \\
&= E(\gamma' Z_t u_t) \\
&= E[\gamma' Z_t (\varepsilon_t - v_t' \rho^o)] \\
&= \mathbf{0}
\end{aligned}
$$

其中 Z_t 是一个工具变量向量，满足 $E(Z_t \varepsilon_t) = 0$。因此，我们已经证明了 $E[(X_t', v_t') u_t] = 0$。

习题 7.15

考虑问题 7.10 中对 β^o 的估计。在实际应用中，v_t 是不可观测的。但是，可用其估计量

$$\hat{v}_t = X_t - \hat{\gamma}' Z_t = X_t - \hat{X}_t$$

现在考虑以下扩展的可行线性回归模型

$$Y_t = X_t' \beta^o + \hat{v}_t' \rho^o + \hat{u}_t$$

并将对应的 OLS 估计量记为 $\hat{\alpha} = (\hat{\beta}', \hat{\rho}')'$，其中 $\hat{\beta}$ 是 β^o 的 OLS 估计量，$\hat{\rho}$ 是 ρ^o 的 OLS 估计量。证明：$\hat{\beta} = \hat{\beta}_{2SLS}$。提示：以下矩阵分解公式可能有用，假设

$$\boldsymbol{A} = \begin{bmatrix} \boldsymbol{B} & \boldsymbol{C}' \\ \boldsymbol{C} & \boldsymbol{D} \end{bmatrix}$$

是一非奇异的方阵，其中 $\boldsymbol{B}$ 是 $k_1 \times k_1$ 矩阵，$\boldsymbol{C}$ 是 $k_2 \times k_1$ 矩阵，$\boldsymbol{D}$ 是 $k_2 \times k_2$ 矩阵。则

$$\boldsymbol{A}^{-1} = \begin{bmatrix} \boldsymbol{B}^{-1}(\boldsymbol{I} + \boldsymbol{C}'\boldsymbol{E}^{-1}\boldsymbol{C}\boldsymbol{B}^{-1}) & -\boldsymbol{B}'^{-1}\boldsymbol{C}'\boldsymbol{E}^{-1} \\ -\boldsymbol{E}^{-1}\boldsymbol{C}\boldsymbol{B}^{-1} & \boldsymbol{E}^{-1} \end{bmatrix}$$

其中 $\boldsymbol{E} = \boldsymbol{D} - \boldsymbol{C}\boldsymbol{B}^{-1}\boldsymbol{C}'$。

解答:

上述问题中，我们也是通过两步法进行 OLS 估计。

步骤 1：使用 OLS 方法对 X_t 和 Z_t 进行回归，并保存预测值 $\hat{X}_t$。用矩阵形式表示结果，可以写成：

$$\boldsymbol{X} = \boldsymbol{Z}\hat{\gamma} + \hat{\boldsymbol{V}} = \hat{\boldsymbol{X}} + \hat{\boldsymbol{V}}$$

第二步，利用预测得到的 $\hat{V}_t$ 和 X_t 作为 Y_t 的回归变量。将结果作为矩阵形式表达，可以得到

$$Y = \hat{\boldsymbol{V}}\hat{\rho} + \boldsymbol{X}\hat{\beta} + \hat{\hat{\boldsymbol{U}}}$$

基于上述两个 OLS 回归方程，可以得到如下回归结果：

$$\hat{\boldsymbol{X}} = \boldsymbol{Z}\hat{\gamma}, \quad 其中\ \hat{\gamma} = (\boldsymbol{Z}'\boldsymbol{Z})^{-1}\boldsymbol{Z}'\boldsymbol{X}$$

$$\hat{\boldsymbol{X}}'\hat{\boldsymbol{V}} = \hat{\gamma}'\boldsymbol{Z}'\hat{\boldsymbol{V}} = \boldsymbol{0}$$

$$\hat{\boldsymbol{V}}'\boldsymbol{X} = \hat{\boldsymbol{V}}'(\hat{\boldsymbol{X}} + \hat{\boldsymbol{V}}) = \hat{\boldsymbol{V}}'\hat{\boldsymbol{V}} = \boldsymbol{X}'\hat{\boldsymbol{V}}$$

$$\begin{aligned}
\begin{bmatrix} \hat{\rho} \\ \hat{\beta} \end{bmatrix} &= \left[\begin{bmatrix} \hat{\boldsymbol{V}}' \\ \boldsymbol{X}' \end{bmatrix} (\hat{\boldsymbol{V}}, \boldsymbol{X})\right]^{-1} \begin{bmatrix} \hat{\boldsymbol{V}}' \\ \boldsymbol{X}' \end{bmatrix} Y \\
&= \begin{bmatrix} \hat{\boldsymbol{V}}'\hat{\boldsymbol{V}} & \hat{\boldsymbol{V}}'\boldsymbol{X} \\ \boldsymbol{X}'\hat{\boldsymbol{V}} & \boldsymbol{X}'\boldsymbol{X} \end{bmatrix}^{-1} \begin{bmatrix} \hat{\boldsymbol{V}}' \\ \boldsymbol{X}' \end{bmatrix} Y \\
&= \begin{bmatrix} \boldsymbol{B} & \boldsymbol{C}' \\ \boldsymbol{C} & \boldsymbol{D} \end{bmatrix}^{-1} \begin{bmatrix} \hat{\boldsymbol{V}}' \\ \boldsymbol{X}' \end{bmatrix} Y
\end{aligned}$$

进一步地，

$$\hat{\beta} = (-\boldsymbol{E}^{-1}\boldsymbol{C}\boldsymbol{B}^{-1}\hat{\boldsymbol{V}}' + \boldsymbol{E}^{-1}\boldsymbol{X}')Y = \boldsymbol{E}^{-1}(\boldsymbol{X}' - \boldsymbol{C}\boldsymbol{B}^{-1}\hat{\boldsymbol{V}}')Y$$

$$\begin{aligned}
\boldsymbol{E} &= \boldsymbol{D} - \boldsymbol{C}\boldsymbol{B}^{-1}\boldsymbol{C}' \\
&= \boldsymbol{X}'\boldsymbol{X} - \boldsymbol{X}'\hat{\boldsymbol{V}}(\hat{\boldsymbol{V}}'\hat{\boldsymbol{V}})^{-1}\hat{\boldsymbol{V}}'\boldsymbol{X} \\
&= \boldsymbol{X}'\boldsymbol{X} - \hat{\boldsymbol{V}}'\hat{\boldsymbol{V}} \\
&= (\hat{\boldsymbol{X}} + \hat{\boldsymbol{V}})'(\hat{\boldsymbol{X}} + \hat{\boldsymbol{V}}) - \hat{\boldsymbol{V}}'\hat{\boldsymbol{V}} \\
&= \hat{\boldsymbol{X}}'\hat{\boldsymbol{X}}
\end{aligned}$$

$$\begin{aligned}
\boldsymbol{X}' - \boldsymbol{C}\boldsymbol{B}^{-1}\hat{\boldsymbol{V}}' &= \boldsymbol{X}' - \boldsymbol{X}'\hat{\boldsymbol{V}}(\hat{\boldsymbol{V}}'\hat{\boldsymbol{V}})^{-1}\hat{\boldsymbol{V}}' \\
&= \hat{\boldsymbol{X}}
\end{aligned}$$

因此，$\hat{\beta} = (\hat{\boldsymbol{X}}'\hat{\boldsymbol{X}})^{-1}\hat{\boldsymbol{X}}'Y = \hat{\beta}_{2\,\mathrm{SLS}}$。

习题 7.16

假设 $n\times 1$ 向量 $\hat{\boldsymbol{Y}}$ 是 $\boldsymbol{Y}$ 对 $\boldsymbol{Z}$ 回归的拟合值，$n\times K$ 矩阵 $\hat{\boldsymbol{X}}$ 是 $\boldsymbol{X}$ 对 $\boldsymbol{Z}$ 回归的拟合值。证明：$\hat{\beta}_{2\mathrm{SLS}}$ 等价于 $\hat{\boldsymbol{Y}}$ 对 $\hat{\boldsymbol{X}}$ 回归的 OLS 估计量，即 $\hat{\beta}_{2\mathrm{SLS}}=(\hat{\boldsymbol{X}}'\hat{\boldsymbol{X}})^{-1}\hat{\boldsymbol{X}}'\hat{\boldsymbol{Y}}$。

解答：

对 Y_t 和 Z_t 进行回归，我们用矩阵形式表示回归如下：

$$\boldsymbol{Y}=\boldsymbol{Z}\hat{\alpha}+\hat{w}=\hat{\boldsymbol{Y}}+\hat{w}$$

进一步地，有：

$$\boldsymbol{Z}'\hat{w}=\boldsymbol{0}\Rightarrow\hat{\boldsymbol{X}}'\hat{w}=\boldsymbol{0}$$

因此，

$$\begin{aligned}\hat{\beta}_{2\mathrm{SLS}}&=(\hat{\boldsymbol{X}}'\hat{\boldsymbol{X}})^{-1}\hat{\boldsymbol{X}}'\boldsymbol{Y}\\&=(\hat{\boldsymbol{X}}'\hat{\boldsymbol{X}})^{-1}\hat{\boldsymbol{X}}'(\hat{\boldsymbol{Y}}+\hat{w})\\&=(\hat{\boldsymbol{X}}'\hat{\boldsymbol{X}})^{-1}\hat{\boldsymbol{X}}'\hat{\boldsymbol{Y}}\end{aligned}$$

习题 7.17

（Hausman 检验）假定问题 7.9 中的假设 7.1、7.2、7.3（2，3）、7.4 和 7.5 成立。一个检验原假设 H_0：$E(\varepsilon_t|X_t)=\boldsymbol{0}$ 的检验统计量可通过比较 OLS 估计量 $\hat{\beta}$ 和 $\hat{\beta}_{2\mathrm{SLS}}$ 的大小来构造，因为在原假设 H_0 下，它们将收敛于相同的极限，而在备择假设下它们一般将收敛于不同的极限。现在假设原假设 H_0：$E(\varepsilon_t|X_t)=\boldsymbol{0}$ 成立。证明：

（1）

$$\sqrt{n}(\hat{\beta}-\beta^o)-\boldsymbol{Q}_{XX}^{-1}\frac{1}{\sqrt{n}}\sum_{t=1}^{n}X_t\varepsilon_t\xrightarrow{p}\boldsymbol{0}$$

或

$$\sqrt{n}(\hat{\beta}-\beta^o)=\boldsymbol{Q}_{XX}^{-1}\frac{1}{\sqrt{n}}\sum_{t=1}^{n}X_t\varepsilon_t+o_P(1)$$

其中 $\boldsymbol{Q}_{XX}=E(X_tX_t')$。

（2）

$$\sqrt{n}(\hat{\beta}_{2\mathrm{SLS}}-\beta^o)=\boldsymbol{Q}_{\tilde{X}\tilde{X}}^{-1}\frac{1}{\sqrt{n}}\sum_{t=1}^{n}\tilde{X}_t\varepsilon_t+o_P(1)$$

其中 $\boldsymbol{Q}_{\tilde{X}\tilde{X}} = E(\tilde{X}_t\tilde{X}_t'), \tilde{X}_t = \gamma' Z_t$，$\gamma = [E(Z_t Z_t')]^{-1} E(Z_t X_t)$。

（3）

$$\sqrt{n}(\hat{\beta}_{2\text{SLS}} - \hat{\beta}) = \frac{1}{\sqrt{n}} \sum_{t=1}^{n} (\boldsymbol{Q}_{XX}^{-1} X_t - \boldsymbol{Q}_{\tilde{X}\tilde{X}}^{-1} \tilde{X}_t)\varepsilon_t + o_P(1)$$

（4）$\sqrt{n}(\hat{\beta}_{2\text{SLS}} - \hat{\beta})$ 的渐近分布是由（3）中的主导项决定的，推导其渐近分布。

（5）构造一个检验 H_0 的渐近 χ^2 检验统计量。这里 χ^2 分布的自由度是多少？假设 $\boldsymbol{Q}_{XX} - \boldsymbol{Q}_{\tilde{X}\tilde{X}}$ 是正定的。

解答：

（1）首先写出 OLS 估计量的具体形式：

$$\begin{aligned}\hat{\beta} &= (\boldsymbol{X}'\boldsymbol{X})^{-1}\boldsymbol{X}'Y \\ &= (\boldsymbol{X}'\boldsymbol{X})^{-1}\boldsymbol{X}'(\boldsymbol{X}\beta^o + \varepsilon)\end{aligned}$$

因此：

$$\begin{aligned}\sqrt{n}(\hat{\beta} - \beta^o) &= \left(\frac{1}{n}\sum_{t=1}^{n} X_t X_t'\right)^{-1} \frac{1}{\sqrt{n}} \sum_{t=1}^{n} X_t \varepsilon_t \\ &= \hat{\boldsymbol{Q}}_{xx}^{-1} \frac{1}{\sqrt{n}} \sum_{t=1}^{n} X_t \varepsilon_t \\ &= \boldsymbol{Q}_{xx}^{-1} \frac{1}{\sqrt{n}} \sum_{t=1}^{n} X_t \varepsilon_t + o_P(1)\end{aligned}$$

因此有：

$$\text{A：} \hat{\boldsymbol{Q}}_{xx}^{-1} \xrightarrow{p} \boldsymbol{Q}_{xx}^{-1}$$

$$\text{B：} \frac{1}{\sqrt{n}} \sum_{t=1}^{n} X_t \varepsilon_t \xrightarrow{\text{d}} N(\boldsymbol{0}, \sigma^2 \boldsymbol{Q}_{xx}) = o_P(1)$$

（2）对于 2SLS 估计量，有：

步骤 1：将 X_t 和 Z_t 做回归，并存储预测值 $\hat{X}_t$。将结果写作矩阵形式，有：

$$\boldsymbol{X} = \boldsymbol{Z}\hat{\gamma} + \hat{v} = \hat{\boldsymbol{X}} + \hat{v}$$

步骤 2：将预测得到的 $\hat{X}_t$ 作为 Y_t 的回归变量。将结果写作矩阵形式，有：

$$\begin{aligned}\hat{\beta}_{2\,\text{SLS}} &= (\hat{\boldsymbol{X}}'\hat{\boldsymbol{X}})^{-1}\hat{\boldsymbol{X}}'\boldsymbol{Y} \\ &= (\hat{\boldsymbol{X}}'\hat{\boldsymbol{X}})^{-1}\hat{\boldsymbol{X}}'(\boldsymbol{X}\beta^o + \varepsilon)\end{aligned}$$

$$= (\hat{\boldsymbol{X}}'\hat{\boldsymbol{X}})^{-1}\hat{\boldsymbol{X}}'[(\hat{\boldsymbol{X}}+\hat{v})\beta^o+\varepsilon]$$

$$= (\hat{\boldsymbol{X}}'\hat{\boldsymbol{X}})^{-1}\hat{\boldsymbol{X}}'(\hat{\boldsymbol{X}}\beta^o+\varepsilon)$$

因此，

$$\begin{aligned}\sqrt{n}(\hat{\beta}_{2\,\mathrm{SLS}}-\beta^o) &= \left(\frac{1}{n}\sum_{t=1}^{n}\hat{X}_t\hat{X}_t'\right)^{-1}\frac{1}{\sqrt{n}}\sum_{t=1}^{n}\hat{X}_t\varepsilon_t \\ &= \hat{\boldsymbol{Q}}_{\tilde{x}\tilde{x}}^{-1}\hat{\gamma}'\frac{1}{\sqrt{n}}\sum_{t=1}^{n}Z_t\varepsilon_t \\ &= \boldsymbol{Q}_{\tilde{x}\tilde{x}\tilde{x}}^{-1}\gamma'\frac{1}{\sqrt{n}}\sum_{t=1}^{n}Z_t\varepsilon_t+o_P(1) \\ &= \boldsymbol{Q}_{\tilde{x}\tilde{x}}^{-1}\frac{1}{\sqrt{n}}\sum_{t=1}^{n}\tilde{X}_t\varepsilon_t+o_P(1)\end{aligned}$$

因为：

$$\text{A：}\ \hat{\boldsymbol{Q}}_{\tilde{x}\tilde{x}}^{-1}\hat{\gamma}'\xrightarrow{P}\boldsymbol{Q}_{\bar{\boldsymbol{x}}\hat{x}}^{-1}\gamma'$$

$$\text{B：}\ \frac{1}{\sqrt{n}}\sum_{t=1}^{n}Z_t\varepsilon_t\xrightarrow{\mathrm{d}}N(0,\sigma^2\boldsymbol{Q}_{zz})=o_P(1)$$

（3）从（1）和（2）可以得到

$$\begin{aligned}\sqrt{n}(\hat{\beta}_{2\,\mathrm{SLS}}-\hat{\beta}) &= \boldsymbol{Q}_{\tilde{x}\tilde{x}}^{-1}\frac{1}{\sqrt{n}}\sum_{t=1}^{n}\tilde{X}_t\varepsilon_t-\boldsymbol{Q}_{xx}^{-1}\frac{1}{\sqrt{n}}\sum_{t=1}^{n}X_t\varepsilon_t+o_P(1) \\ &= \frac{1}{\sqrt{n}}\sum_{t=1}^{n}\left(\boldsymbol{Q}_{\tilde{x}\tilde{x}}^{-1}\tilde{X}_t-\boldsymbol{Q}_{xx}^{-1}X_t\right)\varepsilon_t+o_P(1)\end{aligned}$$

（4）基于遍历平稳 MDS 过程的 CLT：

$$\frac{1}{\sqrt{n}}\sum_{t=1}^{n}\left(\boldsymbol{Q}_{\tilde{x}\tilde{x}}^{-1}\tilde{X}_t-\boldsymbol{Q}_{xx}^{-1}X_t\right)\varepsilon_t\xrightarrow{\mathrm{d}}N(\mathbf{0},\boldsymbol{\Omega})$$

其中，

$$\begin{aligned}\boldsymbol{\Omega} &= \mathrm{var}[(\boldsymbol{Q}_{\tilde{x}\tilde{x}}^{-1}\tilde{X}_t-\boldsymbol{Q}_{xx}^{-1}X_t)\varepsilon_t] \\ &= E[(\boldsymbol{Q}_{\tilde{x}\tilde{x}}^{-1}\tilde{X}_t-\boldsymbol{Q}_{xx}^{-1}X_t)(\boldsymbol{Q}_{\tilde{x}\tilde{x}}^{-1}\tilde{X}_t-\boldsymbol{Q}_{xx}^{-1}X_t)'\varepsilon_t^2] \\ &= \sigma^2[\boldsymbol{Q}_{\tilde{x}\tilde{x}}^{-1}E(\tilde{X}_t\tilde{X}_t')\boldsymbol{Q}_{\tilde{x}\tilde{x}}^{-1}-\boldsymbol{Q}_{\tilde{x}\tilde{x}}^{-1}E(\tilde{X}_tX_t')\boldsymbol{Q}_{xx}^{-1}-\boldsymbol{Q}_{xx}^{-1}E(X_t\tilde{X}_t')\boldsymbol{Q}_{\tilde{x}\tilde{x}}^{-1}+\boldsymbol{Q}_{xx}^{-1}E(X_tX_t')\boldsymbol{Q}_{xx}^{-1}] \\ &= \sigma^2(\boldsymbol{Q}_{\tilde{x}\tilde{x}}^{-1}-\boldsymbol{Q}_{xx}^{-1})\end{aligned}$$

因为：

$$\boldsymbol{Q}_{\tilde{x}\tilde{x}}^{-1}E(\tilde{X}_t X_t') = \boldsymbol{Q}_{\tilde{x}\tilde{x}}^{-1}E[\tilde{X}_t(\tilde{X}_t + v_t)'] = \boldsymbol{I}$$

所以，$\sqrt{n}(\hat{\beta}_{2\,\mathrm{SLS}} - \hat{\beta}) \xrightarrow{\mathrm{d}} N(\mathbf{0}, \sigma^2\boldsymbol{Q}_{\tilde{x}\tilde{x}}^{-1} - \sigma^2\boldsymbol{Q}_{xx}^{-1})$

（5）如果 $\boldsymbol{Q}_{xx} - \boldsymbol{Q}_{\tilde{x}\tilde{x}}$ 是严格正定的，那么 $\boldsymbol{Q}_{\tilde{x}\tilde{x}}^{-1} - \boldsymbol{Q}_{xx}^{-1}$ 也是严格正定的。因此，可以构建自由度为 K 的渐近 χ^2 检验统计量

$$H = \frac{n(\hat{\beta}_{2\,\mathrm{SLS}} - \hat{\beta})'[(\hat{\boldsymbol{Q}}_{\tilde{x}\tilde{x}}^{-1} - \hat{\boldsymbol{Q}}_{xx}^{-1})]^{-1}(\hat{\beta}_{2\,\mathrm{SLS}} - \hat{\beta})}{s^2} \xrightarrow{\mathrm{d}} \chi_K^2$$

其中 $\hat{\boldsymbol{Q}}_{\tilde{x}\tilde{x}} = \frac{1}{n}\sum_{t=1}^{n}\hat{X}_t\hat{X}_t'$，$\hat{\boldsymbol{Q}}_{xx} = \frac{1}{n}\sum_{t=1}^{n}X_tX_t'$ 并且 $s^2 = \frac{1}{n-K}\sum_{t=1}^{n}(Y_t - X_t'\hat{\beta})^2$。

习题 7.18

假定问题 7.9 中的假设 7.1、7.2、7.3（2，3）和 7.4 成立，且 $E(X_{jt}^4) < \infty$，$0 \leqslant j \leqslant k$，$E(Z_{jt}^4) < \infty$，$1 \leqslant j \leqslant l$，$E(\varepsilon_t^4) < \infty$。另外假设 $E(\varepsilon_t^2|X_t, Z_t) \neq \sigma^2$。构造一个稳健的 Hausman 检验统计量以检验原假设 H_0：$E(\varepsilon_t|X_t) = 0$，并在原假设 H_0 下推导出它的渐近分布。

解答:

由于

$$\begin{aligned}\sqrt{n}(\hat{\beta}_{2\,\mathrm{SLS}} - \hat{\beta}) &= \sqrt{n}(\hat{\beta}_{2\,\mathrm{SLS}} - \beta^o) - \sqrt{n}(\hat{\beta} - \beta^o)\\ &= \frac{1}{\sqrt{n}}\sum_{t=1}^{n}[(\boldsymbol{Q}_X Z\boldsymbol{Q}_{ZZ}^{-1}\boldsymbol{Q}_{ZX})\boldsymbol{Q}_{ZZ}\boldsymbol{Q}_{ZZ}^{-1} \cdot Z_t - \boldsymbol{Q}_{XX}^{-1} \cdot X_t] \cdot \varepsilon_t\end{aligned}$$

可以推得

$$\sqrt{n}(\hat{\beta}_{2\,\mathrm{SLS}} - \hat{\beta}) \xrightarrow{\mathrm{d}} N(\mathbf{0}, \boldsymbol{\Omega})$$

其中

$$\boldsymbol{\Omega} = \mathrm{var}[(\boldsymbol{Q}_{\tilde{x}\tilde{x}}^{-1}\tilde{x}_t - \boldsymbol{Q}_{xx}^{-1}x_t)\delta_t] = \boldsymbol{A}\boldsymbol{V}_1\boldsymbol{A}' - \boldsymbol{A}\boldsymbol{V}_2\boldsymbol{Q}_{xx}^{-1} - \boldsymbol{Q}_{xx}^{-1}\boldsymbol{V}_3\boldsymbol{A}' + \boldsymbol{Q}_{xx}^{-1}\boldsymbol{V}_4\boldsymbol{Q}_{xx}^{-1}$$

当 $n \to \infty$ 时，有：

$$\hat{\boldsymbol{Q}}_{xx} \xrightarrow{P} \boldsymbol{Q}_{xx}^{-1}, \quad \hat{\boldsymbol{A}} = (\hat{\boldsymbol{Q}}_{xz}\hat{\boldsymbol{Q}}_{zz}^{-1}\hat{\boldsymbol{Q}}_{zx})^{-1}\hat{\boldsymbol{Q}}_{xz}\hat{\boldsymbol{Q}}_{zz}^{-1} \xrightarrow{p} \boldsymbol{A}$$

$$\hat{\boldsymbol{V}}_1 = n^{-1}\sum_{t=1}^{n}z_tz_te_t^2 \longrightarrow \boldsymbol{V}_1 = E(z_tz_t\varepsilon_t^2)$$

$$\hat{V}_2 = n^{-1}\sum_{t=1}^{n} z_t x_t' e_t^2 \xrightarrow{p} V_2 = E(z_t x_t' \varepsilon_t^2)$$

$$\hat{V}_3 = n^{-1}\sum_{t=1}^{n} x_t z_t' e_t^2 \xrightarrow{p} V_3 = E(x_t z_t' \varepsilon_t^2)$$

$$\hat{V}_4 = n^{-1}\sum_{t=1}^{n} x_t x_t' e_t^2 \xrightarrow{p} V_4 = E(x_t x_t' \varepsilon_t^2)$$

$$\hat{\Omega} = \hat{A}V_1\hat{A}' - \hat{A}\hat{V}_2 Q_{xx}^{-1} - \hat{Q}_{xx}^{-1}\hat{V}_3\hat{A}' + \hat{Q}_{xx}^{-1}\hat{V}_4 Q_{xx}^{-1}$$

因此

$$H_{\text{robust}} = n(\hat{\beta}_{2\text{SLS}} - \hat{\beta})'\hat{\Omega}^{-1}(\hat{\beta}_{2\text{SLS}} - \hat{\beta}) \xrightarrow{\text{d}} \chi_k^2$$

习题 7.19

在定理 7.12 中，Hausman 检验统计量定义为

$$\mathcal{H} = \frac{n(\hat{\beta}_{2\text{SLS}} - \hat{\beta})'[(\hat{Q}_{XZ}\hat{Q}_{ZZ}^{-1}\hat{Q}_{ZX})^{-1} - \hat{Q}_{XX}^{-1}]^{-1}(\hat{\beta}_{2\text{SLS}} - \hat{\beta})}{s^2}$$

这里 $s^2 = e'e/(n-K)$，$e = Y - X\hat{\beta}$ 为 OLS 估计残差。现假设定理 7.12 的假设条件成立。再定义另一个 Hausman 检验统计量，记为 $\hat{\mathcal{H}}$，其定义与 $\mathcal{H}$ 一样，只是将 s^2 换成 $\hat{s}^2 = \hat{e}'\hat{e}/(n-K)$，$\hat{e} = Y - X\hat{\beta}_{2\text{SLS}}$。

（1）假设原假设 H_0：$E(\varepsilon_t|X_t) = 0$ 成立，证明：当 $n \to \infty$ 时，$\hat{\mathcal{H}}$ 也服从渐近 χ_K^2 分布。

（2）假设样本容量 n 是有限的，哪一个检验统计量 $\mathcal{H}$ 或 $\hat{\mathcal{H}}$，在备择假设成立时的第Ⅱ类错误的概率会小些？请解释。

解答：

（1）从习题 7.10，有：$\hat{s}^2 \xrightarrow{p} \sigma^2 = \text{var}(\varepsilon_t)$ 当 $n \to \infty$。因此，可以得到 $\hat{H} \xrightarrow{\text{d}} \chi_K^2$ 当 $n \to \infty$。

（2）$\hat{\mathcal{H}}$，如 H_1 为真，则 $\hat{\mathcal{H}}$ 使用了更多的信息，所以，在有限样本中，当零假设 H_0 为假时，它将具有较小的第二类误差。

习题 7.20

Hausman 检验的原假设为 H_0：$E(\varepsilon_t X_t) = 0$，它基于对 OLS 估计量 $\hat{\beta}$ 和 2SLS 估计量 $\hat{\beta}_{2\text{SLS}}$ 的比较。这两个估计量在 H_0 下收敛到相同的概率极限，并且通常在备择假设下收敛到不同的极限。

（1）是否有可能在 H_0 不成立的条件下 $\hat{\beta}$ 和 $\hat{\beta}_{2\text{SLS}}$ 仍然收敛到相同的极限？如果是，请提供证明；如果不是，请举个例子。

（2）假设 H_0 为假但 $\hat{\beta}$ 和 $\hat{\beta}_{2\text{SLS}}$ 收敛到相同的极限。当样本量 $n \to \infty$ 时，Hausman 检验是否有单位渐近功效来拒绝 H_0？

解答：

（1）是的，当 $E(\varepsilon_t|X_t) \neq 0$，如果 $E(x_t\varepsilon_t) = 0$，那么 $\hat{\beta}$ 和 $\hat{\beta}_{2\text{SLS}}$ 收敛于相同的概率极限。

（2）不是。

$$H = \frac{n(\hat{\beta}_{2\text{SLS}} - \hat{\beta})'[(\hat{\boldsymbol{Q}}_{XZ}\hat{\boldsymbol{Q}}_{ZZ}^{-1}\hat{\boldsymbol{Q}}_{ZX})^{-1} - \hat{\boldsymbol{Q}}_{XX}^{-1}]^{-}(\hat{\beta}_{2\text{SLS}} - \hat{\beta})}{s^2}$$

如果 H_0 不成立，有 $s^2 \overset{P}{\nrightarrow} \sigma^2$。因此，当样本容量 $n \to \infty$ 时，Hausman 检验对拒绝 H_0 没有渐进单位功效。

习题 7.21

（Hausman-White 检验）假设习题 7.13 中的假设 1、3(b、c)、4 和 5 成立。原假设 H_0：$E(\varepsilon_t|X_t) = 0$ 的检验可以通过比较 $\hat{\beta}$ 和 $\hat{\beta}_w$ 来构造，其中 $\hat{\beta}_w$ 是加权最小二乘 (WLS) 估计量，定义为

$$\hat{\beta}_w = \left(\sum_{t=1}^{n} X_t W_t^2 X_t'\right)^{-1} \sum_{t=1}^{n} W_t X_t Y_t$$

其中 $W_t = W(X_t)$ 是 X_t 的加权函数，$\boldsymbol{Q}_{WXWX} = E(W_t^2 X_t X_t')$ 是有限的、对称的和正定的。估计量 $\hat{\beta}$ 和 $\hat{\beta}_w$ 在 H_0 下将收敛到在相同的概率极限 β^o，并且通常在 H_0 的备择假设下收敛到不同的极限。在 H_0 成立的条件下，

（1）证明：当 $n \to \infty$ 时，$\hat{\beta}_w \to \beta^o$。

（2）证明：

$$\sqrt{n}(\hat{\beta}_w - \beta^o) = \boldsymbol{Q}_{WXWX}^{-1} \frac{1}{\sqrt{n}} \sum_{t=1}^{n} W_t X_t \varepsilon_t + o_p(1)$$

（3）证明：

$$\sqrt{n}(\hat{\beta}_w - \hat{\beta}) = \frac{1}{\sqrt{n}} \sum_{t=1}^{n} (\boldsymbol{Q}_{WXWX}^{-1} - \boldsymbol{Q}_{XX}^{-1}) X_t \varepsilon_t + o_p(1)$$

（4）推导 $\sqrt{n}(\hat{\beta}_w - \hat{\beta})$ 的渐近分布。

（5）根据 $\sqrt{n}(\hat{\beta}_w - \hat{\beta})$ 的二次型构建 H_0 的检验统计量，并推导其在 H_0 下的渐近分布。可以施加任何必要的附加矩条件。

（6）解释：为什么当原假设 H_0 为假时，该检验统计量通常是有效的？

解答：

（1）根据 $\hat{\beta}_W$ 的定义和 $Y_t = X_t'\beta^o + \varepsilon_t$ 的事实，在合适的矩条件、WLLN 和连续性下，可以得到：

$$\begin{aligned}
\hat{\beta}_W - \beta^o &= \left(\sum_{t=1}^{n} X_t W_t X_t'\right)^{-1} \sum_{t=1}^{n} W_t X_t (X_t'\beta^o + \varepsilon_t) - \beta^o \\
&= \left(\frac{1}{n}\sum_{t=1}^{n} X_t W_t X_t'\right)^{-1} \left(\frac{1}{n}\sum_{t=1}^{n} W_t X_t \varepsilon_t\right) \\
&\xrightarrow{p} \boldsymbol{Q}_{XWX}^{-1} E(W_t X_t \varepsilon_t)
\end{aligned}$$

因为 $W_t = W(X_t)$ 且 $E(X_t\varepsilon_t) = 0$，在 H_0 下，有：

$$E(W_t X_t \varepsilon_t) = E[W_t X_t E(\varepsilon_t | X_t)] = 0$$

因此 $\hat{\beta}_W \xrightarrow{p} \beta^o$。

（2）根据（1）的结果，有：

$$\sqrt{N}(\hat{\beta}_W - \beta^o) = \left(\frac{1}{n}\sum_{t=1}^{n} X_t W_t X_t'\right)^{-1} \left(\frac{1}{\sqrt{n}}\sum_{t=1}^{n} W_t X_t \varepsilon_t\right)$$

在合适的矩条件、WLLN 和连续性下，可以得到：

$$\left(\frac{1}{n}\sum_{t=1}^{n} X_t W_t X_t'\right)^{-1} \xrightarrow{p} \boldsymbol{Q}_{XWX}^{-1}$$

令 $\hat{\boldsymbol{Q}}_{XWX}^{-1} = \left(\frac{1}{n}\sum_{t=1}^{n} X_t W_t X_t'\right)^{-1}$，可以得到：

$$\hat{\boldsymbol{Q}}_{XWX}^{-1} - \boldsymbol{Q}_{XWX}^{-1} = o_p(1)$$

不仅如此，在 H_0 成立的情况下，基于合适的矩条件和 CLT，下式成立：

$$\frac{1}{\sqrt{n}}\sum_{t=1}^{n} W_t X_t \varepsilon_t \xrightarrow{\mathrm{d}} N(\mathbf{0}, \sigma^2 \boldsymbol{Q}_{XWX})$$

这表明

$$\frac{1}{\sqrt{n}}\sum_{t=1}^{n}W_tX_t\varepsilon_t \xrightarrow{\text{d}} N(\mathbf{0},\sigma^2\boldsymbol{Q}_{XWX})=o_p(1)$$

于是有：

$$\begin{aligned}\sqrt{N}(\hat{\beta}_W-\beta^o)&=\boldsymbol{Q}_{XWX}^{-1}\frac{1}{\sqrt{n}}\sum_{t=1}^{n}W_tX_t\varepsilon_t+\\&\quad(\hat{\boldsymbol{Q}}_{XWX}^{-1}-\boldsymbol{Q}_{XWX}^{-1})\frac{1}{\sqrt{n}}\sum_{t=1}^{n}W_tX_t\varepsilon_t\\&=\boldsymbol{Q}_{XWX}^{-1}\frac{1}{\sqrt{n}}\sum_{t=1}^{n}W_tX_t\varepsilon_t+o_p(1)\end{aligned}$$

（3）通过和（2）相似的证明思路，可以得到：

$$\sqrt{n}(\hat{\beta}-\beta^o)=\boldsymbol{Q}_{xx}^{-1}\frac{1}{\sqrt{n}}\sum_{t=1}^{n}X_t\varepsilon_t+o_p(1)$$

将上面的结果和（2）结合起来，可以得到：

$$\begin{aligned}\sqrt{n}(\hat{\beta}_W-\hat{\beta})&=\left[\boldsymbol{Q}_{XWX}^{-1}\frac{1}{\sqrt{n}}\sum_{t=1}^{n}W_tX_t\varepsilon_t+o_p(1)\right]-\left[\boldsymbol{Q}_{xx}^{-1}\frac{1}{\sqrt{n}}\sum_{t=1}^{n}X_t\varepsilon_t+o_p(1)\right]\\&=\frac{1}{\sqrt{n}}\sum_{t=1}^{n}(\boldsymbol{Q}_{XWX}^{-1}W_t-\boldsymbol{Q}_{xx}^{-1})X_t\varepsilon_t+o_p(1)\end{aligned}$$

（4）注意：

$$\begin{aligned}\text{var}[(\boldsymbol{Q}_{XWX}^{-1}W_t-\boldsymbol{Q}_{xx}^{-1})X_t\varepsilon_t]&=E\{[(\boldsymbol{Q}_{XWX}^{-1}W_t-\boldsymbol{Q}_{xx}^{-1})X_t][(\boldsymbol{Q}_{XWX}^{-1}W_t-\boldsymbol{Q}_{xx}^{-1})X_t]'\varepsilon_t^2t\}\\&=\sigma^2E[(\boldsymbol{Q}_{XWX}^{-1}W_t-\boldsymbol{Q}_{xx}^{-1})X_tX_t'(\boldsymbol{Q}_{XWX}^{-1}W_t-\boldsymbol{Q}_{xx}^{-1})]\\&=\sigma^2\boldsymbol{Q}_{XWX}^{-1}E(W_t^2X_tX_t')-\sigma^2\boldsymbol{Q}_{xx}^{-1}E(W_tX_tX_t')\boldsymbol{Q}_{XWX}^{-1}-\\&\quad\sigma^2\boldsymbol{Q}_{XWX}^{-1}E(W_tX_tX_t')\boldsymbol{Q}_{xx}^{-1}+\sigma^2\boldsymbol{Q}_{xx}^{-1}E(X_tX_t')\boldsymbol{Q}_{xx}^{-1}\\&=\sigma^2(\boldsymbol{Q}_{XWX}^{-1}\boldsymbol{Q}_{WXWX}\boldsymbol{Q}_{XWX}^{-1}-\boldsymbol{Q}_{xx}^{-1})\end{aligned}$$

因此，通过 CLT，可以得到：

$$\sqrt{n}(\hat{\beta}_W-\hat{\beta})\xrightarrow{\text{d}}N[\mathbf{0},\sigma^2(\boldsymbol{Q}_{XWX}^{-1}\boldsymbol{Q}_{WXWX}\boldsymbol{Q}_{XWX}^{-1}-\boldsymbol{Q}_{xx}^{-1})]$$

（5）假设 H_0 成立，可以得到：

$$\mathcal{H}=\frac{n(\hat{\beta}^W-\hat{\beta})'[\hat{\boldsymbol{Q}}_{XWX}^{-1}\hat{\boldsymbol{Q}}_{WXWX}\hat{\boldsymbol{Q}}_{XWX}^{-1}-\hat{\boldsymbol{Q}}_{xx}^{-1}]^{-1}(\hat{\beta}^W-\hat{\beta})}{s^2}\xrightarrow{\text{d}}\chi_K^2$$

其中 $\hat{\boldsymbol{Q}}_{WXWX}=\frac{1}{n}\sum_{t=1}^{n}W_t^2X_tX_t'$。

（6）即使在 H_0 不成立的情况下，$\hat{\beta}^W$ 和 $\hat{\beta}$ 之间也存在差异，因为 $\hat{\beta}^W$ 排除了异方差性。

第八章

广义矩方法

重要概念

本章涉及的重要概念包括：

（1）**矩估计方法（methods of moments estimation，MME）**。参见 8.1 节。读者需要回忆并理解矩条件和样本矩的定义以及矩匹配的思想。

（2）**资本资产定价模型（CAPM）**。参见例 8.3，理解 CAPM 成立［$E(\varepsilon_t|X_t)=\mathbf{0}$］时，相应的矩条件如何获得。

（3）**动态资本资产定价模型（dynamic CAPM）**。参见例 8.4。结合 8.3，思考如何基于经济学理论得到矩条件。

（4）**广义矩方法（GMM）**。参见定义 8.1。读者需要结合案例，理解 GMM 的定义，同时思考为什么需要 $l \geqslant K$？以及权重矩阵在其中发挥的作用。带着问题，进一步地，推导得到 GMM 估计量的一致性（8.3 节）以及渐近正态性（8.4 节）。

（5）**线性 IV 估计量**。参见定理 8.1。2SLS 估计量为线性估计量的一种特殊形式。

（6）**模型识别条件**。参见假设 8.3。多数情况下，矩条件 $m(\beta^o)=\mathbf{0}$ 是从经济理论推导而来的，β^o 可视为真实模型参数值。假设 8.1 和 8.3 表示真实模型参数 β^o 位于紧参数空间 Θ 之内。紧性有时是一种限制，但其极大地简化了渐近分析。有些时候，如在估计 GARCH 模型时，为了保证条件方差非负，施加参数限制是必要的。

（7）**两阶段 GMM 估计**。参见 8.5 与 8.6 节。建议读者首先阅读 8.5 节，理解最优权重矩阵的选择方式，明确两阶段 GMM 的动机。充分理解动机后，再掌握两阶段 GMM 估计的技术细节（8.6 节）。

（8）**过度识别检验**。参见定理 8.11，其可以被用于检验由 H_0：$E[m_t(\beta^o)]=\mathbf{0}$ 所刻画的计量经济学模型是否设定正确。

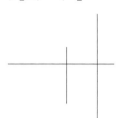

（9）**Sargan 检验**。参见定理 8.12，其可被视为检验当 $\{Z_t\varepsilon_t\}$ 是鞅差分序列且 $E(\varepsilon_t^2 \mid Z_t) = \sigma^2$ 时，$l \times 1$ 参数向量 α 是否为零向量。

内容概要

很多经济金融理论往往可用矩条件 $E[m_t(\beta^o)] = \mathbf{0}$ 来描述，其中 $m_t(\beta)$ 是一个 $l \times 1$ 的矩函数，这一矩条件可通过 GMM 方法来估计真实模型参数 β^o。GMM 估计量定义为：

$$\hat{\beta} = \arg\min_{\beta \in \Theta} \hat{m}(\beta)'\hat{\boldsymbol{W}}^{-1}\hat{m}(\beta)$$

其中，样本矩

$$\hat{m}(\beta) = n^{-1}\sum_{t=1}^{n} m_t(\beta)$$

在正则条件下，可以证明

$$\hat{\beta} \xrightarrow{p} \beta^o$$

且

$$\sqrt{n}(\hat{\beta} - \beta^o) \xrightarrow{\mathrm{d}} N(\mathbf{0}, \boldsymbol{\Omega})$$

其中渐近方差

$$\boldsymbol{\Omega} = (D_o'\boldsymbol{W}^{-1}D_o)^{-1}D_o'\boldsymbol{W}^{-1}\boldsymbol{V}_o\boldsymbol{W}^{-1}D_o(D_o'\boldsymbol{W}^{-1}D_o)^{-1}$$

而 $D_o = E\left[\frac{\mathrm{d}}{\mathrm{d}\beta}m_t(\beta^o)\right]$。一般情形下，GMM 估计量 $\hat{\beta}$ 的渐近方差 $\boldsymbol{\Omega}$ 依赖于权重矩阵 W 的选择。一个渐近最有效的 GMM 估计量是选择 $\boldsymbol{W} = \boldsymbol{V}_o \equiv \mathrm{avar}[\sqrt{n}\hat{m}(\beta^o)]$。在这种情形下，GMM 估计量的渐近方差为

$$\boldsymbol{\Omega}_o = (D_o'\boldsymbol{V}_o^{-1}D_o)^{-1}$$

而且是最小方差。这与线性回归模型中 GLS 估计量的思想相似。因此本章讨论了一个两阶段渐近最优 GMM 估计量 $\hat{\beta}$：首先，通过选择一个简单的初始权重矩阵 $\tilde{\boldsymbol{W}}$，并用它获得一个一致但次优的 GMM 估计量 $\tilde{\beta}$; 然后，用这个 $\tilde{\beta}$ 构造一个 V_o 的一致估计量 $\tilde{V}$，并用它作为权重矩阵以得到第二阶段的 GMM 估计量 $\hat{\beta}$。

为了构建真实模型参数的置信区间和进行参数假设检验，需要构造 GMM 估计量的渐近方差一致估计量。渐近最优 GMM 估计量的渐近方差的一个一致估计量是

$$\hat{\boldsymbol{\Omega}}_o = (\hat{D}'\hat{\boldsymbol{V}}^{-1}\hat{D})^{-1}$$

其中

$$\hat{D} = n^{-1}\sum_{t=1}^{n}\frac{\mathrm{d}m_t(\hat{\beta})}{\mathrm{d}\beta}$$

而 $\hat{V}$ 的构建依赖于 $\{m_t(\beta^o)\}$ 的性质，特别是依赖于 $\{m_t(\beta^o)\}$ 是否为遍历平稳鞅差分序列。

假设使用两阶段渐近最优 GMM 估计量来检验原假设

$$\mathrm{H}_0\text{：}\ R(\beta^o) = r$$

对应的 Wald 检验统计量为

$$\hat{\mathcal{W}} = n[R(\hat{\beta}) - r]'[R'(\hat{\beta})(\hat{\boldsymbol{D}}'\hat{\boldsymbol{V}}^{-1}\hat{\boldsymbol{D}})^{-1}R'(\hat{\beta})']^{-1}[R(\hat{\beta}) - r] \xrightarrow{\mathrm{d}} \chi_J^2$$

这里渐进 χ_J^2 分布在原假设 H_0 成立时是有效的。同样，我们可以在 $J = 1$ 时构建一个 t 检验统计量。

矩条件 $E[m_t(\beta^o)] = \mathbf{0}$ 还提供了检验经济理论或经济模型是否正确设定的依据，为此可检验样本矩 $\hat{m}(\hat{\beta})$ 是否接近于零。一个在 GMM 框架下常用的模型设定检验是过度识别检验统计量。在正确模型设定下，过度识别检验统计量

$$\mathcal{J} \equiv n\hat{m}(\hat{\beta})'\tilde{\boldsymbol{V}}^{-1}\hat{m}(\hat{\beta}) \xrightarrow{\mathrm{d}} \chi_{l-K}^2$$

其中 $\hat{\beta}$ 是渐近最优 GMM 估计量，被称为过度识别检验。过度识别检验统计量 $\mathcal{J} \equiv n\hat{m}'(\hat{\beta})\tilde{\boldsymbol{V}}^{-1}\hat{m}(\hat{\beta})$ 计算很方便，因为它是第二阶段渐近最优 GMM 估计量的目标函数。作为过度识别检验的一个特例，还介绍了 Sargan 检验，用于在条件同方差鞅差分序列下检验工具变量的有效性。如果条件同方差或鞅差分序列性质不成立，Sargan 检验统计量将不服从渐进 χ^2 分布，需要进行修正。

GMM 提供了一个统一的计量经济学分析框架，很多计量经济学估计量可纳入其中。换言之，很多计量经济学估计量可视为 GMM 框架的一个特例，只需选择合适的矩函数和权重矩阵。已经看到，OLS 和 2SLS 估计量是 GMM 估计的两个特例。特别是，2SLS 估计量只有在条件同方差鞅差分序列条件下才是渐近最优估计。

习题解析

习题 8.1

广义矩估计量定义为

$$\hat{\beta} = \underset{\beta \in \Theta}{\arg\min}\, \hat{m}(\beta)' \hat{\boldsymbol{W}}^{-1} \hat{m}(\beta)$$

其中 β 是 $K \times 1$ 参数向量，$\hat{\boldsymbol{W}}$ 是 $l \times l$ 随机的对称非奇异矩阵，样本矩

$$\hat{m}(\beta) = n^{-1} \sum_{t=1}^{n} m_t(\beta)$$

是一个 $l \times l$ 样本矩向量，其中 $m_t(\beta)$ 是 $l \times 1$ 矩函数，$l \geqslant K$。有下列假设。

假设 8.1.1 β^o 是 $E[m_t(\beta^o)] = \mathbf{0}$ 的唯一解，且 β^o 是 Θ 的内点。

假设 8.1.2 $m_t(\beta^o)$ 是遍历平稳鞅差分序列，即

$$E\left[m_t(\beta^o) \mid Z_{t-1}\right] = \mathbf{0}$$

其中 Z_{t-1} 是第 $t-1$ 期的信息集。

假设 8.1.3 $m_t(\beta)$ 相对于 $\beta \in \Theta$ 是连续可微的概率为 1，且

$$\sup_{\beta \in \Theta} \left\| \frac{\mathrm{d}\hat{m}(\beta)}{\mathrm{d}\beta} - m'(\beta) \right\| \xrightarrow{p} 0$$

其中 $m'(\beta) = \dfrac{\mathrm{d}}{\mathrm{d}\beta} E[m(Z_t, \beta)] = E\left[\dfrac{\partial}{\partial \beta} m(Z_t, \beta)\right]$。

假设 8.1.4 存在某一 $l \times l$ 有限、对称与正定的矩阵 $\boldsymbol{V_o}$，$\sqrt{n}\hat{m}(\beta^o) \xrightarrow{\mathrm{d}} N(\mathbf{0}, \boldsymbol{V_o})$。

假设 8.1.5 当 $n \to \infty$，$\hat{\boldsymbol{W}} \xrightarrow{p} \boldsymbol{W}$，其中 $\boldsymbol{W}$ 是 $l \times l$ 有限、对称与正定的矩阵。

由这些假设，可证明 $\hat{\beta} \xrightarrow{p} \beta^o$，这一结论可用于回答下列问题。另外，如有必要，也可增加新假设。

（1）给出 $\boldsymbol{V_o}$ 关于 $m(Z_t, \beta^o)$ 的表达式。

（2）给出上述 GMM 最小化问题的一阶条件。

（3）推导 $\sqrt{n}(\hat{\beta} - \beta^o)$ 的渐近分布。

（4）给出渐近最优解的权重矩阵 $\hat{\boldsymbol{W}}$，并解释为什么所选择的权重矩阵 $\hat{\boldsymbol{W}}$ 是最优的。

解答:

（1）首先，假设 $m(Z_t,\beta)$ 是 Z_t 的可测函数。给定 Z_t 是平稳的，有 $m(Z_t,\beta)$ 也是平稳的。

$$\begin{aligned}
\boldsymbol{V_o} &= \operatorname{avar}\left[\sqrt{n}\hat{m}(\beta^o)\right] \\
&= \lim_{n\to\infty} \operatorname{var}\left[\sqrt{n}\hat{m}(\beta^o)\right] \\
&= \lim_{n\to\infty} \operatorname{var}\left[\frac{1}{\sqrt{n}}\sum_{t=1}^{n} m_t(\beta^o)\right] \\
&= E[m_t(\beta^o)m_t(\beta^o)'] \\
&= E[m(Z_t,\beta^o)m_t(Z_t,\beta^o)']
\end{aligned}$$

其中第二个到最后一个不等式的成立基于 $E[m(Z_t,\beta) \mid Z^{t-1}] = \mathbf{0}$ 和 $m(Z_t,\beta)$ 是平稳的事实。

（2）GMM 最小化问题的 FOC 是:

$$\left.\frac{\mathrm{d}\hat{Q}(\beta)}{\mathrm{d}\beta}\right|_{\beta=\hat{\beta}} = \mathbf{0}$$

$$\frac{\mathrm{d}\hat{m}(\hat{\beta})}{\mathrm{d}\beta'}\hat{\boldsymbol{W}}^{-1}\hat{m}(\hat{\beta}) = \mathbf{0}$$

其中 $\dfrac{\mathrm{d}\hat{m}(\hat{\beta})}{\mathrm{d}\beta'}$ 是一个 $K\times l$ 矩阵。

（3）基于一阶泰勒展开，有:

$$\sqrt{n}\hat{m}(\hat{\beta}) = \sqrt{n}\hat{m}(\beta^o) + \frac{\mathrm{d}\hat{m}(\bar{\beta})}{\mathrm{d}\beta}\sqrt{n}(\hat{\beta}-\beta^o)$$

其中 $\bar{\beta} = \lambda\hat{\beta} + (1-\lambda)\beta^o$ 在 $\hat{\beta}$ 和 β^o 之间，且有 $\lambda \in [0,1]$。基于 FOC，有

$$\frac{\mathrm{d}\hat{m}(\hat{\beta})}{\mathrm{d}\beta'}\hat{\boldsymbol{W}}^{-1}\left[\sqrt{n}\hat{m}(\beta^o) + \frac{\mathrm{d}\hat{m}(\bar{\beta})}{\mathrm{d}\beta}\sqrt{n}(\hat{\beta}-\beta^o)\right] = \mathbf{0}$$

因此，

$$\sqrt{n}(\hat{\beta}-\beta^o) = -\left[\frac{\mathrm{d}\hat{m}(\hat{\beta})}{\mathrm{d}\beta'}\hat{\boldsymbol{W}}^{-1}\frac{\mathrm{d}\hat{m}(\bar{\beta})}{\mathrm{d}\beta'}\right]\frac{\mathrm{d}\hat{m}(\hat{\beta})}{\mathrm{d}\beta'}\hat{\boldsymbol{W}}^{-1}\sqrt{n}\hat{m}(\beta^o)$$

接下来证明 $\dfrac{\mathrm{d}\hat{m}(\hat{\beta})}{\mathrm{d}\beta} \xrightarrow{p} D(\beta^o) \equiv E\left[\dfrac{\mathrm{d}m(Z_t,\beta^o)}{\mathrm{d}\beta}\right]$:

$$\begin{aligned}
&\left\|\frac{\mathrm{d}\hat{m}(\hat{\beta})}{\mathrm{d}\beta}-E\left[\frac{\mathrm{d}m(Z_t,\beta^o)}{\mathrm{d}\beta}\right]\right\| \\
=&\left\|\frac{\mathrm{d}\hat{m}(\hat{\beta})}{\mathrm{d}\beta}-E\left[\frac{\mathrm{d}m(Z_t,\hat{\beta})}{\mathrm{d}\beta}\right]+E\left[\frac{\mathrm{d}m(Z_t,\hat{\beta})}{\mathrm{d}\beta}\right]-E\left[\frac{\mathrm{d}m(Z_t,\beta^o)}{\mathrm{d}\beta}\right]\right\| \\
\leqslant&\left\|\frac{\mathrm{d}\hat{m}(\hat{\beta})}{\mathrm{d}\beta}-E\left[\frac{\mathrm{d}m(Z_t,\hat{\beta})}{\mathrm{d}\beta}\right]\right\|+\left\|E\left[\frac{\mathrm{d}m(Z_t,\hat{\beta})}{\mathrm{d}\beta}\right]-E\left[\frac{\mathrm{d}m(Z_t,\beta^o)}{\mathrm{d}\beta}\right]\right\| \\
\leqslant&\sup_{\beta\in\Theta}\left\|\frac{\mathrm{d}\hat{m}(\hat{\beta})}{\mathrm{d}\beta}-E\left[\frac{\mathrm{d}m(Z_t,\hat{\beta})}{\mathrm{d}\beta}\right]\right\|+\left\|E\left[\frac{\mathrm{d}m(Z_t,\hat{\beta})}{\mathrm{d}\beta}\right]-E\left[\frac{\mathrm{d}m(Z_t,\beta^o)}{\mathrm{d}\beta}\right]\right\| \\
\xrightarrow{p}&\ \mathbf{0}
\end{aligned}$$

其中，最后一个等式中的第一个范数根据 UWLLN 趋于零。同时，第二项趋于零是由 $\hat{\beta}\xrightarrow{p}\beta^o$ 以及关于 β 的 $\dfrac{\mathrm{d}m(Z_t,\beta)}{\mathrm{d}\beta}$ 的连续性所确保的。

因此有 $\dfrac{\mathrm{d}\hat{m}(\hat{\beta})}{\mathrm{d}\beta}\xrightarrow{p}D(\beta^o)\equiv E\left[\dfrac{\mathrm{d}m(Z_t,\beta^o)}{\mathrm{d}\beta}\right]$。类似的，由于 $\bar{\beta}=\lambda\hat{\beta}+(1-\lambda)\beta^o$ 在 $\hat{\beta}$ 和 β^o 之间，且有 $\lambda\in[0,1]$，可以证明 $\dfrac{\mathrm{d}\hat{m}(\bar{\beta})}{\mathrm{d}\beta}\xrightarrow{p}D(\beta^o)\equiv E\left[\dfrac{\mathrm{d}m(Z_t,\beta^o)}{\mathrm{d}\beta}\right]$。因此有：

$$\left[\frac{\mathrm{d}\hat{m}(\hat{\beta})}{\mathrm{d}\beta'}\hat{\boldsymbol{W}}^{-1}\frac{\mathrm{d}\hat{m}(\bar{\beta})}{\mathrm{d}\beta'}\right]\frac{\mathrm{d}\hat{m}(\hat{\beta})}{\mathrm{d}\beta'}\hat{\boldsymbol{W}}^{-1}\xrightarrow{p}\left[D(\beta^o)'\boldsymbol{W}^{-1}D(\beta^o)\right]^{-1}D(\beta^o)'\boldsymbol{W}^{-1}$$

基于 Slutsky 定理，有：

$$\sqrt{n}(\hat{\beta}-\beta^o)\xrightarrow{\mathrm{d}}N(\mathbf{0},\boldsymbol{\Omega})$$

其中 $\boldsymbol{\Omega}=\left[D(\beta^o)'\boldsymbol{W}^{-1}D(\beta^o)\right]^{-1}D(\beta^o)'\boldsymbol{W}^{-1}\boldsymbol{V_o}\boldsymbol{W}^{-1}D(\beta^o)\left[D(\beta^o)'\boldsymbol{W}^{-1}D(\beta^o)\right]^{-1}$，且 $\boldsymbol{V_o}$ 和（1）中的相同。

（4）见第八章的定理 8.7。

习题 8.2

假设通过选择矩函数 $m_t(\beta)=Z_t(Y_t-X_t'\beta)$ 用 GMM 法来估计内生线性回归模型 $Y_t=X_t'\beta^o+\varepsilon_t$。其中 β 是 $K\times1$ 系数向量，X_t 是 $K\times1$ 回归元向量，Z_t 是 $K\times1$ 工具向量使得 $\boldsymbol{Q}_{ZX}=E(Z_tX_t)$ 是有限非奇异矩阵，假设所有正则条件成立。

（1）证明 $\hat{\beta}=(Z'X)^{-1}Z'Y$ 是有着合适的权重矩阵 $\hat{\boldsymbol{W}}$ 的 GMM 估计量。

（2）当 $\{Z_t\varepsilon_t\}$ 是鞅差分序列且 $E(\varepsilon_t^2\mid Z_t)=\sigma^2$ 时，比较（1）中 $\hat{\beta}$ 和 $\hat{\beta}_{2SLS}$ 的相对效率。

（3）当 $\{Z_t\varepsilon_t\}$ 是鞅差分序列且 $E(\varepsilon_t^2\mid Z_t)\neq\sigma^2$ 时，（2）中的结论还成立吗？请解释原因。

解答:

（1）GMM 估计量，或者更准确地说，线性 IV 估计量 $\hat{\beta}$ 需要解如下最小化问题：

$$\min_{\beta\in R^K} \quad \hat{m}(\beta)'\hat{\boldsymbol{W}}^{-1}\hat{m}(\beta) = n^{-2}\min_{\beta\in R^K} \quad (Y - X\beta)'Z\hat{\boldsymbol{W}}^{-1}Z'(Y - X\beta)$$

其中 $\hat{m}(\beta) = \dfrac{1}{n}\sum_{t=1}^{n} Z_t(Y_t - X_t'\beta)$。

一阶条件如下：

$$\frac{\partial}{\partial\beta}\left[(Y - X\beta)'Z\hat{\boldsymbol{W}}^{-1}Z'(Y - X\beta)\right]_{\beta=\hat{\beta}} = -2X'Z\hat{\boldsymbol{W}}^{-1}Z'(Y - X\hat{\beta}) = \boldsymbol{0}$$

因此有：

$$X'Z\hat{\boldsymbol{W}}^{-1}Z'X\hat{\beta} = X'Z\hat{\boldsymbol{W}}^{-1}Z'Y$$

于是有：

$$\hat{\beta} = (X'Z\hat{\boldsymbol{W}}^{-1}Z'X)^{-1}X'Z\hat{\boldsymbol{W}}^{-1}Z'Y$$

令 $\hat{\boldsymbol{W}}^{-1} = I$，可以得到：

$$\hat{\beta} = (Z'X)^{-1}(X'Z)^{-1}X'ZZ'Y = (Z'X)^{-1}Z'Y$$

（2）注意下式成立：

$$\beta_{2\,\text{SLS}}:\ \boldsymbol{V_o} = \text{avar}[\sqrt{n}\hat{m}(\beta^o)] = E[m_t(\beta^o)m_t(\beta^o)'] = \sigma^2 Q_{ZZ}$$

$$D_o = \frac{\partial m(\beta^o)}{\partial\beta_{2\,\text{SLS}}} = ZX'$$

$$\Omega_{2\,\text{SLS}} = [XZ'(\sigma^2 Q_{ZZ})^{-1}ZX']^{-1}$$

且

$$\Omega_\beta = (XZ'ZX')^{-1}XZ'\sigma^2 Q_{ZZ}ZX'(XZ'ZX')^{-1}$$

于是可以得到：

$$\Omega_{2\,\text{SLS}}^{-1} - \Omega_\beta^{-1} = XZ'(\sigma^2 Q_{ZZ})^{-\frac{1}{2}}G(\sigma^2 Q_{ZZ})^{-\frac{1}{2}}ZX'$$

其中 $\boldsymbol{G} = I - (\sigma^2 Q_{ZZ})^{\frac{1}{2}}ZX'[XZ'(\sigma^2 Q_{ZZ})^{-1}ZX']^{-1}XZ'(\sigma^2 Q_{ZZ})^{\frac{1}{2}}$ 且 $\boldsymbol{G}$ 是一个对称幂等矩阵，因此，有 $\Omega_{2\,\text{SLS}}^{-1} - \Omega_\beta^{-1}$ 是 PSD 的，且可以得到结论 $\beta_{2\,\text{SLS}}$ 是更加有效的。

（3）注意有 $\beta_{2\,\text{SLS}}$：

$$V_o = \text{avar}[\sqrt{n}\hat{m}(\beta^o)] = E[m_t(\beta^o)m_t(\beta^o)'] = E(Z_tZ_t'\varepsilon_t^2)$$

之后的分析同（2）。

习题 8.3

（1）证明：线性回归模型 $Y_t = X_t'\beta^o + \varepsilon_t$ 中参数 β^o 的 2SLS 估计量 $\hat{\beta}_{2SLS}$ 是通过选择合适的矩函数 $m_t(\beta)$ 和权重矩阵 $\hat{\boldsymbol{W}}$ 而得到的 GMM 估计量。

（2）假设 $\{Z_t\varepsilon_t\}$ 是一个遍历平稳鞅差分序列。请比较在条件同方差 (即 $E(\varepsilon_t^2|Z_t) = \sigma^2$) 和条件异方差 (即 $E(\varepsilon_t^2|Z_t) \neq \sigma^2$) 情形下，通过选择最优权重矩阵 $\hat{\boldsymbol{W}} = \tilde{V}$ 得到的渐近最优 GMM 估计量。

（3）在条件同方差和条件异方差的情形下分别比较（2）中获得的渐近最优 GMM 估计量和 $\hat{\beta}_{2SLS}$ 的相对效率，给出理由。

解答:

（1）令 $m_t(\beta) = Z_t(Y_t - X_t'\beta)$ 以及 $\hat{\boldsymbol{W}} = \dfrac{\boldsymbol{Z}'\boldsymbol{Z}}{n} = \dfrac{1}{n}\sum_{t=1}^{n} Z_t Z_t'$，目标函数为

$$\hat{m}(\beta)'\hat{\boldsymbol{W}}^{-1}\hat{m}(\beta) = (\boldsymbol{Y} - \boldsymbol{X}\beta)'\boldsymbol{Z}(\boldsymbol{Z}'\boldsymbol{Z})^{-1}Z'(Y - \boldsymbol{X}\beta)/n$$

FOC：$-2\boldsymbol{X}'\boldsymbol{Z}(\boldsymbol{Z}'\boldsymbol{Z})^{-1}\boldsymbol{Z}'(\boldsymbol{Y} - \boldsymbol{X}\beta) = 0$。

于是可以得到 $\hat{\beta}_{GMM} = \left[\boldsymbol{X}'\boldsymbol{Z}(\boldsymbol{Z}'\boldsymbol{Z})^{-1}\boldsymbol{Z}'\boldsymbol{X}\right]^{-1}\boldsymbol{X}'\boldsymbol{Z}(\boldsymbol{Z}'\boldsymbol{Z})^{-1}\boldsymbol{Z}'\boldsymbol{Y} = \hat{\beta}_{2\,SLS}$。

（2）

情形 1：如果 $E(\varepsilon_t^2|Z_t) = \sigma^2$，

$$\begin{aligned}\boldsymbol{V}_o &= \text{avar}\left(\frac{1}{\sqrt{n}}\sum_{t=1}^{n} Z_t\varepsilon_t\right) \\ &= \text{var}(Z_t\varepsilon_t) \\ &= E(Z_t Z_t'\varepsilon_t^2) \\ &= \sigma^2 E(Z_t Z_t') \\ &= \sigma^2 \boldsymbol{Q}_{ZZ}\end{aligned}$$

令 $\hat{\boldsymbol{V}} = \left(\dfrac{1}{n}\sum_{t=1}^{n} Z_t Z_t'\right)s^2$，$\sigma^2 = \dfrac{1}{n}\sum_{t=1}^{n} e_t^2$ 且 $e_t = Y_t - X_t'\hat{\beta}_{GMM}$。

接着，可以得到

$$\frac{1}{n}\sum_{t=1}^{n} Z_t Z_t' \xrightarrow{p} E(Z_t Z_t')$$

且

$$\begin{aligned}\frac{1}{n}\sum_{t=1}^{n}e_t^2 &= \frac{1}{n}\sum_{t=1}^{n}[\varepsilon_t - X_t'(\hat{\beta}_{\text{GMM}} - \beta^o)]^2 \\ &= \frac{1}{n}\sum_{t=1}^{n}\varepsilon_t^2 + \frac{1}{n}\sum_{t=1}^{n}(\hat{\beta}_{\text{GMM}} - \beta^o)'X_tX_t'(\hat{\beta}_{\text{GMM}} - \beta^o) - \\ &\quad 2\frac{1}{n}\sum_{t=1}^{n}(\hat{\beta}_{\text{GMM}} - \beta^o)'X_t\varepsilon_t\end{aligned}$$

因为 $\frac{1}{n}\sum_{t=1}^{n}\varepsilon_t^2 \xrightarrow{p} \sigma^2$，$\hat{\beta}_{\text{GMM}} \xrightarrow{p} \beta^o$ 且 $s^2 \xrightarrow{p} \sigma^2$，有

$$\hat{\boldsymbol{V}} = \left(\frac{1}{n}\sum_{t=1}^{n}Z_tZ_t'\right)s^2 \xrightarrow{p} E(Z_tZ_t')\sigma^2 = \boldsymbol{V}_o$$

同时，有 $\hat{\boldsymbol{W}} \xrightarrow{p} \boldsymbol{W} = E(Z_tZ_t')$。

因此，$\hat{\beta}_{2\text{SLS}}$ 和 $\hat{\beta}_{\text{GMM}}$ 都为渐近最优估计量。

情形 2：如果 $E(\varepsilon_t^2|Z_t) \neq \sigma^2$

$$\begin{aligned}\boldsymbol{V}_o &= \text{avar}\left(\frac{1}{\sqrt{n}}\sum_{t=1}^{n}Z_t\varepsilon_t\right) \\ &= \text{var}(Z_t\varepsilon_t) \\ &= E(Z_tZ_t'\varepsilon_t^2)\end{aligned}$$

令 $\hat{\boldsymbol{V}} = \left(\frac{1}{n}\sum_{t=1}^{n}Z_tZ_t'\right)e_t^2$ 并且在一些正则条件下，有：

$$\begin{aligned}\hat{\boldsymbol{V}} &= \frac{1}{n}\sum_{t=1}^{n}Z_tZ_t'[\varepsilon_t - X_t'(\hat{\beta}_{\text{GMM}} - \beta^o)]^2 \\ &= \frac{1}{n}\sum_{t=1}^{n}Z_tZ_t'\varepsilon_t^2 + \frac{1}{n}\sum_{t=1}^{n}(\hat{\beta}_{\text{GMM}} - \beta^o)'X_t'Z_tZ_t'X_t(\hat{\beta}_{\text{GMM}} - \beta^o) - \\ &\quad 2\frac{1}{n}\sum_{t=1}^{n}(\hat{\beta}_{\text{GMM}} - \beta^o)'X_t'Z_tZ_t'\varepsilon_t\end{aligned} \tag{1}$$

因为 $\frac{1}{n}\sum_{t=1}^{n}Z_tZ_t'\varepsilon_t^2 \xrightarrow{p} E(Z_tZ_t'\varepsilon_t^2) = \boldsymbol{V}_o$，$\hat{\beta}_{\text{GMM}} \xrightarrow{p} \beta^o$，$\frac{1}{n}\sum_{t=1}^{n}X_t'Z_tZ_t'X_t \xrightarrow{p}$ $E(X_t'Z_tZ_t'X_t)$ 和 $\frac{1}{n}\sum_{t=1}^{n}X_t'Z_tZ_t'\varepsilon_t \xrightarrow{p} 0$，可以得到：

$$+\hat{V}=\frac{1}{n}\sum_{t=1}^{n}Z_tZ_t'e_t^2\xrightarrow{p}E(Z_tZ_t'\varepsilon_t^2)=V_o$$

因为 $\hat{\boldsymbol{W}}\xrightarrow{p}\boldsymbol{V}_o$，我们知道渐近最优估计量 $\hat{\beta}_{\text{GMM}}$ 是更为有效的。

（3）在（2）中已经被解决。

习题 8.4

假设 $\{m_t(\beta)\}$ 是一个遍历平稳鞅差分序列，其中 $m_t(\cdot)$ 在紧参数集 Θ 上是连续的，$\{m_t(\beta)m_t(\beta)'\}$ 在 Θ 上满足一致弱大数定律，$V(\beta)=E[m_t(\beta)m_t(\beta)']$ 在 Θ 上是连续的，且 $\boldsymbol{V_o}=E[m_t(\beta^o)m_t(\beta^o)']$ 是有限、对称与非奇异矩阵。定义 $\hat{\boldsymbol{V}}=n^{-1}\sum\limits_{t=1}^{n}m_t(\hat{\beta})m_t(\hat{\beta})'$，其中 $\hat{\beta}$ 是 β^o 的一致估计量。证明：当 $n\to\infty$，$\hat{\boldsymbol{V}}\xrightarrow{p}\boldsymbol{V_o}$。

解答:

$$\begin{aligned}
&\|\hat{\boldsymbol{V}}-\boldsymbol{V}_o\|\\
=&\left\|\frac{1}{n}\sum_{t=1}^{n}m_t(\hat{\beta})m_t(\hat{\beta})'-E[m_t(\beta^o)m_t(\beta^o)']\right\|\\
=&\left\|\frac{1}{n}\sum_{t=1}^{n}m_t(\hat{\beta})m_t(\hat{\beta})'-E[m_t(\hat{\beta})m_t(\hat{\beta})']+E[m_t(\hat{\beta})m_t(\hat{\beta})']-E[m_t(\beta^o)m_t(\beta^o)']\right\|\\
\leqslant&\left\|\frac{1}{n}\sum_{t=1}^{n}m_t(\hat{\beta})m_t(\hat{\beta})'-E[m_t(\hat{\beta})m_t(\hat{\beta})']\right\|+\|E[m_t(\hat{\beta})m_t(\hat{\beta})']-E[m_t(\beta^o)m_t(\beta^o)']\|\\
\xrightarrow{p}&\ 0
\end{aligned}$$

其中利用了 $\{m_t(\beta)m_t(\beta)'\}$ 是一致弱连续、$\hat{\beta}\xrightarrow{p}\beta^o$ 以及 $m_t(\beta)$ 在 β 处连续的事实。

习题 8.5

给定权重函数 $\hat{\boldsymbol{W}}\xrightarrow{p}\boldsymbol{W}$，这里 $\boldsymbol{W}$ 是一个 $l\times l$ 非随机、对称、有限且非奇异的矩阵，$\boldsymbol{W}\neq V_o=E[m_t(\beta^o)m_t(\beta^o)']$。

（1）用 $\tilde{\beta}$ 构建一个 Wald 检验统计量，以检验原假设 H_0：$R(\beta^o)=r$，并推导出其在 H_0 下的渐近分布，假设所有正则条件成立。

（2）比较（1）中的 Wald 检验统计量和定理 8.7 中应用两阶段渐近最优 GMM 估计量构建的 Wald 检验统计量之间的相对效率。当 H_0 是错误的，在有限样本中哪一个统计量能更好地检验？请解释原因。

解答:

（1）在假设 H_0：$R(\beta^o)=r$ 下，$\sqrt{n}[R(\hat{\beta})-r]$ 在 $\sqrt{n}[R(\beta^o)-r]$ 处的泰勒展开为

$$\sqrt{n}[R(\hat{\beta}]-r)=\sqrt{n}[R(\beta^o)-r]+R'(\bar{\beta})\sqrt{n}(\hat{\beta}-\beta^o)=R'(\bar{\beta})\sqrt{n}(\hat{\beta}-\beta^o)$$

其中 $\bar{\beta}=\lambda\hat{\beta}+(1-\lambda)\beta^o$，$\lambda\in[0,1]$。

假设 $R(\cdot)$ 连续，$\bar{\beta}\xrightarrow{p}\beta^o$，于是有 $R'(\bar{\beta})\xrightarrow{p}R'(\beta^o)$。

基于正则条件，$\sqrt{n}(\hat{\beta}-\beta^o)\xrightarrow{d}N(\mathbf{0},\boldsymbol{\Omega})$，

其中 $\boldsymbol{\Omega}=(D_o'\boldsymbol{W}^{-1}D_o)^{-1}D_o'\boldsymbol{W}^{-1}\boldsymbol{V}_o\boldsymbol{W}^{-1}D_o(D_o'\boldsymbol{W}^{-1}D_o)^{-1}$。

通过 Slusky 定理，有 $\sqrt{n}[R(\hat{\beta})-r]\xrightarrow{d}N[0,R'(\beta^o)\boldsymbol{\Omega}R'(\beta^o)]$。

于是我们可以构建一个 Wald 统计量：

$$W=n[R(\hat{\beta})-r]'[R'(\hat{\beta})\hat{\boldsymbol{\Omega}}R'(\hat{\beta})]^{-1}[R(\hat{\beta})-r]\xrightarrow{d}X_J^2$$

其中 J 是一系列正则条件。

并且，$\hat{\boldsymbol{\Omega}}=(\hat{D}_o'\hat{\boldsymbol{W}}^{-1}\hat{D}_o)^{-1}\hat{D}_o'\hat{\boldsymbol{W}}^{-1}\hat{\boldsymbol{V}}_o\hat{\boldsymbol{W}}^{-1}\hat{D}_o(\hat{D}_o'\hat{\boldsymbol{W}}^{-1}\hat{D}_o)^{-1}$，其中 $\hat{D}_o=\dfrac{\partial\hat{m}(\hat{\beta})}{\partial\beta}$，且 $\hat{\boldsymbol{V}}_o$ 是 $\boldsymbol{V}_o$ 的一致估计。

（2）因为 $\boldsymbol{W}\neq\text{avar}[\sqrt{n}\hat{m}(\beta^o)]$，$\boldsymbol{\Omega}-\boldsymbol{\Omega}_o$ 是一个半正定矩阵，推导得到的 Wald 统计量在小样本内更容易犯第Ⅱ类错误。

习题 8.6

考虑在 GMM 框架下检验原假设 H_0：$R(\beta^o)=r$，其中 $\boldsymbol{R}(\beta^o)$ 是 $J\times1$ 非随机矩阵，r 是 $J\times1$ 非随机向量，$\boldsymbol{R}'(\beta^o)$ 是 $J\times K$ 满秩矩阵，且 $J\leqslant K$。假设现在根据拉格朗日乘子 $\hat{\lambda}^*$ 构造一个拉格朗日乘数 ($\mathcal{LM}$) 检验，其中 $\hat{\lambda}^*$ 是下列有约束的 GMM 最小化问题的最优解

$$(\hat{\beta}^*,\hat{\lambda}^*)=\arg\min_{\beta\in\Theta,\lambda\in\mathbb{R}^J}\{\hat{m}(\beta)'\tilde{\boldsymbol{V}}^{-1}\hat{m}(\beta)+\lambda'[r-\boldsymbol{R}(\beta)]\}$$

其中 $\tilde{\boldsymbol{V}}$ 是 $\boldsymbol{V}_o=\text{avar}[\sqrt{n}\hat{m}(\beta^o)]$ 的预设一致估计量，它不依赖于 β。请构造 $\mathcal{LM}$ 检验统计量，并在以下情形中推导它的渐近分布。

（1）$m_t(\beta^o)$ 是遍历平稳鞅差分序列。

（2）$m_t(\beta^o)$ 是遍历平稳非鞅差分序列。

假设所有正则条件成立，给出具体的推导过程。

解答:

这里的提示是，如果 H_0：$\boldsymbol{R}(\beta^o)=r$ 成立，那么 $\hat{\lambda}^*$ 的值应该很小，因为第二项对

最小化问题的贡献应该是可以忽略的。然而，如果 H_0 成立，那么在这个最小化问题中，第二项的贡献将是不可忽略的。所以关键在于如何衡量 λ 与 0 的偏差。考虑以下二次型：

$$\mathcal{LM} = n\hat{\lambda}^{*\prime}\hat{\boldsymbol{V}}_{\lambda}^{-1}\hat{\lambda}^{*}$$

核心步骤是首先找到 $\sqrt{n}\hat{\lambda}^{*}$，令：

$$L(\beta,\lambda) = \hat{m}(\beta)'\tilde{\boldsymbol{V}}^{-1}\hat{m}(\beta) + \lambda'[r - R(\beta)]$$

符号说明：令 $\dfrac{\mathrm{d}\hat{m}(\hat{\beta})}{\mathrm{d}\beta}$ 为一个 $l \times K$ 矩阵。当然，也可以遵循第三章到第六章中使用的符号，令 $\dfrac{\mathrm{d}\hat{m}(\hat{\beta})}{\mathrm{d}\beta}$ 为一个 $K \times l$ 矩阵。无论使用哪种符号，都能推导出同样的结果。根据一阶条件（FOC），有

$$\frac{\partial L(\hat{\beta}^{*},\hat{\lambda}^{*})}{\partial \beta} = 2\frac{\mathrm{d}\hat{m}(\hat{\beta}^{*})}{\mathrm{d}\beta'}\tilde{\boldsymbol{V}}^{-1}\hat{m}(\hat{\beta}^{*}) - \frac{\mathrm{d}\boldsymbol{R}(\hat{\beta}^{*})}{\mathrm{d}\beta'}\hat{\lambda}^{*} = \boldsymbol{0}$$
$$\frac{\partial L(\hat{\beta}^{*},\hat{\lambda}^{*})}{\partial \lambda} = \boldsymbol{R}(\hat{\beta}^{*}) - r = \boldsymbol{0}$$

考虑对第一个等式围绕 β^{o} 做泰勒展开：

$$2\frac{\mathrm{d}\hat{m}(\hat{\beta}^{*})}{\mathrm{d}\beta'}\tilde{\boldsymbol{V}}^{-1}\hat{m}(\beta^{o}) + 2\frac{\mathrm{d}\hat{m}(\hat{\beta}^{*})}{\mathrm{d}\beta'}\tilde{\boldsymbol{V}}^{-\mathbf{1}}\frac{\mathrm{d}\hat{m}(\bar{\beta})}{\mathrm{d}\beta}(\hat{\beta}^{*} - \beta^{o}) = \frac{\mathrm{d}\boldsymbol{R}(\hat{\beta}^{*})}{\mathrm{d}\beta'}\hat{\lambda}^{*},$$
$$\Longrightarrow 2\left[\frac{\mathrm{d}\hat{m}(\hat{\beta}^{*})}{\mathrm{d}\beta'}\tilde{\boldsymbol{V}}^{-1}\frac{\mathrm{d}\hat{m}(\bar{\beta})}{\mathrm{d}\beta}\right]^{-1}\frac{\mathrm{d}\hat{m}(\hat{\beta}^{*})}{\mathrm{d}\beta'}\tilde{\boldsymbol{V}}^{-1}\hat{m}(\beta^{o}) + 2(\hat{\beta}^{*} - \beta^{o})$$
$$= \left[\frac{\mathrm{d}\hat{m}(\hat{\beta}^{*})}{\mathrm{d}\beta'}\tilde{V}^{-1}\frac{\mathrm{d}\hat{m}(\bar{\beta})}{\mathrm{d}\beta}\right]^{-1}\frac{\mathrm{d}\boldsymbol{R}(\hat{\beta}^{*})}{\mathrm{d}\beta'}\hat{\lambda}^{*}$$

其中 $\bar{\beta} = \alpha\beta^{o} + (1-\alpha)\hat{\beta}^{*}$ 且 $\alpha \in (0,1)$。进一步地，考虑第二个等式中围绕 β^{o} 做泰勒展开：

$$\boldsymbol{R}(\beta^{o}) + \frac{\mathrm{d}\boldsymbol{R}(\bar{\beta})}{\mathrm{d}\beta}(\hat{\beta}^{*} - \beta^{o}) - r = \boldsymbol{0}$$

在 H_0：$\boldsymbol{R}(\beta^{o}) - r = 0$ 下，从第二个等式中可以得到：

$$\frac{\mathrm{d}\boldsymbol{R}(\bar{\beta})}{\mathrm{d}\beta}(\hat{\beta}^{*} - \beta^{o}) = 0$$

将第一个方程两边乘以 $\dfrac{\mathrm{d}\boldsymbol{R}(\bar{\beta})}{\mathrm{d}\beta}$，并将第二个方程的结果代入，可以得到

$$2\frac{\mathrm{d}\boldsymbol{R}(\bar{\beta})}{\mathrm{d}\beta}\left[\frac{\mathrm{d}\hat{m}(\hat{\beta}^*)}{\mathrm{d}\beta'}\tilde{\boldsymbol{V}}^{-1}\frac{\mathrm{d}\hat{m}(\bar{\beta})}{\mathrm{d}\beta}\right]^{-1}\frac{\mathrm{d}\hat{m}(\hat{\beta}^*)}{\mathrm{d}\beta'}\tilde{\boldsymbol{V}}^{-1}\hat{m}(\beta^o)$$
$$=\frac{\mathrm{d}\boldsymbol{R}(\bar{\beta})}{\mathrm{d}\beta}\left[\frac{\mathrm{d}\hat{m}(\hat{\beta}^*)}{\mathrm{d}\beta'}\tilde{\boldsymbol{V}}^{-1}\frac{\mathrm{d}\hat{m}(\bar{\beta})}{\mathrm{d}\beta}\right]^{-1}\frac{\mathrm{d}\boldsymbol{R}(\hat{\beta}^*)}{\mathrm{d}\beta'}\hat{\lambda}^*$$

因此

$$\sqrt{n}\hat{\lambda}^* = 2\left[\frac{\mathrm{d}\boldsymbol{R}(\bar{\beta})}{\mathrm{d}\beta}\left(\frac{\mathrm{d}\hat{m}(\hat{\beta}^*)}{\mathrm{d}\beta'}\tilde{\boldsymbol{V}}^{-1}\frac{\mathrm{d}\hat{m}(\bar{\beta})}{\mathrm{d}\beta}\right)^{-1}\frac{\mathrm{d}\boldsymbol{R}(\hat{\beta}^*)}{\mathrm{d}\beta'}\right]^{-1}\frac{\mathrm{d}\boldsymbol{R}(\bar{\beta})}{\mathrm{d}\beta}\times$$
$$\left[\frac{\mathrm{d}\hat{m}(\hat{\beta}^*)}{\mathrm{d}\beta'}\tilde{\boldsymbol{V}}^{-1}\frac{\mathrm{d}\hat{m}(\bar{\beta})}{\mathrm{d}\beta}\right]^{-1}\frac{\mathrm{d}\hat{m}(\hat{\beta}^*)}{\mathrm{d}\beta'}\tilde{\boldsymbol{V}}^{-1}\sqrt{n}\hat{m}(\beta^o)$$

本章我们已经证明

$$\sqrt{n}\hat{m}(\beta^o)\xrightarrow{\mathrm{d}}N(\boldsymbol{0},\boldsymbol{V}_o)$$

其中 $\boldsymbol{V}_o=\mathrm{avar}\left[\sqrt{n}\hat{m}(\beta^o)\right]$。在 H_0 下，可以得到

$$\sqrt{n}\hat{\lambda}^*\xrightarrow{\mathrm{d}}N(\boldsymbol{0},\boldsymbol{\Omega}_o)$$

其中

$$\boldsymbol{\Omega}_o=4[\boldsymbol{R}'(\beta^o)(D_o'\boldsymbol{V}_o^{-1}D_o)^{-1}\boldsymbol{R}'(\beta^o)']^{-1}$$

且 $D_o=\dfrac{\mathrm{d}\hat{m}(\hat{\beta}^o)}{\mathrm{d}\beta}$，且 $\boldsymbol{R}'(\beta^o)=\dfrac{\mathrm{d}\boldsymbol{R}(\beta^o)}{\mathrm{d}\beta}$。我们得到这么漂亮的方差结果的原因是在计算过程中许多项可以相互抵消。请自行验证这一点。接下来得到的二次型是

$$\hat{\lambda}^{*\prime}[\boldsymbol{R}'(\beta^o)(D_o'V_o^{-1}D_o)^{-1}\boldsymbol{R}'(\beta^o)'/4]\hat{\lambda}^*\xrightarrow{\mathrm{d}}\chi_J^2$$

并且根据 Slusky 定理，

$$\widehat{\mathcal{LM}}=n\hat{\lambda}^{*\prime}\left[\frac{\mathrm{d}\boldsymbol{R}(\hat{\beta}^*)}{\mathrm{d}\beta}\left(\frac{\mathrm{d}\hat{m}(\hat{\beta}^*)}{\mathrm{d}\beta'}\tilde{\boldsymbol{V}}^{-1}\frac{\mathrm{d}\hat{m}(\hat{\beta}^*)}{\mathrm{d}\beta}\right)^{-1}\frac{\mathrm{d}\boldsymbol{R}(\hat{\beta}^*)}{\mathrm{d}\beta'}/4\right]\hat{\lambda}^*\xrightarrow{\mathrm{d}}\chi_J^2$$

其中，$\widehat{\mathcal{LM}}$ 是拉格朗日乘子检验统计量，它遵循自由度为 J 的卡方分布。

习题 8.7

（非线性 IV 估计量）考虑一个非线性回归模型

$$Y_t=g(X_t,\beta^o)+\varepsilon_t$$

其中 $g(X_t,\cdot)$ 相对 β 是二阶连续可微的，$E(\varepsilon_t|X_t)\neq 0$，但 $E(\varepsilon_t|Z_t)=0$，这里 Y_t 是随机变量，X_t 是 $K\times 1$ 随机向量，Z_t 是 $l\times 1$ 随机向量，$l\geqslant K$。假定 $\{Y_t,X_t',Z_t'\}$ 是一个平稳遍历过程，且 $\{Z_t\varepsilon_t\}$ 是鞅差分序列。

定义矩函数 $m_t(\beta)=Z_t[Y_t-g(X_t,\beta)]$。根据矩条件：

$$E[m_t(\beta^o)]=\mathbf{0}$$

未知参数 β^o 可得到一致的估计。定义非线性工具变量估计量为下面最小化问题的最优解：

$$\hat{\beta}=\arg\min_{\beta\in\mathbb{R}^K}\hat{m}(\beta)'\hat{\boldsymbol{W}}^{-1}\hat{m}(\beta)$$

其中样本矩 $\hat{m}(\beta)=n^{-1}\sum_{t=1}^{n}Z_t[Y_t-g(X_t,\beta)]$，$\hat{\boldsymbol{W}}\xrightarrow{p}\boldsymbol{W}$，这里 $\boldsymbol{W}$ 是一个 $l\times l$ 有限、对称、正定的矩阵。

（1）证明：当 $n\to\infty$ 时，$\hat{\beta}\xrightarrow{p}\beta^o$。

（2）推导一阶条件。

（3）推导 $\hat{\beta}$ 的渐近分布。分别就条件同方差 $(E(\varepsilon_t^2|Z_t)=\sigma^2)$ 和条件异方差 $(E(\varepsilon_t^2|Z_t)\neq\sigma^2)$ 两种情形进行讨论。

（4）使 $\hat{\beta}$ 渐近最有效的权重矩阵 $\boldsymbol{W}$ 是什么？

（5）构造一个统计量检验原假设 H_0：$\boldsymbol{R}(\beta^o)=r$，其中 $\boldsymbol{R}(\beta)$ 是一个 $J\times 1$ 非随机矩阵，$\boldsymbol{R}'(\beta^o)$ 是一个 $J\times K$ 满秩矩阵，r 是 $J\times 1$ 非随机向量，且 $J\leqslant K$。推导出检验统计量的渐近分布。

解答：

（1）令 $\hat{Q}(\beta)=\hat{m}(\beta)'\hat{\boldsymbol{W}}^{-1}\hat{m}(\beta)$ 与 $Q(\beta)=m(\beta)'\hat{\boldsymbol{W}}^{-1}m(\beta)$，其中 $\hat{m}(\beta)=\frac{1}{n}\sum_{t=1}^{n}m_t(\beta)=\frac{1}{n}\sum_{t=1}^{n}Z_t[Y_t-g(X_t,\beta)]$ 且 $m(\beta)=E[m_t(\beta)]=E\{Z_t[Y_t-g(X_t,\beta)]\}$。根据定理 8.4 的假设，利用极值估计量的一致性得证。

（2）FOC 是

$$\frac{\mathrm{d}\hat{Q}(\hat{\beta})}{\mathrm{d}\beta}=0$$

$$\Longrightarrow\frac{\mathrm{d}\hat{m}(\hat{\beta})}{\mathrm{d}\beta}\hat{\boldsymbol{W}}^{-1}\hat{m}(\hat{\beta})=0$$

$$\Longrightarrow -\left[\frac{1}{n}\sum_{t=1}^{n}\frac{\partial g(X_t,\hat{\beta})}{\partial\beta}Z_t'\right]\hat{\boldsymbol{W}}^{-1}\hat{m}(\hat{\beta})=0$$

其中

$$-\left[\frac{1}{n}\sum_{t=1}^{n}\frac{\partial g(X_t,\hat{\beta})}{\partial\beta}Z_t'\right]=\frac{\mathrm{d}\hat{m}(\hat{\beta})}{\mathrm{d}\beta}$$

（3）利用 FOC 的一阶泰勒展开，有：

$$\left[\frac{1}{n}\sum_{t=1}^{n}\frac{\partial g(X_t,\hat{\beta})}{\partial\beta}Z_t'\right]\hat{\boldsymbol{W}}^{-1}\hat{m}(\beta^o)-$$

$$\left[\frac{1}{n}\sum_{t=1}^{n}\frac{\partial g(X_t,\hat{\beta})}{\partial\beta}Z_t'\right]\hat{\boldsymbol{W}}^{-1}\left[\frac{1}{n}\sum_{t=1}^{n}Z_t\frac{\partial g(X_t,\bar{\beta})}{\partial\beta'}\right](\hat{\beta}-\beta^o)=0$$

$$\Longrightarrow(\hat{\beta}-\beta^o)=\left\{\left[\frac{1}{n}\sum_{t=1}^{n}\frac{\partial g(X_t,\hat{\beta})}{\partial\beta}Z_t'\right]\hat{\boldsymbol{W}}^{-1}\left[\frac{1}{n}\sum_{t=1}^{n}Z_t\frac{\partial g(X_t,\bar{\beta})}{\partial\beta'}\right]\right\}^{-1}$$

$$\left[\frac{1}{n}\sum_{t=1}^{n}\frac{\partial g(X_t,\hat{\beta})}{\partial\beta}Z_t'\right]\hat{\boldsymbol{W}}^{-1}\hat{m}(\beta^o)$$

$$\Longrightarrow(\hat{\beta}-\beta^o)=[D(\hat{\beta})'\hat{\boldsymbol{W}}^{-1}D(\bar{\beta})]^{-1}D(\hat{\beta})'\hat{\boldsymbol{W}}^{-1}\hat{m}(\beta^o),$$

其中定义 $D(\beta)=\frac{1}{n}\sum_{t=1}^{n}Z_t\frac{\partial g(X_t,\beta)}{\partial\beta'}$。给定 $\sqrt{n}\hat{m}(\beta^o)\xrightarrow{\mathrm{d}}N(\boldsymbol{0},\boldsymbol{V}_o)$，以及 $\boldsymbol{V}_o=\mathrm{avar}[\sqrt{n}\hat{m}(\beta^o)]$，可以得到：

$$\sqrt{n}(\hat{\beta}-\beta^o)\xrightarrow{\mathrm{d}}N(\boldsymbol{0},\boldsymbol{\Omega}_o)$$

其中

$$\boldsymbol{\Omega}_o=[D(\beta^o)'\boldsymbol{W}^{-1}D(\beta^o)]^{-1}D(\beta^o)'\boldsymbol{W}^{-1}\boldsymbol{V}_o\boldsymbol{W}^{-1}D(\beta^o)[D(\beta^o)'\boldsymbol{W}^{-1}D(\beta^o)]^{-1}$$

给定 $\{Z_t\varepsilon_t\}$ 是 MDS，$\boldsymbol{V}_o=E[m_t(\beta^o)m_t(\beta_o)']=E(Z_tZ_t'\varepsilon_t^2)$。因此，在条件同方差下：

$$\boldsymbol{\Omega}_o=\sigma^2[D(\beta^o)'\boldsymbol{W}^{-1}D(\beta^o)]^{-1}D(\beta^o)'\boldsymbol{W}^{-1}E(Z_tZ_t')\boldsymbol{W}^{-1}D(\beta^o)[D(\beta^o)'\boldsymbol{W}^{-1}D(\beta^o)]^{-1}$$

而在条件异方差下，有：

$$\boldsymbol{\Omega}_o=[D(\beta^o)'\boldsymbol{W}^{-1}D(\beta^o)]^{-1}D(\beta^o)'\boldsymbol{W}^{-1}E(Z_tZ_t'\varepsilon_t^2)\boldsymbol{W}^{-1}D(\beta^o)[D(\beta^o)'\boldsymbol{W}^{-1}D(\beta^o)]^{-1}$$

（4）最优选择的 $\boldsymbol{W}$ 应该是 $\boldsymbol{V}_o$，在条件同方差性下，它是 $E(Z_tZ_t')$；而在条件异方差性下，它是 $E(Z_tZ_t'\varepsilon_t^2)$。

（5）查看第 8 章的第 8.7 节并替换相应的 Ω_o。讨论 $J=1$ 和 $J>1$ 两种情况。

习题 8.8

（非线性最小二乘估计量）考虑以下非线性回归模型

$$Y_t = g(X_t, \beta^o) + \varepsilon_t$$

其中 β^o 是一未知的 $K\times 1$ 参数向量，且 $E(\varepsilon_t|X_t)=0$。假设 $g(X_t,\cdot)$ 相对于 β 是二阶连续可微的，且对所有的 $\beta\in\Theta$，$K\times K$ 矩阵 $E\left[\frac{\partial}{\partial\beta}g(X_t,\beta)\frac{\partial}{\partial\beta'}g(X_t,\beta)\right]$ 和 $E\left[\frac{\partial^2}{\partial\beta\partial\beta'}g(X_t,\beta)\right]$ 是有限、对称与非奇异的矩阵。

定义非线性最小二乘 (nonlinear least squares，NLS) 估计量为使残差平方和最小化的解，即

$$\hat{\beta} = \arg\min_{\beta}\sum_{t=1}^{n}[Y_t - g(X_t,\beta)]^2$$

一阶条件为

$$\hat{\boldsymbol{D}}(\hat{\beta})'\boldsymbol{e} = \sum_{t=1}^{n}\frac{\partial g(X_t,\hat{\beta})}{\partial\beta}[Y_t - g(X_t,\hat{\beta})] = \boldsymbol{0}$$

其中 $\hat{\boldsymbol{D}}(\beta)$ 是 $n\times K$ 矩阵，其第 t 行为 $\frac{\partial}{\partial\beta}g(X_t,\beta)$，而 $e_t = Y_t - g(X_t,\hat{\beta})$。这个一阶条件可看成是在恰好识别 $(l=K)$ 情形下，GMM 估计量的一阶条件

$$\hat{m}(\hat{\beta}) = \boldsymbol{0}$$

其中

$$m_t(\beta) = \frac{\partial g(X_t,\beta)}{\partial\beta}[Y_t - g(X_t,\beta)]$$

一般而言，$\hat{\beta}$ 没有显性解。假设所有的正则条件成立。

（1）证明：当 $n\to\infty$ 时，$\hat{\beta}\xrightarrow{p}\beta^o$。

（2）推导 $\sqrt{n}(\hat{\beta}-\beta^o)$ 的渐近分布。

（3）如果 $\left\{\frac{\partial}{\partial\beta}g(X_t,\beta)\varepsilon_t\right\}$ 是鞅差分序列且 $\boldsymbol{E}(\varepsilon_t^2|X_t)=\sigma^2$，$\sqrt{n}(\hat{\beta}-\beta^o)$ 的渐近方差表达式是什么？给出理由。

（4）如果 $\left\{\frac{\partial}{\partial\beta}g(X_t,\beta)\varepsilon_t\right\}$ 是鞅差分序列但 $\boldsymbol{E}(\varepsilon_t^2|X_t)\neq\sigma^2$，$\sqrt{n}(\hat{\beta}-\beta^o)$ 的渐近方

差表达式是什么？给出理由。

（5）假定 $\left\{\frac{\partial}{\partial\beta}g(X_t,\beta)\varepsilon_t\right\}$ 是鞅差分序列且 $\boldsymbol{E}(\varepsilon_t^2|X_t)=\sigma^2$。构造一个统计量检验原假设 H_0：$\boldsymbol{R}(\beta^o)=\boldsymbol{r}$，其中 $\boldsymbol{R}(\beta)$ 是一个 $J\times K$ 非随机矩阵，且 $\boldsymbol{R}'(\beta^o)=\frac{\mathrm{d}}{\mathrm{d}\beta}\boldsymbol{R}(\beta^o)$ 是 $J\times K$ 阶满秩矩阵，其秩 $J\leqslant K$，而 $\boldsymbol{r}$ 是 $J\times 1$ 非随机向量。

（6）假定 $\left\{\frac{\partial}{\partial\beta}g(X_t,\beta)\varepsilon_t\right\}$ 是鞅差分序列但 $\boldsymbol{E}(\varepsilon_t^2|X_t)\neq\sigma^2$。构造一个统计量检验原假设 H_0：$\boldsymbol{R}(\beta^o)=r$，其中 $\boldsymbol{R}(\beta)$ 是 $J\times K$ 非随机矩阵，$\boldsymbol{R}'(\beta^o)=\frac{\mathrm{d}}{\mathrm{d}\beta}\boldsymbol{R}(\beta^o)$ 是满秩的 $J\times L$ 矩阵，秩 $J\leqslant L$，$\boldsymbol{r}$ 是 $J\times 1$ 非随机向量。

解答:

（1）令

$$\hat{Q}(\beta)=-\hat{m}(\beta)^T\hat{\boldsymbol{W}}^{-1}\hat{m}(\beta)$$

$$Q(\beta)=-m(\beta)^T\boldsymbol{W}^{-1}m(\beta)$$

其中

$$\hat{m}(\hat{\beta})=\frac{1}{n}\sum_{t=1}^{n}m_t(\hat{\beta})=\frac{1}{n}\sum_{t=1}^{n}\frac{\partial g(X_t,\hat{\beta})}{\partial\beta}[Y_t-g(X_t,\hat{\beta})]$$

$$m(\beta)=\boldsymbol{E}[m_t(\beta)]=\boldsymbol{E}\left\{\frac{\partial g(X_t,\hat{\beta})}{\partial\beta}[Y_t-g(X_t,\hat{\beta})]\right\}$$

参考极值估计量一致性的定理 8.4 中的证明。

（2）类似问题 8.7（2）和（3）的证明，有

$$\sqrt{n}(\hat{\beta}-\beta^o)\xrightarrow{\mathrm{d}}N(\boldsymbol{0},\boldsymbol{\Omega}_o)$$

其中

$$\boldsymbol{\Omega}_o=[\boldsymbol{D}(\beta^o)'\boldsymbol{W}^{-1}\boldsymbol{D}(\beta^o)]^{-1}\boldsymbol{D}(\beta^o)'\boldsymbol{W}^{-1}\boldsymbol{V}_o\boldsymbol{W}^{-1}\boldsymbol{D}(\beta^o)[\boldsymbol{D}(\beta^o)'\boldsymbol{W}^{-1}\boldsymbol{D}(\beta^o)]^{-1}$$

且

$$\boldsymbol{D}(\beta^o)=\boldsymbol{E}\left[\frac{\mathrm{d}m_t(\beta^o)}{\mathrm{d}\beta}\right],\quad V_o=\mathrm{avar}[\sqrt{n}\hat{m}(\beta^o)]$$

（3）基于 MDS 假设和条件同方差，有：

$$\boldsymbol{V}_o=\boldsymbol{E}[m_t(\beta^o)m_t(\beta^o)^T]=\boldsymbol{E}\left[\frac{\partial g(X_t,\beta^o)}{\beta}\frac{\partial g(X_t,\beta^o)}{\beta^T}\varepsilon_t^2\right]$$

$$= \sigma^2 \boldsymbol{E}\left[\frac{\partial g(X_t, \beta^o)}{\beta}\frac{\partial g(X_t, \beta^o)}{\beta^T}\varepsilon_t^2\right]$$

（4）基于 MDS 假设和条件异方差，有：

$$\boldsymbol{V}_o = \boldsymbol{E}\left[\frac{\partial g(X_t, \beta^o)}{\beta}\frac{\partial g(X_t, \beta^o)}{\beta^T}\varepsilon_t^2\right]$$

（5）和（6）根据定理 8.7，可以得到：

$$\boldsymbol{W} = n[\boldsymbol{R}(\hat{\beta}) - \boldsymbol{r}]'[\boldsymbol{R}'(\hat{\beta})\hat{\boldsymbol{\Omega}}_o\boldsymbol{R}'(\hat{\beta})']^{-1}[\boldsymbol{R}(\hat{\beta}) - \boldsymbol{r}]$$

（5）和（6）的唯一差别在于如何估计 $\hat{\boldsymbol{V}}_o$。

基于 MDS 假设和条件同方差，有：

$$\hat{\boldsymbol{V}}_o = s^2\frac{1}{n}\sum_{t=1}^{n}\left[\frac{\partial g(X_t, \hat{\beta})}{\beta}\frac{\partial g(X_t, \hat{\beta})}{\beta^T}\right]$$

基于 MDS 假设和条件异方差，有：

$$\hat{\boldsymbol{V}}_o = \frac{1}{n}\sum_{t=1}^{n}\left(\frac{\partial g(X_t, \hat{\beta})}{\beta}\frac{\partial g(X_t, \hat{\beta})}{\beta^T}\right)e_t^2$$

习题 8.9

假设 $\hat{\boldsymbol{V}}$ 是 $\boldsymbol{V}_o = \text{avar}[\sqrt{n}\hat{m}(\beta^o)]$ 的一致估计量。证明：用 $\hat{\boldsymbol{V}}$ 替换 $\tilde{\boldsymbol{V}}$ 对过度识别检验统计量的渐近分布没有影响，即，当原假设 H_0：$E[m_t(\beta^o)] = \boldsymbol{0}$ 成立，且 $n \to \infty$ 时，有

$$n\hat{m}(\hat{\beta})'\tilde{\boldsymbol{V}}^{-1}\hat{m}(\hat{\beta}) - n\hat{m}(\hat{\beta})'\hat{\boldsymbol{V}}^{-1}\hat{m}(\hat{\beta}) \xrightarrow{p} 0$$

假设定理 8.8 的条件成立。

解答：

你会发现对于检验统计量渐近分布的推导

$$n\hat{m}(\hat{\beta})\hat{\boldsymbol{V}}^{-1}\hat{m}(\hat{\beta}) \xrightarrow{\mathrm{d}} \chi^2_{l-K}$$

与如何推导以下检验统计量的渐近分布的方法是相同的：

$$n\hat{m}(\hat{\beta})\tilde{\boldsymbol{V}}^{-1}\hat{m}(\hat{\beta}) \xrightarrow{\mathrm{d}} \chi^2_{l-K}$$

原因在于 $\hat{\boldsymbol{V}}$ 和 $\tilde{\boldsymbol{V}}$ 都是 $\boldsymbol{V}_o$ 的一致估计。

习题 8.10

假设 $\tilde{\beta}$ 是渐近次优但一致的 GMM 估计量，即在两阶段渐近最优 GMM 过程中的第一阶段预设 GMM 估计量。我们需要检验原假设 H_0：$E[m(X_t,\beta^o)]=0$。假设所有正则条件成立，是否可以简单地用 $\tilde{\beta}$ 替代两阶段渐近最优 GMM 估计量 $\hat{\beta}$，并在 H_0 下同样获得过度识别检验统计量 $J=n\hat{m}(\hat{\beta})'\tilde{\boldsymbol{V}}^{-1}\hat{m}(\hat{\beta})$ 的渐近 χ^2_{l-K} 分布，换言之即检验统计量 $n\hat{m}(\tilde{\beta})'\tilde{\boldsymbol{V}}^{-1}\hat{m}(\tilde{\beta})$ 是否在 H_0 下服从渐近 χ^2_{l-K} 分布？给出你的理由。

解答:

不是的。因为这个结果是基于使用最优权重函数的两阶段最小二乘法估计得出的。如果用次优的估计量替换，那么方差协方差估计量将会发生变化。详细解释请参见第八章第五节。

习题 8.11

假设 $\tilde{\beta}$ 是一个一致但可能是渐近次优的 GMM 估计量，对应于使用权重矩阵 $\tilde{\boldsymbol{W}}\xrightarrow{p}\boldsymbol{W}$，这里 W 是一个 $l\times l$ 有限、对称与正定的矩阵。现在考虑用 $\tilde{\beta}$ 构造一个检验统计量，以检验原假设

$$H_0:\ E[m_t(\beta^o)]=\mathbf{0}$$

基本思想是考虑 $l\times 1$ 样本矩 $\hat{m}(\tilde{\beta})$，检验 $\hat{m}(\tilde{\beta})$ 是否显著地偏离零向量。假设所有必要的正则条件成立。

（1）推导 $\sqrt{n}\hat{m}(\tilde{\beta})$ 在 H_0 下的渐近分布。

（2）构造一个 $\sqrt{n}\hat{m}(\tilde{\beta})$ 的二次型，记为 $\tilde{\mathcal{J}}$，使得它在原假设在 H_0 下服从渐近 χ^2 分布，给出你的推理。

（3）与使用了二阶段渐近最优 GMM 估计量 $\hat{\beta}$ 的过度识别检验统计量 $\mathcal{J}$ 相比，$\tilde{\mathcal{J}}$ 检验是比 $\mathcal{J}$ 检验更有效还是更无效，即哪个检验在有限样本下有更大的概率拒绝错误模型？（提示：比较 $\mathcal{J}$ 检验和 $\tilde{\mathcal{J}}$ 检验在 H_0 成立时的渐近分布的自由度。）

解答:

（1）根据泰勒展开：

$$\sqrt{n}\hat{m}(\hat{\beta}) = \sqrt{n}\hat{m}(\beta^o) + \frac{\mathrm{d}\hat{m}(\bar{\beta})}{\mathrm{d}\beta}\sqrt{n}(\tilde{\beta} - \beta^o)$$

$$\bar{\beta} = \lambda\hat{\beta} + (1-\lambda)\beta^o$$

GMM 的第一步估计中：

$$\tilde{\beta} = \arg\min \hat{m}(\beta)'\hat{\boldsymbol{W}}^{-1}\hat{m}(\beta)$$

$$\text{FOC：}\frac{\mathrm{d}\hat{m}(\tilde{\beta})}{\mathrm{d}\beta'}\hat{\boldsymbol{W}}^{-1}\cdot\sqrt{n}\hat{m}(\beta^o) + \frac{\mathrm{d}\hat{m}(\tilde{\beta})}{\mathrm{d}\beta'}\hat{\boldsymbol{W}}^{-1}\frac{\mathrm{d}\hat{m}(\bar{\beta})}{\mathrm{d}\beta}\sqrt{n}(\tilde{\beta} - \beta^o) = 0$$

$$\sqrt{n}(\tilde{\beta} - \beta^o) = -\left[\frac{\mathrm{d}\hat{m}(\tilde{\beta})}{\mathrm{d}\beta'}\hat{\boldsymbol{W}}^{-1}\frac{\mathrm{d}\hat{m}(\bar{\beta})}{\mathrm{d}\beta}\right]^{-1}\frac{\mathrm{d}\hat{m}(\tilde{\beta})}{\mathrm{d}\beta'}\hat{\boldsymbol{W}}^{-1}\sqrt{n}\hat{m}(\beta^o) = \hat{A}\sqrt{n}\hat{m}(\beta^o)$$

$$\begin{aligned}\hat{A} &= -\left[\frac{\mathrm{d}\hat{m}(\hat{\beta})}{\mathrm{d}\beta'}\hat{\boldsymbol{W}}^{-1}\frac{\mathrm{d}\hat{m}(\bar{\beta})}{\mathrm{d}\beta}\right]^{-1}\frac{\mathrm{d}\hat{m}(\hat{\beta})}{\mathrm{d}\beta'}\hat{\boldsymbol{W}}^{-1}\\ &\xrightarrow{p} -(D_o'\boldsymbol{W}^{-1}D_o)^{-1}D_o'\boldsymbol{W}^{-1}\\ &\equiv A\end{aligned}$$

令 $\hat{\boldsymbol{B}} = I - \left[\frac{\mathrm{d}\hat{m}(\hat{\beta})}{\mathrm{d}\beta'}\hat{\boldsymbol{W}}^{-1}\frac{\mathrm{d}\hat{m}(\bar{\beta})}{\mathrm{d}\beta}\right]^{-1}\frac{\mathrm{d}\hat{m}(\hat{\beta})}{\mathrm{d}\beta'}\hat{\boldsymbol{W}}^{-1}$,

$$\hat{\boldsymbol{B}} \xrightarrow{p} \boldsymbol{B} = I - (D_o'\boldsymbol{W}^{-1}D_o)^{-1}D_o'\boldsymbol{W}^{-1}$$

$$\sqrt{n}\hat{m}(\tilde{\beta}) = \boldsymbol{B}\sqrt{n}\hat{m}(\beta^o)$$

根据 CLT

$$\sqrt{n}\hat{m}(\beta^o) \xrightarrow{\mathrm{d}} N(\boldsymbol{0}, \boldsymbol{V}_o)$$

$$\sqrt{n}\hat{m}(\tilde{\beta}) \xrightarrow{\mathrm{d}} \boldsymbol{B}\cdot N(\boldsymbol{0}, \boldsymbol{V}_o) \sim N(\boldsymbol{0}, \boldsymbol{\Omega})$$

$$\boldsymbol{\Omega} = \boldsymbol{B}\boldsymbol{V}_o\boldsymbol{B}'$$

（2）

$$(\hat{\boldsymbol{B}}\tilde{\boldsymbol{V}}\hat{\boldsymbol{B}}')^{-\frac{1}{2}}\sqrt{n}\hat{m}(\tilde{\beta}) \xrightarrow{\mathrm{d}} N(\boldsymbol{0}, \boldsymbol{I})$$

$$\Rightarrow n\hat{m}(\tilde{\beta})'[\hat{\boldsymbol{B}}\tilde{\boldsymbol{V}}\hat{\boldsymbol{B}}']\hat{m}(\tilde{\beta}) \xrightarrow{\mathrm{d}} \chi_l^2$$

（3）

检验统计量 J 在处理模型设定误差时预期会更有功效。J 的自由度为 $l-k$，少于 l，因此 χ_{l-k}^2 的临界值小于 χ_l^2 的临界值。

习题 8.12

给定假设 7.1 ~ 7.3、7.4（3）、7.6 和 7.7，为了检验原假设 H_0：$E(\varepsilon_t|Z_t)=0$，其中 Z_t 是 $l\times 1$ 的工具向量，可考虑以下辅助回归

$$\hat{e}_t=\alpha' Z_t+w_t,\quad t=1,\cdots,n$$

其中 $\hat{e}_t=Y_t-X_t'\hat{\beta}_{2SLS}$，检验是否所有的系数 $\{\alpha_j\}$ 联合为零。

（1）证明定理 8.9 中的 Sargan 检验统计量 S 等于 nR_{uc}，其中 nR_{uc} 是 $\hat{e}_t$ 对 Z_t 的辅助回归中未中心化的 R^2。

（2）证明在原假设在 H_0 下，当 $n\to\infty$ 时，$nR_{uc}^2=nR^2+o_P(1)$。其中 R^2 是 $\hat{e}_t$ 对 Z_t 的辅助回归中中心化的 R^2。

（3）解释为什么当原假设 H_0 错误时，Sargan 检验一般有渐近单位检验功效。

（4）当 $E(\varepsilon_t\mid Z_t)\neq 0$ 但 $E(Z_t\varepsilon_t)=0$ 时，Sargan 检验是否具有渐近单位检验功效？请解释原因。

解答:

（1）

$$\hat{\alpha}=(\mathbf{Z}'\mathbf{Z})^{-1}\mathbf{Z}'\hat{e}$$

$$R_{uc}^2=1-\frac{\sum_{t=1}^{n}(\hat{e}_t-\hat{\alpha}'\mathbf{Z}_t)^2}{\sum_{t=1}^{n}\hat{e}_t^2}$$

$$\begin{aligned}nR_{uc}^2&=n-\frac{[\hat{e}-\mathbf{Z}(\mathbf{Z}'\mathbf{Z})^{-1}\mathbf{Z}\hat{e}]'[\hat{e}-\mathbf{Z}(\mathbf{Z}'Z)^{-1}Z\hat{e}]}{\hat{e}'\hat{e}/n}\\&=\frac{\hat{e}'[\mathbf{Z}(\mathbf{Z}^{-1}\mathbf{Z})\mathbf{Z}^{-1})]\hat{e}}{\hat{e}'\mathrm{e}'/n}\\&=S\end{aligned}$$

（2）如果原假设 H_0：$E(\varepsilon_t\mid Z_t)=0$ 成立，有 $nR_{uc}^2=nR^2+o_P(1)$，此时 nR_{uc}^2 是渐近等价于 nR^2 的。

（3）例如，如果存在条件异方差性，零假设 H_0 是错误的，而 Sargan 检验具有渐进单位功效。

（4）Sargan 检验在 $E(\varepsilon_t|Z_t)\neq 0$ 但是 $E(Z_t\varepsilon_t)=0$ 时没有渐近单位功效。这类似于 Hausman（1978）用于模型设定检验的情形，其中 $E(\varepsilon_t|Z_t)\neq 0$ 表示存在序列相关性。

习题 8.13

给定假设 7.1 ~ 7.3、7.4（3）和 7.6，$E(Z_{jt}^4)<\infty$，$1\leqslant j\leqslant l$，$E(\varepsilon_t^4)<\infty$ 及 $l>K$。考虑构建一个检验统计量，以检验工具变量 Z_t 的有效性。考虑原假设为 H_0：$E(\varepsilon_t|Z_t)=0$，推导检验统计量在原假设成立时的渐近分布。这事实上是一个稳健化的 Sargan 检验，在存在条件异方差时也可适用。

解答:

注意到如果 H_0 成立，有：

$$E(Z_t\varepsilon_t)=E[Z_t(Y_t-X_t'\beta^o)]=0$$

令

$$m_t(\beta)=Z_t(Y_t-X_t'\beta)$$

从问题 8.9 可以知道，我们需要做的唯一事情就是找到一个初步的一致估计量：

$$\boldsymbol{V}_o=\mathrm{avar}[\sqrt{n}\hat{m}\beta^o]$$

基于假设 $\{Z_t\varepsilon_t\}$ 是 MDS 以及

$$\boldsymbol{V}_o=\mathrm{var}(Z_t\varepsilon_t)=E[Z_tZ_t'\varepsilon_t^2]$$

很容易可以验证

$$\tilde{\boldsymbol{V}}=\frac{1}{n}Z_tZ_t'(Y_t-X_t\hat{\beta}^{2\,\mathrm{SLS}})$$

是 $\boldsymbol{V}_o$ 的一致估计量。

因此，基于 H_0，有：

$$n\hat{m}(\hat{\beta})\tilde{V}^{-1}\hat{m}(\hat{\beta})\xrightarrow{\mathrm{d}}\chi_{l-K}^2$$

其中，$\hat{\beta}$ 是使用初步一致估计量 $\tilde{\boldsymbol{V}}$ 得到的两阶段 GMM 估计量。

第九章

最大似然估计和拟最大似然估计

重要概念

本章涉及的重要概念包括：

（1）**风险价值（value at risk，VaR）**。参见例 9.1。金融风险管理中，如何度量市场极值风险是一个重要问题，VaR 则给出了基于条件概率分布以及显著性水平的风险度量方法。

（2）**久期或生存模型（duration or survival model）**。参见例 9.3 和例 9.4。久期或生存分析用于考察诸如存活时间、持续时间等相关问题。

（3）**概率密度函数（PDF）和概率质量函数（PMF）**。参见 9.2 节。随机样本 $\boldsymbol{Z}^n$ 的全部信息可由其联合概率密度函数或联合概率质量函数 $f_{\boldsymbol{Z}^n}(z^n)$ 完全描述。［对于离散随机变量样本，有 $f_{\boldsymbol{Z}^n}(z^n)=P(\boldsymbol{Z}^n=z^n)$。］读者需要理解联合概率密度函数或联合概率质量函数与条件概率分布函数或条件概率质量分布函数之间的关系。

（4）**归并数据（censored data）**。参见例 9.9。归并数据是连续变量数据和离散变量数据的混合，即数据的取值不能高于或低于某个阈值。读者在阅读案例 9.9 时，需要思考如何推导因变量的条件概率密度函数。

（5）**截断数据（truncated data）**。参见例 9.10。截断数据指代观测值来自总体分布的一个有限制的部分，其可以是下部截断、上部截断或双向截断。读者需要理解截断回归模型中，截断数据对于估计模型参数的影响，并思考如何推导此情形下 Y_t^* 的条件概率。

（6）**似然函数（likelihood function）**。参见定义 9.1。读者需要明确似然函数和对数似然函数的定义，并理解最大似然估计的基本目的，即选取适当的参数值最大化似然函数。

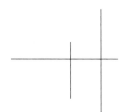

（7）**最大似然估计量（maximum likelihood estimator，MLE）和拟最大似然估计量（Quasi-MLE，QMLE）**。参见定义 9.2。读者需要理解 MLE 和 QMLE 的区别（第九章第四节），即条件概率分布是正确设定（MLE）还是错误设定（QMLE），并理解 MLE 本质是给出观察样本值 z^n 最有可能发生的参数估计值。

（8）**Score 函数 （score function）**。参见定理 9.5。读者需要理解 Score 函数的定义，并在条件概率分布正确设定下推导得到此时 Score 函数是鞅差分序列。这对于推导 MLE 估计量的渐近性质具有很大帮助。需要注意，鞅差分性质是条件概率分布模型正确设定的必要条件而非充分条件（例 9.11）。

（9）**条件信息矩阵等式（conditional information matrix equality）**。参见定理 9.6。在某种意义上，条件信息矩阵等式与条件方差的正确设定类似。这一关系对 MLE 的渐近方差表达式具有重要的含义。

（10）**Wald 检验**。读者需要对比理解基于 MLE 的 Wald 检验（定理 9.8）与基于 QMLE 的 wald 检验（定理 9.15）之间的联系与区别，并自主推导 Wald 检验统计量及其渐近性质。

（11）**似然比（likelihood ratio，LR）检验**。读者需要自主推导似然比检验统计量及其渐近性质，理解似然比检验与 F 检验之间的共性与区别，并思考为何条件概率分布误设时，不能再使用似然比检验。

（12）**拉格朗日乘数检验或有效 Score 检验**。读者需要对比理解基于 MLE 的 $\mathcal{LM}$ 检验（定理 9.9）与基于 QMLE 的 $\mathcal{LM}$ 检验（定理 9.16）之间的联系与区别。

（12）**ARMA 模型**。参见例 9.14。ARMA 模型是时间序列分析中的一类经典模型。

（13）**向量自回归模型（vector autoregression，VAR）**。参见例 9.15。VAR 模型是宏观经济学中的一个重要模型，是一种自回归模型，用于捕获多个时间序列 $Y_{it}{}_{i=1}^{L}$ 之间的线性相互依赖关系。

（14）**广义自回归条件异方差（generalized autoregressive conditional heteroskedasticity，GARCH）**。参见例 9.16。GARCH 模型是金融学领域中的一个重要模型，其可以很好地刻画波动聚类现象。

（15）**信息矩阵（information matrix，IM）检验**。参见 9.12 节。需要注意，正确模型设定蕴含着信息矩阵等式成立，但反之不成立。如果信息矩阵等式成立，模型 $f(y|X_t,\beta)$ 不一定是 Y_t 条件概率分布的正确设定。换言之，信息矩阵等式仅是条件概率分布模型 $f(y|\Psi_t,\beta)$ 正确设定的必要条件，而非充分条件。因此，当 $\mathcal{IM}$ 没有拒绝原假设 H_0 时，不能说 $f(y|X_t,\beta)$ 是正确设定的条件概率分布模型，只能说没有发现模型 $f(y|X_t,\beta)$ 误设的证据。

内容概要

条件概率分布模型在经济学和金融学中有广泛的应用。在很多应用中，需要对整个概率分布进行建模 。如果条件概率分布模型设定正确，可通过 MLE 方法得到使似然函数最大的估计量 $\hat{\beta}$。而对于另外一些应用，仅需要对概率分布的某些矩进行建模(比如条件均值和条件方差)，一个重要的例子是金融时间序列的波动建模。为了一致估计这些模型的参数，通常需要对整个概率分布做出辅助假设，这些概率分布假设可能不正确但仍可以通过最大化拟似然函数得到某些模型参数的一致估计。这种方法称为 QMLE。由于 MLE 的渐近方差达到了 Cramer-Rao 下界， MLE 一般情况下比 QMLE 更渐近有效。

正确设定的条件概率分布模型的似然函数和错误设定的条件概率分布的似然函数具有不同的性质。对于正确设定的条件概率分布模型， Score 函数是鞅差分序列，且条件信息矩阵等式成立。而当条件概率分布模型误设时，这两个重要性质一般不成立。因而， MLE 和 QMLE 的渐近分布是不同的 (更准确地，是它们的渐近方差不同)。从形式上看， MLE 的渐近方差与在条件同方差鞅差分序列扰动项下的 OLS 估计量的渐近方差类似，而 QMLE 的渐近方差与在条件异方差或非鞅差分序列扰动项下的 OLS 估计量的渐近方差类似。

用 MLE 或 QMLE 均可进行参数假设检验。在正确条件概率分布模型设定下，Wald 检验、$\mathcal{LM}$ 检验和 $\mathcal{LR}$ 检验均可使用。而当条件概率分布模型设定错误时，需要构造稳健的 Wald 检验和 $\mathcal{LM}$ 检验。如经典回归模型的 F 检验一样，似然比检验 $\mathcal{LR}$ 仅在概率分布模型正确设定时适用，其原因在于，在推导 $\mathcal{LR}$ 检验统计量的渐近分布时，需要用到 Score 函数的鞅差分性质和信息矩阵等式条件，而当条件概率分布模型设定错误时，这两个性质一般不成立。

检验条件概率分布模型是否正确设定非常重要。分别介绍了在独立同分布随机样本和时间序列随机样本的条件概率模型设定检验。White （1982）提出了基于独立同分布随机样本的信息矩阵检验；White（1994）提出了基于时间序列条件概率分布模型正确设定时 Score 函数具有鞅差分性质的动态信息矩阵检验；而 Hong 和 Li（2005）提出了基于动态概率积分变换的非参数核检验方法。

习题解析

习题 9.1

对于 Probit 模型 $P(Y_t = y|X_t) = \Phi(X_t'\beta^o)^y[1-\Phi(X_t'\beta^o)]^{1-y}$，其中 $\Phi(\cdot)$ 是标准正态分布 $N(0,1)$ 的累积分布函数，$y = 0,1$，证明：

（1）$E(Y_t|X_t) = \Phi(X_t'\beta^o)$。

（2）$\text{var}(Y_t|X_t) = \Phi(X_t'\beta^o)[1-\Phi(X_t'\beta^o)]$。

解答:

（1）

$$\begin{aligned}E(Y_t|X_t) &= \mathbf{0}\cdot p(Y_t = 0|X_t) + \mathbf{1}\cdot p(Y_t = 1|X_t)\\ &= \Phi(X_t'\beta^o)\end{aligned}$$

（2）

$$\begin{aligned}\text{var}(Y_t|X_t) &= E(Y_t^2|X_t) - E^2(Y_t|X_t)\\ &= 1^2\cdot\Phi(X_t'\beta^o - \Phi(X_t'\beta^o)^2\\ &= \Phi(X_t'\beta^o)[1-\Phi(X_t'\beta^o)]\end{aligned}$$

习题 9.2

考虑第 9.2 节中的例 9.3。假设风险率 $\lambda(y) = \alpha$，其中 $\alpha > 0$。证明如果 $y \geqslant 0$，$f(y) = \alpha e^{-\alpha y}$，如果 $y < 0$，则 $f(y) = 0$，即概率分布为 $\text{EXP}(1/\alpha)$。给出你的理由。

解答:

回顾风险率的定义，可知

$$\gamma(y) = \frac{f(y)}{S(y)} = \frac{f(y)}{1-F(y)} = \alpha$$

因此有

$$f(y) = \alpha - \alpha F(y)$$

$$\mathrm{d}f(y) = -\alpha f(y)\mathrm{d}y$$

且

$$\frac{\mathrm{d}\ln f(y)}{\mathrm{d}y}=\frac{1}{f(y)}\cdot\frac{\mathrm{d}f(y)}{\mathrm{d}y}=-\alpha,\quad \text{对于所有的 } f(y)>0$$

因此有 $\ln f(y)=-\alpha y+A$，即 $f(y)=\mathrm{e}^{-\alpha y+A}$。

进一步地，由于 $\int_0^{\infty} f(y)\mathrm{d}y=1$，有 $A=\ln\alpha$，因此当 $y\geqslant 0$ 时，有 $f(y)=\alpha\mathrm{e}^{-\alpha y}$。自然地，当 $y<0$ 时，有 $f(y)=0$。

习题 9.3

对于归并 (censored) 回归模型 (参见本章第二节例 9.9)，（1）证明：$E(X_t\varepsilon_t \mid Y_t>c)\neq 0$。因此，基于去除 $\{Y_t=c\}$ 观测值之后的归并随机子样本的 OLS 估计量不是真实模型参数 β_o 的一致估计。

（2）给出 X_t 条件下的 Y_t 的对数似然条件 PDF 函数。

（3）给出 β^o 的一致估计方法，并写出估计过程中的目标函数。

解答:

（1）给定 IID 随机样本 Z^n, Y_t 的观测值存在归并问题，即

$$Y_t=\begin{cases}Y_t^*, & Y_t^*>c\\ c, & Y_t^*\leqslant c\end{cases}$$

其中 $Y_t^*=X_t'\beta^o+\varepsilon_t$，且 $\varepsilon_t|X_t\sim N(0,\sigma^2)$。假设门槛参数 c 已知，根据标准正态的断尾期望可以得到

$$\begin{aligned}E[\varepsilon_t\mid X_t,Y_t>c]&=E[\varepsilon_t\mid X_t,\varepsilon_t>c-X_t'\beta^o]\\&=\sigma\lambda\left(\frac{c-X_t'\beta^o}{\sigma}\right)\neq 0\end{aligned}$$

其中 $\lambda(\cdot)=\dfrac{\phi(\cdot)}{1-\Phi(\cdot)}$ 为逆 Mills 函数，$\phi(\cdot)$ 和 $\Phi(\cdot)$ 分别是标准正态分布的概率密度函数和累积分布函数。

（2）$Y_t\mid X_t$ 的条件概率密度为

$$\Delta x_{it,l}^*=\mu_{il}+\sum_{j=1}^{r_i}\gamma_{ij,l}\,\mathrm{ECM}_{i,t-1}^{j}+\sum_{k=1}^{s_i}\varphi_{ik,l}\Delta x_{i,t-k}+\sum_{m=1}^{n_i}\vartheta_{im,l}\Delta\tilde{x}_{i,t-m}^*+\varepsilon_{it,l}$$

对数似然函数为

$$\ln L(\beta,\sigma)=\frac{n}{2}\ln(2\pi\sigma^2)+\sum_{t=1}^{n}\left\{\mathbb{1}(y_t=c)\ln\left[1-\Phi\left(\frac{c-X_t'\beta}{\sigma}\right)\right]+\right.$$

$$\left.\mathbb{1}(y_t>c)\left[1-\phi\left(\frac{y-X_t'\beta}{\sigma}\right)\right]\right\}$$

$$\begin{aligned}E[\varepsilon_t\mid X_t,Y_t>c]&=E[\varepsilon_t\mid X_t,\varepsilon_t>c-X_t'\beta^o]\\&=\sigma\lambda\left(\frac{c-X_t'\beta^o}{\sigma}\right)\neq 0\end{aligned}$$

其中 $\lambda(\cdot)=\dfrac{\phi(\cdot)}{1-\Phi(\cdot)}$ 为逆 Mills 函数，$\phi(\cdot)$ 和 $\Phi(\cdot)$ 分别是标准正态分布的概率密度函数和累积分布函数。

（3）

$$\hat{\beta}=\arg\max_{\beta}\sum_{t=1}^{n}\ln f_{Y_t|X_t}(y_t|x_t)=\arg\max_{\beta}\hat{Q}(\beta)$$

$$\beta^*=\arg\max_{\beta}E[\ln f(Y_t|X_t)]=\arg\max_{\beta}Q(\beta)$$

假设 9.1 ~ 9.4 确保了极值定理的成立，即 $\hat{\beta}\xrightarrow{p}\beta^*$。

进一步地，由于模型是正确设定的，即存在 β^o 使得 $f(y_t|x_t,\beta^o)$ 与真实的条件 PDF 一致。因此有 $\beta^*=\beta^o$。因此 $\hat{\beta}\xrightarrow{p}\beta^o$。

习题 9.4

如果观察结果只能来自潜在总体分布的有限部分，则随机样本称为截断样本。我们考虑一个例子，其中截断是从下面用已知的截断点 c 进行的。具体来说，假设 DGP 是

$$Y_t^*=X_t'\alpha^o+\varepsilon_t,$$

式中 $\varepsilon_t|X_t\sim\text{IID }N(0,\sigma_o^2)$。假设只观测到大于或等于常数 c 的 Y_t^*。也就是说，当且仅当 $Y_t^*=X_t\alpha_o+\varepsilon_t\geqslant c$ 时，我们可观测到 $Y_t=Y_t^*$。$Y_t^*<c$ 无法观测到。假设得到的样本为 $\{Y_t,X_t'\}_{t=1}^n$，其中 $\{Y_t,X_t'\}$ 为 IID。

（1）证明 $E(X_t\varepsilon_t|Y_t^*\geqslant c)\neq 0$。这意味着基于观测样本 $\{Y_t,X_t'\}_{t=1}^n$ 的 OLS 估计量 $\hat{\beta}$ 对于 β^o 是不一致的。

（2）给出 X_t 条件下的 Y_t 的对数似然条件 PDF 函数。

（3）证明 MLE $\hat{\beta}$ 对于 β^o 是一致的。给出你的理由。

解答:

（1）根据题目有 $\varepsilon_t = Y_t^* - X_t'\alpha^o$。当 $Y_t^* \geqslant c$ 时，类比 9.3 题可以得到:

$$E(\varepsilon_t|Y_t^* \geqslant c, X_t) = E(\varepsilon_t|\varepsilon_t \geqslant c - X_t'\alpha^o, X_t) \neq 0$$

因此:

$$E(X_t\varepsilon_t|Y_t^* \geqslant c) = E[E(X_t\varepsilon_t|Y_t^* \geqslant c, X_t)] = E[X_t E(\varepsilon_t|Y_t^* \geqslant c, X_t)] \neq 0$$

（2）具体思路及解答见例 9.10，这里简要复述过程。首先根据乘法法则，对任意事件 A、B、C，有 $P(A \cap B|C) = P(A|B \cap C)P(B|C)$。令 $A = \{Y_t^* \leqslant y\}$，$B = \{Y_t^* > c\}$，$c = \{X_t = x_t\}$，则得

$$P(Y_t^* \leqslant y, Y_t^* > c|X_t = x_t) = P(Y_t^* \leqslant y|Y_t^* > c, X_t = x_t)P(Y_t^* > c|X_t = x_t)$$

即:

$$\begin{aligned} &F_{Y_t^*|X_t}(y|X_t = x_t) - F_{Y_t^*|X_t}(c|X_t = x_t) \\ &= F_{Y_t^*|(X_t=x_t, Y_t^*>c)}(y|X_t = x_t, Y_t^* > c)P(Y_t^* > c|X_t = x_t) \end{aligned}$$

对 y 求导，可得

$$f_{Y_t^*|X_t}(y|x_t) = f_{Y_t^*|(X_t=x_t, Y_t^*>c)}(y|X_t = x_t, Y_t^* > c)P(Y_t^* > c|X_t = x_t)$$

这样，对任意 $y > c$，有

$$\begin{aligned} f_{Y_t|X_t}(y|x_t, \beta) &= f_{Y_t^*|(X_t=x_t, Y_t^*>c)}(y|X_t = x_t, Y_t^* > c) \\ &= \frac{f_{Y_t^*|(X_t=x_t, Y_t^*>c)}(y|X_t = x_t, Y_t^* > c)P(Y_t^* > c|X_t = x_t)}{P(Y_t^* > c|X_t = x_t)} \\ &= \frac{f_{Y_t^*|X_t}(y|X_t = x_t)}{P(Y_t^* > c|X_t = x_t)} \\ &= \frac{1}{\sqrt{2\pi\sigma^2}} \exp\left[-\frac{(y - x_t'\alpha)^2}{2\sigma^2}\right] \frac{1}{1 - \Phi\left(\dfrac{c - x_t'\alpha}{\sigma}\right)} \end{aligned}$$

X_t 条件下 Y_t 的对数似然条件 PDF 函数即为 $\ln f_{Y_t|X_t}(y|x_t, \beta)$。

（3）回顾 MLE 的一致性证明，需要满足假设 9.1 ~ 9.4，从而极值定理（引理 8.5）的条件可以被满足，进而得证 MLE 估计量的一致性。

由于 $\{Y_t, X_t'\}$ 为 IID 样本，其为平稳遍历过程，假设 9.1（1）满足。其次由问题（2）可知对数似然函数可测且连续，假设 9.1（2）满足，故假设 9.1 满足。由于模型正确设定，且数据生成过程已知，可知假设 9.4 满足。在假设 9.2（参数空间是紧的），以及假

设 9.3（WLLN）下，极值定理满足，故 MLE 的一致性得证。

习题 9.5

假设 $f(y|\Psi_t,\beta)$ 是 Y_t 相对于 Ψ_t 的条件概率密度模型，其中 $\beta\in\Theta$。证明：对于所有的 $\beta,\tilde{\beta}\in\Theta$，有

$$\int \ln[f(y|\Psi_t,\beta)]f(y|\Psi_t,\tilde{\beta})\mathrm{d}y \leqslant \int \ln[f(y|\Psi_t,\tilde{\beta})]f(y|\Psi_t,\tilde{\beta})\mathrm{d}y$$

解答:

假设 $z\sim N(0,1),c\in\mathbb{R}$，则 $E[z\mid z>c]=\int_c^{\infty} z\dfrac{\phi(z)}{1-\Phi(c)}\mathrm{d}z=\dfrac{\phi(c)}{1-\Phi(c)}$，$\tilde{\beta}\in\Theta$，有

$$\int_{-\infty}^{\infty} \ln[f(y\mid\Psi_t,\beta)]f(y\mid\Psi_t,\tilde{\beta})\mathrm{d}y \leqslant \int_{-\infty}^{\infty} \ln[f(y\mid\Psi_t,\tilde{\beta})]f(y\mid\Psi_t,\tilde{\beta})\mathrm{d}y$$

由 Jensen 不等式可知，由于 $\ln(\cdot)$ 是凹函数，故而不等式变号，因此

$$\int_{-\infty}^{\infty} \ln\left[\frac{f(y\mid\Psi_t,\beta)}{f(y\mid\Psi_t,\tilde{\beta})}\right] f(y\mid\Psi_t,\tilde{\beta})\mathrm{d}y \leqslant \ln\left[\int_{-\infty}^{\infty} f(y\mid\Psi_t,\tilde{\beta})\mathrm{d}y\right]=0$$

整理即可得到原式。

习题 9.6

假设模型 $f(y|\Psi_t,\beta)$，$\beta\in\Theta$，是 Y_t 的条件概率密度函数的正确设定，从而存在某一参数值 $\beta^o\in\Theta$ 使得 $f(y|\Psi_t,\beta^o)$ 等于 Y_t 的真实条件概率密度函数。假设 $f(Y_t|\Psi_t,\beta)$ 相对于 $\beta\in\Theta$ 是连续可微的，且 β^o 是 Θ 的内点。

（1）证明：

$$E\left[S_t(\beta^o)|\Psi_t\right]=E\left[\frac{\partial\ln f(Y_t|\Psi_t,\beta^o)}{\partial\beta}\middle|\Psi_t\right]=\mathbf{0}$$

（2）假设（1）成立。能够断定模型 $f(y|\Psi_t,\beta)$ 是 Y_t 的条件概率分布的正确设定吗？如果是，给出理由；如果不是，举一个反例。

解答:

（1）对于任意 $\beta\in\Theta$，有

$$\int_{-\infty}^{\infty} f(y\mid\Psi_t,\beta)\mathrm{d}y=1$$

于是

$$\begin{aligned} 0 &= \frac{\partial}{\partial \beta}\int_{-\infty}^{\infty} f(y \mid \Psi_t, \beta)\mathrm{d}y \\ &= \int_{-\infty}^{\infty} \frac{\partial f(y \mid \Psi_t, \beta)}{\partial \beta}\mathrm{d}y \\ &= \int_{-\infty}^{\infty} \frac{\partial \ln f(y \mid \Psi_t, \beta)}{\partial \beta} f(y \mid \Psi_t, \beta)\mathrm{d}y \end{aligned}$$

对一切 $\beta \in \Theta$ 都成立，取 $\beta = \beta^o$ 即可证得结论。

（2）不能。考虑一个平稳时间序列 $\{Y_t\}$，服从以下 DGP

$$Y_t = \mu_t(\beta^o) + \sigma_t(\beta^o) z_t$$

其中 $\mu_t(\beta^o) = E[Y_t \mid \Psi_t], \sigma_t^2(\beta^o) = \mathrm{var}(Y_t \mid \Psi_t), \{z_t\}$ 服从 IID 标准正态分布。考虑用

$$Y_t = \mu_t(\beta) + \varepsilon_t, \quad \{\varepsilon_t\} \sim \mathrm{IID}\, N(0,1)$$

可知存在 $\beta^o \in \Theta$，使得 $\mu(\beta^o) = E[Y_t \mid \Psi_t]$，但是 $\mathrm{var}(Y_t \mid \Psi_t) = \sigma_t^2(\beta^o) \neq 1$，因此条件概率分布 $f(y \mid \Psi_t, \beta)$ 存在误设。

习题 9.7

假设模型 $f(y|\Psi_t, \beta)$，$\beta \in \Theta \subset \mathbb{R}^K$，是 Y_t 相对 Ψ_t 的条件概率密度的正确设定，从而存在某一参数值 $\beta^o \in \Theta$，$f(y|\Psi_t, \beta^o)$ 等于 Y_t 的真实条件概率密度函数。假设 $f(y|\Psi_t, \beta)$ 相对于 $\beta \in \Theta$ 是连续可微的，且 $\beta^o \in \Theta$ 是 Θ 的内点。

（1）证明：

$$E\left[\frac{\partial \ln f(Y_t|\Psi_t, \beta^o)}{\partial \beta}\frac{\partial \ln f(Y_t|\Psi_t, \beta^o)}{\partial \beta'}\middle| \Psi_t\right] + E\left[\frac{\partial^2 \ln f(Y_t|\Psi_t, \beta^o)}{\partial \beta \partial \beta'}\middle| \Psi_t\right] = \mathbf{0}$$

其中 $\frac{\partial}{\partial \beta}\ln f(Y_t|\Psi_t, \beta)$ 是 $K \times 1$ 向量，$\frac{\partial}{\partial \beta'}\ln f(Y_t|\Psi_t, \beta)$ 是 $\frac{\partial}{\partial \beta}\ln f(Y_t|\Psi_t, \beta)$ 的转置，$\frac{\partial^2}{\partial \beta \partial \beta'}\ln f(Y_t|\Psi_t, \beta)$ 是 $K \times K$ 矩阵，$E(\cdot|\Psi_t)$ 是对 Y_t 的真实条件分布的期望。

（2）当 $f(y|\Psi_t, \beta)$ 是给定 Ψ_t 的 Y_t 条件分布的错误设定模型时，（1）中证明的条件 IM 等式通常不成立。举一个反例。

（3）假设（1）中的条件 IM 等式在某个参数值处成立。是否可以得出结论，模型 $f(y|\Psi_t, \beta)$ 是给定 Ψ_t 的 Y_t 条件分布的正确设定？如果是，请提供你的理由。如果不是，请举一个反例。

解答：

（1）根据问题 9.4 可知

$$\int_{-\infty}^{\infty} \frac{\partial \ln f(y \mid \Psi_t, \beta)}{\partial \beta} f(y \mid \Psi_t, \beta) \mathrm{d}y = \mathbf{0}$$

对上式求导得

$$\begin{aligned}
\mathbf{0} &= \frac{\partial}{\partial \beta'} \int_{-\infty}^{\infty} \frac{\partial \ln f(y \mid \Psi_t, \beta)}{\partial \beta} f(y \mid \Psi_t, \beta) \mathrm{d}y \\
&= \int_{-\infty}^{\infty} \frac{\partial}{\partial \beta'} \left[\frac{\partial \ln f(y \mid \Psi_t, \beta)}{\partial \beta} f(y \mid \Psi_t, \beta) \right] \mathrm{d}y \\
&= \int_{-\infty}^{\infty} \frac{\partial^2 \ln f(y \mid \Psi_t, \beta)}{\partial \beta \partial \beta'} f(y \mid \Psi_t, \beta) \mathrm{d}y + \\
&\quad \int_{-\infty}^{\infty} \frac{\partial \ln f(y \mid \Psi_t, \beta)}{\partial \beta} \frac{\partial \ln f(y \mid \Psi_t, \beta)}{\partial \beta'} f(y \mid \Psi_t, \beta) \mathrm{d}y
\end{aligned}$$

由于模型 $f(y \mid \Psi_t, \beta)$ 是 Y_t 相对于 Ψ_t 的条件概率密度的正确设定，因此结论成立。

（2）当 $f(y|\Psi_t, \beta)$ 是给定 Ψ_t 的 Y_t 条件分布的错误设定模型时，IM 等式不再成立。

假设真实的数据为 $Y_t \sim N(\mu, \sigma^2)$。然而，模型被错误设定为 $Y_t \sim N(\mu, 1)$。此时若目的为估计均值 μ，则似然函数为 $f(y_t|\mu) = \frac{1}{\sqrt{2\pi}} e^{-\frac{1}{2}(y_t-\mu)^2}$，对数似然函数为 $\ln f(y_t|\mu) = -\frac{1}{2}(y_t - \mu)^2 + C$，其中 C 是与 μ 无关的常数。

基于上述设定，可以计算出 IM 等式的两个组分：

第一组分中 $\frac{\partial \ln f(y_t|\mu)}{\partial \mu} \frac{\partial \ln f(y_t|\mu)}{\partial \mu} = (y_t - \mu)^2$，故 $E\left[\frac{\partial \ln f(y_t|\mu)}{\partial \mu} \frac{\partial \ln f(y_t|\mu)}{\partial \mu} |\mu\right] = E[(Y_t - \mu)^2|\mu] = \sigma^2$。

第二组分中 $\frac{\partial^2 \ln f(y_t|\mu)}{\partial \mu^2} = -1$，故 $E\left[\frac{\partial^2 \ln f(y_t|\mu)}{\partial \mu^2}|\mu\right] = -1$。

可见，当 $\sigma^2 \neq 1$ 时，第一组分和第二组分的和不为 0，故 IM 等式在模型错误设定时不成立。

（3）不可以。因为 IM 等式的满足是条件分布正确设定的必要非充分条件。假设 Y_t 的真实数据生成过程是泊松分布，即 $Y_t \sim \text{Poisson}(\lambda)$。然而，模型被错误设定为二项分布，即 $Y_t \sim \text{Binomial}(n, p)$。在二项分布中，关注的参数为试验次数 n 和单次试验成功概率 p。

对于泊松分布，其概率质量函数为：$f(y_t|\lambda) = \frac{\lambda^{y_t} \mathrm{e}^{-\lambda}}{y_t!}$。

对于二项分布，其概率质量函数为：

$f(y_t|n,p)=\binom{n}{y_t}p^{y_t}(1-p)^{n-y_t}$。

当 $n\to\infty$，$p\to 0$，但 $np\to\lambda$ 时，二项分布会趋近于泊松分布。

在上述设定下，尽管模型设定本质上是错误的（真实的生成过程是泊松分布，而不是二项分布），但仍然可以满足 IM 等式。

习题 9.8

令 $\boldsymbol{V}_*=E[S_t(\beta^*)S_t(\beta^*)]$，$\boldsymbol{H}_*=E\left[\frac{\partial}{\partial\beta}S_t(\beta^*)\right]$，其中 $S_t(\beta)=\frac{\partial}{\partial\beta}\ln f(Y_t|\Psi_t,\beta)$，且 $\beta^*=\underset{\beta\in\Theta}{\arg\min}\, l(\beta)=E[\ln f(Y_t|\Psi_t,\beta)]$。解释在什么情形下 $\boldsymbol{H}_*^{-1}\boldsymbol{V}_*\boldsymbol{H}_*^{-1}-\boldsymbol{V}_*^{-1}$ 是半正定的。给出你的推理过程，你可以提供任何必要的正则条件。注意：公式 $\boldsymbol{H}_*^{-1}\boldsymbol{V}_*\boldsymbol{H}_*^{-1}$ 是 QMLE 的渐近方差，公式 $-\boldsymbol{H}_*^{-1}$ 是 MLE 的渐近方差。

解答:

在模型 $f(y\mid\Psi_t,\beta)$ 模型设定正确时，MLE 估计量 $\sqrt{n}\hat{\beta}$ 的渐近方差为 $-\boldsymbol{H}_*^{-1}$，达到了 Crame-Rao 下界，而当模型 $f(y\mid\Psi_t,\beta)$ 误设时，QMLE 估计量 $\sqrt{n}\hat{\beta}$ 的渐近方差为 $H_*^{-1}V_*H_*^{-1}$，没有达到 Cramer-Rao 下界。

因此当模型 $f(y\mid\Psi_t,\beta)$ 模型设定正确时，$\boldsymbol{H}_*^{-1}\boldsymbol{V}_*\boldsymbol{H}_*^{-1}-(-\boldsymbol{H}_*^{-1})$ 是半正定的。

习题 9.9

假设条件概率密度或条件质量模型 $f(y|\Psi_t,\beta)$ 是 Y_t 相对于 Ψ_t 的条件概率分布的错误设定，即不存在 $\beta\in\Theta$，使得 $f(y|\Psi_t,\beta)$ 与 Y_t 的真实条件分布一致。证明：

$$E\left[\frac{\partial\ln f(Y_t|\Psi_t,\beta^*)}{\partial\beta}\frac{\partial\ln f(Y_t|\Psi_t,\beta^*)}{\partial\beta'}\bigg|\Psi_t\right]+E\left[\frac{\partial^2\ln f(Y_t|\Psi_t,\beta^*)}{\partial\beta\partial\beta'}\bigg|\Psi_t\right]=\boldsymbol{0}$$

一般不成立，其中 β^* 满足假设 9.4 和 9.5。换言之，当条件概率分布模型 $f(y|\Psi_t,\beta)$ 不是 Y_t 条件概率分布的正确设定时，条件信息矩阵等式一般不成立。可举例说明。

解答:

根据问题 9.5 可知，当模型 $f(y\mid\Psi_t,\beta)$ 是 Y_t 相对于 Ψ_t 的条件概率密度的正确设定时

$$E\left[\frac{\partial\ln f(Y_t\mid\Psi_t,\beta^o)}{\partial\beta}\frac{\partial\ln f(Y_t\mid\Psi_t,\beta^o)}{\partial\beta'}\mid\Psi_t\right]+E\left[\frac{\partial^2\ln f(Y_t\mid\Psi_t,\beta^o)}{\partial\beta\partial\beta'}\mid\Psi_t\right]=\boldsymbol{0}$$

对一切 $\beta\in\Theta$ 成立。然而当模型设定错误时，不存在 $\beta\in\Theta$ 使得 $f(y\mid\Psi_t,\beta)$ 与 Y_t 的真实条件分布一致，因此上式一般不成立。

习题 9.10

考虑一个 DGP

$$Y_t = \mu(\Psi_t, \alpha^o) + \sigma(\Psi_t, \alpha^o)z_t, \quad \{z_t\} \sim \text{IID}\sqrt{\frac{v-2}{v}} \cdot t_v$$

假设 $Y_t|\Psi_t$ 服从的条件密度函数：

$$f(y|\Psi_t, \alpha) = \frac{1}{\sqrt{2\pi\sigma^2(\Psi_t, \alpha)}} \exp\left\{-\frac{[y-\mu(\Psi_t, \alpha)]^2}{2\sigma^2(\Psi_t, \alpha)}\right\}$$

其中条件均值模型 $\mu(\Psi_t, \alpha)$ 和条件方差模型 $\sigma^2(\Psi_t, \alpha)$ 分别为 $E(Y_t|\Psi_t)$ 和 $\text{var}(Y_t|\Psi_t)$ 正确设定。然而，$\{z_t\}$ 的标准化学生 t_v 分布被错误设定为 $N(0,1)$ 分布，因此模型 $f(y|\Psi_t, \alpha)$ 对给定 Ψ_t 的 Y_t 条件分布是错误设定的。

（1）检查分数函数 (score function) $\{S_t(\alpha)\}$ 是否为 MDS。给出你的理由。

（2）检查条件 IM 等式是否成立。给出你的理由。

解答：

（1）首先在正态分布假设下，模型似然函数为：

$$L(y|\Psi_t, \alpha) = \frac{1}{\sqrt{2\pi\sigma^2(\Psi_t, \alpha)}} \exp\left\{-\frac{[y-\mu(\Psi_t, \alpha)]^2}{2\sigma^2(\Psi_t, \alpha)}\right\}$$

此时分数函数（score function）：

$$S_t(\alpha) = \nabla_\alpha \log L(y|\Psi_t, \alpha) = \frac{\partial \log L(y|\Psi_t, \alpha)}{\partial \alpha}$$

进一步计算分数函数：

$$\begin{aligned} S_t(\beta) &= \frac{\partial \log L(y|\Psi_t, \alpha)}{\partial \alpha} \\ &= \frac{\partial}{\partial \alpha}\left\{-\frac{1}{2}\ln(2\pi) - \frac{1}{2}\ln[\sigma^2(\Psi_t, \alpha)] - \frac{1}{2}\frac{[y-\mu(\Psi_t, \alpha)]^2}{\sigma^2(\Psi_t, \alpha)}\right\} \end{aligned}$$

若 $E(S_t(\alpha)|\Psi_{t-1}) = 0$，则分数函数为 MDS，反之其不是 MDS。

（2）由习题 9.9 可知，此时由于存在模型的错误设定，IM 等式一般不成立。

习题 9.11

考虑以下最大似然估计问题。

假设 9.11.1 $\{Y_t, X_t'\}$ 是平稳遍历过程，模型 $f(Y_t|\Psi_t,\beta)$ 是 Y_t 条件概率密度函数的正确设定，其中 $\Psi_t=(X_t', Z^{t-1\prime})'$，$Z^{t-1}=(Z_{t-1}', Z_{t-2}', \cdots, Z_1')'$，$Z_t=(Y_t, X_t')'$。对于每一个 β，$\ln f(Y_t|\Psi_t,\beta)$ 是可测的，对于每一个 t,$\ln f(Y_t|\Psi_t,\cdot)$ 相对于 $\beta\in\Theta$ 是二阶连续可微的，其中 Θ 是紧集。

假设 9.11.2 $l(\beta)=E[\ln f(Y_t|\Psi_t,\beta)]$ 是 $\beta\in\Theta$ 的连续函数。

假设 9.11.3 (i) $\beta^*=\arg\max_{\beta\in\Theta} l(\beta)$ 是 $l(\beta)$ 在 Θ 上的唯一最大化解; (ii) β^* 是 Θ 的内点。

假设 9.11.4 (i) $\{S_t(\beta^*)\equiv \dfrac{\partial}{\partial\beta}\ln f(Y_t|\Psi_t,\beta^*)\}$ 服从中心极限定理，即

$$\sqrt{n}\hat{S}(\beta^*)=n^{-\frac{1}{2}}\sum_{t=1}^{n}S_t(\beta^*)\xrightarrow{\mathrm{d}}N(\mathbf{0},\boldsymbol{V}_*)$$

其中 $\boldsymbol{V}_*$ 是一个 $K\times K$ 有限、对称、正定的方差—协方差矩阵；

(ii) $\{\boldsymbol{H}_t(\beta)\equiv \dfrac{\partial^2}{\partial\beta\partial\beta'}\ln f(Y_t|\Psi_t,\beta)\}$ 在 Θ 上服从一致弱大数定律 (UWLLN)，即

$$\sup_{\beta\in\Theta}\left\|n^{-1}\sum_{t=1}^{n}\boldsymbol{H}_t(\beta)-\boldsymbol{H}(\beta)\right\|\xrightarrow{p}0$$

其中 $K\times K$ Hessian 矩阵 $\boldsymbol{H}(\beta)\equiv \boldsymbol{E}[\boldsymbol{H}_t(\beta)]$ 是有限、对称与非奇异的矩阵，且是 $\beta\in\Theta$ 的连续函数。

最大似然估计量定义为 $\hat{\beta}=\arg\max_{\beta\in\Theta}\hat{l}(\beta)$，其中 $\hat{l}(\beta)\equiv n^{-1}\sum\limits_{t=1}^{n}\ln f(Y_t|\Psi_t,\beta)$。假设有 $\hat{\beta}\xrightarrow{p}\beta^o$，这个一致性结果可用于回答以下问题。给出以下每一小题的推理过程。

（1）给出最大似然估计量 MLE $\hat{\beta}$ 的一阶条件。

（2）推导出 $\sqrt{n}(\hat{\beta}-\beta^o)$ 的渐近分布。注意 $\sqrt{n}(\hat{\beta}-\beta^o)$ 的渐近分布应该表示为 Hessian 矩阵 $\boldsymbol{H}(\beta^o)$ 的形式。

（3）给出 $\sqrt{n}(\hat{\beta}-\beta^o)$ 的渐近方差的一致估计量，并证明它为什么是一致估计量。

（4）构造一个 Wald 检验统计量以检验原假设 H_0：$R(\beta^o)=r$，其中 r 是 $J\times 1$ 常向量，$R(\cdot)$ 是 $J\times 1$ 向量，$J\times K$ 导数矩阵 $\boldsymbol{R}'(\beta)$ 是 β 的连续函数，$\boldsymbol{R}'(\beta^o)$ 是满秩的，且 $J\leqslant K$。推导出在原假设 H_0：$\boldsymbol{R}(\beta^o)=r$ 下，Wald 检验统计量的渐近分布。

解答：

（1）当 n 充分大时，$\hat{\beta}$ 是 Θ 的内点，且最大化对数条件似然函数 $\sum\limits_{t=1}^{n}\ln f(Y_t\mid\Psi_t,\beta)$

的一阶条件成立

$$\hat{S}(\hat{\beta}) \equiv n^{-1}\sum_{t=1}^{n}\frac{\partial \ln f(Y_t \mid \Psi_t, \hat{\beta})}{\partial \beta} = \mathbf{0}$$

（2）将 $\hat{S}(\hat{\beta})$ 在 $\beta = \beta^o$ 处一阶 Taylor 展开并代入一阶条件得

$$\sqrt{n}\hat{S}(\beta^o) + \hat{\boldsymbol{H}}(\bar{\beta})\sqrt{n}(\hat{\beta} - \beta^o) = \mathbf{0}$$

其中 $\bar{\beta} = \lambda\hat{\beta} + (1-\lambda)\beta^o, \lambda \in [0,1]$，并且 Hessian 矩阵

$$\hat{\boldsymbol{H}}(\beta) = n^{-1}\sum_{t=1}^{n}\frac{\partial^2 \ln f(Y_t \mid \Psi_t, \beta)}{\partial \beta \partial \beta'}$$

$$\|\hat{\boldsymbol{H}}(\bar{\beta}) - \boldsymbol{H}_o\| \leqslant \sup_{\beta \in \Theta}\|\hat{\boldsymbol{H}}(\beta) - \boldsymbol{H}(\beta)\| + \|\boldsymbol{H}(\bar{\beta}) - \boldsymbol{H}(\beta^o)\| \xrightarrow{p} 0$$

因为 $\boldsymbol{H}_o \equiv \boldsymbol{H}(\beta^o)$ 非奇异，因而当 n 充分大时，$\hat{\boldsymbol{H}}(\bar{\beta})$ 非奇异，从而

$$\sqrt{n}(\hat{\beta} - \beta^o) = -\hat{\boldsymbol{H}}^{-1}(\bar{\beta})\sqrt{n}S(\beta^o)$$

又因为当 $f(y \mid \Psi_t, \beta)$ 是正确设定的条件概率分布时，$\boldsymbol{V}_o = \text{avar}[\sqrt{n}\hat{S}(\beta^o)] = -\boldsymbol{H}_o$，根据中心极限定理和 Slutsky 定理可知

$$\sqrt{n}(\hat{\beta} - \beta^o) \xrightarrow{\text{d}} N(\mathbf{0}, -\boldsymbol{H}_o^{-1})$$

（3）可以选取 $\hat{\boldsymbol{\Omega}} = -\hat{\boldsymbol{H}}^{-1}(\hat{\beta})$ 作为 $-\boldsymbol{H}_o$ 的一致估计量，其中

$$\hat{\boldsymbol{H}}(\beta) = n^{-1}\sum_{t=1}^{n}\frac{\partial^2 \ln f(Y_t \mid \Psi_t, \hat{\beta})}{\partial \beta \partial \beta'}$$

由于 $\boldsymbol{H}(\cdot)$ 是关于 $\beta \in \Theta$ 的连续函数，因而当 $\hat{\beta} \xrightarrow{p} \beta$ 时，$-\hat{\boldsymbol{H}}^{-1}(\hat{\beta}) \xrightarrow{p} -\boldsymbol{H}^{-1}(\beta^o) = -\boldsymbol{H}_o$。

（4）类似第八章的做法，可以构建 Wald 检验统计量

$$W = n[\boldsymbol{R}(\hat{\beta}) - r]'\left[-\frac{\text{d}\boldsymbol{R}(\hat{\beta})}{\text{d}\beta'}\hat{\boldsymbol{H}}^{-1}(\hat{\beta})\frac{\text{d}\boldsymbol{R}(\hat{\beta})}{\text{d}\beta}\right]^{-1}[\boldsymbol{R}(\hat{\beta}) - r] \xrightarrow{\text{d}} \chi_J^2$$

习题 9.12

假定假设 9.1 到 9.5 成立，模型 $f(y|\Psi_t, \beta)$ 是给定 Ψ_t 的 Y_t 的条件分布的正确设定，并且 $K \times K$ 维 $\{S_t(\beta)S_t(\beta)'\}$ 遵循 UWLLN，即 $\sup_{\beta \in \Theta}\left\|n^{-1}\sum_{t=1}^{n}S_t(\beta)S_t(\beta)' - \boldsymbol{V}(\beta)\right\| \xrightarrow{p} 0$，

其中 $\boldsymbol{V}(\beta)=E[S_t(\beta)S_t(\beta)']$ 在 β 上连续。定义 $\hat{\boldsymbol{V}}\equiv\frac{1}{n}\sum_{t=1}^{n}S_t(\hat{\beta})S_t(\hat{\beta})'$，其中 $\hat{\beta}$ 是 MLE 估计量。

（1）证明：当 $n\to\infty$ 时，$\hat{\boldsymbol{V}}\xrightarrow{p}\boldsymbol{V}_o=\boldsymbol{V}(\beta^o)$。

（2）对于原假设 H_0：$\boldsymbol{R}(\beta^o)=r$ 定义一个 Wald 检验统计量 $\tilde{W}=n[\boldsymbol{R}(\hat{\beta})-r]'[\boldsymbol{R}'(\hat{\beta})\hat{V}^{(-1)}\boldsymbol{R}'(\hat{\beta})']^{-1}[\boldsymbol{R}(\hat{\beta})-r]$，其中 $\boldsymbol{R}(\cdot)$ 是 $J\times K$ 连续可微的非随机矩阵，$\boldsymbol{R}'(\beta^o)$ 为满秩，r 为 $J\times 1$ 非随机向量，并且 $J\leqslant K$。推导 $\tilde{W}$ 在 H_0 下的渐近分布。

解答：

（1）根据不等式

$$\|\hat{\boldsymbol{V}}-\boldsymbol{V}(\beta^o)\|\leqslant\|\hat{\boldsymbol{V}}-\boldsymbol{V}(\hat{\beta})\|+\|\boldsymbol{V}(\hat{\beta})-\boldsymbol{V}(\beta^o)\|$$

且因为

$$\sup_{\beta\in\theta}\|\frac{1}{n}\sum_{t=1}^{n}S_t(\beta)S_t(\beta)^{\top}-\boldsymbol{V}(\beta)\|\xrightarrow{p}0$$

有

$$\|\hat{\boldsymbol{V}}-\boldsymbol{V}(\hat{\beta})\|\xrightarrow{P}0$$

进一步由于 $\boldsymbol{V}(\beta)$ 在 β 处连续，且有 $\hat{\beta}\xrightarrow{p}\beta^o$，可以得到

$$\boldsymbol{V}(\hat{\beta})\xrightarrow{P}\boldsymbol{V}(\beta^o)$$

因此有

$$\left\|\boldsymbol{V}(\hat{\beta})-\boldsymbol{V}(\beta^o)\right\|\xrightarrow{P}0$$

从而

$$\left\|\hat{\boldsymbol{V}}-\boldsymbol{V}(\beta^o)\right\|\xrightarrow{P}0$$

即 $\hat{\boldsymbol{V}}\xrightarrow{p}\boldsymbol{V}(\beta^o)$。

（2）

$$\sqrt{n}(\hat{\beta}-\beta^o)\xrightarrow{\mathrm{d}}N(\boldsymbol{0},\boldsymbol{V}_o^{-1})$$

其中

$$\boldsymbol{V}_o=-\boldsymbol{H}_o$$

基于 Delta 方法，有

$$\sqrt{n}[R(\hat{\beta})-R(\beta^o)] \xrightarrow{\mathrm{d}} N[0, R'(\beta^o)\boldsymbol{V}_o^{-1}R'(\beta^o)^{\top}]$$

在 H_0 下，$R(\beta^o)=r$，R 是 $1\times K$ 连续可微函数，$\hat{\beta}\xrightarrow{p}\beta^o$，因此 $R'(\hat{\beta})\xrightarrow{p}R'(\beta^o)$ 和 $\hat{V}^{-1}\xrightarrow{p}V_o^{-1}$。因此有

$$\sqrt{n}[R(\hat{\beta})-r]^{\top}[R'(\hat{\beta})\hat{\boldsymbol{V}}^{-1}R'(\hat{\beta})^{\top}]^{-1}\sqrt{n}[R(\hat{\beta})-r] \sim X_J^2$$

习题 9.13

假定假设 9.1 到 9.6 成立，并且条件 PDF/PMF 模型 $f(y|\Psi_t,\beta)$ 为给定 Ψ_t 的 Y_t 的条件分布的正确设定。为原假设 H_0：$\boldsymbol{R}(\beta^o)=r$ 构造一个 t 型检验统计量，其中 $\boldsymbol{R}(\cdot)$ 是一个 $1\times K$ 连续可微的非随机矩阵。推导 H_0 下假设的 t 型检验统计量的渐近分布。

解答:

$$\begin{aligned}\mathcal{W} &\equiv n[\boldsymbol{R}(\hat{\beta})-r]'[-\boldsymbol{R}'(\hat{\beta})\hat{\boldsymbol{H}}^{-1}(\hat{\beta})\boldsymbol{R}'(\hat{\beta})']^{-1}[\boldsymbol{R}(\hat{\beta})-r]\\ &\to \chi_J^2\end{aligned}$$

由泰勒展开公式、原假设 H_0：$\boldsymbol{R}(\beta^o)=r$ 、定理 9.7 及 Slutsky 定理，有

$$\begin{aligned}\sqrt{n}[\boldsymbol{R}(\hat{\beta})-r] &= \sqrt{n}[\boldsymbol{R}(\beta^o)-r]+\boldsymbol{R}'(\bar{\beta})\sqrt{n}(\hat{\beta}-\beta^o)\\ &= \boldsymbol{R}'(\bar{\beta})\sqrt{n}(\hat{\beta}-\beta^o)\\ &\xrightarrow{\mathrm{d}} N[\boldsymbol{0}, -\boldsymbol{R}'(\beta^o)\boldsymbol{H}_0^{-1}\boldsymbol{R}'(\beta^o)']\end{aligned}$$

其中 $\bar{\beta}=a\hat{\beta}+(1-a)\beta^o, a\in[0,1]$。二次型

$$n[\boldsymbol{R}(\hat{\beta})-r]'[-\boldsymbol{R}'(\beta^o)\boldsymbol{H}_0^{-1}\boldsymbol{R}'(\beta^o)']^{-1}[\boldsymbol{R}(\hat{\beta})-r] \xrightarrow{\mathrm{d}} \chi_J^2$$

由 Slutsky 定理，有 Wald 检验统计量

$$W = n[\boldsymbol{R}(\hat{\beta})-r]'[-\boldsymbol{R}'(\hat{\beta})\hat{\boldsymbol{H}}^{-1}(\hat{\beta})\boldsymbol{R}'(\hat{\beta})']^{-1}[\boldsymbol{R}(\hat{\beta})-r] \xrightarrow{\mathrm{d}} \chi_J^2$$

其中

$$\hat{\boldsymbol{H}}(\beta) = n^{-1}\sum_{t=1}^{n}\frac{\partial^2 \ln f(Y_t \mid \Psi_t,\beta)}{\partial\beta\,\partial\beta'}$$

习题 9.14

假定假设 9.1 到 9.7 成立，并且条件 PDF/PMF 模型 $f(y|\Psi_t,\beta)$ 为给定 Ψ_t 的 Y_t 的条件分布的错误设定。为原假设 H_0：$\boldsymbol{R}(\beta^o)=r$ 构造一个 t 检验统计量，其中 $\boldsymbol{R}(\cdot)$ 是一个 $1\times K$ 连续可微的非随机矩阵。推导 H_0 下假设的 t 型检验统计量的渐近分布。

解答:

当原假设 H_0：$\boldsymbol{R}(\beta^o)=r$ 成立时，由一阶泰勒级数展开，可得

$$\begin{aligned}\sqrt{n}[\boldsymbol{R}(\hat{\beta})-r] &= \sqrt{n}[\boldsymbol{R}(\beta^o)-r]+\boldsymbol{R}'(\bar{\beta})\sqrt{n}(\hat{\beta}-\beta^o)\\ &= \boldsymbol{R}'(\bar{\beta})\sqrt{n}(\hat{\beta}-\beta^o)\\ &\xrightarrow{\mathrm{d}} N[\boldsymbol{0},\boldsymbol{R}'(\beta^o)\boldsymbol{H}_*^{-1}\boldsymbol{V}_*\boldsymbol{H}_*^{-1}\boldsymbol{R}'(\beta^o)']\end{aligned}$$

其中 $\bar{\beta}=a\hat{\beta}+(1-a)\beta^o$，$a\in[0,1]$，并使用了定理 9.13 [即 $\sqrt{n}(\hat{\beta}-\beta^o)\xrightarrow{\mathrm{d}}N(\boldsymbol{0},\boldsymbol{H}_*^{-1}\boldsymbol{V}_*\boldsymbol{H}_*^{-1})$] 和 Slutsky 定理。因此，二次型

$$\sqrt{n}[R(\hat{\beta})-r]'[R'(\beta^0)\boldsymbol{H}_*^{-1}\boldsymbol{V}_*\boldsymbol{H}_*^{-1}R'(\beta^0)']^{-1}\sqrt{n}[R(\hat{\beta})-r]\xrightarrow{\mathrm{d}}\chi_J^2$$

根据定理 9.14[即 $\hat{\boldsymbol{H}}^{-1}(\hat{\beta})\hat{\boldsymbol{V}}\hat{\boldsymbol{H}}^{-1}(\hat{\beta})\xrightarrow{p}\boldsymbol{H}_*^{-1}\boldsymbol{V}_*\boldsymbol{H}_*^{-1}$] 及再次使用 Slutsky 定理，即得

$$W_r=\sqrt{n}[R(\hat{\beta})-r]'[R'(\hat{\beta})\hat{\boldsymbol{H}}^{-1}(\hat{\beta})\hat{\boldsymbol{V}}\hat{\boldsymbol{H}}^{-1}(\hat{\beta})R'(\hat{\beta})']^{-1}\sqrt{n}[R(\hat{\beta})-r]\xrightarrow{\mathrm{d}}\chi_J^2$$

习题 9.15

考虑独立同分布随机样本线性回归模型 $Y_t=X_t'\alpha^o+\varepsilon_t$ ，其中 $\varepsilon_t|X_t\sim N(0,\sigma_o^2)$。令 $\beta=(\alpha',\sigma^2)'$ ，且

$$\begin{aligned}f(Y_t|X_t,\beta) &= \frac{1}{\sqrt{2\pi\sigma^2}}\exp\left[-\frac{(Y_t-X_t'\alpha)^2}{2\sigma^2}\right]\\ \hat{l}(\beta) &= n^{-1}\sum_{t=1}^{n}\ln f(Y_t|X_t,\beta)\\ &= -\frac{1}{2}\ln(2\pi)-\frac{1}{2}\ln(\sigma^2)-\frac{1}{2\sigma^2}n^{-1}\sum_{t=1}^{n}(Y_t-X_t'\beta)^2\end{aligned}$$

现在考虑检验原假设 H_0：$\boldsymbol{R}\beta^o=r$ 是否成立，这里 $\boldsymbol{R}$ 是 $J\times K$ 常矩阵，r 是 $J\times 1$ 常向量，$\boldsymbol{R}$ 为满秩，且 $J\leqslant K$。

（1）证明：

$$\hat{l}(\hat{\beta}) = -\frac{1}{2}\left[1 + \ln(2\pi) + \ln\left(\frac{\mathbf{e}'\boldsymbol{e}}{n}\right)\right]$$

$$\hat{l}(\tilde{\beta}) = -\frac{1}{2}\left[1 + \ln(2\pi) + \ln\left(\frac{\tilde{\boldsymbol{e}}'\tilde{\boldsymbol{e}}}{n}\right)\right]$$

其中 $\boldsymbol{e}$ 和 $\tilde{\boldsymbol{e}}$ 分别是 $n \times 1$ 无约束和有约束模型的残差向量，$\tilde{\beta}$ 是在原假设 H_0：$\boldsymbol{R}\beta^o = r$ 下的有约束的 MLE 估计量。

（2）证明：在原假设 H_0：$\boldsymbol{R}\beta^o = r$ 下，似然比检验统计量

$$\begin{aligned}\mathcal{LR} &\equiv 2n[\hat{l}(\hat{\beta}) - \hat{l}(\tilde{\beta})] \\ &= n\ln(\tilde{\boldsymbol{e}}'\tilde{\boldsymbol{e}}/\boldsymbol{e}'\boldsymbol{e}) \\ &= J \cdot \frac{(\tilde{\boldsymbol{e}}\tilde{\boldsymbol{e}} - \boldsymbol{e}'\boldsymbol{e})/J}{\boldsymbol{e}'\boldsymbol{e}/n} + o_P(1) \\ &= J \cdot F + o_P(1)\end{aligned}$$

解答：

（1）首先有

$$\frac{\partial\hat{l}(\hat{\beta})}{\partial\sigma^2} = -\frac{1}{2\sigma^2} + \frac{1}{2\sigma^4}\left[n^{-1}\sum_{t=1}^{n}(Y_t - X_t'\alpha)^2\right]$$

因而 $\sigma^2 = \mathrm{e}'e/n$，将其代入 $\hat{l}(\hat{\beta})$ 的表达式中即可得到类似可证有约束情形的情况。

$$\hat{l}(\hat{\beta}) = -\frac{1}{2}\left[1 + \ln(2\pi) + \ln\left(\frac{\boldsymbol{e}'\boldsymbol{e}}{n}\right)\right]$$

（2）由（1）可知

$$\mathcal{LR} = 2n[\hat{l}(\hat{\beta}) - \hat{l}(\tilde{\beta})] = n\left(\frac{\tilde{\boldsymbol{e}}'\tilde{\boldsymbol{e}} - \boldsymbol{e}'\boldsymbol{e}}{\boldsymbol{e}'\boldsymbol{e}} + 1\right)$$

在原假设 H_0：$\boldsymbol{R}\beta^o = r$ 成立的条件下，当 $n \to \infty$ 时，$\tilde{\boldsymbol{e}}'\tilde{\boldsymbol{e}}$ 和 $\boldsymbol{e}'\boldsymbol{e}$ 会收敛于同一个值，由 Maclaurin 展开式

$$\ln(1+x) = x + o(x) \quad (-1 < x \leqslant 1)$$

于是

$$n\left(\frac{\tilde{\boldsymbol{e}}'\tilde{\boldsymbol{e}} - \boldsymbol{e}'\boldsymbol{e}}{\boldsymbol{e}'\boldsymbol{e}} + 1\right) = J \cdot \frac{(\tilde{\boldsymbol{e}}'\tilde{\boldsymbol{e}} - \boldsymbol{e}'\boldsymbol{e})/J}{\boldsymbol{e}'\boldsymbol{e}/n} + o_p(1)$$

整理即可得 $\mathcal{LR} = J \cdot F + o_p(1)$。

习题 9.16

假定假设 9.1 到 9.6 成立，并且条件 PDF/PMF 模型 $f(y|\Psi_t,\beta)$ 为给定 Ψ_t 的 Y_t 的条件分布的正确设定。我们感兴趣的假设检验为：

$$\mathrm{H}_0:\ \boldsymbol{R}(\beta^o)=r$$

其中 $\boldsymbol{R}(\cdot)$ 是一个 $J\times 1$ 连续可微向量函数，其中 $J\times K$ 矩阵 $\boldsymbol{R}'(\beta^o)$ 是满秩的。证明 Wald 检验统计量 W、LM 检验统计量和 LR 检验统计量在 H_0 下是渐近等价的，即当 $n\to\infty$ 时，$W-\mathrm{LM}=o_P(1)$，$W-\mathrm{LR}=o_P(1)$，和 $\mathrm{LM}-\mathrm{LR}=o_p(1)$ 成立。

解答:

对于 $W=\sqrt{n}[\boldsymbol{R}[\hat\beta]-r]^T[-\boldsymbol{R}'(\hat\beta)\hat{\boldsymbol{H}}^{-1}(\hat\beta)\boldsymbol{R}'(\hat\beta)^T]^{-1}\sqrt{n}[\boldsymbol{R}(\hat\beta)-r]$，

考虑 $\boldsymbol{R}(\hat\beta)$ 在 β_0 处泰勒展开以及 $\boldsymbol{R}(\tilde\beta)$ 在 β_0 处泰勒展开，

$$\sqrt{n}\boldsymbol{R}(\hat\beta)=\sqrt{n}\boldsymbol{R}(\beta^o)+\sqrt{n}\boldsymbol{R}'(\beta^o)(\hat\beta-\beta^o)+o_p(1)$$
$$\sqrt{n}\boldsymbol{R}(\tilde\beta)=\sqrt{n}\boldsymbol{R}(\beta^o)+\sqrt{n}\boldsymbol{R}'(\beta^o)(\tilde\beta-\beta^o)+o_p(1)$$

故 $\sqrt{n}\boldsymbol{R}(\hat\beta)-\sqrt{n}\boldsymbol{R}(\tilde\beta)=\sqrt{n}\boldsymbol{R}'(\beta^o)(\hat\beta-\tilde\beta)+o_p(1)$，而 $\boldsymbol{R}(\tilde\beta)=r$，故 $\sqrt{n}[\boldsymbol{R}(\hat\beta)-r]=\boldsymbol{R}'(\beta^o)\sqrt{n}(\hat\beta-\tilde\beta)+o_p(1)$，因此有

$$\sqrt{n}[\boldsymbol{R}(\hat\beta]-r]\xrightarrow{p}\boldsymbol{R}'(\beta^o)\sqrt{n}(\hat\beta-\tilde\beta)$$
$$R'(\hat\beta)\xrightarrow{p}R'(\beta^o),\quad \hat{\boldsymbol{H}}^{-1}(\hat\beta)\longrightarrow\hat{\boldsymbol{H}}^{-1}(\beta^o)$$

因此，W 和 $\sqrt{n}(\hat\beta-\tilde\beta)^T\boldsymbol{R}'(\beta^o)^T[-\boldsymbol{R}'(\beta^o)\cdot\hat{\boldsymbol{H}}^{-1}(\beta^o)\cdot\boldsymbol{R}'(\beta^o)^T]^{-1}\boldsymbol{R}'(\beta^o)\sqrt{n}(\hat\beta-\tilde\beta)$ 是渐进等价的。

对于 $\mathrm{LM}=n\tilde\lambda^T\boldsymbol{R}'(\tilde\beta)[-\hat{\boldsymbol{H}}^{-1}(\tilde\beta)]\boldsymbol{R}'(\tilde\beta)^T\tilde\lambda$，

由于 $\tilde\lambda$ 和 $\tilde\beta$ 是 $\max_{\beta\in\Theta}\hat L(\beta)+\lambda'[r-\boldsymbol{R}(\beta)]$ 的解，由一阶条件可得，$\hat S(\tilde\beta)-\boldsymbol{R}'(\tilde\beta)^T\tilde\lambda=0$ 和 $\boldsymbol{R}(\tilde\beta)-r=0$，故 $\boldsymbol{R}'(\tilde\beta)^T\tilde\lambda=\hat S(\tilde\beta)$。

考虑 $\hat S(\tilde\beta)$ 和 $\hat S(\hat\beta)$ 在 β_0 处泰勒展开，

$$\sqrt{n}\hat S(\tilde\beta)=\sqrt{n}\hat S(\beta^o)+\sqrt{n}\hat{\boldsymbol{H}}(\beta^o)(\tilde\beta-\beta^o)+o_p(1)$$
$$\sqrt{n}\hat S(\hat\beta)=\sqrt{n}\hat S(\beta^o)+\sqrt{n}\hat{\boldsymbol{H}}(\beta^o)(\hat\beta-\beta^o)+o_p(1)$$

两式相减，且由于 $\hat S(\hat\beta)=0$ (MLE 一阶条件)，

$$\sqrt{n}\hat S(\tilde\beta)=\sqrt{n}\hat{\boldsymbol{H}}(\beta^o)(\tilde\beta-\hat\beta)+o_p(1)$$

所以 $\sqrt{n}\boldsymbol{R}'(\tilde\beta)^T\tilde\lambda$ 与 $\sqrt{n}\hat{\boldsymbol{H}}(\beta^o)(\tilde\beta-\hat\beta)$ 渐进等价。

由于 $\boldsymbol{R}(\tilde{\beta}) = \boldsymbol{R}(\beta^o) + \boldsymbol{R}'(\beta^o)(\tilde{\beta} - \hat{\beta}) + o_p(1)$，$\boldsymbol{R}(\tilde{\beta}) = r$，在 H_0 下，$\boldsymbol{R}(\beta^o) = r$，故 $\boldsymbol{R}'(\beta^o)(\tilde{\beta} - \beta^o) + o_p(1) = 0 \Rightarrow \tilde{\beta} \overset{p}{\longrightarrow} \beta^o$ ，

$$\hat{H}^{-1}(\tilde{\beta}) \overset{p}{\longrightarrow} \hat{H}^{-1}(\beta^o)$$

所以 LM 与 $\sqrt{n}(\tilde{\beta} - \hat{\beta})^T [-\hat{\boldsymbol{H}}(\beta^0)] \sqrt{n}(\tilde{\beta} - \hat{\beta})$ 渐进等价。进一步因为

$$\boldsymbol{R}'(\tilde{\beta})^T \sqrt{n}\tilde{\lambda} = \sqrt{n}\hat{S}(\tilde{\beta}) = \sqrt{n}\hat{S}(\beta^o) + \hat{\boldsymbol{H}}(\beta^o)\sqrt{n}(\tilde{\beta} - \beta^o) + o_p(1)$$

有

$$\hat{\boldsymbol{H}}^{-1}(\beta^o)\boldsymbol{R}'(\tilde{\beta})^T \sqrt{n}\tilde{\lambda} = \sqrt{n}\hat{\boldsymbol{H}}^{-1}(\beta^o)\hat{S}(\beta^o) + \sqrt{n}(\tilde{\beta} - \beta^o) + o_p(1)$$

$$\boldsymbol{R}'(\tilde{\beta})\hat{\boldsymbol{H}}^{-1}(\beta^o)\boldsymbol{R}'(\tilde{\beta})^T \sqrt{n}\tilde{\lambda} = \sqrt{n}\boldsymbol{R}'(\tilde{\beta})\hat{\boldsymbol{H}}^{-1}(\beta^o)\hat{S}(\beta^o) + \sqrt{n}\boldsymbol{R}'(\tilde{\beta})(\tilde{\beta} - \beta^o) + o_p(1)$$

根据 $\sqrt{n}\boldsymbol{R}(\tilde{\beta}) = \sqrt{n}\boldsymbol{R}(\beta^o) + \boldsymbol{R}'(\beta^o)\sqrt{n}(\tilde{\beta} - \beta^o) + o_p(1)$ 和 $\boldsymbol{R}(\tilde{\beta}) = \boldsymbol{R}(\beta^o) = r$，有

$$\boldsymbol{R}'(\beta^o)\sqrt{n}(\tilde{\beta} - \beta^o) \overset{p}{\longrightarrow} 0$$

故有

$$\sqrt{n}(\tilde{\beta} - \beta^o) \overset{p}{\longrightarrow} 0$$

$$\boldsymbol{R}'(\tilde{\beta})\hat{\boldsymbol{H}}^{-1}(\beta^o)\boldsymbol{R}'(\tilde{\beta})^T \sqrt{n}\tilde{\lambda} = \sqrt{n}\boldsymbol{R}'(\tilde{\beta})\hat{\boldsymbol{H}}^{-1}(\beta^o)\hat{S}(\beta^o) + o_p(1)$$

以及

$$\sqrt{n}\tilde{\lambda} = \sqrt{n}[\boldsymbol{R}'(\tilde{\beta})\hat{\boldsymbol{H}}^{-1}(\beta^o)\boldsymbol{R}'(\tilde{\beta})^T]^{-1}\boldsymbol{R}'(\tilde{\beta})\hat{\boldsymbol{H}}^{-1}(\beta^o)\hat{S}(\beta^o) + o_p(1)$$

由于

$$\sqrt{n}\hat{S}(\tilde{\beta}) = \sqrt{n}\hat{\boldsymbol{H}}(\beta^o)(\tilde{\beta} - \hat{\beta}) + o_p(1), \tilde{\beta} \overset{p}{\longrightarrow} \beta^o, \hat{\beta} \overset{p}{\longrightarrow} \beta^o$$

因此 $\sqrt{n}\hat{\boldsymbol{H}}^{-1}(\beta^o)\hat{S}(\beta^0)$ 渐进等价，$\sqrt{n}\tilde{\lambda}$ 与 $[\boldsymbol{R}'(\beta^o)\hat{\boldsymbol{H}}^{-1}(\beta^o)\boldsymbol{R}'(\beta^o)^T]^{-1}\boldsymbol{R}'(\beta^o)\sqrt{n}(\tilde{\beta} - \hat{\beta})$ 渐进等价，因此亦有 LM $= n\tilde{\lambda}^T\boldsymbol{R}'(\tilde{\beta})[-\hat{\boldsymbol{H}}^{-1}(\tilde{\beta})]\boldsymbol{R}'(\tilde{\beta})^T\tilde{\lambda}$ 与 $\sqrt{n}(\tilde{\beta} - \hat{\beta})^T\boldsymbol{R}'(\beta^o)^T[-\boldsymbol{R}'(\beta^o)\hat{\boldsymbol{H}}^{-1}(\beta^o)\boldsymbol{R}'(\beta^o)^T]^{-1}\boldsymbol{R}'(\beta^o)\sqrt{n}(\tilde{\beta} - \hat{\beta})$ 渐进等价。

对于 LR $= 2n[\hat{l}(\hat{\beta}) - \hat{l}(\tilde{\beta})]$，

$$n\hat{l}(\tilde{\beta}) = n\hat{l}(\hat{\beta}) + n\hat{S}(\hat{\beta})^T(\tilde{\beta} - \hat{\beta}) + \frac{1}{2}\sqrt{n}(\tilde{\beta} - \hat{\beta})^T\hat{\boldsymbol{H}}(\hat{\beta})\sqrt{n}(\tilde{\beta} - \hat{\beta}) + o_p(1)$$

因为 $\hat{S}(\hat{\beta}) = 0$，有

$$\mathrm{LR} = -\sqrt{n}(\tilde{\beta} - \hat{\beta})^T\hat{\boldsymbol{H}}(\hat{\beta})\sqrt{n}(\tilde{\beta} - \hat{\beta}) + o_p(1)$$

同时由于

$$\hat{\boldsymbol{H}}(\hat{\beta}) \overset{p}{\longrightarrow} \hat{\boldsymbol{H}}(\beta^o)$$

因此有 LR 与 $\sqrt{n}(\tilde{\beta}-\hat{\beta})^T[-\hat{\boldsymbol{H}}(\beta^o)]\sqrt{n}(\tilde{\beta}-\hat{\beta})$ 渐进等价。

综上，LR、LM 和 $\boldsymbol{W}$ 渐进等价。

习题 9.17

假定假设 9.1 到 9.6 成立，并且条件 PDF/PMF 模型 $f(y|\Psi_t,\beta)$ 为给定 Ψ_t 的 Y_t 的条件分布的错误设定。我们感兴趣的假设检验为：

$$\mathrm{H}_0:\ \boldsymbol{R}(\beta^*)=r$$

其中 $\boldsymbol{R}(\cdot)$ 是一个 $J\times 1$ 连续可微向量函数，其中 $J\times K$ 矩阵 $\boldsymbol{R}'(\beta^*)$ 是满秩的。证明：稳健 Wald 检验统计量 W_r 和稳健 LM 检验统计量 LM_r 在 H_0 下是渐近等价的，即当 $n\to\infty$ 时，$W_r-\mathrm{LM}_r=o_p(1)$ 是否成立。

解答：

习题 9.17 的证明思路与 9.16 基本保持一致。首先分别对 $\boldsymbol{R}(\hat{\beta})$ 与 $\boldsymbol{R}(\tilde{\beta})$ 在 β^* 处泰勒展开，证明

$$\begin{aligned}W_r&=n[R(\hat{\beta})-r]'[R'(\hat{\beta})\hat{\boldsymbol{H}}^{-1}(\hat{\beta})\hat{\boldsymbol{V}}\hat{\boldsymbol{H}}^{-1}(\hat{\beta})R'(\hat{\beta})']^{-1}[R(\hat{\beta})-r]\\&=\sqrt{n}(\hat{\beta}-\tilde{\beta})'R'(\beta^*)'[R'(\beta^*)\boldsymbol{H}_*^{-1}\boldsymbol{V}_*\boldsymbol{H}_*^{-1}R'(\beta^*)']^{-1}\sqrt{n}R'(\beta^*)(\hat{\beta}-\tilde{\beta})+o_p(1)\end{aligned}$$

其次，对于 LM 统计量，有

$$\begin{aligned}\mathrm{LM}_r&=n\tilde{\lambda}'\tilde{\Omega}^{-1}\tilde{\lambda}\\&=\{\sqrt{n}\tilde{\lambda}'[R'(\tilde{\beta})\hat{\boldsymbol{H}}^{-1}(\tilde{\beta})R'(\tilde{\beta})']\}[R'(\tilde{\beta})\hat{\boldsymbol{H}}^{-1}(\tilde{\beta})\tilde{\boldsymbol{V}}\hat{\boldsymbol{H}}^{-1}(\tilde{\beta})R'(\tilde{\beta})']^{-1}\\&\quad\{[R'(\tilde{\beta})\hat{\boldsymbol{H}}^{-1}(\tilde{\beta})R'(\tilde{\beta})']\ \sqrt{n}\tilde{\lambda}\}\end{aligned}$$

因此，与习题 9.16 类似，仅需证明 $\sqrt{n}\tilde{\lambda}$ 与 $[R'(\beta^*)\hat{\boldsymbol{H}}^{-1}(\beta^*)R'(\beta^*)^T]^{-1}R'(\beta^*)\sqrt{n}(\tilde{\beta}-\hat{\beta})$ 渐进等价。具体证明步骤与习题 9.16 基本保持一致。

习题 9.18

假设 $\{Z_t=(Y_t,X_t')'\}$ 是一个平稳的时间序列过程。证明如果条件 PDF 模型 $f(y|\Psi_t,\beta)$ 为给定 Ψ_t 的 Y_t 的条件分布的正确设定，动态概率积分变换 $\{U_t(\beta^o)\}$ 是 IID $U[0,1]$，其中 $\Psi_t=(X_t,Z^{t-1})$，$Z^{t-1}=(Z_{t-1},Z_{t-2},\cdots,Z_1)$。

解答：

动态概率积分变换 $U_t(\beta^o)$ 的定义为：

$$U_t(\beta^o)=\int_{-\infty}^{Y_t}f(y|\Psi_t,\beta^o)\mathrm{d}y$$

上式为累积分布函数，这意味着：

$$P[U_t(\beta^o)\leqslant u]=P[F_Y(y)\leqslant u]=P[F_Y^{-1}[F_Y(y)\leqslant F_Y^{-1}(u)]$$
$$=P[y\leqslant F_Y^{-1}(u)]=F_Y[F_Y^{-1}(u)]=u$$

可见 $U_t(\beta^o)$ 服从 [0，1] 之间的均匀分布。由于 Y_t 是给定 Ψ_t 的条件分布，而 $\Psi_t=(X_t,Z^{t-1})$，即 Ψ_t 包含了所有的历史信息，故 Y_t 条件独立。由此可得 $U_t(\beta^o)$ 条件独立，加之 $U_t(\beta^o)$ 对所有的 t 都服从 [0，1] 均匀分布，故 $U_t(\beta^o)$ 是独立同分布的。

习题 9.19

证明：如果时间序列条件概率密度模型 $f(y|I_{t-1},\beta)$ 是随机变量 Y_t 相对于 $I_{t-1}=\{Y_{t-1},Y_{t-2},\cdots\}$ 的条件概率分布的正确设定，则存在某一参数值 $\beta^o\in\Theta$，动态概率积分变换 $\{U_t(\beta^o)=\int_{-\infty}^{Y_t}f(y|I_{t-1},\beta^o)\mathrm{d}y\}$ 服从 IID $U[0,1]$。

解答：

注意到

$$U_t(\beta^o)=\int_{-\infty}^{Y_t}f(y\mid I_{t-1},\beta^o)\mathrm{d}y$$

是一个累积分布函数，因此对于每个 $t=1,2,\cdots,U_t(\beta^o)$ 的值域为 $[0,1]$，可以得到

$$P[U_t(\beta^o)\leqslant u]=P[F_Y(y)\leqslant u]=P[F_Y^{-1}[F_Y(y)]\leqslant F_Y^{-1}(u)$$
$$=P[y\leqslant F_Y^{-1}(u)]=F_Y[F_Y^{-1}(u)]=u$$

因此 $U_t\sim U[0,1]$，$t=1,2,\cdots$。因为条件概率密度模型 $f(y\mid I_{t-1},\beta)$ 设定正确，$\{U_t(\beta^o)\}$ 不存在任何形式的序列相依，故而 $\{U_t(\beta^o)\}\sim$ IID $U[0,1]$。

习题 9.20

假设 $\boldsymbol{Y}^n=(Y_1,Y_2,\cdots,Y_n)$ 是一个观察到的大小为 n 的随机样本。考虑一个 AR(1) 模型

$$Y_t=\beta Y_{t-1}+{}_t,\quad t=1,\cdots,n,$$

其中 $\{\varepsilon_t\}_{t=1}^n\sim$ IID $N(0,\sigma_\varepsilon^2)$，$Y_0\sim f_0(y)$，$\beta$ 是一个未知的标量参数。Y_0 的 PDF $f_0(y)$ 是已知的。

在统计学中，所谓的贝叶斯统计学派开发了一种估计未知参数 β 的重要方法。第一步是假设参数 β 是随机的并且服从先验分布。假设 β 的先验分布是 $N(0,\sigma_\beta^2)$ 分布，且 σ_ε^2 和 σ_β^2 是已知常数。

（1）导出随机向量 (β,Y^n) 的联合 PDF $f(\beta,y^n)$，其中 $y^n=(y_1,y_2,\cdots,y_n)$。

（2）给定样本 $Y^n=y^n$，导出 β 的条件 PDF $f(\beta|y^n)$，这称为后验概率密度。

（3）贝叶斯估计 $\hat{\beta}=\hat{\beta}_n(y^n)$ 最小化以下平均均方误差

$$\hat{\beta}=\arg\min_a\int(a-\beta)^2f(\beta,y^n)\mathrm{d}\beta$$

找出 β 的贝叶斯估计。请在每一步说明你的理由。

解答：

这个问题涉及贝叶斯统计推断，首先，需要找出随机向量 (β,Y^n) 的联合 PDF，然后给定样本 $Y^n=y^n$，找出 β 的条件 PDF（也就是后验概率密度）。最后，我们需要找出使得平均均方误差最小的 β 的贝叶斯估计。

（1）根据贝叶斯公式，随机向量 (β,Y^n) 的联合 PDF 可写作 β 的先验 PDF 和 Y^n 的条件 PDF 的乘积：

$$f(\beta,y^n)=f(\beta)f(y^n|\beta)$$

β 的先验分布为 $N(0,\sigma_\beta^2)$，故

$$f(\beta)=\frac{1}{\sqrt{2\pi\sigma_\beta^2}}\exp(-\frac{\beta^2}{2\sigma_\beta^2})$$

根据 AR（1）模型，有 $Y_t=\beta Y_{t-1}+\varepsilon_t$，其中 $\varepsilon_t\sim\text{IID}\,N(0,\sigma_\varepsilon^2)$。因此 Y^n 的条件 PDF 为：

$$f(y^n|\beta)=f(y_1)f(y_2|y_1,\beta)\cdots f(y_n|y_{n-1},\beta)$$

其中，$f(y_1)=f_0(y_1)$，且

$$f(y_t|y_{t-1},\beta)=\frac{1}{\sqrt{2\pi\sigma_\varepsilon^2}}\exp\left[-\frac{(y_t-\beta y_{t-1})^2}{2\sigma_\varepsilon^2}\right]$$

结合以上，就可以得到随机向量 (β,Y^n) 的联合 PDF：

$$f(\beta,y^n)=\frac{1}{\sqrt{2\pi\sigma_\beta^2}}\exp\left(-\frac{\beta^2}{2\sigma_\beta^2}\right)\cdot\left\{f(y_1)\prod_{t=2}^n\frac{1}{\sqrt{2\pi\sigma_\varepsilon^2}}\exp\left[-\frac{(y_t-\beta y_{t-1})^2}{2\sigma_\varepsilon^2}\right]\right\}$$

（2）根据贝叶斯公式，给定样本 $Y^n = y^n$，β 的条件 PDF，又称后验概率密度为

$$f(\beta|y^n) = \frac{f(\beta, y^n)}{f(y^n)}$$

其中，$f(y^n|\beta)$ 是似然函数，$f(\beta)$ 是先验分布，$f(y^n)$ 为对 β 积分得到的边际分布。在贝叶斯统计学中，一般不会直接计算 $f(y^n)$，可将其视为归一化常数，确保 $f(\beta|y^n)$ 为一个概率密度函数（在整个参数空间上积分为 1）。

（3）最小化以下平均均方误差求出 β 的贝叶斯估计：

$$\hat{\beta} = \arg\min_a \int (a - \beta)^2 f(\beta|y^n)\mathrm{d}\beta$$

可以通过对上式关于 a 求导，并令其为 0，可以得到 $\hat{a}$ 为 β 的后验均值，因此贝叶斯估计目标为找到未知参数的后验均值。

习题 9.21

假设 Y_t, X_t' 是一个严格遍历平稳的时间序列过程，$Y_t = X_t\beta^o + \varepsilon_t$，$\varepsilon_t = h_t^{\frac{1}{2}} z_t$，$h_t = \alpha_0 + \alpha_1\varepsilon_{t-1}^2$，不可观测的创新序列 $\{z_t\} \sim \text{IID}\, N(0,1)$。此外，$\{X_t\}$ 和 $\{z_t\}$ 是相互独立的。观察到大小为 n 的随机样本 $\{Y_t, X_t\}_{t=1}^n$，假设满足所有正则性条件。

（1）求 β 的 OLS 估计量 $\hat{\beta}$。

（2）证明 OLS 估计量 $\hat{\beta}$ 是 BLUE 的。

（3）求 β 的 MLE 估计量 $\tilde{\beta}$。

（4）讨论 $\hat{\beta}$ 与 $\tilde{\beta}$ 之间的相对效率。请给出你的理由。

解答:

（1）

$$\begin{aligned}\hat{\boldsymbol{\beta}} &= (\boldsymbol{X}^\tau \boldsymbol{X})^{-1}\boldsymbol{X}^\tau \boldsymbol{Y} \\ &= (\boldsymbol{X}^\tau \boldsymbol{X})^{-1}\boldsymbol{X}^\tau(\boldsymbol{X}\boldsymbol{\beta} + \boldsymbol{\varepsilon}) \\ &= (\boldsymbol{X}^\tau \boldsymbol{X})^{-1}\boldsymbol{X}^\tau \boldsymbol{X}\boldsymbol{\beta} + (\boldsymbol{X}^\tau \boldsymbol{X})^{-1}\boldsymbol{X}^\tau \varepsilon \\ &= \boldsymbol{\beta} + (\boldsymbol{X}^\tau \boldsymbol{X})^{-1}\boldsymbol{X}^\tau \varepsilon\end{aligned}$$

令 $\boldsymbol{A} = (\boldsymbol{X}^\tau \boldsymbol{X})^{-1}\boldsymbol{X}^\tau$，则 $\hat{\boldsymbol{\beta}} = \boldsymbol{A}\boldsymbol{Y} = \boldsymbol{\beta} + \boldsymbol{A}\boldsymbol{\varepsilon}$

（2）

$$E(\hat{\boldsymbol{\beta}}) = E(\boldsymbol{\beta} + \boldsymbol{A}\varepsilon)$$

$$
\begin{aligned}
&= E(\boldsymbol{\beta}) + \boldsymbol{A}E(\boldsymbol{\varepsilon}) \\
&= \boldsymbol{\beta} \\
\operatorname{var}(\hat{\boldsymbol{\beta}}) &= E\{[\hat{\boldsymbol{\beta}} - E(\hat{\boldsymbol{\beta}})][\hat{\boldsymbol{\beta}} - E(\hat{\boldsymbol{\beta}})]^{\tau}\} \\
&= E[(\hat{\boldsymbol{\beta}} - \boldsymbol{\beta})(\hat{\boldsymbol{\beta}} - \boldsymbol{\beta})^{\tau}] \\
&= E[(\boldsymbol{A}\varepsilon)(\boldsymbol{A}\varepsilon)^{\tau}] \\
&= E[\boldsymbol{A}\varepsilon\varepsilon^{\tau}\boldsymbol{A}^{\tau}] \\
&= AE(\varepsilon\varepsilon^{\tau})A^{\tau} \\
&= \boldsymbol{A}\sigma^2\boldsymbol{I}_n\boldsymbol{A}^{\tau} \\
&= \sigma^2\boldsymbol{A}\boldsymbol{A}^{\tau} \\
&= \sigma^2(\boldsymbol{X}^{\tau}\boldsymbol{X})^{-1}\boldsymbol{X}^{\tau}\boldsymbol{X}(\boldsymbol{X}^{\tau}\boldsymbol{X})^{-1} \\
&= \sigma^2(\boldsymbol{X}^{\tau}\boldsymbol{X})^{-1}
\end{aligned}
$$

OLS 估计量的协方差矩阵是所有线性无偏估计量的协方差矩阵中是最小的，因此是 BLUE 的。

（3）

$$\tilde{\beta} = (\boldsymbol{X}'\boldsymbol{X})^{-1}\boldsymbol{X}'Y$$

（4）两者效率相当。

后　　记

经过多轮校对与审核，《洪永淼〈高级计量经济学〉学习辅导和习题解答》总算可以付梓了。这是一本备受期待的学习辅导和习题解答书，倾注着洪永淼教授、历届助教与学生们的汗水，有着属于它自己的历程。

洪永淼教授在康奈尔大学、中国科学院大学与厦门大学长期教授“高级计量经济学”课程，2011 年洪永淼著、赵西亮和吴吉林译的《高级计量经济学》（中文版）在高等教育出版社出版，2020 年其英文版 *Foundations of Modern Econometrics: A Unified Approach* 在新加坡由世界科技出版公司 (World Scientific Publishing Co Pte Ltd) 出版，是一本在国内外有广泛影响力的计量经济学经典教材。2018 年，洪永淼教授录制了公开课，在网易、哔哩哔哩、中国 MOOC 网等多个平台发布，时任课程助理的付中昊博士、崔丽媛博士录制了专门的习题辅导课并演示了部分习题的解答。公开课惠及万千学子，并于 2020 年获评为首批国家级一流本科线上课程。这些年来，洪永淼教授在全国各大高校做学术报告以及参加学术会议时，不少高校的老师和同学向洪永淼教授表示非常希望《高级计量经济学》教材能够配备完整的学习辅导和习题解答，亦有许多读者发送电子邮件向洪永淼教授请教题目的解答。为此洪永淼教授一直鼓励我们编写一本学习辅导和习题解答书，以建设计量经济学立体教材体系。

2022 年秋季学期，洪永淼教授在中国科学院大学与厦门大学开设为期三个月的“计量经济学与实证研究”课程，从经济学实证研究方法论讲起，系统性地为选修该课程的经济学、管理学以及数学专业研究生讲授高级计量经济学的核心内容。厦门大学邹至庄经济研究院博士研究生叶仕奇、厦门大学经济学院博士研究生朱美婷、中国科学院大学经济与管理学院博士研究生徐坚皓作为课程助教，全程参与洪永淼教授的授课，与选修这门课的同学一起，领略计量经济学顶尖学者的风采，感受计量经济学的丰富内涵与独特魅力。作为助教，他们一方面保障线上线下课程的顺利进行，另一方面协助洪永淼教授给同学们布置课后习题，评估习题完成情况，并为同学们答疑解惑。这段助教生涯凝结出两项成果：一是他们身为助教和学生双重身份获得的学习心得，二是一份完整的习题解答。由此，出版一本学习辅导和习题解答书，分享他们的学习心得和习题解答也就水到渠成了。

洪永淼教授著的《高级计量经济学》教材的课后习题，具有非常连贯的逻辑，涵盖了各章的重要知识点，并针对性地梳理了一些易混淆的概念；还涵盖了教材中提到的一些经典计量经济学方法的延伸知识，以及教材中没有提到的部分重要计量经济学方法。这些习题能够帮助我们梳理章节内容，明确重要概念、重要方法之间的联系与差异，增进我们的理解。解答习题是不断自我纠错、查缺补漏的过程，许多我们自以为已经掌握的知识点，经过课后习题的检验之后，才发现我们掌握得并没有想象中那么牢固；一些我们自以为理解到位的概念，通过解答习题也能够发现一些全新的视角。此外，习题的解答过程也是对个人心性的磨砺。某些难题往往需要反复的思考与琢磨，方能领悟解题的思路，这需要答题者具备足够的耐心、良好的心态以及屡败屡战、越挫越勇的精神。可见，思考并解答课后习题对于计量经济学研究者而言是一种极为重要的锻炼。

学习高级计量经济学，不仅有助于加深对计量经济学的理解，拓宽知识面，更能提升我们思维的深度，帮助我们基于计量经济学研究的视角更加深入地思考和理解方法中存在的问题及其与实际问题的联系，并思考如何利用书本知识来解决这些问题。很多看似基础的计量经济学定义与方法，背后都蕴含着非常深刻的经济学思想、相当广阔的使用场景以及许多潜在的延拓空间。洪永淼教授指出，在阅读教材学习高级计量经济学的基本概念、核心方法的同时，还要不断琢磨教材内容背后的经济学逻辑，不停思考这些方法可能的使用场景，探究它们存在的局限；现有很多前沿的计量经济学理论拓展，都是从教材中某些方法存在的不足之处出发，并成功完善这些不足。譬如，自正则方法的提出，目的之一就是解决长期方差—协方差矩阵非参数估计量中的带宽选择问题。

“学而不思则罔，思而不学则殆。”正如洪永淼教授在序言之中所述的，本书的主要目的是帮助读者找到一种自我检验、自我反馈、自我提升的方式，而非迁就读者的思维惰性。本书每章都对《高级计量经济学》教材课后习题的基本内容以及出题逻辑进行总结，可以帮助读者进一步理解原教材。我们衷心希望读者在本书的帮助下，能够更好地学习《高级计量经济学》教材的知识，领会其思想，习得其精髓。

未来，我们希望本书能够不局限于原教材之中的题目，提出或搜集一些新的习题供读者思考。因此，我们欢迎各位老师和同学在讲授、学习高级计量经济学相关课程时，能够自主思考并提出有价值的好题目。《高级计量经济学》教材将来会不断更新，推出新的章节，届时本书也会相应地进行更新与补充。不仅如此，一些偏实证研究以及与编程实践相关的案例，也将被纳入本书，更好地满足读者的需求。

最后，我们非常欢迎读者对本书可能存在的错漏进行纠正和补充，并且对本书的内容提出自己的想法与建议，可通过电子邮箱 Econometrics.Ye@outlook.com 向我们反馈、与我们交流。

厦门大学一直高度重视教材的建设工作，本书被遴选为 2024 年度“厦门大学本科教材资助项目”，在此我们也对厦门大学的支持致以诚挚的感谢！

钟锃光

2024 年 2 月

于厦门大学经济楼